每天读点
口才学

王光波　编著

北京联合出版公司
Beijing United Publishing Co.,ltd

图书在版编目（CIP）数据

每天读点口才学/王光波编著.—北京：北京联合出版公司，2015.9（2018.11重印）

ISBN 978-7-5502-4117-6

Ⅰ.①每… Ⅱ.①王…②文… Ⅲ.①口才学— 通俗读物 Ⅳ.①H019-49

中国版本图书馆CIP数据核字（2015）第144007号

每天读点口才学

编　　著：王光波

责任编辑：王　巍

封面设计：李艾红

责任校对：孟英武

美术编辑：潘　松

北京联合出版公司出版

（北京市西城区德外大街83号楼9层　100088）

北京市松源印刷有限公司印刷　新华书店经销

字数564千字　　720毫米×1020毫米　1/16　32印张

2018年11月第2版　2018年11月第3次印刷

ISBN 978-7-5502-4117-6

定价：68.00元

前　言

　　人生在世，你无法生活在一个与世隔绝的空间里，无论我们怎样度过漫漫人生，选择什么样的生活方式，实现什么样的目标，都无可避免地要与他人交往、沟通、相处。因此，拥有良好的口才，成为会说话的人，是生命中最基本，也是最重要的一件大事。

　　著名学者王了一说过："说话是最容易的事，也是最难的事。最容易，因为三岁的孩子也会说话；最难，因为最擅长辞令的外交家也有说错话的时候。"口才是一门学问，更是一门艺术。一句恰如其分的话，可以改变一个人的命运；一句不合时宜的话，可以毁掉一个人的一生。有的人说起话来，娓娓动听，使人听了全身筋骨都感觉舒畅；有的人说起话来，锋芒锐利，令人感觉到十分恐惧；有的人说起话来，虚伪客套，一开口就让人感觉到讨厌。

　　口才好，小则可以讨喜、动人，大则可以保身、兴邦。远有苏秦、张仪游说诸侯，战国格局为之改变；诸葛亮说服孙权，三国鼎立之势成。近有罗斯福之"炉边谈话"，温暖千万心灵。好口才给予的力量，能使我们无论是在与人谈判、安慰亲朋、恋爱道歉，还是应对上司、求人办事等各个方面都如鱼得水，达成我们希望的结果。

　　口才不好，小则树敌、伤友，大则丧命、失天下。由于一言之失，导致兵戎相见、血流成河的浩劫，在中外历史上屡见不鲜，故《论语》有言："一言可以兴邦，一言可以丧邦。"因一言不慎而招致杀身之祸的也不乏其人。不懂得说话技巧，你有可能丢掉机会、失去朋友、丧失顾客，还会给自己惹来一身麻烦。口才拙劣，不善言谈，很容易给人留下能力低下和思维匮乏的印象。这样的人不管处在哪一个社会层面，也不管走到哪里，都不会轻松地走上人际的前台，也不会得到足够的器重和赏识，甚至只能沦为无足轻重的边缘人。

　　口才可以体现一个人的内涵、素质。一个说话讲究艺术魅力、讲究技巧的人，常常是说理切、举事赅、择辞精、喻世明；轻重有度、褒贬有节，进退有余地、游刃有空间；可陶冶他人之情操，也可为济世之良药，对人生的成败往往还会产生举足轻重的影响。

杰出的口才不是天生的，若想把话说出水平，说得有意思，说得有创意，并不容易，而要做到口吐莲花、能言善辩、打动人心，更非一日之功。但是通过后天的努力，在知识面上培养、在说话技巧上训练、在气质性格上熏陶、在现实环境中锻炼，获得好的口才也并非难事。

正是基于这样的考虑，《每天读点口才学》一书应运而生。本书分为技巧篇和场景篇，从技术角度和实践应用方面切入，教会大家如何说话能受他人的欢迎，如何说话能使自己更具有影响力，如何说话能解决问题。在充分展示好口才巨大威力的基础上，将理论与实践相结合，以通俗易懂的语言深入浅出地论述了口才的艺术，是迄今为止内容最全面、技巧最丰富、方法最实用的口才学大全集。

本书的最大的特点就是有实例、有论述，不因有论无证而无操作性，也不因有证无论而没有内涵。从理论上，讲述了练就说话艺术的重要性、提高说话技巧的途径和方法；在实践上，指导读者如何把握好沉默的分寸，把握好说话时机、说话曲直、说话轻重和与人开玩笑的分寸，把握好调解纠纷时和激励他人时的说话分寸，掌握如何同不同的人说话的技巧、不同场景下的说话艺术、怎么说别人才会听你的、最讨人喜欢的说话方式及如何说好难说的话等。同时还以生动具体的事例向读者展示了同陌生人、同事、老板、客户、朋友、爱人、孩子、父母、对手沟通的艺术，在求职面试、求人办事、谈判演讲、尴尬时刻、宴会应酬、主持会议、探望病人及应酬亲友时的说话艺术。

阅读本书，让你轻松面对尴尬，获取提升机会，扩大交际范围，在不同的场合、面对不同的人群，说好想说的话，说好难说的话，提高说话技巧，提升交往能力。

目　录

上　篇
技巧篇

1

下　篇

场景篇

上 篇
技巧篇

·第一章·

口才资本

成事资本：好口才是成功的翅膀

事业的成功与失败，往往决定于某一次谈话。在富兰克林的自传中有这样一段话：

我在约束我自己的时候，曾有一张美德检查表。当初那表上只列着 12 种美德。后来，有一个朋友告诉我，说我有些骄傲，这种骄傲，常在谈话中表现出来，使人觉得盛气凌人。于是我立刻注意这位友人给我的忠告，我相信这样足以影响我的前途。然后我在表上特别列上"虚心"一项，我决定竭力避免说出一切直接触犯别人感情的话，甚至禁止自己使用一切确定的词句，像"当然""一定""不消说"……而以"也许""我想""仿佛"……来代替。

富兰克林又说："说话和事业的进展有很大的关系。你如出言不慎，跟别人争辩，那么，你将不可能获得别人的同情、别人的合作、别人的助力。"这是千真万确的。所以，你想获得事业上的成功，必须具有能够应付一切的口才。

要使别人瞧得起自己，先要自己瞧得起自己，决不可露出乞怜的样子。你可以谦逊，但决不可谄媚。你不可单是唯唯诺诺，使人觉得你一无动人之处。你发表意见时不可肆意批评别人；更不可告诉对方说你的计划一定成功，如果雇用你，必可使业务发展等语。这些事情只能让对方心里称许，不应由自己说出。自夸必连带着固执，这种态度只会使人厌恶。去访问一个人，把目的简单地说出之后，你就应该告辞。即使环境许可你逗留一些时间，你也应该立刻把话题转到别处。

应聘工作的晤谈，最重要的是表现自己的资格和能力，不过打肿脸充胖子的行为是不宜的，只能瞒骗一时。如果应聘工作的晤谈令你胆战心惊，那么这也许是你深深地明白自己肚子里究竟有几滴墨水的缘故。工作晤谈不是社交拜会，不宜摆出一副安逸的姿态。谈话的范围要守在一定的界限内，不要谈办公室的陈设，不要谈对方的一身装束。应聘晤谈时间有一定的限制，你必须把你的资格和能力浓缩表达，在一个很短的时间内将其交代清楚，所以这时就是检验你所受训练、教育及能力如何的关键时刻。

在工作上，要能胜任并心情愉快，不要摆一副冷面孔，尽量减少情绪上的困扰及不切实际的空想。你可以和同事谈谈工作上所需要的知识，谈谈工作上的经验，要诚心诚意，不存任何成见。在一块儿工作的人，必须彼此敬重、关心，互道平安，态度温和。我们要彼此坦诚相待，心中有话，必定直言不讳。我们在团队精神的表现上尤应具有高境界。

失言是常有的事。你认错就不致使情况恶化，而且你很可能还有所收获。现在有勇气说"我错了"的人已经不多，因此，敢说"我错了"就能赢得尊重。这样无心的错误，还不难让人谅解。更有一种错误，几乎不能让人原谅，即我们最好不要公开取笑任何人的缺点。如果你已犯了这种错误，那么就勇敢地认错或道歉并请求对方宽恕，然后闭上嘴巴。

主动资本：好口才始于自我突破

1. 你的言辞智商是多少

所谓"言辞智商"，是指对一个人能否机智流利地运用，恰当有效地表达自己观点的综合测度。它是考察一个人能否很好地控制自己语言的方式。一个人言辞智商的高低，取决于其言辞是否流利、准确，是否有适度的幽默。

具有良好的言辞智商，可以增强人的自信心，给别人留下深刻的印象，并能影响别人。在西方的各类培训计划中，对受训者言辞智商的训练是一项非常重要的内容。一个语言表达力强，并且十分得体的人在竞争日趋激烈的今天将具有很大的竞争优势。

2. 跳蚤与"自我设限"

科学家们做过一个有趣的实验：

把跳蚤放在桌上，一拍桌子，跳蚤立即跳起，跳起的高度均在其身高的100倍以上，堪称世界上跳得最高的动物！然后在跳蚤头上罩一个玻璃罩，再让它跳，这一次跳蚤碰到了玻璃罩。连续多次后，跳蚤改变了跳起的高度以适应环境，每次跳跃总保持在罩顶以下高度。接下来逐渐改变玻璃罩的高度，跳蚤都在碰壁后主动改变自己的高度。最后，玻璃罩接近桌面，但这时跳蚤已无法再跳了。于是科学家把玻璃罩打开，再拍桌子，跳蚤仍然不会跳，变成"爬蚤"了。

跳蚤变成"爬蚤"，并非它已丧失了跳跃的能力，而是由于一次次受挫学乖了，习惯了，麻木了。最可悲之处就在于，实际上的玻璃罩已经不存在了，它却连"再试一次"的勇气都没有。玻璃罩已经罩在了它的潜意识里，罩在了心灵上，于是行动的欲望和潜能被自己扼杀！科学家把这种现象叫作"自我设限"。

现实中，许多人有意无意便给自己戴上了"金箍罩"，永远活在自我设定的水平线下，使自己饱满的热情、昂扬的斗志消磨殆尽，对现状过于满足，对失败习以为常，丧失了信心和勇气，渐渐养成了自卑、狭隘、不思进取、害怕挑战的消极心态。同样，无数的人因为口才不佳溃败于商场，因为羞于启口错失良机，因为结巴或不良的言谈习惯，使得人生之路困厄多端。可是，这些都不是可悲的根源，真正的根源在于他们已习惯了说"没办法"，抑或是习惯了活在"笨口难开"的阴影中，最终的结果只能成为人际交往圈子里的"跳蚤"。

要解除"自我设限"，关键在自己。西方谚语说得好，"上帝只拯救能够自救的人"。同样，成功只属于愿意成功的人。你不愿成功，谁拿你也没办法；你自己不行动，谁也帮不了你。

成功并不是一个固定的蛋糕，数量有限，别人切了，你就没有了。成功的蛋糕是切不完的，关键是你是否去切。你能否成功，与别人的成败毫无关系；只有自己想成功，才有成功的可能。

3. 积极暗示，重塑自我

培根在《论幸运》中写道："炫耀于外表的才干固然令人赞美，而深藏不露的才干则能带来幸运，这需要一种难以言传的自制与自信。西班牙人把这种本领叫作'潜能'。一个人具有优良的素质，能在必要时发挥这种素质，从而推动幸运的车轮转动，这就叫'潜能'。"

在这里，我们不妨将这种"潜能"理解为一种心理暗示或是潜意识。那么什么是心理暗示？心理暗示是指通过语言、行动或其他方式对于自己或别人的心理活动产生影响和发生改变的过程。其表现形式多种多样，从暗示的主体来分，可以分为人际暗示与自我暗示两大类。人际暗示也叫他人暗示，比如下面这个故事。

一位教授在讲台上拿一个玻璃瓶对学生说："瓶子里装着有异味的气体，现在要测一下这种气体在空气中的传播速度，等打开瓶盖后，谁闻到这种异味，就请举手。"教授打开瓶盖，自己很快露出闻到异味的表情，随即看表计时。15秒后，前排同学举起了手，1分钟后，3/4的同学都举起了手。然而，瓶里装的只是普通的空气。这是心理学关于人际暗示的一个典型试验。教授和首先举手的同学以自己的语言和行为，影响了许多同学的心理活动和行动。

心理暗示的另一大类是自我暗示。在心理暗示中还可以从不同角度分为直接暗示与间接暗示、正暗示与反暗示、积极暗示与消极暗示等。

自我暗示是指一切由个人自己给予自己的意识的所有暗示和刺激，也就是一个人自觉地用语言或其他方式对自己的知觉、思维、想象、情感、意志、动机等方面的心理状态产生某种刺激影响的过程。自我暗示就是自动暗示，它是人的心理活动中有意识的思想部分与潜意识的行动部分之间的沟通媒介；它是一种启示、提醒和指令；它会告诉你注意什么，追求什么，改变什么和坚持什么以及怎样去行动。因而，它能支配和影响你的思想和行为，这是每个人都拥有的一个看不见的而又具有魔力的法宝。

成功学的创立者拿破仑·希尔有一句名言："一切成就、一切财富，都始于两个意念。"他所说的意念也就是自我暗示。同样，一切失败、一切贫弱，也都始于两个意念。这就是说，我们每个人习惯于在心理上进行什么样的自我暗示，便决定了自己有什么样的自我意识和心理态度，从而也就导致了自己有什么样的选择和行为以及精神状态，这就是一个人弱与强、贫与富、失败与成功的根本原因。我们之所以一直强调树立积极的自我意识，发展积极的心理态度，就是为了学会和坚持心理上的积极的自我暗示。我们正是在积极暗示与积极心态的相互依存与彼此促进的过程中，再塑一个成功的自我！

同时，自我暗示也直接影响着潜意识。潜意识就像一块肥沃的土地，如果不在上面播下积极的自我意识的良种，就会野草丛生，一片荒芜。自我暗示就是播撒什么样的种子的控制媒介。一个人可以经由积极的心理暗示，自动地把成功的种子和创造性的思想灌输到潜意识中；相反，也可以灌输消极的种子或破坏性的思想，而使潜意识这块肥沃的土地野草丛生。当你初步领会了成功心理的道理时，便会有一种自信主动，想要改变自己的愿望，但这时候，你的妄识并没有一下子改变，那么你的选择和行为依然还是消极的，或者是浅尝辄止、顾此失彼的，难以达到预期的效果。如此状况下，唯有以高度的自觉和顽强的意志坚持心理上积极的自我暗示，才能突破难关，开创新局面。

我们每个人都应该点燃积淀于内心深处的能量，让潜能得到最大限度的释放；让勃然燃起的火光，照亮尘封的心理阴霾，为拥有成功的好口才指引前程，为成为滔滔辩才的期待注入希望。

知识资本：内涵深厚才妙语连珠

口才反映一个人的道德修养、学识水平、思辨能力。要想使自己的语言具有艺术魅力，光靠技巧是不够的，一味地追求技巧而忽略自身的素质培养只能是舍本逐末。因此，我们在学习语言技巧的同时，还应全面提高自身的学识修养。

有人说：在这个世界上，我们唯一可以依靠的人就是我们自己。而好的口才，也在于平时我们自己的积累和锻炼，所谓"厚积薄发"是有一定道理的。因为言语是以生活为内容的，有生活，有实践经验，才有谈话的内容；有丰富的生活内容，有丰富的实践经验，谈话的内容才能丰富起来。因此，对于家事、国事，都要经常关注，以吸取对我们有用的东西。对于所见所闻，都要加以思考、研究一番，尽量去了解其发生的过程、意义，从中悟出一些道理。

这些都是学习和积累知识的机会。在日常生活中，要随时计划、安排、改进生活，不能随意性太强，让机会白白溜掉。

你若不安于做一个井底之蛙，就应静下心来努力地学习，拓展自己的视野。你若不想说话空洞无物，就应下决心积累大批的、雄厚的、扎实的知识，武装自己的头脑，让自己说话的内容丰富起来。

下面介绍一些积累素材的方法。

1. 多读书多看报

日常生活中，我们每天都离不开报纸、杂志和书。在读书看报时，备一支笔、一些卡片纸和一把剪刀，把所见到的好文章或让自己心动的话语画出来，或者剪下来，或摘抄在卡片上。每天坚持做，哪怕一天只记一两句，也是很有意义的。日积月累，在谈话的时候，会不经意地用上曾抄下来的语句，也许它们会随时随地地从你的头脑里冒出来，让你尽情地谈吐，给你一个意外的惊喜。

2. 积累警句、谚语

在听别人的演讲或别人的谈话时，随时都可以听到表现人类智慧的警句、谚语。把这些话在心中重复一遍，记在本子上，久而久之，你谈话的题材、资料就越来越多，你的口才就越来越好了，你就可以说起话来条理清楚，出口成章。

3.积累谈话素材

对于谈话的题材和资料，一方面要认真去吸收，另一方面要好好地去运用。懂得如何运用，一句普通的话也可以带给你惊人的效果。学习吸收的目的是为了很好地应用，不能应用的学习吸收毫无意义。

4.提高观察问题、思考问题的能力

只要你有观察问题、思考问题时的尖锐的眼光，有丰富的学识和经验，有丰富的想象力、强烈的敏锐感，就能提高口才。

随着口才的提高，你的生活也将丰富多彩，整个人的个性品质和各方面的能力都会提高，从而成为一个社交高手。

胆魄资本：想有好口才必须敢说

在公众面前讲话时感到恐惧、怯场是一种较为普遍的现象。20世纪80年代，美国的心理学家曾进行过一次有趣的测验，题目是："你最害怕的是什么？"测验的结果竟然是"死亡"名列第二，而"当众演讲"却名列榜首。有41%的人对在公众面前讲话比做其他事情感到恐惧。可见，在大多数人看来，当众讲话是一件令人害怕的事情。

一位代表本单位参加演讲比赛的年轻姑娘，一站到讲台上，脸就涨得通红，两腿微微颤抖，说话的声音变调，呼吸也显得急促起来。她刚说了几句就忘词了。她越发感到恐惧，好像所有人的目光都像利箭一样射向她。她想尽快躲避，但又不甘心临阵脱逃。她不能当众出丑，给本单位丢脸，可她唯一能感觉到的是心跳加快，而脑子里一片空白，早已背熟的语句全都飞得无影无踪。她放弃了这次演讲，跑回自己的座位坐下。直到演讲会结束，她也没敢把头抬起来。

一位即将毕业的研究生，作为见习老师第一次登上讲台，当学生起立，师生互致问候时，他想好的开场白不知跑到哪儿去了。惊慌中，他用颤抖的声音说了句："同学们，再见！"同学们莫名其妙，面面相觑，见老师满脸通红，不知所措，不由得哄堂大笑。他努力让场面安静下来，但换来的不是镇静，而是脑门上涔涔的汗珠。当他下意识地掏出"手帕"揩汗时，台下又是一阵哄堂大笑。这是为什么？经一位学生暗示，他才发现自己手里拿的不是手帕，而是一只袜子——真该死！大概是昨晚洗脚时，不知怎么鬼使神差地把袜子装进衣兜了。他想避开几十双眼睛的注视，抓起板擦擦黑板，整个课堂闹得翻了天。他窘得无法自控，无地自容，

只好跑下了讲台，慌乱中一抬脚又踢翻了讲台旁的热水瓶……

纵览古今中外，很多政治家、演说家最初都有过怯场的经历。就拿林肯来说，他当年在演讲台上窘迫不已，恐惧得甚至连一句话都说不出来，直到被轰下台去。但他并未就此消沉下去，而是勇敢地面对现实，勤讲多练，绝不放过每一次讲话机会，演讲水平日益提高。后来他的就职演讲被誉为最精彩的总统就职演讲之一。

又如雅典著名的演讲家狄里斯，在最初走上演讲台时，尽管经过周密细致的思索，作了充分的准备，但仍然遭到了失败。极度的恐惧让他语无伦次，别人不知他在说什么。但他并没有就此灰心泄气，丧失信心，而是比过去更努力地训练自己的讲话胆量。他每天跑到海边，对着岩石呐喊，向着浪花抒怀；回到家里对着镜子做发声练习，反复矫正，坚持不懈。经过几年的努力，功夫不负有心人，他终于成功了，被誉为"历史的雄辩家"。可见，克服恐惧是演讲成功者的必备素质，是迈向卓越口才的第一步。为此，平时做一些抗怯场练习，是非常有好处的。

这里特推荐美国著名魅力专家都兰博士发明的抗怯场练习的几种方法，供选择使用。

1. 追蝴蝶练习

在登台前最后一刻做，效果最好。

（1）双脚开立，与肩相齐，膝微屈，挺背，双臂放松垂于身体两侧。

（2）不必刻意呼吸，边叫"呜"边做蹦跳，一共10次，尽量用力，"呜"声要短、急、用力。每次做完"呜"，双拳向下猛砸。

（3）放松闭嘴，缓慢深呼吸。

（4）"嘶嘶"吸气，微张嘴，弯腰至膝，蹲于地。重复3遍，做缓慢深呼吸。

2. 摇来摆去练习

（1）双腿分开站立（与肩相齐），同时摆动身躯、脖子和头，先向右，再向左。

（2）让双臂自由摆动，随身体转来转去，最后双臂放松地围住双肩。

（3）在摆动时，尽可能大声叫："我不在乎！"

（4）如此反复，也可叫："不，我不在乎！"或"你奈我若何！"重复几十次。

（5）身体摆动时，保证头随身子转。

（6）尽可能轻松自在地去做。

3. 空手劈柴练习

（1）双足分开约 40 厘米，屈膝，握拳，手放两边，嘴唇紧闭。深呼吸三次后抬臂高举过头。

（2）"哗啦"一声，双手用力地劈下，并尽可能放喉大声叫喊："哈哈哈哈哈哈哈！"（屈膝）

（3）尽可能用劲地重复 5 次。

4. 劈柴动作练习

（1）两腿分开约 35 ~ 45 厘米，脚尖向前，两膝轻松放直，攥紧双手。

（2）吸气，摆动紧握着的手，高抬过头。

（3）把举起的手摆下来，猛向前屈，吐气。手下来时，大叫一声"哈"。（屈膝）

（4）吸气，再举手。

（5）重复上述动作，做上 10 次或 20 次。

注意：吸气时要闭着嘴，直到你的手下摆时叫"哈"，这样就可吸进更多氧气，练习就更有效。

5. 蒸汽机练习

（1）双脚与肩齐站在那里，屈膝，将头抬起，闭嘴，右臂后拉，左臂前伸，尽量用力，同时深呼吸。

（2）左右臂换个方向，重复上述动作。节奏要平稳。

（3）开始要慢，随后要越来越快，持续做 3 ~ 5 分钟。记住要闭着嘴。

6. 心怀世界练习

（1）吸气，感觉你像是在扩张，张开双臂，拥抱整个世界。伸展四肢，感觉你的心脏是世界的扩充与展开。

（2）至少坚持 1 分钟以上，让世界置于你的怀抱中，手放胸前，双手轻抵。

（3）如此重复 4 次，把消极的意念都去除掉。努力去喜欢这个世界，把它容纳进来，放在心上，化恨为爱。

7. 减压练习

（1）站在门槛上，手掌挤着两边门框，鼓气用力。面部、头部、脖子会有热血上涌。尽量多坚持一会儿。

（2）突然完全放松。

（3）深呼吸。

（4）重复三遍。

"墨水"资本：胸中有墨才能说得远

如果你能和任何人谈上10分钟并使对方发生兴趣，你便是很好的交际人物了。因为人的范围是很广的，也许是个工程师，也许是个法学家，或者是个教师，或者是个艺术家，或者是个采矿工人。

总之，无论三教九流，各种阶层的人物，你若能和他谈上10分钟使他感兴趣的话，真是不容易。不过不论难易，我们都要设法打通难关，常见许多人因为对于对方的事业毫无认识而相对默然，这是很痛苦的。其实如果肯下功夫，这种不幸情形就可减少，甚至于做个不错的交际家也并非难事。工欲善其事，必先利其器，虽是一句老话，直到现在仍然适用，所以要充实你自己的知识。

一个胸无点墨的人，当然不能希望他在说话中应对如流。学问是一个利器，有了这利器，一切皆可迎刃而解。你虽不可对各种专门学问皆作精湛的研究，但是所谓的常识却是必须具有的。有一般的常识，倘若能巧妙地运用起来，那么应付任何人作10分钟的兴趣谈话，应该是不难的。你须多读书多看报，世界的动向、国内的建设情形、科学界的新发明和新发现、世界各地的地方特点或人物的特性以及艺术新作、时髦服饰、电影戏剧作品的内容等，皆可从每日的报章和每月的杂志中看到。诚能如是，则应付于各种人物，自然胜任愉快。

美国科学家爱因斯坦乘车到某大学去讲授相对论。他的司机对他说："博士，我听您讲过相对论已经有三十多次了，您说的那些话，我都能背下来了……"

爱因斯坦笑着说："那太好了！今天，我戴上你的帽子充作司机，由你自称是爱因斯坦去讲课吧，反正这个学校的人都不认识我，我正好休息休息。"

于是，司机果然出色地讲了课。正当他要离开时，一位教授请他解答一个复杂的问题，司机想了一下说："这个问题太简单了，连我的司机都会解答，您不妨向他请教吧……"

这个故事不一定确有其事。然而，单纯分析这位司机的表现对我们认识口才与学识的关系很有启发。这位司机的"口才"，大概是不错的，所以，他能模仿爱因斯坦的言辞、语气，"出色地"代替爱因斯坦讲课。但是，这位司机并不具有爱因斯坦的学识。所以，当那教授向他请教一个新的问题时，他"卡壳"了。可见，口才是要以学识为基础的。

诸葛亮的辩才是名垂青史的，尤其是他在赤壁之战中，舌战群儒和智激周瑜的故事更是脍炙人口。让我们看看他是怎样智激周瑜的：

江东孙权治理吴国时，内事不决问张昭，外事不决问周瑜。是战是和，周瑜是一个关键人物。面对这样一位年轻气盛的将领，诸葛亮背诵了曹操写的《铜雀台赋》，借用赋中"揽二乔于东同兮，乐朝夕之与共"的句子，作为曹操想夺孙策和周瑜二人的妻子的证据，以此来激怒周瑜（"二乔"中的大乔是孙策的妻子，小乔是周瑜的妻子）。周瑜听罢，勃然大怒，离座指北而骂曰："老贼欺人太甚！"接着，周瑜明确表示了抗曹的决心："望孔明助一臂之力，共破曹贼。"诸葛亮就这样圆满完成了联吴抗曹的使命。

在关键时刻，引用一赋竟能有如此巨大的激励作用，实在令人赞叹。这个故事生动地证明，平时积累知识，适时适地恰到好处地运用它，对于增进言辞的雄辩性是何等重要！诸葛亮平时若从未读过曹操的《铜雀台赋》，又怎能在与周瑜交谈之时用得上呢？

学识渊博者能在军国大计的决策中，起到一锤定音的作用，而在民间交往中，博学多才者的言辞也往往能博得满堂彩：

1924年5月8日，印度大诗人泰戈尔在北京度过了他64岁寿辰，北京学术界代表在东单三条协和礼堂为泰翁举行了祝寿仪式。

梁启超首先登上讲台，向这位须发皓然的老寿星致祝词："泰翁要我替他起个中国名字。从前印度人称中国为'震旦'，原不过是支那的译音，但选用这两个字都含有很深的象征意味。从阴雾霾霾的状态中必然一震，万象复苏，刚在扶桑浴过的丽日，从地平线上涌现出来，这是何等境界。'泰戈尔'原文正合这两种意义，把它意译成'震旦'两字，再好没有了。从前自汉至晋而西来的'古德'（'古德'，就是古代有道德的高僧），都有中国姓名，大半以所来之国为姓，如安世高来自安息，便姓'安'，支娄迦谶从月支来便姓'支'，康僧会从康居来便姓'康'，而从天竺——印度来的都姓'竺'，如竺法兰、竺佛念、竺护，都是历史上有功于文化的人。今天我们所敬爱的天竺诗人在他所爱的震旦地方度过他64岁的生日，我用极诚恳、极喜悦的心情，将两个国名联起来，赠给他一个新名，叫'竺震旦'。"

这时，全场大鼓掌。

梁启超接着说："我希望我们对于他的热爱，跟着这名字，永远嵌在他心灵上，我希望印度人和中国人的旧爱，借'竺震旦'这个人复活起来！"

这番精彩的讲话中包含着丰富的历史文化知识，梁启超熟悉历史，不光熟悉古中国——震旦，也熟悉古印度——天竺，还懂得"泰戈尔"原文的含义，也就是所具有的外语知识、佛教知识和历史知识都十分丰富。这些引人入胜的史实文典与为泰戈尔命名这一话题有机结合起来，妙趣横生，摇曳生姿，无怪乎引起"全场大鼓掌"这样轰动的表达效果。

"有知"之言摧枯拉朽，锐不可当；"无知"之言谬误百出，贻笑大方。

然而我们平时的言辞中往往由于知识不足而或多或少地闹点儿笑话或误会。因此，为了练就"三寸不烂之舌"，必须努力扩大自己的知识面。

鲁迅先生在给一位青年的信中说过这样一段名言："先前的文学青年，往往厌恶数学、理化、史地、生物学，以为这些都无足轻重，后来连常识也不懂，研究文学不明白，自己做起文章来也糊涂，所以我希望你们不要放开科学，一味钻在文学里。"有志于提高自己说话水平的人，读了这段话后应有启示吧。

创造资本：口才也是一种生产力

哪里有声音，哪里就有力量；哪里有口才，哪里就有了战斗的号角。练好口才，就好像看到了胜利的曙光，"一人之辩，重于九鼎之宝；三寸之舌，强于百万之师"。古有战国苏秦数国游说不辱使命，三国孔明力排众议舌战群儒，近有革命领袖宣传爱国救亡图存演讲风起云涌。不战屈人之兵，谋划临阵倒戈，战前的动员，士气的鼓舞，人文的凝聚，乾坤的扭转……这一切都要通过口才表现出来。口才在无形之中改变了历史的进程，推动了历史的巨轮滚滚向前。口才，无疑也是一种巨大的生产力。

在西方，在世界经济腾飞的每一个国家，在全面建设小康社会的今日中国，口才无论在商贸谈判、产品销售、技术引进、公共关系还是进行思想教育、组织生产和经济活动中都起着至关重要的作用，很多企业高层都把提高员工讲话能力作为扩大生产的一种手段。因为商战英雄所见略同，口才也是生产力！

演讲在车间，流汗只等闲；演讲在军营，热血在沸腾。在课堂，在舞台，在社交场所，在谈判桌上，只要有人的地方，就需要交流，就需要对话，就需要高超的讲话能力。

只要不是哑巴或口吃，讲话能力人人具备，但是敢讲、能讲而会讲的人却不多。许多人茶壶里煮饺子——倒不出来，许多人只懂地方话却不懂普通话，许多人懂得了普通话却不会外语，因而交流受阻，发展受限。你羡慕那些在大庭广众之中风度翩翩、侃侃而谈、妙语生花、自信从容、吐词清朗、感染大众的演讲家吗？那，正是新时代对人才的最新要求。

一个人的讲话水平，可以决定他的生活层次，一个企业员工的整体讲话水平，可以决定企业的发展速度，一个国家公民的整体讲话水平则决定着这个国家的兴衰、国际竞争的成败。大到修身、齐家、治国、平天下，小到求职、恋爱、晋升、谋发展，哪一种离得了口才呢？

其实，你有一千个理由羡慕别人的口才，你更有一万个理由成为具备高超讲话能力的人。找到路，则不怕路长，不善讲话不要紧，关键的是要认识口才的重要，加强学习，因为讲话能力可以通过日常训练百炼成钢。日日行，千里不在话下；天天读，万卷亦非难事；时时练，讲话能力就会日益增强。到那时，你就会口吐莲花，笑傲江湖；妙语连珠，平步青云。

能力资本：如何提高说话的能力

有位美国政界要人曾说过，个性和口才的能力比起外语知识和哈佛大学的文凭更为重要。的确，口才很重要。但你也许会说："我先天不足怕开口，见人就脸红，没口才。"那么，我们告诉你：朋友，这不要紧，路就在脚下。口才不会与生俱来，也不会从天而降，就像庄稼需要施肥、道路需要整修，口才也要培养。

一切美丽的花朵，都植根于沃土之中，离开了泥土，它也就失去了养分；没有了泥土，它就会干枯、凋零。空中没有盛开的鲜花。

如果我们把口才也看成是百花园中的一朵鲜花，那么它扎根的沃土就是人的思想、知识、能力、毅力，离开了人的这些素质，那么口才也就成了一朵空中的花，一朵永远不会盛开的花。

崇高的思想、渊博的知识、远见卓识以及一定的记忆能力、较强的应变能力、持之以恒的毅力，这些都是我们培育"口才之花"的"养料"，离开了这些，练口才只能是一句空话。

1. 要有崇高的思想

大家或许都有过这样的体验，当一个自己言行欠佳的同学或老师批评你的时候，你的心里一定很不服气。甚至在心里说：你自己做得也不怎么样，有什么资格说我呢！你会感到这人言行不一。中国有句老话，叫作"近朱者赤，近墨者黑"，品德、修养恶劣的人带给别人的也只能是卑鄙的灵魂、低级的趣味，而且很难受到大多数人的欢迎。这就是一种人格力量。无论是演讲、谈话、论辩都可以说是一种向听众做宣传的活动，你的思想、品德、感情、修养都会在有意与无意中影响着听众的思想、品德、感情、修养。而演讲者、说服者只有具备了高尚的思想修养，他的话才具有说服力。身教胜于言教就是这个道理。

想必我们不少听过曲啸的《心底无私天地宽》这个演讲。这个演讲所以能打动人、教育人、感染人，是与曲啸本人的崇高品德分不开的，是与他热爱党、热爱人民的炽烈感情分不开的，也是与他坚定的共产主义信念分不开的。如果一个演讲者、一个论辩员没有高尚的思想修养做后盾，那么他的演讲、论辩是不可能成功的，其结果只能是台上他讲，台下讲他。

所以，我们要练口才，首先就要培养自己的思想美、心灵美、行为美，培养自己热爱祖国、热爱人民的高尚情操，学会使用正确的方法、立场去分析问题、解决问题，只有这样，你才能用美好的语言去感染听众、说服听众、宣传听众，你练就的口才也才能为人民服务，为祖国服务。

2. 要有渊博的知识

要想给别人一杯水，自己要有一桶水。这是一个普通的常识。我们要说给别人听，首先就得自己有。别小看了演讲时的几分钟、论辩时的几句话，就这几分钟、这几句话，需要我们有丰厚的知识积累。

可以养成这样一个好习惯：准备一个小本子，把每天从报纸、杂志、课文中看到的观点、方法，好的词、句子都记录下来，有时间就拿出来看看，天长日久，就形成了自己的思想，有了自己的见解，也有了自己的词汇库。说起话来也就头头是道，也不觉得没词儿可说了，甚至常常能妙语惊人，这就是积累的结果。

3. 要有远见卓识

远见卓识是演讲者、交谈者、论辩者必须具备的一种素质。我们不论是演讲，还是谈话、论辩，面对的都是人，或是广大的听众，或是单个的个人。但不论是人多，还是人少，谁都不愿意去浪费时间听那些老掉了牙的、人人皆知的陈词滥调。如果你总是人云亦云，从没有自己的见解、自己的观点，那么你永远也不会成为一名受人尊敬、受人欢迎的演讲者、谈话者、论辩者。你永远不可能征服你的听众。而要想自己的见识超群，见解独到，就要站得高，看得高，高瞻远瞩，言别人之未言，说别人之难说。但是，千万记住决不要去追求华而不实的噱头，决不要去哗众取宠。

4. 较强的应变力

著名相声演员马季，有一次到湖北省黄石市演出。在他表演之前，有一位演员错把"黄石市"说成了"黄石县"，引起了观众的哄笑。在笑声中，马季登台演出。他张口就说："今天，我们有幸来到黄石省演出……"这话把哄笑中的观众弄糊涂了。正当大家窃窃私语时，马季解释道："方才，我们的一位演员把黄石市说成县，降了一级。我在这里当然要说成省，给提上一级，这样一降一提，哈，就平啦！"几句话，引得全场哄堂大笑，马季机智巧妙地给圆了场，使演出得以顺利进行。

马季所以能把场圆下来，关键还在于他有很强的应变能力。一个艺术家如此，一个演讲者、谈话者、论辩者也是如此。我们无论是演讲、谈话，还是论辩，都是在与听众进行感情交流，在进行信息传递。这就需要我们在演讲、谈话、论辩的过程中随时地注意对方的变化，观察对方的表情，掌握听众的情绪，并要根据听众的反馈及时调整我们演讲、谈话、论辩的内容及角度，把听众不愿听而你又打算讲的东西删掉，加进一些听众感兴趣的内容，这没有较强的应变能力是做不到的。

另外，我们在与人交际、交流时，常常还会遇到一些意想不到的事情发生。如你正在演讲时却有人起哄，正在交谈时却遭人抢白，你的辩词受到人们的反对，这一切都需要有从容镇定的应变力。所以，为了使你在窘境中得到解脱，为了练就一副在任何情况下都对答如流的口才，为了在社交场合免受尴尬之苦，为了你临危不乱，请培养应变能力吧。

5. 一定的记忆能力

记忆力也是演讲者、谈话者、论辩者的一项重要的素质。我们的演讲词、论辩词包括谈话的一些内容都是需要记忆的，通过记忆把演讲、论辩的内容储存在大脑中，登台演讲或进行交谈、论辩时，才能张口即来，滔滔不绝。如果记忆力不强，到了台上，一紧张就会丢三落四，甚至张口结舌。

我们在积累知识时也需要有较强的记忆力，否则，打开书什么都知道，合上书又什么都忘了，这样是不行的。

培养记忆力是要下点苦功夫的。记忆的方法很多，我们可以自己从学习中寻找、总结一些记忆规律，供自己使用。也可以学习、借鉴他人的成功方法，如形象记忆法、数字记忆法、联想记忆法等。总之，我们只有过目成诵，才能出口成章。

6. 持之以恒的毅力

以上我们谈的几种练口才的素质，是必备的，但不是天生的，不是与生俱来的，而是后天的苦学、苦练得来的。"书山有路勤为径，学海无涯苦作舟。"西方也有一句格言为："诗人是先天的，演说家是后天的。"确实，要练就一副悬河之口，非下一番苦功夫不可。

古希腊有一位卓越的演讲家德摩斯梯尼，年轻时有发音不清、说话气短、爱耸双肩的毛病。最初他的演讲很不成功，以致被观众哄下了讲台。但德摩斯梯尼没有因失败、嘲笑、打击而气馁。他一方面博览群书、积累知识，一方面他又刻苦练习。为了练嗓音，他把小石子含在嘴里朗诵，迎着呼啸的大风讲话；为了克服气短的毛病，他故意一面攀登，一面不停地吟诗；为了克服耸肩，每次练习口才时他都在自己的双肩上方挂两柄剑，剑尖正对双肩，迫使自己随时注意改掉耸肩的不良习惯。他还在家中安装了一面大镜子，经常对着镜子练演讲，以克服自己在演讲中的一些毛病。经过苦练，德摩斯梯尼终于成了世界闻名的大演讲家。

"宝剑锋自磨砺出，梅花香自苦寒来。"这就是德摩斯梯尼成功给我们的启示。

只要你持之以恒地勤奋学习，刻苦练习，那么你一定会成功，口才家、雄辩家的桂冠就一定能戴在你的头上。

口才加油站

贾平凹的辞宴信

6月16日粤菜馆的饭局我就不去了。在座的有那么多领导和大款，我虽也是局级，但文联主席是穷官、闲官，别人不装在眼里，也不把我瞧得上，哪里敢称作同僚？他们知道我而没见过我，我没有见过人家也不知道人家具体职务，若去了，他们西装革履我一身休闲，他们坐小车我骑自行车，他们提手机我背个挎包，于我觉得寒酸，于人家又觉得我不合群，这饭就吃得不自在了。

要吃饭和熟人吃着香，爱吃的多吃，不爱吃的少吃，可以打嗝儿，可以放屁，可以说趣话骂娘，和生人能这样吗？和领导能这样吗？知道的能原谅我是懒散惯了，不知道的还以为我对人家不恭，为吃一顿饭惹出许多事情来，这就犯不着了。酒席上谁是上座，谁是次座，那是不能乱了秩序的，且常常上座的领导到得最迟，菜端上来得他到来方能开席，我是半年未吃海鲜之类了，见那龙虾海蟹就急不可耐，若不自觉筷子先伸了过去如何是好？即便开席，你知道我向来吃速快，吃相难看，只顾闷头吃下去，若顺我意，让满座难堪，也丢了文人的斯文，若强制自己，为吃一顿饭强制自己，这又是为什么来着？席间敬酒，先敬谁，后敬谁，顺序不能乱，谁也不得漏，我又怎么记得住哪一位是政府人，哪一位是党里人？而且又要说敬酒词，我生来口讷，说得得体我不会，说得不得体又落个傲慢。敬领导要起立，一人敬全席起立，我腿有疾，几十次起来坐下又起来我难以支持。我又不善笑，你知道，从来照相都不笑的，在席上当然要笑，那笑就易于皮笑肉不笑，就要冷落席上的气氛。

更为难的是我自患病后已戒了酒，若领导让我喝，我不喝拂他的兴，喝了又得伤我身子，即使是你事先在我杯中盛白水，一旦发现，那就全没了意思。官场的事我不懂，写文章又常惹领导不满，席间人家若指导起文学上的事，我该不该掏了笔来记录？该不该和他辩论？说是不是，说不是也不是，我这般年纪了，在外随便惯了，在家也充大惯了，让我一副奴相去逢迎，百般殷勤做妓态，一时半会儿难以学会。而你设一局饭，花销几千，忙活数日，图的是皆大欢喜，若让我去尴尬了人家，这饭局就白设了，我怎么对得住朋友？而让我难堪，这你又于心不忍，所以，还是放我过去，免了吧。几时我来做东，回报你的心意，咱坐小饭馆，一壶酒，两个人，三碗饭，四盘菜，五六十分钟吃一顿！如果领导知道了要请我而我未去，你就说我突然病了，病得很重，这虽然对我不吉利，但我宁愿重病，也免得我去坏了你的饭局而让我长久心中愧疚啊。

·第二章·

口才定律

比林定律：不该答应的事就要拒绝

比林定律是美国幽默作家比林提出的，指的是，人的一生，几乎有一半的麻烦是由于太快说"是"、太慢说"不"造成的。

因此在与人交往中，要懂得发言的艺术，考虑问题不能急躁，也不能怠慢。觉得自己无法做到的事情，就要明确而快速地告诉对方，以免给自己造成不必要的麻烦。

一般人都不太好意思拒绝别人，但在很多情况下，我们为了避免多余的困扰，对一些不合理或不合自己心意的事有必要拒绝，但怎样既不伤害对方自尊心又能达到拒绝的目的呢？当对方提出请求后，不必当场拒绝，你可以说："让我再考虑一下，明天答复你。"这样，既使你赢得了考虑如何答复的时间，也会使对方认为你是很认真对待这个请求的。

某单位一名职工找到上级要求调换工种。领导心里明白调不了，但他没有马上回答说"不可能"，而是说："这个问题涉及好几个人，我个人决定不了。我把你的要求带上去，让厂部讨论一下，过几天答复你，好吗？"

这样回答可让对方明白：调工种不是件简单的事，存在着两种可能，使对方思想有所准备，这比当场回绝效果要好得多。不仅给人留住了面子，也使自己摆脱尴尬的境地。可以说是一举两得。

某位作家接到老朋友打来的电话，邀请他到某大学演讲，作家如此答复："我非常高兴你能想到我，我将查看一下我的日程安排，之后回电话给你。"

这样，即使作家表示不能到场的话，他也就有了充裕时间去化解某些可能的内疚感，并使对方轻松、自在地接受。

陈涛夫妻俩下岗后，自谋职业，利用政府的优惠贷款开了一家日用品商店，两人起早摸黑把这个商店办得红红火火，收入颇丰，生活自然有了起色。陈涛的舅舅是个游手好闲的赌棍，经常把钱扔在了麻将台子上，这段时间，手气不好又输了，他不服气，还想扳回本钱，又苦于没钱了，就把眼睛瞄准了外甥的店铺，打定了主意。一日，这位舅舅来到了店里对陈涛说："我最近想买辆摩托车，手头尚缺五千块钱，想在你这借点周转，过段时间就还。"陈涛了解舅舅的嗜好，借给他钱，无疑是肉包子打狗。何况店里用钱也紧，就敷衍着说："好！再过一段时间，等我有钱把银行到期的贷款支付了，就给你，银行的钱可是拖不起的。"这位舅舅听外甥这么说，没有办法，知趣地走了。

陈涛不说不借，也不说马上就借，而是说过一段时间，等支付银行贷款后再借。这话含多层意思：一是目前没有，现在不能借；二是我也不富有；三是过一段时间不是确指，到时借不借再说。舅舅听后已经很明白了，但他并不心生怨恨，因为陈涛并没有说不借给他，只是过一段时间再说而已，给了他希望。

因此，处理事情时，巧妙地一带而过比正面拒绝有效，且不伤和气。

波特定律：批评宜曲缓而不宜直接

在日常生活中，我们常常会用到批评这种手段，但我们有些人批评起人来简直让人无地自容，下不了台。其实，这种批评方式不但无法达到让他人改正错误的目的，而且有碍于你的人际关系，严重时甚至会毁掉一个人。

波特定律原是经济管理方面的术语，由美国心理学家莱曼·波特提出。本意是指当遭受许多批评时，下级往往只记住开头的一些，其余就不听了，因为他们忙于思索论据来反驳开头的批评。正因这个原因，在口才交际方面，在批评他人时，就必须照顾到被批评者的心理感受，注意批评的方式，以较为缓和的语气来表达自己的意见。因此，批评他人，宜曲缓而不是直接"放大炮"。

宋朝知益州的张咏，听说寇准当上了宰相，对其部下说："寇公奇才，惜学术不足尔。"这句话一语中的。张咏与寇准是多年的至交，他很想找个机会劝老朋友多读些书。

恰巧时隔不久，寇准因事来到陕西，刚刚卸任的张咏也从成都来到这里。

老友相会，格外高兴。临分手时，寇准问张咏："何以教准？"张咏对此早有所考虑，正想趁机劝寇公多读书。可是又一琢磨，寇准已是堂堂宰相，居一人之下，万人之上，怎么好直截了当地说他没学问呢？张咏略微沉吟了一下，慢条斯理地说了一句："《霍光传》不可不读。"回到相府，寇准赶紧找出《汉书·霍光传》，从头仔细阅读，当他读到"光不学无术，闇于大理"时，恍然大悟，自言自语地说："此张公谓我矣！"是啊，当年霍光任过大司马、大将军要职，地位相当于宋朝的宰相，他辅佐汉朝立有大功，但是居功自傲，不好学习，不明事理，这与寇准有某些相似之处。因而寇准读了《霍光传》，很快明白了张咏的用意。

张咏与寇准过去是至交，但如今寇准位居宰相，直接批评效果不一定好，而且传出去还会影响寇公的形象；批评太轻了，又不易引起其思想上的变动。在这种情况下，张咏的一句赠言"《霍光传》不可不读"，可以说是绝妙的。别看这仅仅是一句话，其实它能胜过千言万语。"不学无术"，这是常人难以接受的批评，更何况是当朝宰相，而张咏通过教读《霍光传》这个委婉的方式，就使寇准愉快地接受了自己的建议。正所谓："借它书上言，传我心中事。"

有一次，几个属鼠的男同学在期中考试中考了满分，挺得意，有点飘飘然。他们的班主任发现了，就对他们说："怎么，得意了？你们知道得意意味着什么吗？请注意今天下午的班会。"那几个男学生猜想：糟了！在下午的班会上，等待他们的准是狂风暴雨！可奇怪的是，在班会上，班主任的批评却妙趣横生，他说："树林子要是大了，就什么鸟儿都有，自然，天下大了，就什么老鼠都有。我就听说过这么一个故事。有只小老鼠外出旅游，恰好两个孩子在下兽棋，小老鼠就悄悄地看。

"它发现了一个秘密，那就是，尽管兽棋中的老鼠可以被猫吃掉，被狼吃掉，被虎吃掉，却可以战胜大象。于是立刻认定，我才是真正的百兽之王呢！这么一想，小老鼠就得意起来了，从此瞧不起猫，看不起狗，甚至拿狼开心。

"有一天，它还大摇大摆地爬到老虎的背上，恰好老虎正在打瞌睡，懒得动，就抖了抖身子。小老鼠于是更加得意，它还趁着黑夜钻进了大象的鼻子。大象觉得鼻子痒痒，就打了个喷嚏，小老鼠立刻像出膛炮弹似的飞了出去。飞了好半天，才'扑通'一声掉在臭水坑里！好，现在就请大家注意一下，'臭'字的写法，怎么写的呢？'自''大'再加一点就是'臭'。有趣的是，今年正好是鼠年，咱们班有不少属鼠的同学，那么，这些'小老鼠'们会不会也掉到臭水坑里呢？我想不会，但必须有一个条件，这就是永不骄傲！"说到这儿，这位班主任还特意看了看那几个男同学，那几个男同学当然明白，老师的批评全包含在那个有趣的故事中了！他们挺感激老师，很快改正了自己的缺点。

间接指出别人的错误，要比直接说出口来得温和，且不会引起别人的强烈反感。那些对直接的批评会非常愤怒的人，间接地让他们去面对自己的错误，会有非常神奇的效果。

在生活和工作中，我们不可能没有批评，但要学会巧妙地批评，让他人既意识到自己的错误，同时也理解你善意批评的意图，使他内心里对你心存感激。批评最好的方式就是进行暗示。

波什定律：背后和推测性赞美最好

波什定律指的是出于人们对他人肯定的强烈渴望，故而对方一旦有所成就，就要毫不保留地称赞对方，它的好处在于，一旦知道了什么地方做得很好，人们就会去努力把这一地方做得更好。而在众多的称赞方式中，背后赞美和推测性赞美更能调动人们的积极性。

1. 背后赞美

世上背后道人闲话的人不少，大家都很清楚，被说之人一旦知道便会火冒三丈，轻则与闲话者绝交，重则找闲话者当面算账。因此，要引以为戒，不要犯背后说他人闲话的忌讳。但是，背后说人优点却有佳效。

背后说别人的好话，远比当面恭维别人或说别人的好话，效果要明显好得多。不用担心，我们在背后说他人的好话，是很容易就会传到对方耳朵里去的。

赞美一个人，当面说和背后说所起到的效果是很不一样的。如果我们当面说人家的好话，对方会以为我们可能是在奉承他、讨好他。当我们的好话是在背后说时，人家会认为我们是出于真诚的，是真心说他的好话，人家才会领情，并感激我们。

在日常生活中，背着他人赞美他往往比当面赞美更让人觉得可信。因为你对着一个不相干的人赞美他人，一传十，十传百，你的赞美迟早会传到被赞美者的耳朵里。这样，你赞美的目的也就达到了。

在日常生活中，如果我们想赞扬一个人，不便对他当面说出或没有机会向他说出时，可以在他的朋友或同事面前，适时地赞扬一番。

据国外心理学家调查，背后赞美的作用绝不比当面赞扬差。此外，若直接赞美的度不足会使对方感到不满足、不过瘾，甚至不服气，过了头又会变成恭维，而用背后赞美的方法则可以缓和这些矛盾。因此，有时当面赞扬不如通过第三者间接赞扬的效果好。

当你面对媒体时，适当地赞美你的同行，是一种风度，也是一种艺术。

多在第三者面前去赞美一个人，是你与那个人关系融洽的最有效的方法。假如有一位陌生人对你说："某某朋友经常对我说，你是位很了不起的人！"相信你感动的心情会油然而生。那么，我们要想让对方感到愉悦，就更应该采取这种在背后说人好话、赞扬别人的策略。因为这种赞美比一个魁梧的男人当面对你说"先生，我是你的崇拜者"更让人舒坦，更容易让人相信它的真实性。

2. 推测性赞美

借用推测法来赞美他人，虽然这种方式有一定的主观意愿性，未必是事实，但是能从善意的想象中推测出他人的美好东西，就能给人以美好的感受。

推测性赞美有两种，一种是祝愿式的推测，一种是预言式的推测。

祝愿式推测，主要强调一种美好的意愿，用一种友好的心情去推测对方，带有祝愿的特点。这种推测也未必很可行，但推测者是诚挚而善意的。

预言式推测，带有一些必然性、预见性，可以针对工作、生活中可能会取得的成绩进行预测。

当然，推测并不等于明确的结果，而是具有多种可能性，但前提是被赞美者本身有实力，有可能获得好结果。

预言式推测较适用于同事与同事之间，或父母对孩子的推测，总之，是对身边较熟悉的人所采用的方式。它起到一定的激励作用。

权威效应：利用权威赋予你的权力

权威效应，又称为权威暗示效应，是指一个人要是地位高，有威信，受人敬重，那他所说的话及所做的事就容易引起别人重视，并让他们相信其正确性，使吹毛求疵或别有所求之人打消原有的念头。

在说服别人的时候，也可以抬出权威来加强自己说话的力度，这就是权威说服法。有些推销人员在卖人寿保险的时候，他们喜欢提到权威人士。他们说："你们工厂的经理也买我们的人寿保险。"大家会说："噢，我们公司的经理那么精明能干，他们都买你们的人寿保险，看来你们的人寿保险是不错，买吧。"他没有经过很深的判断，他就这么做了。这就是利用了权威的心理。

有的时候没有这种权威人士给你做宣传，那怎么办呢？用数字、用统计资料。一般人认为数字是不会骗人的，所以你说，"这家工厂用了我们的机器后，产量增加20%，那个工厂用了我们的计算机后，效率提高了50%"，把这些数字拿给客户看，客户很容易就接受了。有的时候，统计数字还太少，产品刚刚出现，还没有那么多客户的时候，还有一种方法，就是用前面的顾客买了他们的产品觉得满意而写来的信函。这个时候，这种做法对新顾客，对一些小的公司也能起一定的影响作用，这就是权威的心理。

权威效应还有另外一个内涵，即利用角色说服对方。如"让你换成我，你该怎么办"这种说服法利用了"角色扮演"使对方有互易立场的模拟感觉，借此模拟感觉而达到说服对方的目的。

美国人际关系专家吉普逊，他认为他的好友之一，某陆军上将之所以有今日之成就，完全得力于他有了超人的说服技巧。他说："他从小就憧憬着军旅生涯，1929年美国经济恐慌，人人被生活逼得走投无路，年轻人都一窝蜂挤入各兵种的军事学校。他特别钟情于西点军校，可是有限的名额早就被有办法人的子弟占据了。他只是个升斗小民，于是乎，他鼓起勇气，一一拜访地方有头有脸的人物，不怕碰钉子，勇敢地毛遂自荐：'我是个优秀青年，身体也很棒，我平生最大的意愿，是进西点报效国家，如果您的子弟和我一样处境，请问你会怎么办呢？'

"没想到，这些有办法的人物，经过他这一说，十之八九都给了他一份推荐书。有的人更是积极为他打电话，拜托国会议员，他终于成了西点军校的学生了。"

任何人对自己的事，总是怀有了很大的兴趣和关切。这位年轻人如果不以"如果您的子弟和我一样"作为攻心战术的话，他哪能有今日的成就？

要说服别人，先得使他进入情境，对你的问题感同身受，兴起关切之心。别人在回答"如果你是我……"的问题时，不自觉地便把自己投射在该问题中了，最起码的收获，他的回答已经为我们提供了较客观的解决方法。

赫洛定律：给他最想要的一种赞美

所谓赫洛定律，是一种人际关系的需求理论，它强调满足对方的渴求，以此获得他人的认可与信任。就说话而言，我们与人交谈，从某种意义而言，就是一种探求对方需求的过程，通过这种过程，我们知晓对方的心理活动，由此制定下一步的谈话内容。

在人的一生中，有无数让他们引以为自豪的事情，这些都是一个人人生的闪光点。这些东西又会不经意地在他们的言谈中流露出来，例如，"想当年，我在朝鲜战场上……""我年轻的时候……"等等。对于这些引以为荣的事情，他们不仅常常挂在嘴边，而且深深地渴望能够得到别人由衷的肯定与赞美。

对于一位老师而言，引以为荣的往往是他教过的学生在社会上很有出息，你为了表达对他的赞美，不妨说："你的学生×××真不愧是你的得意门生啊！现在已经自己出书了。"对于一位一生都默默无闻的母亲，引以为荣的往往是她那几个有出息的孩子，你可以对她说："你有福气啊，两个儿子都那么有出息。"她一定会高兴不已。对于老年人来说，他们引以为荣的往往是他们年轻时的那些血与火的经历。

真诚地赞美一个人引以为荣的事情，可以更好地与之相处。

乾隆皇帝喜欢在处理政事之机品茶、论诗，对茶道颇有见地，并引以为荣。有一天，宰相张廷玉精疲力竭地回到家刚想休息，乾隆忽然来造访，张廷玉感到莫大的荣幸，称赞乾隆道："臣在先帝手里办了13年差，从没有这个例，哪有皇上来看下臣的！真是折杀老臣了！"张廷玉深知乾隆好品茶，命令把家里的隆年雪水挖出来煎茶给乾隆品尝。乾隆很高兴地招呼随从坐下："今儿个我们都是客，不要拘君臣之礼。生而论道品茗，不亦乐乎？"水开时，乾隆亲自给各位泡茶，还讲了一番茶经，张廷玉听后由衷地赞美道："我哪里省得这些，只知道喝茶可以解渴提神。一样的水和茶，却从没闻过这样的香味。"李卫也乘机称赞道："皇上圣学渊源，真叫人瞠目结舌，喝一口茶竟然有这么多的学问！"乾隆听后心花怒放，谈兴大发，从"茶乃水中君子、酒乃水中小人"开始论起"宽猛之道"。真是妙语连珠、滔滔不绝，众臣洗耳恭听。

乾隆的话刚结束，张廷玉赞道："下臣在上书房办差几十年，两次丁忧都是夺情，只要不病，与圣祖、先帝算是朝夕相伴。午夜扪心，凭天良说话，私心里常也有圣祖宽，世宗严，一朝天子一朝臣这个想头。我为臣子的，尽忠尽职而已。对陛下的旨意，尽力往好处办，以为这就是贤能宰相。今儿个皇上这番宏论，从孔孟仁恕之道发端，譬讲三朝政治，虽然只是三个字'趋中庸'，却发聋振聩令人心目一开。皇上圣学，真是到了登峰造极的地步。"其他人也都随声附和，乾隆大大满足了一把。

张廷玉和李卫作为乾隆的臣下，都深知乾隆对自己的杂经和"宏论"引以为豪。而张李二人便投其所好，对其大加赞美，达到了取悦皇帝的目的。

一个人到了晚年，人生快要走到尽头了，当他回首往事的时候，更喜欢回味和谈论自己曾经经历的那些大风大浪，希望得到晚辈的赞美和崇敬。

一位现在已经八十多岁的老人，一生中最大的骄傲便是独自一个人将7个孩子养大成人，现在眼见一个个孩子都成家立业，他经常自豪地对孙子们说："你奶奶死得早，我就靠这两只手把你爸他们几个养大成人，真是不容易啊。"每当这时，如果他的孙子能乘机美言几句，老人就会异常高兴。

抓住他人最胜过于别人的、最引以为豪的东西，并将其放在突出的位置进行赞美，往往能起到出乎意料的效果。

言之有物是说一切话所必具的条件，与其泛说"久仰大名""如雷贯耳"，不如说"您上次主持的讨论会成绩之佳，真是出人意料"等话，直接提及对方的著名工作。若恭维别人生意兴隆，不如赞美他推销产品的努力，或赞美他的商业手腕；泛泛地请人指教是不行的，你应该择其所长，集中某点请他指教，如此他一定高兴得多。恭维赞美的话一定要切合实际，到别人家里，与其乱捧一场，不如赞美房子布置得别出心裁，或欣赏壁上的一幅好画，或惊叹一个盆栽的精巧。若要讨主人喜欢，你要注意投其所好，主人爱狗，你应该赞美他养的狗，主人养了许多金鱼，你应该谈那些鱼的美丽。赞美别人最近的工作成绩，最心爱的宠物，最费心血的设计，这比说上许多无谓的虚泛的客套话更佳。

🎙️

口才加油站

白岩松答记者问

白岩松是中国中央电视台著名的节目主持人，也是一个出色的记者，他不仅采访过别人，也被别人采访过。在答记者问中他同样以真诚谦逊、质朴自信、机智警策的语言风格，展示了央视名嘴的风采。以下是他在悉尼奥运会解说工作结束回国后的一次答记者问。

记者（以下称记）：有媒体评论说，白岩松是中央电视台最火的主持人。半个月的评说奥运，使亿万观众更加认可你了。你如何看待这种评论？

白岩松（以下称白）：我曾经跟朋友开玩笑说，把一条狗牵进中央电视台，每天让它在一套节目黄金时段中露几分钟脸，不出一个月，它就成了一条名狗。我在《东方时空》已经待了七年，如此而已。这没有什么值得骄傲的，相反的给生活带来了一些不便，比如没有随便出门逛街的自由。

记者的话无疑是对白岩松的赞扬，而这种赞扬是高规格的。面对赞扬，白岩松没有沾沾自喜，更没有自鸣得意，他巧借一个比方表明了自己对这一问题的看法：一来是自谦，二来揭示自己的名气与媒体的关系，尤其是与中央电视台这种特殊媒体的关系，从而极其巧妙地把赞扬声指向了给他带来荣光、带来名气，乃至带来些许不便的地方——中央电视台。

记：最近我看到有传媒把你和中央电视台的其他名嘴作了比较，给你的打分是最高的，在强手如林的竞争中，你感觉到有对手吗？

白：事业跟百米赛有相似的地方，我跑的时候，眼睛只向着前面那条线，而绝不会去考虑对手。但人生跟百米还不太一样，百米就一条线，人生是你撞了一条线后还有另一条线，你得不断去撞，直至死亡。

记者想以事实说话，用事实来证明白岩松是最棒的，并以此引出他的对手的评价以及面对竞争对手时的态度，可谓头号的机智。而白岩松答得更为精彩，他首先从对方话中引出比方，然后寻找人生与百米赛的相同点，"眼睛只向着前面那条线"，含蓄地告诉世人——自己的心中有恒定的奋斗目标，自己所做的一切都在向心中的那个目标迈进，无须过多地考虑对手。短短的一句话，不仅显示了白岩松的自信，而且显示了他看准目标，孜孜以求的坚韧。接着，白岩松又点出人生与百米赛的不同点：百米赛的目标是单一固定的，而人生的追求却永无止境。语言是心灵的折射，从白岩松的话中，我们能不为他永不停息的精神所感动吗？

记：你到《东方时空》时，只是一个25岁的小伙子，而且一点电视经验也都没有。第一次面对镜头，你是不是很紧张？

白：不紧张。因为我都不知道镜头在哪里。开拍前，导演告诉我，你要放松，就当没有镜头，于是我就不去想它。现在再看那次录像，还是很放松的。如今面对镜头，我感觉到的只是一种工作状态，比如，它开机了。

这是一个回顾性的问题，旨在了解白岩松的成长过程。白岩松的回答依旧保持着他一贯的风格：实话实说——"不紧张。因为我都不知道镜头在哪里"；称赞他人——"导演告诉我，你要放松"；自信务实——"我感觉到的只是一种工作状态"。整个答问，要言不烦，语言精练，似乎未谈自己的成长，但我们仍然能从"找镜头"到"工作状态"看到白岩松成长的足迹。

记：无论你承认不承认，你已经是一个明星，一个传媒明星。如何在明星和记者之间摆正自己的位置呢？

白：有一位年轻人曾求教于一位大提琴家："我如何才能成为一个优秀的大提琴家？"大提琴家回答说："你先成为一个优秀的人，再成为一个优秀的音乐人，然后会很自然地成为一个优秀的大提琴家。"这对我们也一样，先成为一个优秀的人，再成为一个优秀的记者或主持人。

记者的问题问得很有价值，因为对于一个明星式的记者而言这是一个必须要解决的问题。白岩松并没有正面作答，他先用类比的手法来引发我们每个人对这一问题的思考，"优秀的人——音乐人——大提琴家"的三个阶序列，让我们扩大了对记者所提问题的思考范围，无论是做主持人、记者还是其他工作，一个最基本的前提是：首先要做一个优秀的人。这样的回答充满了睿智，它不仅让我们了解了白岩松的人生态度，而且也让我们获得了人生的感悟：事业有成的基础和前提是什么？

记：我听到的观众对你的唯一的意见是，你太过严肃，不苟言笑，为什么不能在屏幕上露出一点笑意呢？

白：有不少观众说不习惯我老是一副"忧国忧民"的脸，可如果我换上一副笑容灿烂的脸是不是就习惯了呢？我以前做的节目大都是一些学生的话题，背后有太多不适于公开的背景，我笑不出来。职业病。我也曾努力笑过，但我一笑就不会说话，平常也是这样，一笑我所有的身体语言就都失去了。因此，我绝对不是故作深沉，而平常就是这样。真实是最自然的。

这是一个很有趣的话题，说它有趣，是因为观众对白岩松的屏幕印象确实如此，许多观众都想知道其中原因，可以说记者问出了许多观众想问而没有机会问的问题。白岩松的回答不但化解了观众之感，而且表明了自己的生活态度，既诙谐幽默——"老是一副'忧国忧民'的脸"，又真挚坦诚——"我以前做的节目大都是一些沉重的话题"，而且机智警策——"真实是最自然的"。这样的回答，不但让我们理解了他的"严肃"，而且在对他的"严肃"深怀敬意的同时，能对自己的生活态度作出正确的定位。

看白岩松主持的节目我们能够感受到正义的力量，听白岩松妙答记者问我们能够受到他人格的魅力：坦诚、质朴、谦逊、平易。在我们欣赏白岩松连珠妙语的时候，我们也真诚地祝福白岩松：在事业的旅途上不断进取，永远优秀！

·第三章·

口才规则

观察规则：想说好话，察言观色

人人都有这样的经验：有时，同某人在一起，说话很愉快，也有时同某人在一起，感到很烦，本来很感兴趣的话题却不想谈下去。究其原因，主要是因为对方说话不讨人喜欢，该问的问，不该问的也问，所以让人觉得厌烦。说话要讲究轻重、曲直，更要察言观色，知道哪些话该说哪些不该说，哪些该问哪些不该问。

西汉初年，汉高祖刘邦打败项羽，平定天下之后，开始论功行赏。这可是攸关后代子孙的万年基业，群臣们自然当仁不让，彼此争功。

汉高祖刘邦认为萧何功劳最大，就封萧何为侯，封地也最多。但群臣心中却不服，私底下议论纷纷。

封爵受禄的事情好不容易尘埃落定，众臣对席位的高低先后又群起争议。许多人都说："平阳侯曹参身受七十次伤，而且率兵攻城略地，屡战屡胜，功劳最大，他应排第一。"刘邦在封赏时已经偏袒萧何，委屈了一些功臣，所以在席位上难以再坚持己见，但在他心中，还是想将萧何排在首位。

这时候，关内侯鄂君已揣测出刘邦的心意，于是就顺水推舟，自告奋勇地上前说道："大家的评议都错了！曹参虽然有战功，但都只是一时之功。皇上与楚霸王对抗五年，时常丢掉部队，四处逃避，萧何却常常从关中派员填补战线上的漏洞。楚、汉在荥阳对抗好几年，军中缺粮，也都是萧何辗转运送粮食到关中，粮饷才不至于匮乏。再说，皇上有好几次避走山东，都是靠萧何保全关中，才能顺利接济皇上的，这些才是万世之功。如今即使少了一百个曹参，对汉朝有什么影响？我们汉朝也不必靠他来保全啊！你们又凭什么认为一时之功高过万世之功呢？所以，我主张萧何第一，曹参居次。"

这番话正中刘邦的下怀，刘邦听了，自然高兴无比，连连称好，于是下令萧何排在首位，可以带剑上殿，上朝时也不必急行。

而鄂君因此也被加封为"安平侯"，得到的封地多了将近一倍。他凭着自己察言观色的本领，享尽了一生荣华富贵。

问题是展开话题的钥匙。所以说话察言观色就要做到问话要讨人喜欢。有些问题，当你得不到满意的答复时，是可以继续问下去的，但有一些问题就不宜再问。比方说你问对方住在哪里，他如果只说地区而不说具体地址，你就不宜再问在某路某号。如果他愿意让你知道的话，他一定会主动详细说明的，而且还会补充上一句，邀请你去坐坐，否则便是不想让别人知道，你也不必再追问了。举一反三，其他诸如此类的问题，如年龄、收入等也一样不宜追问，以免引起对方不快。

不可问对方同行的营业情况。同行相忌，这是一般人的毛病。因为他回答你时，若不是对其同行过于谦逊的赞扬，便是恶意的诋毁。在一个人面前提及另外一个和他站在对立地位的人或物总是不明智的。

此外，在日常交际中要知道的是：不可问及别人衣饰的价钱；不可问女士的年龄（除非她是 6 岁或 60 岁左右的时候）；不可问别人的收入；不可详问别人的家世；不可问别人用钱的方法；不可问别人工作的秘密，如化学品的制造方法，等等。

凡别人不知道或不愿意让人知道的事情都应避免询问。问话的目的在于引起双方的兴趣，而不是使任何一方没趣。若能让答者起劲，同时也能增加你的见识，那是问话的最高本领。

一位社交家说："倘若我不能在任何一个见面的人那里学到一点东西，那就是我的处世的失败。"

这句话很发人深省，因为虚怀若谷的人，往往是受人欢迎的。记住，问话不仅能打开对方的话匣，而且你可以从中增益学问。

换位规则：换位思考，说得更好

很多人往往习惯将自己的想法、意见强加给别人，总觉得自己的做法、意见才是最好的。虽然出发点都是好心的，是为了帮助别人解决某些问题，但是却始终没有站在对方的立场上想过这样是否适合。所以当我们和别人商谈事情时，我们不应该先自我确定标准和结论，应该站在对方的立场仔细想想，关心询问对方对这件事情的看法和应该如何解决这个问题，而不是直接讲一番自我的大道理来逼迫对方接受。

在与对方沟通时，站在对方立场上，才能让别人听着顺耳，觉得舒服。站在对方立场上，设身处地地想，设身处地地说。如此，不仅能使他人快乐，也能使自己快乐。

站在对方的立场考虑问题，你会发现，你跟他有了共同语言，他所思所想、所喜所恶，都变得可以理解。在各种交往中，你都可以从容应对，要么伸出理解的援手，要么防范对方的恶招。许多人不懂得如何站在对方立场上思考和说话，这是导致很多事情做不成功的一大原因。

站在他人的立场上说话，能给他人一种为他着想的感觉，这种投其所好的技巧常常具有极强的说服力。要做到这一点，"知己知彼"十分重要，唯先知彼，而后方能从对方立场上考虑问题。成功的人际交往语言，有赖于发现对方的真实需要，并且在实现自我目标的同时给对方指出一条可行的路径。

某精密机械总厂生产某项新产品，将其部分部件委托另外一家小型工厂制造，当该小型工厂将零件的半成品呈示总厂时，不料全不合该厂要求。由于迫在眉睫，总厂负责人只得令其尽快重新制造，但小厂负责人认为他是完全按总厂的规格制造的，不想再重新制造，双方僵持了许久。总厂厂长在问明原委后，便对小厂负责人说："我想这件事完全是由于公司方面设计不周所致，而且还令你吃了亏，实在抱歉。今天幸好是由于你们帮忙，才让我们发现竟然有这样的缺点。只是事到如今，事情总是要完成的，你们不妨将它制造得更完美一点，这样对你我双方都是有好处的。"那位小厂负责人听完，欣然应允。

也许你会质疑："站在对方的立场上说来容易，实际要做的时候却很难。"没错，站在对方立场来说话确实不容易，但却不是不可能。许多口才不错的人都能确实做到这一点。因为若不如此做，谈话成功的希望就可能是很小的。真正会说话的人，善于努力地站在他人的角度来设想，并且乐此不疲。然而，他们也并非一开始就能做得很好，而是从一次次的说服过程中吸收经验、吸取教训，不断培养自己养成这种习惯，最后才达到这样的境界。因此，只要你愿意，这并不是件太大的难事。

站在对方的立场上思考和说话，设身处地地为别人着想，往往能让人非常感动。现在有一个很流行的说法是"理解万岁"，一个人最大的痛苦之一就是没人理解，如果我们能站在他的立场上说话，那对于他来说是一种莫大的幸福。

美国汽车大王福特说过："如果说成功有秘诀的话，那就是站在对方立场上认识和思考问题。"如果你与别人意见不一致了，假若能站在对方的立场上认识和思考问题，你也许会发现自己错了。而且如果你肯主动承认错误，就会使矛盾很快得到解决，还能赢得他人的喜欢。

赞美规则：赞美艺术，看人下菜

人的地位有高低之分，年龄有长幼之别，因而因人而异、突出个性的赞美比一般化的奉承能收到更好的效果。老年人总希望别人不忘记他"想当年"的业绩与雄风，同其交谈时，可多称赞他引以为豪的过去；对年轻人不妨赞扬他的创造才能和开拓精神，并举出几点实例证明他的确能够前程似锦；对于经商的人，可称赞他头脑灵活，生财有道；对于知识分子，可称赞他知识渊博、宁静淡泊……这些都是恰如其分的。而如果夸一个中年妇女活泼可爱、单纯善良就会不伦不类，弄不好会招致臭骂；赞美你的领导发家有方、日进斗金，恐怕升迁就渺茫了。

要夸别人，应有一种"战无不胜"的信心。人都是有弱点的，再谦虚，再不近人情，再标榜不喜欢听甜言蜜语的人，其实都是喜欢别人赞美自己的，但要恰如其分。

古时候，有一个人非常善于拍马屁。他阿谀奉承地过了一生，送了无数的高帽子给人戴。死后到了阴间，阎王亲自审问他。

"你这人活了一世，只懂阿谀奉承，让人不思进取，实在是罪该万死。来啊，把他给我打下十八层地狱！"阎王怒气冲冲地吼道。

"慢着，"那人不慌不忙地说道，"小人是该死，但小人奉承的都是那些有虚荣心的人。像大王您这样英明神武、铁面无私、没有虚荣心的人是不会接受小人的高帽的。"

"还算你有眼！"阎王笑着说，"你投胎去吧！"

要赞美对方，就要善于揣测人心，了解对方的需要，有的放矢。比如营业员与顾客在商品质量、价格等方面争执不下时，营业员改换话题，称赞这位顾客真有眼光，这衣服款式是最新的，面料也好，特别畅销。再夸她"能说会道，真会砍价，我们这儿从没这么低的价钱了"。顾客一定喜欢听，不好意思再争下去，说不定很快就买下来了。人的心理就是这么奇怪。

吴局长除了精于本职业务以外,对书法也颇有研究。一次,部下小丁去拜访他,恰巧碰到他在写字。"哎呀,没想到吴老的字写得这么好。"精明的小丁一副发现新大陆的样子。

"哪里哪里,胡乱涂鸦罢了。"吴老很谦虚。

"我以前也学了两年书法,但总不得要领。不知道吴老有什么绝招,可不可以教教我?"小丁虚心求教。

"你也喜欢书法?那太好了!"

吴老像遇到知己一样,兴奋地对自己的部下说起来。"就我自己的体会,学写书法就在于三点:眼到、心到、手到。所谓眼到,就是观摩名家作品,要观察入微;心到呢,就是学书法要有恒心,切不可'三天打鱼,两天晒网'的,并且写的时候要用心去体会,进入忘我的境界。"吴老停下来,喝了口茶。

"那手到又是什么呢?"小丁一副求知的样子。

"手到当然是多练了。只有多练才能体会到书法的真义。"

"唉,我过去就是看得少,练得少,并且没有恒心。今天听吴老一席话,对我的帮助真是太大了!"小丁感慨地说。

接下来宾主自然是谈得非常投机。临走时,吴老还送了小丁一幅自己的字。小丁将它往自己办公室一挂,当然增光不少,吴局长也更喜欢他了。

虚荣是人的天性,它希望被满足的欲望是强烈的,我们与别人交流的时候可以先明白对方的虚荣所在,然后用一些恰当的话去满足这种虚荣,看人下菜碟儿,对方一定会非常受用。

每个人都有自己的长处,这方面往往是他花费了精力才获得的,如果你对他的这方面表示承认,并且表示得谦虚一些,对他显露出求教的意思,给他充分展现自己特长的机会,他一定会很高兴的。

团结规则:交流过程,多说我们

有位心理专家曾经做过一项有趣的实验。他让同一个人分别扮演专制型、放任型与民主型等三种不同角色的领导者,而后调查其他人对这三类领导者的观感。

结果发现,采用民主型方式的领导者,他们的团结意识最为强烈。同时研究结果也指出,这些人当中使用"我们"这个名词的次数也最多。

一家公司招聘员工，最后要从三位应聘人员中选出两个。他们给出的题目是这样的：

假如你们三个人一起去沙漠探险，在返回的途中，车子抛锚了。这时，你们只能选择四样东西随身带着。你会选什么？这些东西分别是：镜子、刀、帐篷、水、火柴、绳子、指南针。其中帐篷只能住两个人，只有一瓶矿泉水。

甲男选的是：刀、帐篷、水、火柴。

面试经理问他，为什么你第一个就要选刀？

甲男说："害人之心不可有，防人之心不可无。这帐篷只够两个人睡，水只有一瓶，万一有人为了争夺生存机会想害我呢？所以，我把刀拿到手，也就等于把主动权抓到了手中。"

乙女和丙男选的四样物品为：水、帐篷、火柴、绳子。

乙女解释说："水是必需品，虽然只够两个人喝，但可以省着点，相信也能够使三个人一起坚持到最后；帐篷虽然只能容纳两个人睡，但是可以三个人轮换着来休息；火柴也是路上必不可少的；而绳子可以用来把三个人绑在一起，这样在风沙很大、看不见物的时候，队伍就不会散了。"丙男给出的解释与乙女相同。

最后，甲男被淘汰出局。

事实上，我们在听演讲时，对方说"我认为……"带给我们的感受，将远不如他采用"我们……"的说法，因为采用"我们"这种说法，可以让人产生团结意识。

小孩在做游戏时，常会说"我的""我要"等语，这是自我意识强烈的表现，在小孩子的世界里或许无关紧要，但若长大成人以后仍然如此，就会给人自我意识太强的坏印象，人际关系也会因此受到影响。

人的心理是很奇妙的，同样的事往往会因说话的态度不同，而给人完全不同的感觉。因此善用"我们"来制造彼此间的共同意识，对促进我们的人际关系将会有很大的帮助。

"我没有做什么，同事们和我一样战斗在工作第一线，尤其领导更是起了带头作用，为我们做出了榜样。所以今天大家给我的荣誉，我觉得功劳不能归于一人，功劳是大家的。"在一些表彰会上，经常可以听到这样的语言，把"我"说成"我们"，一来显得自己谦虚，二来让领导和同事们听着都很舒服。

中国是一个传统深厚的国家，中国人有内敛的普遍个性，这种内敛个性成为我们基本价值判断的一部分。如果一个人过分强调自己，什么事都抢着去干，或者什么功劳都揽到自己头上，什么过错都推给别人，那这个人很可能就要倒霉了，除非你是团队中的头号人物。所谓"枪打出头鸟"就是这个道理，所以即使自己干了很多，苦劳都是自己的，也要把功劳分给大家。

不过让心中不平之人聊可自慰的，就是你做了事情但是把功劳和大家分享了，你在别人心中的地位就会逐渐提高。群众的眼睛是雪亮的，领导更是眼明心亮，只要你不抢他的风头，时间长了肯定有你的好处。

说"我"跟"我们"的差别，其实就是让听者心里头高兴与否。说"我们"，听者心里高兴，对自己有好处；说"我"，听者心里不高兴，对自己没什么好处。既然这样，聪明的人就应该多说"我们"少说"我"。

那么是不是不能说"我"呢？当然不是，只是要把握好机会。平时积累了很多人情资本，在关键时刻勇敢地把"我"说出来，等于是量变到质变的飞跃，会取得让人满意的结果。

少言规则：给人机会，不多说话

有些人在生活中常易犯一个毛病：一旦他们打开话匣，就难以止住，被人称为"话痨"。其实，这种人得不偿失，因为他们自己话说得多了，既费精力，给他人传递的信息又太多，也还有可能伤害他人；另外，他们无法从他人身上吸取更多的东西，当然问题不在于别人太吝啬，而是他不给别人机会。看来，那些说个不停者确实该改改自己的"牛性"了，否则会吃大亏。

如果有几个朋友聚在一起谈话，当中只有一个人口若悬河，其他人只是呆呆听着，这就成为他的演讲会，让在场的其他人感到无可奈何和愤怒。每一个人都有着自己的发表欲。小学生对老师提出的问题，争先恐后地举起手来，希望教师让自己回答，即使他对于这个问题还不是彻底地了解，只是一知半解地懂了一些皮毛，还是要举起手来，也不在乎回答错误要被同学们笑，这就说明人的表现欲是天生的，因为小学生远不如成年人有那么多顾虑。成人们听着人家在讲述某一事件时，虽然他们并不像小学生那样争先恐后地举起手来，然而他却恨不得对方赶紧讲完了好让他讲。

阻遏别人的发表欲，对方一定不高兴，在此情况下很难得到别人的认同，不要做这样的事。你不但应该让别人有发表意见的机会，还得设法引起别人说话的欲望，使对方感觉到你是一位令人欢喜的朋友，这对一个人的好处是非常之大的。

著名记者麦克逊说："不肯留神去听人说话，这是不受人欢迎的原因之一。一般的人，他们只注重于自己应该怎样说下去，绝不管别人要怎样说。须知世界上多半是欢迎专听人说话的人，很少欢迎专说自己话的人。"

美国一家汽车公司正在准备采购一年所需要的坐垫布。3家有名的厂家已经做好样品，并接受了汽车公司高级职员的检验。然后，汽车公司给各厂发出通知，让各厂的代表进行最后一次竞争。

有一个厂家的代表基尔先生来到了汽车公司，他正患着严重的咽喉炎。参加高级职员会议时，他的嗓子哑得厉害，差不多不能发出声音。他被带进办公室，与纺织工程师、采购经理、推销主任及该公司的总经理面洽。他站起身来，想努力说话，但只能发出沙哑的声音。

大家都围桌而坐，所以基尔只好在本上写了几个字："诸位，很抱歉，我嗓子哑了，不能说话。"

"我替你说吧。"汽车公司的总经理说道。后来，总经理真替他说话了。他陈列出基尔带来的样品，并称赞了它们的优点，于是引起了在座其他人活跃的讨论。那位经理在讨论中一直替基尔说话，而基尔在会上只是微笑点头及做出少数手势。

令人惊喜的是，基尔最后得到了那份合同，订了50万码的坐垫布，价值160万美元——这是他得到的最大订单。

如果不是因为意外而说不出话，也许基尔就要侃侃而谈，让人心生反感，也就不会得到那笔单子。一个商店的售货员，拼命地称赞他东西怎样好，不给顾客有说一句话的机会，很可能就会失去这位顾客的生意；因为顾客不过是把你的如簧之舌、天花乱坠的说话当作是一种生意经，绝不会轻易相信而购买的。反过来，你如果给顾客说话的余地，使他对商品有评价的机会，你的生意便有可能做成功。因为顾客总有选择和求疵的心理，如果只是一味地夸耀，或是对顾客的批评加以争辩，这无异于说顾客不识好货，不是对顾客极大的侮辱吗？他受了极大的侮辱，还会来买你的货物吗？

与其自己唠唠叨叨地多说废话，还不如爽爽快快，让别人去说话，反而会得到意想不到的成功。如果能够给别人说话的机会，你就给人留下了一个好印象，以后，别人就会更愿意与你交谈。

诚恳规则：谦和诚恳，缩短距离

第一次见面时，用三言两语恰到好处地表达你对对方的友好情意，或肯定其成就，或赞扬其品质，就会顷刻间暖其心田，感其肺腑，就会使对方油然而生一见如故、欣逢知己之感。初次见面时交谈达到这种程度会为日后的深入交往做好铺垫。跟从未见过面者电话交谈时适当地表情达意同样能使对方感动不已。

很多时候，当你的意见与对方出现分歧时，你也许很想打断他。不要那样做，那样做很危险。当他有许多话急着要说的时候，他不会理你的。因此，你要耐心地听着，诚恳地鼓励他充分地说出自己的看法。

在日常生活中，我们也应该做一个开明谦和的人。如果你从事推销工作，那么被别人拒绝就是在所难免的事了。对方拒绝你并不是因为不想买你的产品，而是因为与你有距离感，这种时候你就非常有必要想办法用一种比较谦和的态度来消除与对方的距离感。

刘先生是一家天然食品公司的推销员。一天，他还是一如往常，把芦荟精的功能、效用告诉一位陌生的顾客，对方同样没有兴趣。刘先生自己嘀咕："今天又无功而返了。"当刘先生正准备向对方告辞时，突然看到阳台上摆着一盆美丽的盆栽，种着紫色的植物。刘先生于是请教对方说："好漂亮的盆栽啊！平常似乎很少见到。"

"确实很罕见。这种植物叫嘉德里亚，属于兰花的一种。它的美，在于那种优雅的风情。"陌生人解释道。

"的确如此。会不会很贵呢？"刘先生接着问道。

"很昂贵。这盆盆栽要800元呢！"陌生人接着说。

"什么？800元……"刘先生故作惊讶地问道。

刘先生心里想："芦荟精也是800元，大概有希望成交。"于是慢慢把话题转入重点："每天都要浇水吗？"

"是的，每天都要很细心养育。"

"那么，这盆花也算是家中的一分子喽？"这位家庭主妇觉得刘先生真是有心人，于是开始倾囊传授所有关于兰花的学问，而刘先生也聚精会神地听。

过了一会儿，刘先生很自然地把刚才心里所想的事情提出来："太太，您这么喜欢兰花，您一定对植物很有研究，您是一个高雅的人，同时您肯定也知道植物带给人类的种种好处，带给您温馨、健康和喜悦。我们的天然食品正是从植物里提取的精华，是纯粹的绿色食品。太太，今天就当作买一盆兰花把天然食品买下来吧！"

结果对方竟爽快地答应下来。

这笔生意的成交多半是因为刘先生态度谦和，既没有咄咄逼人的强势，也没有卑躬屈膝让人鄙视。这一结果出人意料，但并非在情理之外。

实际上，只要你有谦和的态度，你要办的事情往往会柳暗花明，甚至在你毫无思想准备的情况下获得成功。谦和诚恳不仅是良好修养的体现，也是高超的语言驾驭能力的体现。这种能力能使对方放下敌意，像你一样的谦和，进而与你建立一种相互吸引的关系。

规避规则：不同观点，婉转表达

美国前参议院议员罗慈和哈佛大学校长罗威尔，在欧战结束后不久，一同被请到波士顿去辩论国际联盟的问题。罗慈感觉到大部分听众都对他的意见表示仇视，可是他决定让听众都赞同他的意见。他该怎样表达自己的观点，让听众赞同自己呢？下面是他的那篇演说稿，看完他开始的十几句话，即使反对他最强烈的人，也无法对他提出相悖的意见。为了称颂听众的爱国热忱，他称听众为"我的同胞"；为了缩小彼此意见相悖的范围，他敏捷而郑重地提出他们共同的思想；为了赞美他的对手，他坚持着说他们的不同点只是方法上琐碎的小枝节，而对于美国的幸福以及世界的和平诸多大问题，他们的观点是完全一样的。他更进一步地说，他也赞成国际联盟的组织是应该有的。分析到最后，他和对方的不同点，只是他觉得"我们应该有一个更完善的国际组织"。现在就让我们来看看他演说的开头吧：

校长、诸位朋友、诸位先生、我的同胞们：

罗威尔校长给了我这一个机会，使我能够在诸位面前说几句话，对此我感到十分荣幸。我们两人是多年的老朋友，而且都是信奉共和党的人，他是我们拥有最大荣誉的大学校长，是美国最重要、极有权威和地位的人，他还是一位研究政治最优秀的学者和史学专家。现在，我们对于当前的重大问题，在方法上也许有所不同。然而，在对待世界和平以及美国的幸福的问题上，我们的目的还是一样的。

如果你们允许的话，我愿意站在我本人的立场上来简单地说几句。我曾用简明的英语，一次又一次说了好多遍了，但是，有人对我产生了误解，竟说我是反对国际联盟的，而无论它是一个怎样的组织。其实，我一点也不反对，我渴望着世界上一切自由的国家，大家都联合起来，成立我们所谓的联盟，也就是法国人所说的协会。只要这个组织能够真正联合各国，各尽所能，争取世界永久和平，促成环球裁军的实现。

任你曾对演说者的意见有过怎样激烈的反对，但是当你听完这样一个开头之后，你觉得心平气和些吧。你当然愿意更多听一些，至少你相信演说者是个正直的人。

如果罗慈的演说开头就把那些信任国际联盟的人加以痛斥，说他们真是荒谬达到极点，而且自己再在心里存着一种偏见，结果当然必败无疑。相反，他机智、委婉地把自己的观点托出，反而让听众更愿意往下听。下面一段话，是从罗宾汉教授所著最伟大、最受人欢迎的《心的形成》一书中摘录下来的，他根据心理学来指示我们为什么直接攻击方式不会发生效力：

"这是我们常常感觉到的，我们并不费什么情感，或是遭遇到什么阻力，就把原来的意见改变了。但是，如果有人明确指责我们的错误，我们立刻会对这指责发生反感，而且还使我们的主意更加坚决。我们的信念往往在不知不觉中发生，但是，如果有谁来打消我们那种信念时，我们就会十分坚决地以全力来保护它。"

如果你要表达一个与别人的意见相左的观点，特别是你要说服别人相信自己的观点并抛弃原有的意见，那么你最好不要一上来就攻击说别人是错误的，而应该机智、委婉地表述自己的观点，然后把听众引到你的观点上来，从而使他们忘记原来的观点。

🎙️

口才加油站

希拉里的口才锻炼之道

她在读中学时，就有雄心想当美国首位女总统。2008 年，她果然站在了美国总统竞选者的行列,被公认为口才最佳的美国总统候选人之一。她就是被称为"耶鲁才女"的美国国会参议员希拉里。今天，她虽然无缘宝座，却被当选总统提名为美国国务卿。

13 岁的时候，希拉里在老师的带领下聆听马丁·路德·金的一场演讲。她深深为马丁·路德·金的激情所感染，并在老师的介绍下，与这位民权运动领袖握了手，这段经历使得希拉里成为马丁的崇拜者，也使她认识到了演讲的巨大魅力。从此，她就下定决心要做一名口才卓著的政治家。

怎样才能使自己有口才呢？希拉里经过深入思考认识到：口才的实践性很强，正如只有在战争中更快学会打仗一样，过人的口才，也只有多多实践，才能更快拥有。于是，她采用了"课堂内外，双管齐下"的方法来锻炼口才。

课堂内，她抓住老师安排的课堂讨论的机会，积极与自己的同学们进行讨论。她积极思考，很善于提出一些有争议性和启发性的问题，让同学们乐于和她争辩、讨论。此外，她还专门组织一些兴趣相投的同学，组建了一个讨论小组，从国家大事到日常生活，从科学技术到音乐艺术，都是他们讨论的话题，这样，在言语的"交锋"中，她的口才有了很大提高。

希拉里明白，比剑要找高手，弄斧要到班门。只有与比自己水平高的人多讨论，才能进步得更快，所以，她不满足于只是与自己水平相差不大的同学们进行讨论。每天下午放学后，她总是乐此不疲地去老师办公室，谈她的种种想法。在老师的引导下，她接触到了很多新的思想观念，同时，老师还不断向她介绍一些有用的书籍，要求她读完后再一起讨论，而希拉里也总能按时完成老师布置的阅读任务，并积极思考，列出自己不懂的问题，及时找老师讨论，解疑释惑。多年以后，希拉里在一次采访中回忆老师时说道："他是改变我一生的导师，每次讨论完之后，他都会向我提出另一个任务，期望以后好好讨论讨论它。而每一次的讨论不仅提高了我的认识，也使我的口才有了飞速进步。"

口才助人成功，希拉里练就的口才，不断为她的人生增光添彩，她不仅成功当选国会参议员，协助自己的丈夫克林顿连任两届总统，而且成为美国新一任国务卿。

·第四章·

口才原则

修养原则：说话必须有修养

言语能力并非人天生的本能，而是后天练习的结果。口才的完善是很长一段时间思想、语言行为、仪态、情绪等各个方面综合磨炼的过程，也是内在修养的过程。

1. 尊重他人的意见

说话是人的思想的反映，尊重他人的意见，也就如尊重他这个人。但有些人为使自己的意见突出，引起他人对他谈话价值的充分认同，常自觉不自觉地对他人意见加以贬低、否定。结果引发了对方的不满和对抗，不仅自己意见未得到重视，反而遭到冷落和否定，自己的形象也受到贬损。有些善说话者，在发表己见时，恰恰采取相反的态度，他们会巧妙地从不同角度对已发表出来的意见加以肯定和褒扬，甚至采取顺势接话、补充发言的方式陈明己见，这样别人就会保持一个积极的良好的心态倾听他们的高论，他们的意见圆满发表了，他们的风格也显示出来了。

2. 不与他人抢话争话

自己有真知灼见希望尽快发表出来，这种心情是可以理解的。但你同样也要给别人发言的机会，不能迫不及待，在他人侃侃而谈时，硬是卡断他的话头，让自己一吐为快；或者他人正欲发言时，你捷足先登，把别人已到嘴边的话硬是挤回去，让自己畅所欲言。发表己见首先应具备的修养就是耐心，待别人充分发表了意见之后，或轮到你的次序时，你再发言也不迟，这不仅不会减轻你发言的分量，还会调动大家的情绪。

3. 不说侮辱性话语

说到口才修养，不得不提口德，"德"可以说是口才的灵魂。生活中，有些词语我们应尽可能避而不用，尤其是有关生理特点的，如矮冬瓜、瘸子、聋子等，身份卑微的，如乞丐、私生子、拖油瓶、妓女、白痴……一个注重言语修为的人，一个有益于他人的人，自然易于为他人所接受，他的话也就可能被别人奉为圭臬。"文如其人"是从写作角度说的，我们也完全有理由说"言如其人"。心理上的专注力、耐受力、进取心等品质，也将使你更具个人魅力，使你的口才更富内涵。

在与人交往时，口才是非常重要的才能，但仅仅靠话语是不够的，更重要的是一个人的风度。

规范原则：说话要讲究规矩

说话必须符合一定的语言规矩。它是指说话人在言辞交际过程中，必须遵守语言规范的要求，不能因为语言表达的混乱、不完整而词不达意，让人不知所云。

语言的规矩主要包括两方面：

1. 语音清晰准确

说话人要表达什么，必须是不含混、不模糊，清清楚楚、明明白白地说出来，让接受者一听就明，一听就懂。这样，表达才有作用，交际的目的才能实现。

做好下列三个方面，有助于达到语音清晰准确的要求。

（1）与非本方言区的接受者交谈，最好不要用方言。

（2）遇到容易产生歧义的读音，应予以适当解释。

（3）对一些关键字词的发音，尽量说得慢一些，说快了、急了，容易产生声音共振而使语音含混，让人听不清楚，或产生误听。

2. 语句通顺明了

主要指用词前后协调准确、意思完整，不多余、不错乱等。

要做到语句通顺明了，以下两点应该注意：

（1）不生造词语。生造，是指按照自己的意愿杜撰、编造出谁也不懂的语词。虽然语词在人民群众的交际实践中不断丰富、发展，但它的产生应有一定社会基础，必须经过一段时间的运用，为交际区域的群众所接受才行，绝不是任何人都可以随便生造。像"打的""打工""撮一顿""大款""倒爷"等已被人们熟悉，用于言辞交际当然可以，但如果有人说："我来迟了，实有抱惭。"这里的"抱惭"就是生造。何不用通俗的"抱歉"或"抱愧"呢？

（2）符合习惯要求。习惯是人们在长期的社会生活中逐渐形成的规矩、风尚，有些虽然从逻辑或语法的角度看并不规范，但既然已经在长期的社会生活中形成，就应当按约定俗成的原则来处理。比如"打"，其词义一为用手或器具撞击物体——打人、打鼓；一为发生与人交涉的行为——打官司、打交道；一为制造——打毛衣、打镰刀，等等。但"打的""打工""打瞌睡""打酱油""打折扣""打圆场"之"打"，就无上述意义。使用这些词汇时，只能是约定俗成，大家都按习惯办。还有像"打扫卫生""救火""养病""晒太阳"之类，也属此种情况。

另外，由于国别、民族、地域、信仰等差别，或是习惯要求的不一致，表达者需要入乡随俗，使自己言辞合于接受者的习惯，否则就要出差错、闹笑话。

分寸原则：说话也要讲分寸

"分寸"二字无处不在，日常生活中，不管是与人说话、交往，还是办事，时时处处都蕴藏着分寸的玄机。如果一个人在社会上不会把握分寸，就说不好话，办不好事，更不用说愉快地与人交往了。

纵观古今，凡是有作为的人，都把说话讲分寸作为必备的修养之一。蜚声海内外的周恩来，他应变机敏睿智，言辞柔中有刚，就连谈判对手也情不自禁地露出赞许之态。美国前总统尼克松称赞周恩来在谈判时"显示出高超的技巧，在压力面前表现得泰然自若，恰得分寸"。

什么是"分寸"？从一定意义上说，分寸是一种不偏不倚、可进可退的中庸哲学。但中庸之道的抽象，不足以恰当地把握其中的内涵，而分寸之道，却是一种被形象化了的尺度，更易于让人明确地把握，具有可为人所用的实际操作性。

通常所说的"掌握火候""矫枉过正""过犹不及""欲速则不达"等讲的都是这种"火候"和"分寸"的问题。一方面，话说不到位不行，说不到位，别人可能悟不明白，理解不透，琢磨不出你的真实用意，你提出的想法或要求也不会被人重视和接受，非但事情办不成，也常常被人瞧不起，这样怎么能换取别人的欣赏与亲善呢？怎么能赢得别人的友谊和器重呢？另一方面，话说得太过头不行，要求太高，言辞太尖刻，让人听了不愉快，觉得你不识大体，不懂规矩，不知好歹，这样的人常常被人敬而远之，也同样无法与人正常交往。还有一个方面，就是话说得不巧妙不行，太憨实，有时会招来嗤笑；太絮叨，有时会招来反感；太直露，有时会招来麻烦；太幼稚，有时会令人瞧不起。

懂得讲话技巧的人，能把一句原本并不十分中听的话，说得让人觉得舒服。有一位著名企业的总裁，当他要属下到他办公室时，从来不说"请你到我的办公室来一趟"，而是讲"我在办公室等你"。

中国人办事讲人缘，中国人成功靠人缘。没有好的人缘，不知要失去多少成功的机会，干多少事倍功半的事情。人缘靠什么来维护？靠的就是嘴上有分寸。一句话说对了，可能扶摇直上，平步青云。而一句话说过了，则可能一着走错，满盘皆输，毁掉一生前途。因此，要想立足于社会并取得成功，就一定要把握好说话的分寸。

说风原则：五种话不能出口

文有文法，说有说风。说风是一个人的立场、观点、作风、内涵等在言谈中的综合体现。说风无论好坏，都是在一定的时代背景或社会条件下形成的，是为适应某种需要产生的；当然，也因人而异。诚信、正直的人，都能自觉地说真话、说实话；可有一些人却常说假话、蠢话、大话、空话、粗话。对此，我们不能等闲视之。

1. 不说假话

说真话是中华民族历来赞颂的美德。《韩非子·外诸说左上》中曾子教子的故事大家都很熟悉。曾子为了让孩子学会遵守诺言，把妻子开玩笑说的话付诸实施，将猪杀了，维护了妻子在孩子眼中诚实的形象。曾子的妻子是有意骗孩子吗？恐怕未必。但至少可以说，她没有意识到这种骗孩子的教育方式有多深的危害性。一次谎话就可能使孩子沾染上不良习气。曾子的行动表明他坚持了最可贵的精神——不说假话。

世界各地也有许多关于批评说谎的格言：

没有脚，但有招祸的翅膀。（日本）

即使说一句假话也是说谎，即使偷一根针也是盗窃。（蒙古）

谎言跑得再快，也永远追不上真理。（俄罗斯）

宁愿听痛苦的实话，不听甜蜜的谎言。（非洲）

有一次，列宁参加一个会议，讨论的是关于彼得格勒的工业恢复计划的问题。

人民委员施略普尼柯夫作报告时，用许多优美的词句描绘出一幅十分诱人的前景。报告后，自我感觉良好的施略普尼柯夫以为会受到列宁的称赞。可列宁却向他提了几个问题：目前在彼得格勒由哪一家工厂生产钉子？产量多少？纺织厂的原料和燃料还能保证用多少天？这些简单的问题把他问得瞠目结舌。列宁批评说："谁需要你们那些大吹大擂毫无保障的计划？针线、犁、纺织品在哪里？你不能回答这些问题，原因只有一个，就是实际的计划工作被你们用华而不实的废话代替了，这无异于欺骗。"

2. 不说不理智的话

对于应酬来说，语言是非常重要的手段。得体的语言就像一部车子的润滑剂，使交际活动较少摩擦地向纵深发展。

下面故事中的斯提尔曼显得有些不理智。

一次，大银行家斯提尔曼痛骂了一个高级职员。当时，这个可怜的职员正坐在写字台前一副无精打采的面孔，钢笔在他的手指间窜上窜下，并不时地敲着桌子，斯提尔曼看着他这副吊儿郎当的模样非常气愤，便用其严厉的口吻毫不留情地痛骂了他一番。最后的几句话说得刻薄粗暴，以致那个不幸的职员战栗不已，大颗大颗的汗珠出现在前额。当时在场的一位客人实在看不过去了，忍不住说："斯提尔曼先生，我一生中从没有见过像你这么粗暴的人。他是你银行里的一个高级职员，你竟然当着一个陌生人的面侮辱他。假如他马上用刀把你刺死，我一点都不会觉得稀奇！"

提尔曼听了这种批评，默不作声。

斯提尔曼毕竟还是很聪明的，他意识到，他的话给这个职员造成了伤害，并引起很坏的影响，他为自己刚才的一番失态懊恼不已。于是，他赶忙到别处反思了一阵，等他回来已经完全变成了另一个人。

3. 不说大话

一次，一位很自以为是的报社主笔在英国内阁总理格莱斯顿面前夸夸其谈。那是在一次宴会上，格莱斯顿很客气地对这位主笔说："几天之前我收到过你的一封信。"

"我写的吗？我已经记不得了。哦，我肯定没有写过。也许是我的秘书写的吧，可以肯定那不是我写的。"听闻此言，格莱斯顿先生心里颇觉不快，但依然平和地对他点头，宴会渐渐进入高潮的时候，格莱斯顿先生理所当然地成了大家谈论的焦点。所有的客人都想找机会接近他，听他谈话，而除了报社主笔，格莱斯顿先生对每个人都热情而客气。整整一个晚上这位主笔总想找机会与格莱斯顿先生交谈，但都未能如愿。

因为喜好夸大之故，这位主笔先生失去了与格莱斯顿先生结交的绝好机会。好吹牛而不务实，久而久之，就会养成不良的习惯。

最好能虚心地承认自己的短处，切不可靠夸张而掩饰之。

爱说大话的人编造的那些超乎常理的故事，在百无聊赖的时候听听倒还可以。虽然讲得绘声绘色，跌宕起伏，可细究起来他讲的主题只有一个，就是他自己。如果你留意一下，就会发现几乎每句话里都会出现一个"我"字，这个无限重复的"我"很容易让人失去耐心。

A 是某大学讲师，总爱在人前吹嘘自己交际有多广多深，有多少科研成果，获得多少荣誉。时间长了，他的学生给他起了一个外号叫"牛皮大师"。大言不惭、夸夸其谈的人到头来只会给别人留下浅薄、无知的印象，同时，过分标榜自我、忽视旁人最终只会陷入孤岛。

4. 不说空话

人们常常因为自己的地位比别人高，资历比别人深，潜意识里就会产生一种优越感，觉得自己比别人有成就，比别人懂得多。因此在谈话时难免带有说教的腔调。

当然，说教并非一无是处，有时的确是正确的忠告，但这些常因带有说教腔调而引起谈话对象的逆反情绪，收效甚微。力避高高在上、目空一切的情况，而且要用鲜明、生动、形象地让别人心悦诚服。

然而说教者常常会说"你须知道我并不是在干涉你的作为""我觉得有许多话不得不同你讲"，或者说"你不得不这样做，唯有如此才能避免错误发生"。

其实，说教者们的这些想法，应该是在别人接受观点时自心底而生的。而由说教者嘴里说出来的，再多也只是空洞的说教，结果只会让人产生抵触情绪。爱说空话的人说话很少有个准数，要么与事实本身不符；要么泛泛而谈。长此以往，极易失去别人的信任。

B 是某企业领导，该企业分明是亏损企业，但为了某种目的，他在上报时却说赢利多少，结果该企业不仅得不到国家政策的某些支持，还得多交利税。对此，工人们愤愤不平，众说纷纭。

爱说空话的人，常将很多的时间与精力放在一件微乎其微且不切实际的事物上。若要给他倾诉的机会，他一定会不厌其烦地用五倍乃至十倍的时间来讲述他的故事。你常会被他众多的毫无价值的细节弄得晕头转向时，还没有听到他讲述的故事的要点。如果在他讲述的过程中，你想抓住故事梗概，问他一句："你所讲的那位穿灰色风衣的女人究竟如何了呢？"他仍只是轻描淡写地回答你："不用急，我就要讲到她了，你先听我把这个讲完。"接着，他又啰里啰唆地说上很多空泛的话。

假如这位小题大做者能看出听他讲故事的人如此耐心完全是因为礼貌，那么他必定会把要说的话整理完后才讲。如果能看出对方对故事并不感兴趣，他也会做出种种努力使故事讲述得更紧凑一些，遗憾的是，他们始终观察不出听众的反应。

一个青年写信给热恋的姑娘说："亲爱的，我爱你爱得没有止境，我的心是这样的热烈，我简直无法形容，我不知道用什么话才能表达出来。"假如对方是一个幼稚的姑娘，她一定会被感动，但假如她是一个有学问的姑娘，她就会对这封信不以为然。

5. 不说粗话

俗话说，习惯成自然。无论什么事情，只要成了习惯，就会自然地去做。讲粗话也是如此。一个人一旦沾上了讲粗话的习惯，往往出口不雅，而自己却不知道。

习惯是长期条件反射累积的结果，因此要改变一种习惯，就需要中止原有的条件反射，努力建立新的习惯。

首先，要认识讲粗话是一种坏习惯，是不文明的行为，从思想上强化克服这种习惯的意识。生活实践表明，意识越强烈，行动的决心越大，效果也越明显。

其次，找出出现频率最高的粗话，集中力量首先改掉它。可以通过改变讲话频率，每句话说完停顿一下，讲话前提醒自己等办法改变原有的条件反射。出现频率最高的粗话改掉了，其他粗话的克服也就不难了。

再次，要有实事求是的思想准备。习惯的形成不是一朝一夕的事情，它的克服当然也要待以时日，不可能在一两天内把长久以来形成的习惯迅速改掉。有时，讲话中仍然漏出几句粗话，这也是在所难免的。如果一下子要求把所有的粗话统统改掉，反而会因难以办到而感到失望，动摇克服讲粗话习惯的信心。

最后，请别人督促。由于有时自己讲了粗话却不知道，请别人督促就能起到提醒、检查的作用。督促还有另一层心理意义：造成一种不利于原有条件反射自然发生的外界环境，以促进旧习惯的终止。

所以，在修炼你的口才的同时，还要积极修炼你的口德。

🎤 口才加油站

大智若愚，动之以情

一位三十多岁的妇女在下岗一年多之后，好不容易找到一份在某高级珠宝店当售货员的工作。某年春节前的一天，店里来了一位土里土气的年轻男子，他衣衫破旧，一脸的悲哀、狐疑，不时用不可企及的目光，盯着那些高级首饰。

因为来了一个电话，妇人在接听电话时，一不小心把装戒指的碟子碰翻，六枚精美绝伦的金戒指落到地上，她慌忙捡起其中的五枚，但第六枚怎么也找不着。

这时，她看到那男子正向门口走去，顿时她知道了戒指在哪儿。

当男子即将走出自动门时，妇人柔声叫道："对不起，先生！"

男子转过身来，两人相视无言，足足有一分钟。

"什么事？"他问，脸上的肌肉在抽搐。

"什么事？"他再次问道。

"我先生下岗一年多了，我上个星期才找到这份工作。现在找份工作真不容易，是不是？"妇人神色黯然地说。

男子长久地注视着她，终于，一丝腼腆的微笑浮现在他脸上："是的，真是这样。"

他回答："但我觉得你在这里会做得很好。"

说完，他向前一步，把手伸给她："让我握握你的手，表示我真诚的祝福好吗？"

然后，他转过身，慢慢走向门口。

妇人目送着他的身影消失在门外，转身走向柜台，把手中握着的第六枚戒指放回了原处。

不用批评，不用苛责，更不用咆哮，那位妇人就成功地收回了男子偷拾的第六枚戒指。

奥妙何在？无疑，妇人神色黯然的绕指柔言产生了撼人心魂的作用。

"情"，在此处胜过了任何技巧。

由此可见从某种意义上说，善用情感来凝铸语言，是一种最高境界的智慧。

"难道对我的惩罚还不够吗"

法国哲学家伏尔泰不仅是一个人见人爱的幽默高手，也是一个社交大师。1727年英法战争期间，伏尔泰恰巧正在英国旅行。谁知道英国人竟不分青红皂白，把伏尔泰抓起来了。

"把他绞死！快点儿把他绞死！"英国人怒气冲冲地大叫。

伏尔泰被抓起来送往绞刑台上时，他的英国朋友纷纷赶来替他解围。他们紧张而又急切地喊道："你们不能将他处死，伏尔泰先生只是个学者，他从不参与政治！"

"不行，法国人就该死！把他吊死。"那些群众还是不停地怒骂着。

在双方争执不下的时候，伏尔泰举起了双手，悄声地说："可不可以让我这个将死之人说几句心里话？"

全场突然安静了下来。

伏尔泰对群众深深鞠了个躬，清了清嗓门，说道："各位英国朋友！你们要惩罚我，就是因为我是法国人。以各位的聪明才智不难发现，我生为法国人，却不能生为高贵的英国人，难道对我的惩罚还不够吗？"

说完，英国人全都哈哈大笑了起来。这番诙谐幽默的话竟让伏尔泰死里逃生，他被当场释放了。

伏尔泰深谙"自我嘲笑、自我谦抑"的技巧，不仅化解了英国人对他的敌意，更促进了彼此"和谐、欢乐"的气氛。我们在实际生活中，都曾有过大大小小的烦恼，只要我们以幽默机智应对，就可以使自己摆脱烦恼。

·第五章·

口才准则

勇气准则：忌讳说话有羞怯感

日常生活中常遇到许多羞怯的人，一说话就脸红，一笑就捂嘴，一出门就低头。虽然屡下决心，却总是不能够大见成效，怎么办呢？下面是一个治疗羞怯心理的社交处方。

想象自己是完美的化身。这是许多名模、影星在表演之前惯用的"伎俩"，同样适用于工作职场。面对大客户或提案前，先静坐，心中默想曾有的愉悦感受，譬如曾经聆听的悠扬乐章，愈具体效果愈好。以拥有者的态度走入每间屋子，昂首阔步，抬头挺胸，仿佛一切都在你的掌握之中。学习你所仰慕的人所有的美好特质，只要他具备你所希望拥有的特质，都可以模仿。

大胆表现自我，把自信心视为肌肉，需要定时持之以恒地锻炼，如果稍有懈怠，它很快会松弛。改善外表，换一套新洗过的衣服，去理发店吹个发型，这些办法会使你觉得焕然一新，因而增强自信。

如下几种训练可以更加系统地克服羞怯感：

进行想象练习。想象你正处在你最感羞怯的场合，然后设想你该如何应付。这样在脑海里把你害怕的场合先练习一下，有助于临场表现。

逐渐接近目标，可以减少你的焦虑。掌握害怕的根源和知道害怕时会有的生理反应，如冒冷汗或呼吸急促，当它们出现时你就可以通过一些放松的小技巧来克服它。说话时语气要坚定。没有自信的人都有说话过于急促、细声细气的毛病。说话的诀窍在于音量适中、语调平稳，速度不缓不急，此举显示你对说话的内容信心十足，利用呼吸换气时断句，内容则显得流畅有条理，切忌以疑问句结束陈述事实的语句，以免影响语气的坚定。

专心倾听别人的讲话，例如在轮到你讲话之前，先专心听别人怎么讲。一来可以分心，不再一心挂念自己；二来当你讲话时，别人也会专心听你的。

多提"问答题"、少提"是非题"，可以使你处于主宰的地位，这一技巧应多加演练。例如你要出席一个舞会，就在事前先练习一下当前流行的舞步，可以减少到时出现尴尬。

多找你不认识的人谈话，例如在排队买东西时，多与人攀谈，这可以增加你的胆量和技巧，又不至于在熟人面前出丑。

要避免不利的字眼，例如与其自己对自己说"我感到很紧张"，不如说"我感到很兴奋"。

确信一个事实：其实在别人的心目中，你并不像你想象的那样害羞。设法避免紧张时的动作，例如你演讲时手会发抖，就把讲演稿放在讲台上。

事情做好了，不忘自己庆祝一番，这样有助于增进你的自信。

平常不要拘泥，要多多参与，多参加活动，多与人接触，对克服羞怯心理很有帮助。确信自己一定会成功，摒弃一切不利的想法。要知道：人无完人。不要因为自己的弱点而自怨自艾。

在日常生活中，我们如果稍加留意，就会发现许多人在说话中有一些毛病。虽然这些毛病不具有决定意义，但如果不加以注意，就会大大影响谈话效果。

一般人在交谈中，常常容易出现以下几个方面的问题：

1. 用多余的套语

有些人喜欢在交谈中使用太多的或不必要的套语。例如，一些人喜欢什么地方都加上一句"自然啦"或"当然啦"一类词句；另一部分人喜欢加太多的"坦白地说""老实说"一类的套语；也有人喜欢老问别人"你明白吗"或"你听清楚了吗"；还有的人喜欢老说"你说是不是"或"你觉得怎么样"，等等。像这一类毛病，你自己可能一点不觉得。要克服这类毛病，最好的办法是请你的朋友时刻提醒你。

2. 有杂音

有些人谈话本来很好，只是在他的言语之间掺上了许多无意义的杂音。他们的鼻子总是一哼一哼地响着，或者是喉咙里好像老是不畅通似的，轻轻地咳着，要不就是在每句话开头用一个拖长的"唉"，像怕人听不清楚他的话似的。这些毛病，只要自己有决心，是可以清除的。

3. 谚语太多

谚语本来是诙谐而有说服力的话，但使用谚语太多也不好。用谚语太多，往往往会给别人造成油腔滑调、哗众取宠的感觉，不仅无助于增强说服力，反而使听者觉得有累赘感。谚语只有用在恰当的地方才能使谈话生动有力。

4.滥用流行的字句

某些流行的字句，也往往会被人不加选择地乱用一番。例如，"原子"这个词就被滥用了，什么东西都牵强加上"原子"，如"原子牙刷"、"原子字典"，"原子"这"原子"那，使人莫名其妙。

5.特别爱用一个词

有些人不知是因为偷懒、不肯开动脑筋找更恰当的字眼，还是有其他方面的原因，特别喜欢用一个字或词来表达各种各样的意思，不管这个字或词本身是否有那么多的含义。例如，许多人喜欢用"伟大"这个词。在他的言谈中，什么东西都伟大起来了。"你真太伟大了"，"这盆花太伟大了"，"今天吃了一餐伟大的午饭"，"这批货物卖了一个伟大的价钱"，等等，给别人一种华而不实的印象。因此，我们要尽可能地多记一些词汇，使自己的表达尽可能准确而又多样化。

6.太琐碎

许多人在谈话过程中琐碎得令人讨厌。例如，讲述自己的经历本来是最容易讲得生动、精彩的，很多人也喜欢听别人讲其亲身经历。但是，许多人讲自己经历的时候，一味地不分主次地平静直叙，觉得自己所经历的，样样都有味道，都有讲一讲的必要，结果反而使听者茫然无头绪、杂乱无章、索然无味。

讲经历或故事，要善于抓重点，善于了解听者的兴趣在哪一点上，少用对话。在重要的关节上讲得尽可能详细一些。其他地方，用一两句话交代过去就算了。

7.过分使用夸张的手法

夸张的手法有一种引人注意的效果。不过，我们不能把夸张的手法用得太过分，否则，别人就不会相信你的话。

人们在现实生活中，不可能每次都说的是非常重要的消息，也不可能每次都讲最动人的故事或最可笑的笑话。因此，不要到处用"非常""最""极"等字眼，否则，当你在无数的"最"中有一个真正的"最"时，又怎样表示呢？难道你能说"这件事对我是最最重要的"吗？如果你真这样说，别人听了也会无动于衷，因为他们认为你是一向喜欢夸大事实的人。

除此，我们还应该注意自己在谈话中的声调、手势、面部表情等方面，努力使各个方面协调、得体，这样才能使我们的说话更具有影响力。

真诚准则：千万不要口是心非

今天，人们有一种普遍的心理：不信任。造成这种心理的原因之一大概是生活中口是心非的人太多了。口是心非，毫无疑问，就是表面上说得天花乱坠，而内心则全非如此；表面上对你百依百顺，而实际上则是我行我素；嘴里说着对你的赞誉之词，而内心则是诅咒你……试想一下，如果长期生活在这些人当中，吃过几次亏之后，不论是谁都会增强戒备之心，对他的话加上几个问号。但是话又说回来，如果每个人都变成了这样，都像戴着一副面具那样（而且是慈善面具），那生活还有什么意思呢？人与人之间的真诚、友爱都到哪里去找呢？所以说，我们每一个人，特别是年轻人，要努力去扭转这个局面，要学会真诚，切不可做口是心非的人。

口是心非，对别人不真诚，会使你失去许多宝贵的东西。就像上面说的，你嘴不对着心，表里不如一，对别人人前一面，人后一面。反过来，别人对你也会如此，仔细想一想，这样的生活你还会觉得有意思吗？每天都要去琢磨别人讲的每一句话，哪句话是真的，哪句话是假的，时间会在你的眼前无声无息地流逝掉。生活中其他的事你就会无暇顾及。

口是心非的人最善于钩心斗角。因为他就是每天都在考虑如何表面应付别人，行动上又如何去算计别人。与这种人为伍是非常危险的。因为你不知道他心里到底是怎么个想法。在文学史上，《伪君子》中的答尔丢夫是口是心非的最典型的代表，他已成为"伪善、故作虔诚的奸徒"的代名词。他表面上是上帝的使者、虔诚的教徒，而实际上则是个色鬼，是个贪财者；他表面上对奥尔贡一家恭维，而实际上则用最卑鄙的手段去谋害这一家人。可以说他是个表面上好话说尽实际上则是坏事做绝的最无耻、最卑鄙的小人。但是他最终的结局呢？他的这一套无耻的手段终于被人识破了，西洋景最终被人揭穿，答尔丢夫成了万人唾弃的小人。他整天苦心于算计别人，最终倒把自己推进了万丈深渊。

口是心非与虚伪可以说是等同语。因为口是心非的人为了掩饰自己内心的想法，必然要用谎言去应付别人。谎言说多了，被别人识破了，他也就成了一个虚伪的人。只要有点自尊心的人是不愿被别人称为伪人的。一旦在别人的心目中是个虚伪的人，那你的生活将是很痛苦的，到处是不信任的眼光，到处是不信任的口吻，转过身来人们对你应付一下，转过身去你将成为众矢之的，那滋味真是难受极了。

作伪或说谎，即使它可能在某些场合发挥作用，但总之，其罪恶是远远超过其益处的。因为经常作伪者绝不是高尚的人而是邪恶的人。当然，一个人不可能一下子就变坏。一个人起初也许只是为了掩饰事情的某一点而做一点伪事，但后来他就不得不做更多的伪事，说更多的谎话，以便于掩饰与那一点相关联的一切。

总结起来，做伪事说谎话，口是心非大概出于以下几种目的：其一是为了迷惑对手，使对方对自己不加防备，以便达到自己的目的；其二是为了给自己留一条退路，这也是为了保全自己，以便再战；其三，则是以谎言为诱饵，探悉对手的意图，这种人是最危险的。西班牙人有一句成语：说一个假的意向，以便了解一个真情。也许，这些目的有的可能不能算作太恶。但作为口是心非者，其说谎或作伪的害处却是很大的。首先，说谎者永远是虚弱的，因为他不得不随时提防被揭露，就像一只伪装成人的猴子一样，他要时刻防备被人抓住尾巴；其次，口是心非者最容易失去合作者，因为他对别人不信任、不真诚，别人也就以其人之道还治其人之身；最后，也就是最重要的一点是口是心非者终将失去人格——毁掉他人对他的信任。世界上恐怕没有比失去人格更可悲、可痛的事了。

因此说，做人就要做个真诚的人，要言行一致。"口言之，身必行之。"墨子这句话是很对的。对待别人要诚实，不要两面三刀。林肯讲过："你能在所有的时候欺骗某些人，也能在某些时候欺骗所有的人，但你不能在所有的时候欺骗所有的人。"是的，在工于心计算计别人中度过一生，是不可能的，即使可能也是很累、很痛苦的事。坦诚的做人，用一颗真诚的心去对待别人，千万不要做口是心非的小人。

取悦准则：想方设法使人高兴

每个人都有享受快乐生活的权利，而给朋友带来快乐的人自己就拥有了两份快乐，你愿不愿意学做一个快乐的人？

快乐的人能以自信的人格力量鼓舞他人。自信是人生的一大美德，是克敌制胜的法宝。在社交中，和一个充满自信心的人在一起，你会倍感轻松愉快。充满自信的人遇到困难挫折，必会以乐观自信的态度去克服。这种人格力量本身对别人也是一种鼓舞。

快乐的人能用富有魅力的微笑感染别人。人人都希望别人喜爱自己、重视自己。微笑能缩短人与人之间的距离，融化人与人之间的矛盾，释解敌对情绪，生活中没有人会拒收微笑这一"贿赂"。

快乐的人能不惜代价让对方快乐起来。谁不希望自己快乐？如果你是能给对方带来快乐的人，你也会是一个受欢迎的人。为了使对方快乐，你应多寻找一些引起人快乐的方法，有时，为了让别人快乐，可以不惜一切代价。

快乐的人能让幽默在尴尬场面触发笑声。幽默是快乐的杠杆，是生活幸福的源泉，是社交的润滑剂。应付日常生活中最让人伤脑筋的尴尬局面，最神奇的武器往往是幽默，幽默的语言常常给人带来快乐，你要推销你的快乐，最好的广告就是幽默。

快乐的人能说出令人高兴的话语，让人喜欢与你交谈的前提是能使谈话顺利地进行下去，重要的是选择符合对方兴趣、年龄、工作的话题。例如，对于女性，问人家"有恋人了吗""今年几岁""你的体重是多少""你这肤色是晒太阳晒的吧"，人家只能认为你是"神经质的人"。若有位男士对你刨根问底，那你一定也不会对他产生好印象。所以在开始谈话时应先问"看你这肌肉，你经常锻炼是吧""怎么样，喜欢体育吗""你的这件衣服非常好看呀""你今天的着装真是太明智了"等对方感兴趣及爱好的事情，从对方有兴趣的出发点开始进入话题。

一定要避开以身体的某一特征为话题的谈话。必须注意不要谈论身体太胖啦、头发太少啦等对方比较在意的东西。另外还应避开政治、宗教、思想等方面的话题，因为对于每一个人都会有不同的生活方式和想法。

如果你想要自己快乐，也能使别人快乐，那么你要经常自我检查一下，你是否话说得太快？如果是，可能会给听众一种神经质的印象；你是否讲得太慢？如果是，可能会给听众一种你对自己所讲的话题缺乏把握的印象；你是否含糊其辞？这是一种缺乏安全感的明确标志；你是否用一种牢骚的语调说话？这是一种自我放任和不成熟的标志；你的声音太高而刺耳吗？这是神经质的又一种标志；你用一种专横的方式说话吗？这意味着你是固执己见的；你用一种做作的方式说话吗？这是一种害羞的标志。

快乐的话语是诚挚自然的，包含着信心与精力，还隐含着一种轻松的微笑。如果你掌握了这个诀窍，那么你的朋友和你都会快乐似神仙。

尊重准则：勿谈论别人的短处

金无足赤，人无完人；凡人皆有其长处，亦必有其短处。怎样在交谈中正确对待别人的短处，这也是一门学问。

人有短处是一点也不值得奇怪的。有的人也许因为长久以来形成一种固有的生活方式，而其他人大都对此看不惯，这便成了他的"短处"；有的人也许在自己的生活与处事中的确有些微小的毛病，但这些毛病对他的整个对外交往是无足轻重的；有的人也许不是出于主观的原因而出现一些较严重的缺点，但他自己却全然无知；诸如此类，不一而足。对待他人的短处，不同的人则用不同方法。有的人在与他人的谈话中，尽量多谈及对方的长处，极力避免谈及对方的短处；也有的人专好无事生非，推波助澜有声有色地编撰别人的短处，逢人便夸大其词地谈论别人的短处；有的人虽无专说别人短处的嗜好，但平时却对此不加注意，偶尔也不小心谈到别人的短处。

用不同的方式对待别人的短处，所产生的效果也是截然不同的。避免谈及他人的短处，容易与他人建立起感情，形成融洽交谈气氛；好谈他人短处的人，最易刺伤他人的自尊心，打击人家某方面的积极性，还会引起他人的讨厌；不小心谈别人短处的人，虽无意刺伤他人，但很难想象人家怎样理解你的用意和对你所作出的反应，一般来说易引起别人的误解与不满。由此可见，我们在与他人的交谈中，应该尽量避免谈论别人的短处。

宇宙之大，谈话的资料取之不尽，用之不竭，我们何必一定要把别人的短处作为话题？我们若仔细想想，就会明白，我们所知道的关于别人的事情不一定就完全可靠，也许别人还有许多难言之隐非我们所详悉。若我们贸然拿听到的片面之词宣扬出去，那么就容易颠倒是非，混淆视听。我们若说出了什么话，就很难收回来了，即使事后明白了事情真相，也必须设法收回去，找那些听过我们说此话的人作更正。因此，若我们不是确切地知道某件事情的真相，切忌胡说八道。

另外，如果别人向我们谈起某人的短处的时候，我们该何以应对呢？最好的办法是听了便罢，不要深信这种传言，不必将此记在心中，更不可做传声筒。而且还要提醒谈论别人的短处的人是否对所谈的事情有所调查、确有把握。

人群相聚，都不免要找个话题闲聊。天上的星河，地上的花草；眼前的建筑，身后的山水；昨日的消息，今天的新闻，都是绝好的谈话内容。何必说东家长西家短，无事生非地议论人家的短处呢？好说人家短处是一种不道德的行为，我们必须克服。

礼貌准则：说话无礼会招人烦

有些人喜欢翻来覆去地述说一件已经说过几次的事情，也有些人会把一个土得掉渣的笑话当成新鲜的笑料。作为一位听众，此时，就要练一练忍耐的美德了。唯一能做的就是耐心倾听，在心中想想他的记忆力不好，并真正同情他，而且他说话时充满诚意，你就用同样的诚意接受他的善意。但如果说话的人滔滔不绝而你又毫无兴趣，那么就要想办法终止他继续讲下去，最好的方法是不动声色地将话题引向对方在行而自己又感兴趣的内容。

在说话时，别人最怕不诚恳、不老实的人。而一般人在交际时常常喜欢胡乱恭维。

在说话时，别人最讨厌自高自大、唯我独尊的人。而有的人却自以为别人都会敬佩自己，反而因此获得了别人的鄙视。

在说话时，别人最怕对什么都无动于衷的人，所以和别人谈话时要有所反应。时不时点头微笑；时不时对别人的观点表示赞同；时不时提出自己的意见；听到别人迸发出的妙语警句时，不妨大大赞赏一番。

既要善于聆听对方的意见，也要适时发表个人意见。一般不提与话题无关的事；更不要左顾右盼、心不在焉；也不要漫不经心地看手表、伸懒腰、玩东西等表现出不耐烦。

在社交场合或与外宾谈话时，见了男士不问钱，见了女士不问身。不要径直询问对方履历、工资收入、家庭财产、衣饰价格等私人生活方面的问题。与女士谈话不要说她长得胖、身体壮、保养得好等，对方不愿回答的问题不要追问，也不要追根问底。不慎谈到对方反感的问题时，应及时表示歉意，或立即转移话题。

与人交谈时要竭力忘记自己，不要老是没完没了地谈个人生活、自己的孩子、自己的事业。你要在交谈中给对方发表意见的机会，可以尽量去逗引别人说他自己的事情，同时，你以充满同情和热诚的心去听他的叙述，一定会让对方高兴，给对方留下最佳的印象。

另外，说话时，一定要注意用词，切忌尖刻难听。

说话尖刻的人，未尝不知其伤人，而仍以伤人为快，这完全是一种病态的心理。

之所以这样，也自有其根源，换句话说，就是环境带他走入歧途。第一，这种人有些小聪明，且颇以聪明自负，而一般人却不承认他聪明，因此他有怀才不遇之感。第二，这种人富有强烈的自尊心，希望别人都尊重他，偏偏没有这回事，因此他仇视任何人。第三，仇视的心理一直郁积在他心里，始终找不到释放的机会，他又不会自身修养，于是只有四处寻找发泄的对象。因为刺激的方面太多，每个与他接触的人都成为发泄的对象。他认为人们都是可恶的，不问有无旧恨、有无新仇，都伺隙而动、滥放冷箭。

这种人只会失败，不会成功，在家里，即使父兄妻子等亲人也不会和他关系融洽；在社会上，别人则以眼还眼，以牙还牙，最终会成为众矢之的。所以说，说话尖刻足以伤人情，而最终是伤自己。

人都有不平之气。若觉得对方言语不入耳，不妨充耳不闻；若觉得对方行为不顺眼，不妨视而不见。不必过分计较，更不要伺机嘲弄、冷言冷语，甚至指桑骂槐。这样不仅会使对方难堪，而且也显得自己很没度量。

低调准则：不要随便跟人争辩

在社交场合，无论你自己的知识多么丰富，也不要借此来压倒别人，使人难堪。在别人愿意听你的意见的时候，你可以把你所知道的讲出来，给别人做参考。同时，还要声明你所知道的是极有限的，如果有错误，希望大家不客气地加以指正。

在听到自己不以为然的意见的时候，应不应该反驳呢？这要分几种情形来决定：

1. 如果在座的人，大家都很熟悉，而且经常喜欢在一起讨论问题的，那么，就应该根据自己所知，讲出自己认为正确的道理。将事实，照实地讲出来，给大家作一个参考。否则就会失掉互相讨论的意义，而且也就犯了对朋友不忠实的毛病，会被人家称作"滑头"。不过在态度上应该谦虚，不要因为自己知识丰富，就显示出自命不凡、自高自大的神气来。

2. 如果在座的人，大家都是初识，你对他们的脾气、身世、性格、作风都不大清楚的时候，那么对于那些你不同意的意见就最好不要反驳，也不必随声附和，冒充知音。如果别人问到你时，你可以推说："这几点，我还没有好好想过。"或者说："某人的话，也有他的道理，不过，各人看法不同，仁者见仁，智者见智，不能一概而论。"在比较陌生的场合，这不能够称作"滑头"，但如果自己明明不同意的意见，也大点其头，大加赞许，那才是真的"滑头"，虽然能够骗得那个发表意见的人一时的高兴，但却被那些冷眼旁观的人所不齿，失掉他们对你的信任。

3. 如果有人在大庭广众之下，发表荒谬至极的意见，或散布对大家有害的谣言，那么就应该提出反驳。但是，在这种场合，就多少需要一点说话的技巧，一方面一针见血地揭露出对方的错误，一方面又能够轻松幽默地争取大家的认同。切忌感情用事、口齿不清，不但把气氛弄得太过于紧张，而且也不能让人明白你的意见。在这种时候，就需要考虑得十分周到。

4. 倘若自己也熟悉的朋友，在社交场合说了一些不得体的话，或是发表了很不正确的意见，那么，就要设法替他解围。那就是想出一些表面上和他不冲突的话，实际上替他补充，叫别人觉得他的意见并非完全错，只是有点偏差，或是他的本意原非如此，只是措辞上有一点不妥而已。但事后，却应当单独地向他解释，指出他的错误。

大家见了面，总不免要说话，也就不免会听到自己不同意、不满意的话。对这些话，要采取什么态度，应该根据当时当地情形，好好地加以考虑。

表情准则：如何摆正体姿神态

与人交谈，除了语言要恰当，神态表情也需要一个合理的尺度。我们可以从以下几方面着手。

1. 表情自然，态度安详

不少人在众人面前说话时，容易怯场。首先是呼吸不正常，这样就无法说好话。一旦想要说话时呼吸紊乱，氧气的吸入就会减少，势必影响大脑的正常工作。

说话时是按下列程序发生不正常情况的：怯场——呼吸紊乱——头脑反应迟钝——说支离破碎的话，调整呼吸会使这一情况恢复正常。

说话前深呼吸，全身不用力，使全身处于松弛状态，静静地进行深呼吸，而且在吐气时稍微加一点力气即可，如此一来，心就踏实了。做出有意识的笑的状态可保持镇定。笑的时候，吐气中加入力气。笑对于缓和全身的紧张状态有很好的作用，笑能调整呼吸，还能使头脑的反应灵活，话语集中。

2. 神态专注，动作稳重

交谈一般是由两方组成的，而每一方都担负着两个任务：说和听。你的"说"

是为了对方的"听"，你的"听"又促成了对方的"说"。但是我们周围的许多人在与人交谈时却忽视了这一点。他们顾不上听人家说了些什么，或是匆匆忙忙地截断别人讲话，或是心不在焉地听别人谈话，或是断章取义地对待别人谈话，或是滔滔不绝地大吹法螺。

很明显，善于倾听在无形中起到了褒奖对方的作用，是建立良好人际关系的一种手段。

你若能耐心地听说者倾诉，这等于告诉对方"你说的东西很有意义"、"你是一个我喜欢交往的人"。无形中，说者的自尊得到了满足。于是，说者对听者就会产生一个感情上的飞跃。彼此心灵间的交流使双方的感情距离缩短了。

说话可适当做些手势，但不要过大，更不能手舞足蹈，或用手指指人。交谈双方距离不宜太远，也不宜太近，要根据双方关系亲密程度而定。

3. 与身体语言相配合

与没有反应的人说话如对着木偶人谈话一样，使讲话人兴趣索然。交谈中的反馈方式，包括眼神的交流、点头示意、手势以及显得轻松而有礼貌的表情、姿势等。

加入别人的谈话，要先打招呼。若是恰遇人家在个别谈话，不要凑前旁听。若要插话，最好待别人把话说完。别人与自己主动说话，应乐于应答。有第三者参与谈话时，应以握手、点头或微笑表示欢迎。交谈中有事要离开，应向对方打招呼，表示歉意。

交谈现场超过三人时，应不时与在场所有人攀谈几句，不要只与某个人谈，或只谈两人知道的事情而冷落第三者。如果所谈问题不想让别人知道，则应另找合适的场所。

4. 声音适度，语速适中

当你与人交谈时，你的声音怎样，这是一个要注意的问题。

（1）你说话是否太快？我们常见许多人说话像放连珠炮。有的快而清楚，有的快而不清楚，听了以后也不知所云。因此说话时声音要清楚，快慢适度。说一句，人家就听懂一句，不必再问你。

（2）你说话的声音太响吗？在嘈杂的公共场所提高声音是不得已，但绝不是适合平常环境的。在客厅里，在公共场合，太高的声音会使人同样感到难堪。除非对方听力不佳，你说话时要记住，对方不是聋子。

抑扬顿挫，这是调节你声音大小强弱的做法。若想你的话如同音乐一般动听，不可忘记在应快时要快，应高时要高，应缓时要缓，应低沉时要低沉。毫无节奏的说话，是最易使听者疲倦的。

口才加油站

鸡蛋好吃，没必要认识下蛋的鸡

文学大师钱锺书先生，是个甘于寂寞的人。他最怕被宣传，被媒体炒作，更不愿在报刊上抛头露面。

当他的《围城》一书在全国出版后，国内外都引起了轰动。许多人对这位作家比较好奇，想见一见他，但都被他拒绝了。这让想采访他的记者，在采访他之前，心里都感到特别紧张。一天一位英国女士打来电话，说她很喜欢《围城》，想见见钱先生。钱锺书觉得她是外国友人不便直接拒绝，便婉言谢绝。但这位女士仍不甘心，不断地给钱锺书打电话。

于是，最后一次钱锺书说了一句："假如你吃了个鸡蛋，觉得味道不错。那你有没有必要非认识那只下蛋的母鸡呢？"

一句话，让这位英国女士也不便再继续纠缠下去，但也并不觉得面子上过不去。

钱锺书先生以巧妙的对比婉言谢绝对方的要求，这样的说服方法不仅没有让对方丢面子，而且还达到了拒绝的目的。

· 第六章 ·

口才风格

批评技巧：学会批评和影响他人

金无足赤，人无完人，每个人都不可避免地会犯错误。面对别人的错误，与其大发雷霆，不如换一种能让别人接受的方式进行批评。

你的批评是否成功，很大程度上取决于你采用的态度。没有人喜欢被批评，不要相信"闻过则喜"。一味地指责别人或者简单地说明你的看法，那么，除了别人的厌恶和不满外，你将一无所获。然而，如果你能够让对方感觉到你是来解决问题、纠正错误的，而不仅仅是发泄你的不满，你将会提升自己的影响力。

1. 批评宜在私下进行

被批评可不是什么光彩的事，没有人希望在自己受到批评的时候召开一个"新闻发布会"。所以，为了被批评者的面子，在批评的时候，要尽可能地避免第三者在场。不要把门大开着，也不要高声地叫嚷，好像要让全世界的人都知道。此时，你的语气越温和越容易让人接受。

2. 不要很快进入正题

不要一上来就开始你的牢骚，尽量先创造一个和谐的气氛。做错事的一方，一般都会本能地有种害怕被批评的情绪，如果很快地进入正题，被批评者很可能会产生不自主的抵触情绪。即使他表面上接受，却未必表明你已经达到了目的。所以，先让他放松下来，然后再开始你的"慷慨陈词"。记得有句话说得很好——吻后再踢，这样才能达到比较好的效果。

3. 对事不对人

批评时，一定要针对事情本身，不要针对人。谁都会做错事，做错了事，并不代表他这个人如何如何。错的只是行为本身，而不是某个人。一定要记住：永

63

远不要批评人。

4. 你要找到解决问题的办法

当你批评的时候，你在说他做错了。与此同时，你必须要告诉他怎么做才是正确的。这才是正确的批评方法。不要只是指手画脚，一定要他明白：你不是想追究谁的责任，只是想解决问题。而且，你有能力解决。

风格技巧：要有自己独特的风格

如果你想成为谈话高手，那么，你必须有某种独特的地方，以便引起人们的注意，或者使人们容易记住你。你可以利用自己的长相，如椒盐色胡须或者一绺红胡子，但是这还远远不够，那只能帮助你引起人们的注意。除非你碰巧是有伟大人物的那种超凡的魅力，否则你必须培养自己讲话的风格，这才是使你让别人永远不忘的最好方法。

发展自己讲话的风格对你是特别有利的。在美国艾奥瓦州锡格尼市的凯欧库克旅馆是方圆几十里的流动推销员最爱去的地方，他们不管远近都想到那里去投宿。为什么呢？因为那里的店老板，人称"快乐的韦勒"，是一位笑口常开的人。他对谁都能说上几句好听的话，自从人们认识他这么多年以来，从来没有听到他对谁说过一句不顺耳的话。韦勒有他与众不同的地方，说话有他自己独特的风格。后来他成功了，成为当地有名的富翁。

记住，你谈话的风格，你与别人交谈的方式，都能为你的名声和你的成功做出重大的贡献。如果你对下级讲话趾高气扬，甚至有鄙视的口吻，那下级就会怨恨你。如果你对上级讲话过于谦恭，他们就可能认为你缺乏能力或者没有骨气，不敢委你重任。你讲话的风格，不仅仅是你使用词汇的问题，而且是你使用词汇的方式方法的问题，从中也能反映出你的态度和修养。但欲达到这一点，你不要试图去模仿别人，也不要试图去表现不属于你的风格的东西。常常有人总想模仿别人，尤其是想模仿那些所谓的成功者或知名人士的举止行为，那就是为什么生搬硬套者失败的原因。

学习别人是件好事，但不能去模仿别人的风格或说话的口吻，这种道理是很简单的，不用多解释，谁都会明白。就像那种喝了大量酒的人，他隐瞒不了自己喝了酒的事实，因为人们一闻就明白了。你在谈话的时候，表现出自己自然的风格是上策，要努力发展你自己的独特风格，而不是去发展别人的独特风格。有些人，当他们与别人谈话时，认为自己有必要装腔作势，或者戴上一副假面具。有些人试图表现得过于友善，有的时候甚至表现出媚态。有些人急功近利，就像做电视商业广告一样。这些人的失误在于他们表现的都不是他们自己的本色，这样，别人自然不会买他们的账。你要记住我就是我，你看到的我是什么样我就是什么样，不管你喜欢不喜欢，但你总会相信同你谈话的那个人是真实的我，不是假冒的。无论对也好，错也好，你总会真诚地对待每一个人。

能力技巧：说话要培养创造能力

善于说话的人，应该不断扩大自己思考的范围，不断充实自己的知识，但更重要的，是培养自己的创造能力。否则，如果只是茫然地模仿别人，那么根本不会增加我们的知识，实在是徒劳无益。

根据人生哲学的观点，开拓自己的道路，使自己成为一个能思考、能创造的人。这样的生命才会更有意义。我们在训练自己的说话胆量时，尤其要培养自己的创造能力。

有不少人偏爱死读书的方式，可能是看别人这么做，便一味模仿；也可能认为这是一种用功学习的好办法。虽然死读书比完全不读书要好一点，但这实在不是一种良好的方法。事实上，我们在读一本书的时候，只是把作者早就想过的事情，重新加以描绘一遍而已。所以，我们看别人写的书，或听人家报道的事情，或看电视上人家的表演，等等，都只是一种被动地接受。在这些时候，我们根本没有动脑筋去思考。

因此，如果我们整天光看一些自己喜欢的书，欣赏一些令人哭笑不得的电视节目，那么，我们脑中的棱角就会越来越平，且会慢慢地失去自己的思想，一味地跟着书的作者和电视节目的思路思考下去。

在我们阅读他人所写的书时，正确的方法应该是，对其内容加以质疑、反驳，或回想一下自己平时的思考，看与书中的内容是否异同，等等。如能每读一书，都进行比较、质疑，刺激大脑，因而形成自己对事物的独特看法，这样可以说学习就成功了。如果做不到这样的话，只是一本书又一本书地、一遍又一遍地接受别人的思想，毫无自己的看法，那将是徒劳无益的。只是把别人的思想放入脑中，会让脑部拥塞起来，反而没有一点空间能容纳自己的思想了。

当我们阅读他人的作品时，不免会对作者的美妙文句、描写方式、修辞手法及幽默情调等大加赞赏，并产生共鸣。但是，如果我们依葫芦画瓢，照搬照套别人的词句与风格，那么是绝对成不了作家的。相反，如果我们通过接触他人的作品，使自己受到刺激，并借此把自己脑中的潜在意思表现出来，诉诸文字，那就可以不断培养自己的思考能力。当然，一开始我们的想法和表达方式都可能是幼稚、拙劣的，但它完全是通过自己的大脑加工出来的，具有很强的独立性。当我们发现根据作者的想法，可以创造出自己的思想时，那么看他人的东西，对我们来说，就具有真正的价值了。

能否培养出说话的信心与魅力也是如此。

假使我们心中有个固定的崇拜的"善辩者"类型，但如果我们完全学习对方的语言、说话方式，以至于开头、内容、结构、结尾全部与他如出一辙，不管我们模仿的是哪个名人的说话、演讲方式，说得有多像、多好，但听众只会在一开头的时候笑一笑，渐渐就会感到索然无味，难以忍受，并可能以勉强而虚伪的掌声请我们下台。

是否具有创造能力，是检测一个人智力发展水平的一个标志，是一个人事业能否成功的重要因素之一。同时，说话信心和魅力的培养也无疑离不开在学习过程中的创造能力。至少，我们在学习说话时，如果有更多属于自己的思想，心里也会踏实一些，而这种心理上的踏实，本身就是一种胆量。

措辞技巧：选择恰当的措辞

要想在谈话中提高自己的影响力，使用什么样的词语很重要。实际上，针对不同的人挑选不同的词汇，是一个很重要的谈话技巧。恰当地使用词汇有以下几个方面需要注意：

1. 空谷回音

这里所说"空谷回音"，就是使用对方所说的词汇，对方刚刚说的某个术语、俚语或是口头语，你可以马上把它用在自己说的话里面，这会让对方感到很亲切。尤其是对于一些术语或是俚语，使用对方所说的词能够表现出对对方极大的支持和肯定。

如果对方说："我喜欢这个LOGO（标识）！"你听了以后可以说："哦，这个LOGO确实非常有创意。"这时候你和对方使用了同一词汇——LOGO。如果你说："这个标志确实很好看。"那么你的话虽然对方也能够理解，但是就不如用LOGO

让对方听起来顺耳。实际上，对于有多种表述或名称的同一事物，你应当留意对方所采用的表达方式，尽量和对方用同一种词语表达，这会大大增加你谈话的效率和你的亲和力。

2. 感官用词

你要把握好不同感官偏好的人对于不同的词汇也有偏好。不同类型的人所习惯使用的感官用词是不同的，对于他的偏好你要在倾听对方说话时多多留意，当你发现对方的感官偏好时，就可以在你说话的措辞上尽量使用对方所习惯用的那些词汇类型。

例如，对方的话中经常出现"看上去""观点"等词汇，你可以凭借这些词汇确定对方倾向于视觉型，那么你就可以在以后的谈话中多使用视觉型的词汇，不光是"看上去""观点"，还可以用其他的视觉型词汇，例如，"观察""反映"，等等。感官用词一般是比较隐蔽的，需要你非常敏锐地去发现，同时如果你能使用和对方同类型的感官用词，对对方所产生的影响也是隐蔽的，对方听你说话会觉得非常顺耳，却说不出为什么。

3. 习惯用语

习惯用语俗称口头禅，是一个人习惯性使用的词汇。例如，有些人喜欢说"无所谓"，或者"太棒了""太背了""很酷""没意思"，等等。口头禅有一些是时尚的流行语，也有一些是非常具有个人色彩的。不管是什么样的习惯用语，如果你想提升自己的影响力，就可以在和对方说话的时候主动使用它，甚至你可以使用得比对方还要频繁。这种亲切和亲密的感觉会令对方很惊喜，因为你和对方的习惯用语一样，对方会认为你们俩的观念、性格、生活都比较相近。

4. 避免使用的词汇

有一些词汇在谈话中要尽量避免出现。例如："可是""就是""但是"，这些表示转折意义的词语。当你要表达不同意见的时候，尽量不要说它们，因为这些词意味着对对方观点的否定。

在与求异型的人谈话时，要尽量避免说一些表示绝对意义的词，如"一定""肯定""百分之百""绝对"，等等。因为求异型的人喜欢挑毛病，如果你说的话过于绝对，他们会不由自主地在内心或是口头上表示质疑。为了不引起对方的反感，避免争执，你要想提升自己的影响力的话，说话时可以尽量使用比较中性的词语，不要把话说得太满。

词语的选择同样需要敏锐的洞察力，尤其是对于对方话语中的语言细节要多加留意。

5. 说话要简洁

有些人叙述一件事情，为了卖弄才华，极力地修饰他们的语句，用重复的形容词，或学西方语言独有的倒装句法，或穿插些歇后语、俏皮话，甚至引用经典、名人语录，使别人往往摸不清他在说些什么。

有些人在说话时，东拉西扯，缺少组织和系统，也使人有不知所云的感觉。如果你要提升自己的影响力，只要在说话时记住要说得简洁扼要就行了。在话未说出口时，先打好一个腹稿，然后再按照秩序一一说出来。

具有影响力的幽默大师林语堂曾戏称：演讲要像女人的裙子，越短越好。不仅演讲如此，说话也是一样，简洁的话语常能让人有意犹未尽、余音绕梁之感。冗长而又索然无味的说话，不但无趣，还会让人觉得像懒大娘的裹脚布，又臭又长，啰啰唆唆，使听者昏昏欲睡。

6. 语句不要重叠使用

有些人会说："为什么、为什么？"答应别人一件事，说一个或最多两个"好"字已经够了，但有些人却说"好好好好……"，或是说"再见再见"。其实你要提升自己的影响力，在用重叠句子的时候，除非是要特别引人注意，或加强力量时才用得着。

7. 同样的名词不可用得太多

有一个人解释月球上不可能有生物存在这个问题时，在几分钟内，把"从科学上的观点来说"一语运用了二三十次，无论什么新奇可喜的名词，多用便会失去它动人的价值。王尔德说："第一次用花来比喻女人是最聪明的人，第二次再用的人便是愚蠢了。"人谁不好新鲜，我们虽不必拘泥王尔德所说的那样，每说一事，就要创造一个新名词，但把一个名词在同一时期中重复使用，是会使人厌倦的。

此外，注意不要用同样的形容词来形容不同的事物。

态度技巧：真诚的赞美感人肺腑

只有被别人接受，你才可能用自己的影响力去影响他人，而赞美恰恰是让别人接受你的最好方式。

赞美别人，就仿佛是用一支火把照亮了别人的生活，同时也照亮了自己的心田，有助于发扬被赞美者的美德和推动彼此友谊健康地发展，还可以消除人际间的龃龉和怨恨，最关键的是你能接近对方，而后才能去影响他人。

对年轻人不妨语气稍为夸张地赞扬他的创造才能和开拓精神；对于有地位的干部，可称赞他为国为民、廉洁清正；对于知识分子，可称赞他知识渊博、宁静淡泊……当然这一切要依据事实，切不可虚夸。

在赞美别人的时候一定要情真意切，虽然人人都喜欢听赞美的话，但并非任何赞美都能使对方高兴。虚假的赞美会引起别人的反感。例如，当你见到一位其貌不扬的小姐，却偏要对她说："你真是美极了。"对方立刻就会认定你所说的是虚伪之至的违心之言。但如果你着眼于她的服饰、谈吐、举止，发现她这些方面的出众之处并真诚地赞美，她就一定会高兴地接受。

真诚的赞美不但会使被赞美者产生心理上的愉悦，还可以使你经常发现别人的优点，从而使自己对人生持有乐观、欣赏的态度。毕竟，每天都抱着感恩的心情生活是很美好的。

赞美别人时不妨采取翔实具体方法。人们有非常显著成绩的时候并不多见，更多时候人们都是默默无闻的平凡人。因此，交往中应尽量从具体的事件入手，善于发现别人哪怕是最微小的长处，并不失时机地予以赞美。赞美用语愈翔实具体，说明你对对方愈了解，对他的长处和成绩愈看重。让对方感到你的真挚、亲切和可信，你们之间的人际距离就会越来越近。如果你只是含糊其辞地赞美对方，说一些"你工作得非常出色"或者"你是一位卓越的领导"等空泛飘浮的话语，就可能会引起对方的猜疑，甚至产生不必要的误解和信任危机。

赞美要合乎时宜。赞美的效果在于见机行事、适可而止，真正做到"美酒饮到微醉后，好花看到半开时"，这样你才能有影响力。

当别人计划做一件有意义的事，开头的赞美能激励他下决心作出成绩，中间的赞扬有益于对方再接再厉，结尾的赞扬则可以肯定成绩，指出进一步的努力方向，从而达到"赞扬一个，激励一批"的效果。

最后要说，锦上添花固然好，雪中送炭更可贵。俗话说："患难见真情。"最需要赞美的不是那些早已功成名就的人，而是那些因被埋没而产生自卑感或身处逆境的人。他们平时很难听到赞美的话语，一旦被人当众真诚地赞美，便有可能振作精神，大展宏图。因此，最有实效的赞美不是"锦上添花"，而是"雪中送炭"。

此外，赞美并不一定总用一些固定的词语，见人便说"好"，有时，投以一个真诚赞许的目光、做一个夸奖的手势、送一个友好的微笑，也能收到意想不到的效果。

口才加油站

蒋梦麟独闯"虎穴"斥强敌

近代著名教育家蒋梦麟就任北京大学校长期间，常常以北平文化界领袖的身份冲锋在前，被日本军方列上逮捕的黑名单。1935 年 11 月 29 日下午，日本宪兵径直来到北大校长室，"邀请"蒋梦麟到日本驻防军司令部"解释"其反对日本的事情。蒋梦麟认为，"临难毋苟免"，答应在一个小时以后就去。当时很多人劝他不要去，但蒋梦麟考虑再三，还是在天黑之前赶到了设在东交民巷的日军司令部。当他从容地走进日军司令部的办公室后，就听到门"咔嚓"一声锁上了。这时蒋梦麟发现一个日本士官拔出手枪站在门口。

蒋梦麟的独自前往，显然出乎日本人的意料。看到蒋梦麟进屋，屋内的一个日本大佐呆了半晌，过了好长时间才拉过一张凳子，强自镇定地对蒋梦麟说："请坐。"接着，他居高临下地开始审讯蒋梦麟。他说，"我们司令请你到这里来，是想知道你为什么要进行大规模的反日宣传？"

"你说什么？我进行反日宣传？绝无此事！我所做的一切，都是作为一个有良知的中国人应该做的。"蒋梦麟理直气壮地说。

"那么，你有没有在那个反对自治运动的宣言上签字？"日本大佐步步紧逼。

"是的，我是签了字。但反对华北自治，那是我们中国的内政问题，与反日运动毫无关系。"蒋梦麟面无惧色地据理力争。

日本大佐看到在这个问题上兜圈子占不了便宜，于是迅速转移话题。"你写过一本攻击日本的书？"

"我们做学问的人，讲的是要有证据，不能信口开河。你说我写过攻击日本的书，请你拿这本书出来给我看看！"蒋梦麟的反问让日本大佐一时手足无措。

"那么，你是日本的朋友吗？"

"这话不一定对。我是日本人民的朋友，但也是日本军国主义的敌人，正像我是中国军国主义的敌人一样。世界上爱好和平的人，我和他们都是朋友；那些妄图侵略别人的人，都是我的敌人！"蒋梦麟义正词严地驳斥道。

日本大佐的脸红一阵，白一阵，但他不甘心自己的失败，想用威胁来迫使蒋梦麟屈服。他也知道，在蒋梦麟这样具有骨气的大学问家面前，来硬的可能会把事情弄得更糟。于是，他故意轻描淡写地说："呃，你知道，关东军对这件事有点小误会。你愿不愿意到大连去与板垣将军谈谈？"这时，电话响了，大佐接了电话以后转身对蒋梦麟说："已经给你准备了专车。你愿意今晚去大连吗？"

"我不去。你们的'好意'我心领了，因为我没时间去。我的学校还有很多事务等着我去处理。等有机会我会在适当的场合拜会你们的将军。"蒋梦麟的回答极有分寸，而且没有丝毫的犹豫。

"不要怕。日本宪兵是要陪你去的，他们可以'保护'你。"日本大佐终于原形毕露。

听了日本大佐这样的话，本来坐在凳子上的蒋梦麟"霍"地站了起来，正色道："我不是怕。在我们有着铮铮铁骨的中国人的字典里，从来没有'怕'这样的字。再说，如果真的是怕，我也不会单独到这里来了。如果你们要强迫我去，那就请便吧——我已经在你们掌握之中了。不过，我还是劝你们不要强迫我。如果全世界人士，包括你们东京在内，知道日本军队绑架了北京大学校长，那你们可就要成为笑柄了。"

蒋梦麟的一番话软中带硬，显示出他巧妙的辩驳技巧。日本大佐听了这样的话，脸色立变，仿佛手心里捧着一只烫手的山芋：是把它丢了还是继续捧着，他左右为难。

"你不要怕呀。"日本大佐不知道该怎样应付这样的局面，只好心不在焉地重复这一句话。

"怕吗？不，不。中国圣人说过，要我们临难毋苟免。我相信你一定也知道这句话。你是相信武士道的。武士道决不会损害一个毫无能力的人，因为伤害这样的人会令人不齿。"蒋梦麟很平静地对日本人说。

这时，电话又响了。放下电话后，这位日本大佐转身对蒋梦麟说："好了，蒋校长，司令要我谢谢你这次光临。你或许愿意改天再去大连——你愿意什么时候去都行。谢谢你，再见。"

蒋梦麟昂首走出了日本宪兵司令部，看到了门外不远的地方焦急地向他的方向张望的家人、同事和学生，他长长地吁了一口气，然后不停地向他们挥着手。

后来，现代教育家罗家伦评价说，蒋梦麟是"郭子仪第二"，大有单骑见回纥的精神。蒋梦麟大义凛然地独闯"虎穴"却能全身而退，他的勇敢、机智和巧妙应变，表现了中华民族不可侮的浩然正气。

·第七章·

口才逻辑

逻辑严密，环环相扣

逻辑方法要求我们具有缜密的逻辑思维能力，能根据一切有关的参考材料，使所有正面的、反面的论证形成一个整体，尤其不要忽略一些重要的但又是细微的细节。

爱尔兰哲学家伊里杰纳任法国宫廷学校校长时，查理二世时常同他开玩笑。某次查理二世与伊里杰纳共进午餐，两人频频举杯。查理二世突然问他："一个爱尔兰人和一个酒鬼有何区别？"

查理二世的问话是双关语，因为伊里杰纳是爱尔兰人，爱尔兰人的发音是SCOT，而酒鬼的发音是SOT，很相近。查理二世的意思是指伊里杰纳是酒鬼。

伊里杰纳机智地回答说："一张桌子。"意思是说桌子这边是爱尔兰人，那边是酒鬼，反而把查理二世奚落了一顿。

伊里杰纳用严密的逻辑，将"酒鬼"的称号还给了查理二世。在伊里杰纳不否认自己是爱尔兰人，就得承认是酒鬼的前提下，唯一被对方所忽略的条件就是当时的情景，伊里杰纳就抓住了这一情景，从而还击了查理二世。

逻辑方法要求我们能够全面地考虑问题，并力求在谈话过程中没有漏洞让人捕捉，这样就能使自己立于不败之地；反之，若被对手抓住漏洞，那就毫无办法了。

要想在言语交锋中百战百胜，就必须层次鲜明、条理清楚、思维严密、逻辑严谨，这样才可以稳扎稳打。

据冯梦龙的《智囊》记载：宋仁宗庆历年间，国子监直讲石介作《庆历圣德诗》，褒贬十分严厉，尤其是对枢密使夏竦批评斥责非常苛刻。

不久，石介受朋友株连而遭祸，被判罪，罢官回乡，不久就死去了。当时恰好山东举子孔直温谋反。有人说孔直温曾拜石介为师。于是夏竦就宣扬说石介其实并没有死，往北逃到契丹那里去了。

宋仁宗于是下诏将石介的儿子拘置在江淮，由地方官加以管制，不得自由行动。又派中使和京东转运使打开石介的棺材检验虚实。

当时吕夷简正任京东转运使，就对中使说："如果棺材是空的，石介真是逃到契丹去了，那就将他的子孙全部杀掉也不算残酷。万一石介真的死了，朝廷无缘无故打开人家的坟墓，是不能以此示范后人的。"

中使说："那又如何回复朝廷的圣旨呢？"

吕夷简说："石介死了，必然有负责验尸装棺之人，加之内亲外戚，以及参加葬礼的学生，不止数百人；至于抬灵柩埋棺材，必然雇佣葬仪社的人。现在发公文命令他们全都来受审，假如没有不同的说法，就命令他们都立下军令状，官府出具保证书加以证明，也就足以回复圣旨了。"

中使便按他说的去办了。

宋仁宗看到奏报，也醒悟是夏竦在诬告，旋即下旨把石介的妻子和儿子都释放了。

从整个事情来看，是有前因后果的。石介作圣德诗时，"褒贬十分严厉，尤其是对枢密使夏竦批评斥责非常苛刻"，是因，"于是夏竦就宣扬说石介其实并没有死，往北逃到契丹那里去了"则是果。但同样的"因"，并没有出现同样的"果"，正是石介的诗，吕夷简被罢相，但吕夷简却不念私仇，顾念国家大体，为石介昭雪。由此可见吕夷简不仅有宽宏的气量，而且有过人的见识：在开与不开石介的棺上，做出了无人与有人——亦即投敌与未投敌的辩证分析，此行此举，确能"示范后人"。

以上的分析，既有辩证分析，也有因果分析。

从分析的方式来说，有方面分析、阶段分析、层次分析；从分析的方法说，有特征分析、条件分析、因果分析有辩证分析、有比较分析、趋势分析、系统分析、综合分析，等等。

我们着重讲辩证分析，是从建构逻辑框架，严守逻辑方阵，如何获胜的角度来考虑的。

重要的是要灵活而巧妙地将逻辑关系应用到语言中，而这些是建立在严密的全面地思索的基础上的。体系严密，攻守自如，环环相扣，自然会达到事半功倍的效果。

谬误法则，绕晕对手

所谓谬误法则，就是以看似不合常理的表达方式，来处理各种突发事件，为自己解围，或讽刺他人。主要有四种方法。

1. 兑现斥谬法

兑现斥谬法就是以绝妙的语言"威逼"对方依其自己的谬误自行现身，然后抓住对方的谬误不放并加以"发挥"，狠狠地反击对方使其无处逃身。这种办法通常用于对付那种善于哗众取宠，而其言语又具有一定的煽动性或欺骗性的对手。他们惯常以貌似有理实则无理的逻辑来蛊惑听众。面对这类对手，逼其自行现身令其当场出丑，无疑是一种妙招。请看下例：

有一个自以为是的青年向别人卖弄他的新观点——一切都是幻觉。有一回，他聚集了几个人，一本正经地兜售自己的说教。言语中，左一个幻觉，右一个幻觉，甚至居然说"所有人在所有的事实面前都是幻觉"。听的人有的摇头，有的半信半疑。旁边有两个人耳语了一番，其中一个人跑了出去，不一会又跑了回来，对那个青年说：

"快！你的电话！你的妻子被车撞了，现在已送到医院去抢救了！"

那青年一听脸色顿时煞白，慌忙站起来就要往外跑。

另一个人却一把拉住他："急什么？你妻子被车撞不过是幻觉罢了！"

那青年气急败坏地直跺脚："出了这么大的事，你还开什么玩笑！"

制造假消息的那个人接着说："别着急，确实是跟你开玩笑。不过你是被幻觉吓着了吧？"

旁边的人听了，全都心领神会地哈哈大笑，而那青年被人出了洋相，又气又恼，却无言以对。

这个玩笑开得虽然有些过分，但不难看出两个开玩笑的人正是针对那个青年对幻觉的荒谬观点，用兑现斥谬的现炒现卖法来驳斥那个青年的谬论。兑现斥谬法之所以有强大的逻辑力量，能有效地驳斥谬论，就在于这种方法是以客观事实为武器，使对方在现场现出原形，而一旦现出原形，任何貌似正确的谬论的错误本质也就昭然若揭了。

2. 借谬得利法

借谬得利法在逻辑上有些类似钻空子。即利用别人倚仗某种势力或权力而制定的不合理规定或所说的失误的话予以断章取义或别解，然后对其中仅有利于己方利益的部分进行发挥。借谬得利法从理论上讲，似乎比兑现斥谬法更近乎歪门邪道，但在实际运用中，还难说得上究竟谁对谁错。

某单位欲招聘有特长的员工，但是招聘好几次都没有找到比较合适的，这一次发布招聘的广告上特意加上一句：有特长方可应聘。这一次前来应聘的又有几十人。

这时一个青年来到面试的地方向主考官递交简历，简历上赫然写着："专长——说谎大师，造谣能手。"主考官觉得可笑，就对他说："那你现在就给我表现一下好了。"青年走出门外，对在外排队应聘的人们说："大家都不要等了，这里唯一的招聘名额已经确定是我了。"

这个青年这话实在绝妙，也令所有在场的人包括主考官在内大吃一惊。谁错了？谁都错了。谁没错？谁都没错。

3. 归谬制人

归谬制人法，就是先假定对方的话是真的，然后以此为前提进行推论，将它推向极端，推出明显的荒谬结论使对方难堪的一种方法。

古时候有个富人死了，其妻同管家商量，要用活奴给他陪葬。富人之弟是个有识之士，反对这样做。

他嫂子坚持道："你哥哥死了，但地府无人侍奉，我们决定用活奴陪葬，谁阻拦都不行。"

其弟便改口道："还是嫂子和管家思虑周全，用心良苦，可见嫂子同兄长夫妻情深，管家对主人忠心不二。既然要用活人陪葬，让别人去服侍兄长，我们不放心，倒不如嫂子和管家去陪葬，兄长定然会非常满意的。"

其嫂和管家哪愿意去死，只好将活人陪葬一事作罢。

归谬制人法的运用，要注意相同性质的谬论的可比性，若将两件不相干的事情扯在一起，便收不到以谬制人的效果。

4. 谬上加谬

谬上加谬是把一种荒谬极端化或者把荒谬性层层演进的说话技巧。它要求不但有幽默感，还要使幽默感的程度加大。这就要求说话高手把微妙的荒谬性扩大为显著的荒谬性，把潜在的荒谬性提高为一目了然的荒谬性，可以说这种方法给我们运用发挥的余地很大。

我国古代有个笑话十分精彩。

一个人非常吝啬，从来不请客，有一次别人问他仆人他什么时候会请客，仆人说："要我家主人请客，你非等来世不可。"主人在里面听见了，骂道："谁要你许他日子。"

本来说"来世请客"，已经由于来世的不存在而不可能了，也可以说彻底否定了，说的人和听的人都很清楚，没有任何疑问。从传达思想来说这种极端已经足够了，但是从构成幽默效果来说，还不够，因为它太平淡了，不够极端，而幽默感所要求的荒谬，得有点绝才行。

故事里这个主人绝就绝在，明明来世请客时永远不请客的意思，他却认为不够，因为从形式上来说，来世请客，句子是肯定的，还没有达到从内容到形式都否定的程度。在他看来哪怕是否定请客的可能性，只要在字面上有肯定的样子也都是不可容忍的。正是这种绝对的荒谬产生了幽默感。

有一个古罗马时期传下来的故事是这样的。

有一个人想要安安静静地工作，就吩咐仆人，如有来访者就说他不在家。这时有一个朋友来了，远远看到他在家中，虽然这个朋友不相信仆人说的话，但仍然回去了。

第二天，这个拒绝访客的人反过来去拜访他那位朋友，他的朋友出来对他说："我不在家！我不在家！"

这个人表示不解，他的朋友说：

"你这人太过分了，昨天，我都相信了你的仆人的话，而今天，你居然连我亲口说的话也怀疑。"

这回答真叫绝了。

绝就绝在一句话中包含着多层次的荒谬。第一个层次，明明在，却说不在；第二个层次，你昨天明明在，却让仆人说不在，这成了我今日说不在的前提；第三个层次，我明明知道你仆人说谎却相信了，今天我亲口说谎你不应该怀疑，因为我比你的仆人的地位更高。

像这样将多种荒谬集中在一个焦点上，成为复合的荒谬，我们把它叫作谬上加谬。

谬上加谬的特点是不管多种可能性的，它只管往荒谬的结果上推演，歪理歪推，效果才会更明显。

求同存异，力求突破

求同，是为了说服对方，对双方的矛盾和问题采取回避和保留的态度，尽量寻找双方的共同点，谋求一致，以便统一行动。

当矛盾双方面临共同目标、共同利益、共同敌人时，就应求同存异，放弃前嫌，谋求一致，共同对敌。舌战中，求同辩论要求说服对手时，尽量找出双方的共同点，尽量避免或者保留彼此之间的分歧，不要在次要矛盾上纠缠不休。

求同，是谋求目标一致、利益一致、行动一致的方法，顾全大局，共同对敌的方法。

求异思维与论辩犹如形与影一样，不可须臾分离。有论辩就必须要用到求异思维；没有求异思维，论辩也就无法得以开展。两个小孩斗嘴抬杠，一个说某样东西好，另一个偏偏列举出种种理由，说这种东西并不好，这是在不自觉地运用求异论辩。

正是由于在论辩中使用了求异思维，真理才得以越辩越清，人们才得以利用论辩的形式培养敏锐的思辨能力，练就一副伶牙俐齿。

1. 论题求异

出题时，切忌只考虑一方，而要考虑正反双方，要尽可能选择确有争议的，可以"求异"的论题。要让正反双方都有必需的理由和足够的资料，使双方都觉得己方有获胜的机会。

题目确定后，要运用求异思维多角度、多层次地对每次词语的含义进行辨析，务求词义准确清楚，不允许有含混不清的词语。否则，很可能将辩论引向词语的争辩，失去说话的意义。

2. 理论求异

世界上的事物往往是复杂的。他们不仅由多方面的因素促成，而且也往往会产生多方面的影响。求异思维之所以大有用武之地，其根源就在于此，其价值也恰恰来源也此。

辩论比赛本来就是一种锻炼思维能力和口才的游戏而已，辩论比赛中用求同存异思维巧妙立论的目的，是在于自圆其说，辩倒对方，因此是允许偏颇一点，不及其他的。辩论比赛之所以特别能提高思维能力和口才，也正是他的性质所逼出来的。

3. 论点求异

用求异思维去"强"词"夺"理。辩论比赛中运用求异思维，很重要的一条是要在自己的辩论题的论点上去求异，寻找更多的论据，做出更有利的证明，更详尽的分析。千万不能转移论题，歪曲论点，要坚定地"咬定青山不放松"，无理也要争三分。不是粗暴的、蛮不讲理地去争，而是要从不同的角度找出各种理由去争。

在这里，求异思维应该是受到赞扬的。这样去辩论，就显得力度强、层次深，条条道路通主题。这比挤在一条道上跑到底，干巴巴地去论辩要精彩得多。

4. 论据求异

如在使用比较法时，可以运用求异思维。比较是一种认识事物的简便易行的方法，是论辩中经常使用的一种技巧。在立论时要把己方的立论与对方的立论相比较，看看长处与弱点各是什么，如果感到这样于己不利，就要重新理论；就己方来说，立论应设计多次，然后进行比较，去劣存优，找出最佳；论据也要丰富，通过比较，选择最佳。这其中都要用到异向思维，否则思路不可能海阔天空，不拘一格，材料的宝库不可能四门大开，任你挑选。

需要指出的是，求同存异法并不能直接运用于借题发挥中，但却可以帮助我们更快地找到发挥的"题"，因此对我们也是有益的。

因果正反，把话说透

事物之间的内在联系时错综复杂且相互支配、互相渗透着的。辩证法认为，任何事物的发展均遵循着一定的规律。但事物的发展变化是多种多样的。同样一件事，可以往好的方面发展，也可以往坏的方面发展。诡辩者（也称智者）最爱钻的就是这样的空子。

有人说，好口才的人最大的本领就是能够以事物的因果歧说来战胜对方，因此，无论在什么样的对象面前，他总是可以以"三难不倒"者自居。

1.因果歧说术

所谓因果歧说术，就是抓住事物与事物之间因果联系的可辩性作为突出的辩点，来否定或悖论对方某一个观点的一种说话技巧。

因果歧说术的主要表现方式是由同一种结果引申出相互对立的结论，将其运用到"借题发挥"中也能起到绝佳作用。

一天大清早，千户长挺着肚子、晃着脑袋来到阿凡提家里。阿凡提的狗看也没看他一眼，就溜进了窝。千户长自以为是地哈哈大笑，以为这下可以为难阿凡提了。

千户长：瞧，阿凡提，你家的狗多么怕我啊！我一来，他吠也不敢吠一声，就夹着尾巴躲到窝里去了！

阿凡提：不，阁下。我的狗不是害怕你，而是讨厌你，所以，才懒得去吠哩！

上例中，为什么狗不吠一声就溜进窝？同是一种结果却引申出了两种相互对立的结论。千户长得出的结论是狗怕他，阿凡提得出的结论却是狗讨厌他。两种结论互为因果悖论，但阿凡提的话更有哲理，当然力度更大，这就有力地讽刺了千户长的可恶、可憎，就连狗都懒得去"吠"他。

应该说，语言的灵活反应是因果歧说之根本。当你碰到一些爱钻牛角尖的人，如果缺乏这种语言反应能力，你很可能就要吃亏。因为钻牛角尖者的语言和思维往往是不按规律走的。其实，你只要掌握了辩论的因果歧说术，熟读一些名人精彩的范句，你就不至于因此窘迫了。

2.正反术

正反术，是将两件以上的事物的性质、范围、作用等进行定量或定性的对比分析，从而取得胜利的方法。正反术，运用于语言场合时迅速摆脱困境、克敌制胜的好方法。

运用正反比较，可以比较同类事物，也可以比较异类事物；可以比较同一对象的不同方面，也可比较不同对象的同一方面；可以是纵向的比较、横向的比较、现状的比较、历史的比较，也可兼而得之。但不管哪种比较，都应该特别注意比较事物的强烈反差，造成鲜明的形象，这样才能取得良好的效果。

齐威王二十四年，魏惠王与齐威王一起在郊外打猎。

魏惠王带着几分夸耀的语气说："你们齐国可有什么奇珍异宝吗？我们魏国虽不算大，尚且有10枚直径一寸的宝珠，这些宝珠晶莹滑润，玲珑剔透，到了夜间，亮光闪闪，光华四射，能够把前后12辆车照得通亮，真是不可多得的稀世珍宝。贵国这样一个堂堂大国，怎么连件像样的国宝都没有？遗憾！遗憾！"

齐威王微微一笑说："我们所说的国宝与你们看重的国宝迥然不同。我有一个名叫檀子的大臣，现在镇守在南城，他恪尽职守，爱兵如子，夜不卸甲，使得强悍的楚国人不敢骚扰我国的南部边疆；我有一个名叫盼子的大臣，带兵在高唐驻防，他办事异常精细，防范特别严密，使得赵国人不敢在我国的河流里撒网捕鱼，为国家赢得了一大笔渔业收入；我有一个名叫黔夫的大臣，被派去治理徐州，他文武并用，恩威并施，使得燕国、赵国的老百姓自愿迁移过来的多达七千余家；我还有一个名叫种首的大臣，负责维护秩序，缉拿盗贼，他向各地发布告示，晓以利害，让老百姓群起监督，结果歹徒绝迹，盗贼自首，形成了夜不闭户、路不拾遗的太平局面。要讲国宝，以上4位出类拔萃的贤才，就是我们的国宝。他们的思想和业绩所反射的光辉，连千里之外的地方都照耀到了，哪里是那些仅仅可以照亮12辆车子的宝珠所能比的。"

魏惠王一听，脸羞得通红。

齐威王将自己的"国宝"与魏惠王的国宝作了一番比较，对方只能照亮12辆车子，而他的却可以照耀到千里以外，使得天下太平。能将这两种具有极大反差的"国宝"放在一起，孰优孰劣，一目了然。

如论敌用正反比较进行诡辩，要反驳这种诡辩，就必须注意对方的材料是否真实、标准是否合理、分析是否全面等。

逻辑比较，反驳对方

1. 对比法

对比法是把话题与相关问题进行比较，并以之为据进行辩驳的方法。比较的过程就是发挥的过程，它不仅具有反驳的特殊功效，同时也是一种有效地证明手段。

有这样一段话，其含义也是非常深刻的：假如一位银行家写了一首糟糕透顶的诗，有人会赞美他，但是一位诗人要是写了一张假支票，后果将是什么呢？

运用对比进行辩驳，应当注意的问题是，两个对象之间必须具备可比性，具有本质上的相同因素，同时，将两个对象进行多方面的比较发挥，这样说理才能有说服力。

2. 类比法

类比是逻辑方法的运用。它是根据两个对象之间具有某些相同或相似的属性，从而推出它们的其他属性也相同或相似的方法。如果能因势利导，针对对方的话题或本方的观点，做出富有创造性的生动形象的类比，可以使对方心悦诚服，使己方处于主动地位，取得意想不到的效果。

在一次大专辩论赛上，正反双方代表针对"发展旅游业，利弊孰大"展开激烈辩论。

正方认为，发展旅游业一方面可以吸引外资，为国家经济发展奠定长远基础；另一方面，人员流动有利于各个国家和地区的文化交流，有利于增进人民之间的了解，所以发展旅游业利大于弊。

反方认为，发展旅游业利大于弊这个结论是有条件的，他们提出："旅游业受世界经济整体形势影响太大，可以说世界经济咳两声，旅游业就会感冒甚至是肺炎；现在，旅游业不景气是事实，旅游业繁荣需要世界经济拉动，但可惜的是世界经济这个发动机也出了故障，动力不足。"

反方发言有两个类比：一是世界经济与旅游业咳嗽与感冒的关系。二是世界经济与旅游业是发动机与机器的关系，世界经济咳嗽，旅游业就感冒，世界经济出故障，旅游业就无法工作，从而说明了发展旅游业利大于弊是有条件的结论。

我们在使用类比推论这种方法时应注意的问题是：

（1）类比推论在谈话中并不是一种战略性的方法，而只是一种战术技巧。如果一味地使用这种方法，则会影响整个谈话的效果，运用时应恰到好处。

（2）进行类比推论时，须注意把握两个对象之间的关系，其联系程度越紧密越好，两个对象之间的属性关系越贴近越好，这样才能使观点富有论证性和增强说服力。

（3）不能以对象表面上某些相同或相似的情况作为推论的依据，否则会出现"机械类比"的错误，使得自己的观点缺乏力度，给对方提供把柄，从而造成失利。

3. 借比法

借比法，就是将两个相对或相反的事物或事例并举出来，造成一种强烈的反差，使真的、善的、美的显得更真、更善、更美，而使假的、恶的、丑的显得更假、更恶、更丑。

运用借比法取胜的关键就在于显示所比较事物的强烈反差，造成鲜明的形象对立，使悖谬昭然若揭。

莎士比亚的巨著《哈姆雷特》中有一段哈姆雷特与霍拉修的对白：

霍拉修：殿下，我是来参加您的父王的葬礼的。

哈姆雷特：请你不要取笑，我的同学！我想你是来参加我的母后的婚礼的。

霍拉修：真的，殿下，这两件事相距得太近了。

哈姆雷特：这是一举两得的方法，霍拉修！葬礼中剩下的残羹冷炙，正好宴请婚礼上的宾客。

（哈姆雷特的父亲是丹麦国王，他的叔父谋杀了他的父亲，夺了王位，又向他的母亲献媚，娶了她的母亲。这些故事都发生在短短的四个月之内。）

"葬礼中剩下的残羹冷炙，正好宴请婚礼上的宾客。"这一句尖锐的借比，强烈地表现了他的叔父的恶毒和他对母亲的不满，形象鲜明，可谓极尽莎翁运用借比揭谬之能事。

现实生活中，往往有自命不凡的人，讲起话来信口开河，妄自尊大。面对这种人，你不妨让他把话说完，最后抓住他洋洋得意中露出的似是而非的反逻辑谬点，类比揭谬以迎头痛击，令对方顿失招架之功，落荒而逃。

顿歇技法，推进情感

顿歇，绝不是思想表达的终止，而是力量的积蓄。停顿是为了更好地连接和贯通。

为了突出某一事物，强调特殊含义，可以运用语法停顿、逻辑停顿、感情停顿等方法变化停顿时间。一般在被突出的事物，感情前后进行。我们看看富兰克林的演讲《制造国旗的人们》的最后两句：

"她振奋明亮、果敢光辉，信仰坚定，因为那是你们用心做成的。你们是国旗的制造者，所以你们应当为制造国旗而感到无上光荣"。

这里在"因为"和"所以"后作较长的停顿，然后把声音明亮畅快地送出去。

运用停顿可以产生一种骤然紧张的气氛，停顿以后，听众绷紧的心弦也会突然放开，能让听众得到一种快感，并彻悟到演讲的内容和感情。这里的"顿"是短暂的歇息，是整体之中的一个过程。这个过程是对听众的引领，是使听众进入演讲情绪场的诱导，听众会拿上你交给他们的这把钥匙去开启演讲情感的大门从而去领略演讲的风采。

俄国政治家、社会活动家普列汉诺夫在日内瓦作《无产阶级与农民》的演讲时，台下一些无政府主义者企图破坏，不时吹出口哨声，其他听众也受到影响，面对这些破坏者，普列汉诺夫运用顿歇技巧："如果我们也想用这种武器，同你们斗争的话，我们来时就会……我们来时就会带着冷若冰霜的美女。"

把强烈愤怒的感情蓄积在停顿处，然后再爆发出来，怒指那一小撮人，收到了奇妙的控场效果。强调的是，停顿的时间要适可而止。如果太短，紧张的气氛难以形成，高潮难以产生；如果太长听众会琢磨到你顿歇的原因，从而能理解到你停顿后高潮的意义，削弱顿歇的效果。

下列一些场合可运用顿歇手法：

1. 上台站定演讲之前与演讲完了下台之前。此时可做较长时间的停顿，且停顿时要配合态势进行。

2. 赞叹、悲伤、惊讶、愤怒之时，如"你太不像话了"之前停顿。

3. 反问、设问之后。

4. 举例、述说另一整体内容之前。

5. 段落之间。

6. 当你的演讲受到干扰或得到赞美时。尤其是由于你精彩的演讲，听众对你报以热烈的掌声，你一定要停下来，微笑着向着听众。如果听众的掌声是建立在你严肃的幽默之上，你也可以"严肃"地看着听众。

口才加油站

为土拨鼠辩护

在美国新罕布什尔的一个农场，有一个名叫丹尼尔的小男孩。一年夏天，在离丹尼尔家不远的一个小山脚下，一只土拨鼠刨了一个洞穴。每到深夜，这只土拨鼠就会溜出洞穴，偷吃丹尼尔家菜园里的卷心菜和其他蔬菜。

丹尼尔和他的哥哥伊齐基尔决定捉住这只偷菜贼。土拨鼠非常狡猾，小哥俩费了许多心思，才终于捉住了它。但是，对如何处理这只土拨鼠，两人有不同的看法。

"它干了许多坏事,我要将它处死。"伊齐基尔说。

"不,不能伤害它。"丹尼尔反对道,"我们可以把它送到山上的森林里,然后放了它。"

小哥俩争执不下,于是他们拎着装着土拨鼠的笼子,找到父亲,想让他裁决。

"孩子们,"他们的父亲想了想说,"看我们能不能这样解决问题:让我们设立一个模拟法庭,我当法官,你们俩为律师,一个指控土拨鼠,一个为它辩护,然后我根据你们的辩论再做出判决。"

伊齐基尔作为起诉人首先发言。他列举了土拨鼠的种种劣行,并以常识说明土拨鼠的本性是改不了的,因此绝对不可信任。他还提到了他们为捉住土拨鼠所投入的大量时间和精力。他强调说,如果放了土拨鼠,就等于纵容犯罪,今后它会变本加厉,做出更多的坏事来。

"土拨鼠的皮,"伊齐基尔最后说,"可以卖10美分。尽管这是很小的数目,但是多多少少总能补偿一点它偷吃卷心菜给我们家造成的经济损失。如果将它放了,那么我们家的损失一分钱也挽回不了。显而易见,它的死比生更有价值,所以应该立即将它处死。"

伊齐基尔的发言有理有据,让"法官"频频点头。

轮到丹尼尔为挽救土拨鼠的生命而辩护了。他抬起头,看着"法官"的脸,说:"土拨鼠和我们一样生活在地球上,因此,它也有享受阳光和空气的权利,它也有行走在田野和森林里的自由。我们拥有各种各样的食物,甚至可以将飞禽走兽当成盘中餐,难道我们就不能拿出一小点儿食物与这只同我们一样有生存权的可怜动物分享吗?

"土拨鼠和那些凶残的动物不同,并不给任何人造成伤害。它只不过是吃了一些卷心菜,而这是它维持生命所必需的。它的需求非常有限,一个洞穴和一点点食物,仅此而已。我们凭什么说它不能拥有这些呢?

"看看它恳求的目光和因为害怕而颤抖的身子吧。它不会说话,无法为自己辩护,只能用这样的方式为自己宝贵的生命求得继续存在的机会。我们还忍心处死它吗?我们还要为弥补那么一点点经济损失而剥夺一个和我们同样生活在地球上的生命吗?"

"法官"听到这,竟忍不住两眼饱含热泪了,"伊齐基尔,放了土拨鼠!"他喊道。然后,他走上前,抱住了丹尼尔。他为儿子感到自豪,相信总有一天丹尼尔会名扬天下。他没有失望。

他的这个儿子就是 19 世纪早期美国最有名望的政治家和演说家——丹尼尔·韦伯斯特，1841 年，他出任美国国务卿。

里根的巧妙回答

美国前总统里根在访问我国期间，曾去上海复旦大学与学生见面。有一位学生问里根："您在大学读书，是否期望有一天成为美国总统呢？"

里根显然没有预料到学生会提出这样的问题，但这位政治家颇能随机应变，他神态自若地答道："我学的是经济学，我也是个球迷，可是我毕业时，美国的大学生有 1/4 要失业，所以我只想先有个工作，于是当了体育新闻广播员，后来又在好莱坞当了演员，这是 50 年前的事了。但是我今天能当上美国总统，我认为是早先学的专业帮了我的忙，体育锻炼帮了我的忙，当然，一个演员的素质也帮了我的忙。"

里根这一段精彩的回答自有他独特的魅力，他避开了学生提出的问题不谈，从其他角度巧妙地回答了难以对答的发问。

·第八章·

说话分寸

好话分寸：赞美奉承要讲究

俗话说，人有失口，马有失蹄，夜路走多了也会撞鬼。一个人说话说错了不奇怪，但那些非常善于说话的人，一旦说错话则会产生很强烈的反差效果。如果一个平时非常善于言谈、甜言蜜语从不离口、恭维拍马时时都有的人，若是不慎把赞美的言辞说过了头，也许反而会引起对方的反感。

赞美、恭维的话人人都爱听，但真理向前跨越一步就是谬误，适度的恭维，会使人心情舒畅；反之，则使人十分尴尬。为了使赞美和恭维达到应有的而不是相反的效果，合理把握赞美的"度"就成为赞美者们必须重视的问题。

我们可能都有过这样的体验。当你夸奖朋友取得的成绩时，他会说："你不知道我付出了多少心血！"言语间仿佛有你不知其艰辛、看结果不看过程的意思。相反，假如你说："真不错，一定花了你许多的心血吧！"他就会觉得心里舒服，认为你很了解他。可见，夸奖劳动的付出是必不可少的，甚至效果更佳。

其实，很多人做事并不仅仅在乎结果，更注重过程。如果你人云亦云地夸奖他取得的成果，不但有势利之嫌，还会让人这样想："如果我失败了呢？"因而也许对你心生厌恶也未可知。很多名人讨厌记者的采访，也许有此同感。

赞美的效果在于因时因人、见机行事、适可而止，真正做到"美酒饮到微醉后，好花看到半开时"。作为丈夫，当你下班后走进家门，看见娇妻已经为你备好晚餐，你只要深情地望她一眼，说一句"看到桌上的菜我就饿了"，她一定会心花怒放的。倘若你酒足饭饱之后才说一句"你今天回来得真早"，这样的效果已经是雨后送伞，她还能感受到你当时就有的那份亲情么？

另外，恭维男性和女性的赞美词一定要有所区分。倘若你对一个男人说：你长得真漂亮！相信没有几个男人会容忍这样的"侮辱"，你的言下之意就像是在说他缺少男子汉气度一样。

所以无论是赞美、恭维还是拍马屁，过分地或不分对象、时机地出言，很容易造成不逊的效果。

1.赞美和恭维一定要在适合的时机说，看要看清对象是一个什么样的人，如果对方是不苟言笑的人，那么就要注意自己的措辞。

2.赞美和恭维的频率要适中。这里的频率是指相对时期内对一个对象赞扬的次数。次数太少，起不到应有的作用；次数太多，也会削弱应有的效果。而赞扬的频率是否适中，是以受赞扬者优良行为的进展程度为尺度的。如果被赞扬者的优良行为同赞扬的频率成正比，则说明恭维的频率是适度的；如果呈现反比的现象，则说明恭维的频率过高，已经到了滥施的程度。

3.要有前瞻性和预见性。有些东西具有相对稳定性，比如人的容貌、性格、习惯等，这方面比较容易称赞。而有些东西则不稳定，如人的行为、成绩、思想、态度等，若从长远考虑，赞美时要谨慎。

4.恭维的角度要新，但绝对不能怪，否则就成了拍马不及，又或是拍马屁拍到了马腿。

5.要根据所恭维对象的性别、年龄、性格、职业、教育环境、工作环境、生活环境等因素来与之谈话或奉上赞美。

6.永远不要忘记，无论是赞美、恭维还是拍马屁，你的前提一定以真诚为基础，要知道，虚伪的话最容易被人识破。

时间分寸：说话时机要把握

孔子在《论语·季氏》里说："言未及之而言谓之躁，言及之而不言谓之隐，不见颜色而言谓之瞽。"这句话有两层意思：一是不该说话的时候说了，叫作急躁；二是应该说话的时候却不说，叫作隐瞒；三是不看对方的脸色变化，贸然信口开河，叫作闭着眼睛瞎说。

这三种毛病都是没有把握说话的时机，没有注意说话的策略和技巧。说话是双方的交流，不是一个人的单方面行为，它要受到各方面条件的制约，如说话对象、周边环境、说话时间，等等，所以说话要把握时机。如果该说的时候不说，时间转瞬即逝，便失去了成功的机会。同样的，如不顾说话对象的心态，不注意周边的环境气氛，不到说话的时候却抢着说，很可能引起对方的误解。如果信口开河，乱说一通，后果就更加严重。所以，说话掌握好时机是非常重要的。

没有掌握最恰当的时机说话，不论话的内容有多么精彩，也不会有任何意义，不能使对方接受你的意思。这就犹如一个有着强健体的体魄、良好的技艺的棒球运动员，没有掌握好击球的瞬间，结果挥棒都只是落空。

某学校为两位退休老教师举行欢送会。会上，领导非常得体地赞扬了两位的工作和为人。但是，两相比较之下，其中那位多次获得过"先进"的老教师得到了更多的美誉。这让另外那位老教师感到相当难过，所以在他讲完感谢的话以后，又接着说："说到先进，我这辈子最遗憾的是，我到现在为止一次都没有得过……"这时，一位平日里与他不和的青年教师突然开口说："不，不是你不配当先进，是因为我们不好，我们没有提你的名。"

一时间，原本会场上温馨感动的气氛被尴尬所取代。领导看气氛不对，马上接过话说："其实，先进只是一个名义罢了，得没得过先进并不重要，没有评过先进，并不代表你不够先进，我们最重要的还是要看事实……"这位领导本来是想要缓和一下气氛，结果反而使局面更糟糕。

其实，会场的气氛之所以会如此尴尬，最主要的还是退休老教师、青年教师以及领导他们三人没有掌握好说话的时机。首先是那位退休老教师，就算自己心里面有多少遗憾，也不应该在欢送会这样的场合上讲出来。而那位青年教师，也不应该在这样的场合上为图一时之快，说那些刻薄的话。最后，那位领导在场上出现尴尬的时候，应该极力避开那个敏感话题，而不是继续在这个话题上唠叨不休。

所以，我们要在不同的时间、地点、人物面前说合适的话，该说话时才说话，而且要说得体的话。只要我们有充分的耐心，积极进行准备，等待条件成熟，顺理成章地表达自己的观点，不仅能赢得对方的开心，又能令自己舒心。以下五点可以让我们从容找到说话的恰好时机：

第一，要看准时机再说话，要有耐心，积极准备，时机到了，才能把该说的话说出来。

第二，沉默是金，并不是说要一味沉默不语，该说话的时候就不要故作深沉。比如，领导遇到尴尬情况了，就需要你站出来为领导打圆场，同事有矛盾了，需要你开口化干戈为玉帛。

第三，别人在说话的时候，不要随意插嘴打断人家的话。

第四，看准时机，说不同的话。这些话都要与当时的场合、时间、人物相吻合。

第五，该说话的时候要说话，因为有时候机会转瞬即逝，错过这个说话的时机，也许以后就不会再有机会了。

插嘴分寸：插嘴要有艺术性

在别人说话时，我们不能只听到一半或只听一句就装出自己明白的样子。我们提倡在听别人说话时，要不时做出反应，如附和几句"是的"等话语，这样既让说者知道你在听他说，又让他感觉你在尊重他，使他对你产生浓厚的兴趣。

但是随便打断别人说话或中途插话，不仅是有失礼貌的行为，而且往往在不经意之间就破坏了自己的人际关系。当别人正在说一件事的时候，不要随便插嘴或是打断，这样对人既不尊重，又很容易弄错别人的意思，给自己造成损失。

老张在镇上盖了一座三层的楼房，该房子的第三层刚封顶时，几个朋友在他家吃饭。席间，突然来了一位专门安装铝合金门窗的个体户，与老张一见面就递了张名片。其实这位个体户的店铺门面也在本镇，虽和老张平时见过几次面，但因没有业务往来，他们都不认识。后经与那个体户交谈，他们彼此觉得非常合得来。

轮到老张做决定是否将铝合金门窗的业务让这位个体户做时，老张说："虽然我们以前不认识，但通过我们刚才的一席话，得知你对铝合金门窗安装的经验丰富，假如我房子的门窗让你来安装，我相信你能安装，也相信你能做得很好。但是在你今天来之前，我们厂里一名下岗钳工已向我提起过，说他下岗了，门窗安装之事让他来做……"老张的话还未说完，那个体户便插话了："你是说那东跑西走的小李吧？他最近是给几家安装了门窗，但他那'小米加步枪'式的做法怎能与我比？"

哎！这话不说还好，一说便让老张顿时改变了主意，接着说："不错，他尽管是手工作业，没有你那先进的设备，但他目前已下岗在家，资金不够丰厚，只能这样慢慢完善，出于同事之间的交情，我不能不让他做！"

就这样，那个体户只得快快离开了。

之后，老张对我们说："那个体户没听懂我的意思，把我的话给打断了。本来，我是暗示他，做铝合金门窗的人很多，不止他一个上门来请求安装。我已打听到他做门窗已多年，安装熟练，且很美观，但他的报价很高，我只是想杀杀他的价格，可他的一番言说甚至攻击了我同事小李的人品，我宁愿找别人，也不要让他来安装我的门窗。"

一个精明而有教养的人与人交谈，知道何时开口效果最佳。不该插嘴的时候，即使对方长篇大论地说个不休，也绝不会插嘴。他人在谈话时，如果你想要加入，要尽可能找个适当机会，礼貌地说："对不起，我可以加入你们吗？"或者大方地、客气地打招呼，叫你的朋友介绍一下，就能很自然打破这个情况。千万不要随意打断他们的话题，以免出现尴尬的气氛。

如果只是要跟其中一人讲一两句话，例如，有事情急着要问他，可以跟他们说："对不起，我插一下话……"但此时说话一定要简短，而且插完话后要说："对不起，请继续"。

如果真的没听懂，或听漏了一两句，也千万别在对方说话途中突然提出问题，可以等到他把话说完，再提出："很抱歉！刚才中间有一两句你说的是……吗？"

不要随意打断长辈们说话，可以等他们讲完再发表自己的意见。

轻重分寸：说话注意轻重感

事情有缓急，说话有轻重。有些人在日常交际中，对问题缺乏理智，不考虑后果，说话没轻没重，以致说了一些既伤害他人、也不利于自己的话。其实，把话说得有轻有重，并非人们想象中的那么难。只要将心比心，把自己对别人说的话放在对自己说的位置上想一想，就知道我们所说的话有多少分量。

说话轻重，通常出现在规劝或批评对方的情况中，所以掌握好轻重的比例，是非常重要的。人们都知道"人非圣贤，孰能无过"。所以，当我们发现对方行为有所缺失时，不必说得太露骨，稍微暗示一下对方，或者旁敲侧击地提醒，对方通常能够明白你的意思，还会对你的善意规劝表示好感。

那些熟谙暗示手段提醒别人的人，通常能将自己善意的评价和论断很好地传达给对方，其结果通常使评价方和被评价方获得双赢。虽然人人皆知直言不讳是耿直的表现，但是物极必反，有时候态度越是强硬，越是达不到你想要的效果。最为高明的手段是根本不提"批评"二字，而是逐渐"敲醒"听者，启发他自我反省。

　　奉劝别人的话并不是随口说出来的，我们必须思考应该以什么样的方式把它说出来而不会让对方难堪。对于那些有自知之明的人，最好采用暗示的方式，因为这样做就可以达到劝说的目的了，无须再把话挑明，反而多加一层伤害。以下四点也需要格外注意。

　　第一，以给人留面子为前提，侧面提醒，点到即止。

　　第二，一旦与人争论发生冲突时，一定不要把话说绝。特别是朋友之间的冲突，也许你的一句"断交"，就此便失去了人生最好的朋友。在一些公共场合说出重话，会引起对方的暴躁心理，一旦对方忍无可忍出言回骂或动手伤人，对自己将非常不利。

　　第三，对任何事情进行判断时，都要多听多看多思考，切忌武断做出肯定或否定，然后随意地附和某一方。要对你所听、所见、所感进行综合衡量，这样你说出的话才有分量。

　　第四，不要不负责任地肯定或否定他人的做法。

态度分寸：调解纠纷的技巧

　　当别人发生矛盾争论的时候，如果不慎自己夹在了中间，那种滋味既尴尬又难受。作为一场争论的局外人，如何打圆场，将争论几方的干戈化为玉帛，是一件非常不易做的事情。我们所说的"打圆场"和调解纠纷，近似于捧场，同是圆滑乖巧之为，但它不像捧场那般肉麻，而且有了结现实矛盾、平息事端的功效，比捧场高上一等。打圆场运用得好，可以融洽气氛，联络感情，消除误会，缓和矛盾，平息事端。如果没有调节好，打圆场不成，激化争论方的矛盾，反而会惹祸上身。所以我们在充当和事佬的时候，一定要注意公平、公正的原则。

　　公平、公正就是指让自己站在不偏不倚的角度，肯定双方的观点，再晓以利害，调和争论双方彼此的利益。如果偏帮某一方，只能火上浇油，还不如一开始就不去调节。

　　清末的陈树屏口才极好，善解纷争。他在江夏当知县时，张之洞在湖北任督抚，谭继询任抚军，张、谭两人素来不和。一天，陈树屏宴请张之洞、谭继询等人。当座中谈到长江江面宽窄时，谭继询说江面宽是五里三分，张之洞却说江面宽是七里三分。双方争得面红耳赤，本来轻松的宴会一下子变得异常尴尬。

陈树屏知道两位上司是借题发挥，故意争闹。为了缓和宴会气氛，更不得罪两位上司，他说："江面水涨就宽到七里三分，而落潮时便是五里三分。所以两位大人都说得对。"

陈树屏巧妙地将江宽分解为两种情况，一宽一窄，让张谭两人的观点在各自情况下都显得正确。他们两人听了下属这么高明的圆场话，也不好意思再争下去了。

有时候，争执双方的观点明显不一致，这时就不能"和稀泥"。如果你能把双方的分歧点分解为事物的两个方面，让分歧在各自的方面都显得正确，这必定是一个上乘的办法。

同样，在调解纠纷时，不需要对矛盾的双方进行批评指责，相反，分别赞美争执的双方，肯定他们各自的价值，给予其充分的尊重，使他们感到再争执下去只会损害自己的形象，这样双方就会自觉放弃争吵。

总之，顾及纠纷双方的心态及立场，尊重他们的自尊，给足其面子，是成为打圆场高手的必备武器，也是让他人交出信任的不可或缺之要素，更是相当重要的为人之道。一个人如果能掌握以下几点要求，就能顺利地解决发生在自己周围的争议，得到他人的尊重和信服。

其一，和事佬在调解纠纷时，要使自己的意见易于被接受调解的对象所认可，可采取赞同法，即强调谈话双方在某一方面的一致性，如强调纠纷者共同愿景等。

其二，言辞恳切，合法合情。让被调节双方处于和平解决事情的氛围当中，减少"兵戎相见"的争端。调节语言要适当调换，既合法又合情，不可生搬硬套，必须根据调解对象的不同心理特点来选用不同的调解语言。

其三，忠言不逆。调解者要抓住调解对象自尊、爱面子的心理，从维护双方名誉出发，晓之以理，动之以情，公正地说出现实，又不失逻辑的分析，使忠言的表达深刻得体。

其四，在调解纠纷时，如果双方争论不休，各执己见，那么充当和事佬的人应立刻意识到该岔开话题，转移双方注意力。

其五，忌急于求成。人们常说，善弈棋者，每每举一而反三。做别人的思想工作也好比下棋，也要珍视这三步棋的下法，要耐心细致，再三斟酌地说教。

其六，忌官腔官调，以普通人的姿态出现在人们面前，不要高高在上、唯我独尊、主观武断的官僚作风和指手画脚、发号施令的作风来做和事佬，没有人愿意听这种人对自己说教。

其七，忌空洞说教。思想观点要明确，语言要朴实新颖，语气要委婉动听。

幽默分寸：幽默要恰到好处

言语幽默的人处处受人欢迎，言语幽默的人更容易获取成功的机会。英国著名戏剧家莎士比亚说过："幽默和风趣是智慧的闪现。"法国作家雷格威更断言："幽默是比握手更进步的一大文明。"幽默是人与人交际时的润滑剂，有了它的推波助澜，我们可以在人际交往中游刃有余。不过，恰当的幽默会助人成功，但不当的幽默也会让自己陷入窘境。事实上，幽默是有很多禁忌的。

首先，忌目的不明确，尺度不适当。打个比方来说，这恰如用杠杆原理去撬一块石头，目的是搬石头，所以弄清石头的支点在哪里则是关键。幽默的目的有大有小、有远有近，幽默的尺度，则是幽默的支点。找到这一支点，能缓解气氛；掌握不好，将成为社交场合的破坏性炸弹。

其次，忌拿庄严的事物当作幽默的对象。比如说，一个民族、国家、社会制度和人生的信仰等。

再者，面对不如自己的人少调侃，少拿别人的疮疤做娱乐话题。

另外，幽默语言不可在伦理辈分上占便宜。一些趣味低级的人往往喜欢找空隙给身边的同事当一会儿"父亲"或是"爷爷"辈之类的，这样也会闹得彼此都不开心。

综上而言，幽默不可不注意对象的地位和一些背景。掌握了幽默中的禁忌，才能让人喜爱、处处受欢迎，人际关系才能融洽、和谐。我们可以从下面4点来强化掌握这一分寸的技巧。

第一，巧用停顿，"滚雪球"幽默最容易让人接受。例如，在会上发言，某领导说："今天，我要讲很长的话——"全体与会者发出叹息。他接着说："大家是不欢迎的！"听众释然，鼓掌。"但是，有些话必须要说——"全体"熄火"。领导继续道："不过，我会争取在十分钟之内说完。"大家这才松了一口气。这种淡淡的幽默有利于缓解开会气氛，还容易调动听众聆听情绪。

第二，有些不能说的话，用幽默来委婉劝说比较合适。

第三，冷笑话不是所有人都能正确解读的，所以尽量少在人前用冷笑话。

第四，遇到不能拿别人开玩笑的时候，拿自己开玩笑不失为一个缓解气氛的方式。

迂回分寸：避免语言的冲突

语言上的冲突，这种冲突的表现形式是多种多样的，比如说反问、责问、嘲骂、谩骂等，有时候还会表现在一些体态语中，比如说皱眉头、不屑一顾等。

但是人际交往中的语言冲突是十分有害的。它很容易造成一些尴尬的局面，甚至产生不可预想的结果，这对交往是十分不利的。所以，在与人交谈的过程中，应极力避免冲突。要避免冲突首先就要提升自身的修养，避免与他人起冲突。再者，对于别人无意间的语言冲撞也要表现出应有的大度，让自己占据主动优势。即使是别人有意冲撞，你对之进行反驳时，也要严守一个"度"，把握住应有的分寸，否则就会造成不必要的损失。

如果双方冲突的局面已经形成，你不妨采用下列的办法一试。

1. 暂时回避

当你在演讲中，或与人接触时受了一些气时，最好是先让自己冷静，用一切方法来解除你的烦恼，直到恢复你的心情为止。

2. 一笑了之

对待那些生活中无伤大雅、争论起来也无甚意义的冲撞，不妨像苏格拉底这样诙谐对待，一笑了之。

3. 先声夺人

在你洞明对方故意要弄手腕、欲寻衅冲撞时，就可抓住要害，先发制人，开门见山，旗帜鲜明地亮出自己的观点。这不啻给对方以"当头棒喝"，给他一个下马威，制服对方，从而避免冲撞。

特别值得提醒的是，避免言语冲撞不能靠谩骂、翻白眼、斗殴等消极的方式，否则，不但不能避免冲撞，反而会使冲撞加剧，使势态更恶劣化。

谨慎用语，力避冲撞，这是人际交往中不能不加注意的重要之点，特别是那些涉世未深、年轻气盛的年轻人更要注意。

当然，如果你面前的是一位野蛮、粗俗、无理的人，你还可以采取据理力争的方法，坚持原则，绝不迁就软弱，争端自然会解决。

双方相争，必有一伤，也可能两败俱伤，所以在与别人交往的过程中，必须要注意避免语言冲突的分寸与艺术，以免让情形不可收拾。

口才加油站

县官画画

我国古时候，有一个县官很喜欢附庸风雅，尽管画艺不佳，但画画的兴致很高。他画的虎不像虎，反而像猫。并且，他每画完一幅画，都要在厅堂内展示示众，让众人评说。大家只能说好话，不能说不好听的话，否则，就要遭受惩罚。

有一天，县官又完成了一幅"虎"画，悬挂在厅堂，召集全体衙役来欣赏。

县官得意地说："各位瞧瞧，本官画的虎如何？"

众人低头不语。县官见无人附和，就点了差役甲说："你来说说看。"

那差役甲战战兢兢地说："老爷，我有点怕。"

县官："怕，怕什么？别怕，有老爷我在此，怕什么？"

差役甲："老爷，你也怕。"

县官："什么？老爷我也怕。那是什么，快说。"

差役甲："怕天子。老爷，你是天子之臣，当然怕天子呀！"

县官："对，老爷怕天子，可天子什么也不怕呀！"

差役甲："不，天子怕天！"

县官："天子是天老爷的儿子，怕天，有道理。好！天老爷又怕什么？"

差役甲："怕云。云会遮天。"

县官："云又怕什么？"

差役甲："怕风。"

县官："风又怕什么？"

差役甲："怕墙。"

县官："墙怕什么？"

差役甲："墙怕老鼠。老鼠会打洞。"

县官："那么，老鼠又怕什么呢？"

差役甲："老鼠最怕它！"那人指了指墙上的画。

被点名的差役没有直接说县太爷画的虎像猫，而是绕着弯说话。让县官在众人面前保住了脸面，又让自己避免了一场灾难。就算县官闻言哭笑不得，也不好意思当面责罚他。

仆役所采取的说话方法正是"顺水推舟法"。顺势而言，曲线说话，是人们在与别人交谈或争论时解决问题的较佳办法。

·第九章·

说话尺度

发生矛盾，勿说绝话

在发生矛盾后，双方肯定谁心里都不痛快，很容易失态，口出恶言，把话说绝了。一时把话说绝了，痛快也只能是一时的，而受伤害的是双方长远的关系和自己的声誉。所以，即使有了再大的矛盾，我们也应该把握住一点，就是不把话说绝，给对方，也给自己一个台阶下。

一位顾客在商场买了一件外衣之后，要求退货。衣服她已经穿过一次并且洗过，可她坚持说"绝对没穿过"，要求退货。

售货员检查了外衣，发现有明显的干洗过的痕迹。但是，直截了当地向顾客说明这一点，顾客是绝不会轻易承认的，因为她已经说过"绝对没穿过"，而且精心地伪装过。于是，售货员说："我很想知道是否你们家的某位把这件衣服错送到干洗店去过，我记得不久前我也发生过一件同样的事情。我把一件刚买的衣服和其他衣服堆在一块，结果我丈夫没注意，把这件新衣服和一堆脏衣服一股脑地塞进了洗衣机。我觉得可能你也会遇到这样的事情，因为这件衣服的确看得出已经被洗过的痕迹。不信的话，可以跟其他衣服比一比。"

顾客看了看证据，知道无可辩驳，而售货员又为她的错误准备了借口，给了她一个台阶下。于是，她收起衣服走了。

售货员如果直白地揭穿顾客的伎俩，再强硬地驳回对方的要求，就等于在大庭广众下把话说绝了，换来的只会是一场尴尬和不欢而散。现实中，人们普遍存在着吃软不吃硬的心态。特别是性格刚烈的人，如果你说话"硬"的话，他也可能比你更硬；你如果来"软"的，对方倒会于心不忍，也就有话好好说了。

有的人会说，"发生这种矛盾，我就打算和他绝交了，把话说绝了又怎么样"。

真是这样吗？要知道，暂时分手并不等于绝交。

友好分手还会为日后可能出现的和好埋下伏笔。有时朋友间分手绝交并非是彼此感情的彻底泯灭，而是因一时误会造成的。如果大家采取友好分手的方式，不把话说绝，那么，有朝一日误会解除了，很可能破镜重圆，使友谊的种子重新绽放出绚丽的花朵。在这方面不乏其例。

有的人不明白这个道理，他们一和别人发生矛盾时就取下策而用之，与人反目为仇，谩骂指责，把话说得很绝以解心头之恨。这样做痛快倒也痛快，但他们没想到，在把别人骂得狗血喷头的同时，也就暴露了自己人格上的缺陷。人们会从这样的情景中看到，他对别人居然如此刻薄，如此不留情面，如此翻脸不认人。

在与人发生矛盾时不说绝话，能体现一个人的宽容大度和高尚品格。在正常情况下，人们的度量大小是很难表现得出来的。而当与别人发生了矛盾，使你难以容忍的时候，能否容人，那就看得一清二楚了。这时只有那些思想品格高尚的人，才会保持理智，以宽容的姿态，不把话说绝避免伤害对方。友好解决能使发生矛盾的彼此免受进一步的伤害，也可以说这是留给对方的真诚。

批评他人，裹上"糖衣"

有很多时候，你对家人、对朋友，总觉得有些话不得不说，可是说了，反而把感情给伤害了，把事情给弄糟了。于是你就引用古语，替自己辩解，说什么"良药苦口，忠言逆耳"。

但是，为什么良药就非要苦得让人难以下咽呢？忠言为什么就一定要让人听了难受呢？医药科学发展至今，许多良药或包糖衣，或经蜜炙，早已不苦口。语言科学发展至今，讲究批评的方式方法与语言艺术，也可做到忠言不逆耳，老少皆喜欢听。

我们做了事情，说了话，写了文章，自己不放心，不敢下判断，这时候我们何尝不希望有人出来告诉我们哪点好，哪点不好。有时，我们会遇到一个人，他能够忠实地、大胆地指出我们的许多错误，正因这样，我们就敬佩他、感激他，甚至永世不忘。

可是为什么也有些批评和忠告我们不爱听，我们听了就难受、就气愤，甚至感到自己的自尊心、自信心都受到了损伤？我们还会感到受了委屈、诬蔑以及侮辱？

一种苦味的药丸，外面裹着糖衣，使人感到甜味，容易一口吞下肚子里去。于是，药物进入胃肠，药性发生了效用，疾病就治好了。我们要对人说批评的话，在说以前，先给人家一番赞誉，使人先尝一点甜头，然后你再说批评的话，人家也就容易接受了。

那么怎样的批评才能够做到忠言不逆耳呢？以下是语言大师们多年以来总结的一些原则，希望能够帮助你在批评别人时，既能提醒到别人的错误，但又不至于让对方不高兴，甚至因为理解你的批评从而与你的关系更加融洽。

第一，真诚。在善意地批评别人时，用这样的话开头，可能效果更加好："我曾经也犯过这样的错误""可能你也不明白什么地方出了错"等，真诚往往最能够打动人。

第二，适度。批评最好点到为止，既往不咎。"事情不发生也发生了，我们最重要的还是从中吸取教训吧。"

第三，理解对方。谁愿意犯错误呢？特别是当事人内心已经很自责时，他们更加需要别人的心理支持。因此，多说说这样的话，远比批评更重要："我想你现在可能很难受。""抽空，我们找个时间，一起分析一下失误的原因，好吗？""我相信你下一次一定会做好的。"

第四，切勿指责。指责只会让人与人之间陷入恶劣的情绪之中，导致影响理智和判断力。这样的话最好以后不要再说了："我都跟你说过多少遍了？""你为什么总犯同样的错误呢？""我看你真的是无可救药了！"

第五，委婉暗示。面对直接批评时，任何人内心的第一反应都会不舒服，因为批评就是惩罚。暗示如同苦药丸外面的"糖衣"，利用含蓄的、委婉的方式，更能达到治病救人的最终目的。

第六，分清场合时机。批评的时机与场合十分重要，千万不要进行批斗会式的批评。

第七，分清对象。跟什么样的人沟通，肯定要说不同的话。对长辈说的话跟晚辈不一样，男性跟女性不可能都一样，对朋友与对对手更是立场不一样，对家人与对同事考虑的问题不一样。千万不要使角色混乱，说出不合适的话，否则，批评的效果不但达不到，还伤了和气。很多话本身并没有问题，但用在不同场合、不同对象身上，就有可能闹大笑话。

例如，一个很自卑的人犯错时，我们给予其适当的安慰会胜过千言万语，因为他本身已经非常自责。对于一个很爱面子的人，我们一边批评一边给其台阶下，他会及时纠正自己的失误。而对于一个心服口不服的人，我们没有必要死抓不放，重要的还是看他的行动。很多沟通失误，其症结在于角色不清。

如果很好地做到以上几点，那我们就可以让别人很高兴地接受我们的批评了。

良药甜口，顺耳忠言

忠告，对于帮助他人和与他人建立真诚的友谊，起着难以替代的重要作用。反过来讲，不能给予他人忠告的人不是真诚的人，这种人不会将自己的真实感受告诉对方。也就是说，不爱别人的人是不会给予他人忠告的，不被人爱的人也同样得不到忠告。因此，我们应该欢迎忠告。

尽管如此，为什么一般人都讨厌忠告，忠告为何听起来总不顺耳呢？

究其原因，就在于一般人容易受感情支配，即使内心有理性的认识，但仍易受反感情绪的影响而难以听进忠言。

有一个中学生很贪玩，整日在外游荡，不爱学习。

有一天，他大彻大悟了，下决心要好好学习。当他刚一走进家门，他母亲就急不可耐地忠告儿子："你又到哪里野去了？还不快去复习数学，看你将来怎么考大学！"

"哼，上大学，上大学，我就不信不上大学就混不出人样！"

受逆反心理驱使，一气之下，儿子又跨出了家门，母亲的一番苦心白费了。

你在忠告之前要谨慎行事。同时还要选择时机。例如，当下属尽了最大努力而事情最终没有办好时，此时最好不要向他们提出忠告。如果你这时不适时宜地说"如果不那样就不至这么糟了"之类的话，即使你指出了问题的要害且很在理，可下属心里却会顿生"你没看见我已尽力了吗"的反感，效果当然不会好了。相反，如果此时你能说几句"辛苦你了""你已做了最大的努力""这事的确比较难办"的安慰话，然后再与部下一起分析失败的原因，最终部下是会欣然接受你的忠告的。

除此之外，选择什么场合提出忠告也很重要。原则上讲，提出忠告时，最好一对一，千万不要当着他人的面向对方提出忠告。因为这样做，对方就会受自尊心驱使而产生抵触情绪。

忠告的第三个要素，就是不要以事与事、人与人作比较的方式提出忠告。因为此时的比较，往往是拿别人的长比对方的短，这样很容易伤害对方的自尊心。

"小于，你看人家小熊哪天不是安安静静的，而你总是疯玩疯闹，你就不能学学人家吗？"母亲痛切地对女儿说。

"她乖，她好！你认她做女儿算了，我走！"女儿嚷道。虽然女儿明明知道自己的缺点，但出于自尊心，她没好气地顶撞着母亲。母亲的劝告失败了。

即便是忠告也不要说得那么逆耳，因为叛逆心理人多少都会有些。良药也可以是甜口的，有时候把忠告说得顺耳人们会更喜欢也更能接受。

说到底，忠告是为了对方，为对方好是根本出发点。因此，要让对方明白你的一番好意，就必须谨慎行事，不可疏忽大意。此外，讲话的态度一定要谦和诚恳，用语不能激烈，也不必过于委婉，否则对方就会产生你教训他、你惺惺作态的反感情绪。

赞美他人，语言得当

一个气球再漂亮再鲜艳，吹得太小，不会好看；吹得太大则容易爆炸。赞美就如吹气球，应点到为止，适度为佳。

哥尔多尼曾说过："过分的赞美会变成阿谀。"因此在赞美他人时一定要坚持适度的原则。夸奖或赞美一个人时，有时候稍微夸张一点更能充分地表达自己的赞美之情，别人也会乐意接受。但如果过分夸张，你的赞美就脱离了实际情况，让人感觉到缺乏真诚的东西在里面。因为真诚的赞美往往是比较朴实的，发自内心的。只有恭维、讨好才是过分夸张和矫揉造作的。

据说有一个年轻人曾经给恩格斯写了一封热情洋溢的信，信中称赞恩格斯是一位无与伦比的革命导师，一位伟大的思想家，甚至称其为马克思的再现等，恩格斯并没有因为这封信而有丝毫的感动，反而生气地回信说："我不是什么导师、思想家，我的名字叫恩格斯。"恩格斯作为一位杰出的思想家，他不喜欢别人在赞美他时用似乎有些夸张的词汇，又因为他和马克思近几十年的友谊，他是非常尊敬马克思的，当然会忌讳别人称他为"马克思的再现"。

要做到点到为止、褒扬有度是有技巧的。

1. 比较性的赞美
两个人或两件事相比较，在夸奖对方的同时，让他意识到自己的优点和存在的差距，使对方对你的赞美深信不疑。

刘邦自己也曾说过，统一指挥百万军队，战无不胜，攻无不克，他不如韩信。这是他做了皇帝以后对自己的评价。韩信的赞美，首先肯定了刘邦控制大臣为自己效命的能力，但又指明了他在带兵作战方面与自己相比有不足之处，正与刘邦的自我评价相吻合。话说得很实在，很坦诚，刘邦不但不怒，反而很满意。此时，韩信与刘邦关系已很紧张，如果他违心地恭维刘邦，调兵遣将无所不能，恐怕刘邦不愿意听，甚至会怀疑他在吹捧、麻痹自己。

2. 根据对方的优缺点提出自己的希望

金无足赤，人无完人。有所保留的赞美既要看对方的优点和长处，同时还要看到他的弱点和不足，讲究辩证法。常言道："瑕不掩瑜。"指出对方的缺点和不足，并提出一定的希望，不仅不会损害你赞美的力度，相反，却使你的赞美显得真诚、实在，易于被人接受。尤其是领导称赞下属时，要有一是一，有二是二，把握分寸，要有所保留。可以多用"比较级"，千万慎用"最高级"。领导可以在表扬时，把批评和希望提出来。

有效的赞美不应该总是绝对化。像"最好""第一""天下无双"这类的帽子别乱戴。有个企业的广告词说："只有更好，没有最好。"就显示了企业的真诚承诺，而不是哗众取宠，华而不实，在消费者中影响很好。实际上，一般人都对自己有个客观的认识和评价，如果你的赞美毫无遮拦，就会让人感觉你曲意奉承，难以接受。赞美时必须记住：一个人的成绩和优点毕竟是有限的。因此，赞美别人，应当一分为二，有成绩肯定成绩，有不足也要说明不足，控制好赞美的度。

过分的夸张对于被赞美者来说也是百害而无一利的。高尔基曾经说过："过分地夸奖一个人，结果就会把人给毁了。"因为过分的夸奖，往往会使被赞美者不思进取，误以为自己已经是完美无缺了，从而停止前进的脚步。众所周知的方仲永，小的时候因为天资聪慧，于是别人就称其为天才，其父则四处带他去走访宾客，结果等到他长大以后，才能泯然众人矣，跟别的人没有什么两样了。

多用鼓励，替换责骂

父母、老师、上司，经常会碰到"不争气"的孩子、学生和下属。这时应该怎么样，横眉怒对吗？这只会增加他们的叛逆心理。比较好的一种办法是告诉他们：你们很优秀。人们多数时候需要的是激励，而不是责骂。

　　纽约布鲁克林的一位老师鲁丝·霍普斯金太太，在新学期开学的第一天，看过班上的学生名册时，对本该兴奋和快乐的新学期却心怀忧虑：今年，在她班上有一个全校最顽皮的"坏孩子"——汤姆。他不只是做恶作剧，还跟男生打架、逗女生、对老师无礼、在班上扰乱秩序，而且好像是愈来愈糟。他唯一的优点是很快就能学会学校的功课。

　　霍普斯金太太决定立刻面对汤姆的问题。当见到新学生时，她讲了一些话："罗丝，你穿的衣服很漂亮。爱丽西亚，我听说你画画很不错。"当念到汤姆的名字时，她直视着汤姆，对他说："汤姆，我听说你是个天生的领导人才，今年我要靠你帮我把这个班变成四年级最好的一个班。"在头几天，她一直强调这点，夸奖汤姆所做的一切，并评论他的行为表明他是一位很好的学生。

　　令人惊奇的结果出现了，汤姆真的变了，他渐渐地约束了自己的行为，变成了一个好学生。

　　这位老师用最杰出的语言拯救了一个孩子。我们不仅看到作为老师对学生的耐心教导，也体会到使用好语言对他人的重要作用。

　　很显然，鼓励的话就像一剂强心剂，使听者看到"重生"的希望，并充分地认识到，自己还有诸多美好的可能。这些可能远要比自己想象的还要完美。"你很棒""我为你骄傲"等类似这样激励的语言，并不难说，但它有时会决定了一个人的命运。

　　看一下美国纽约州第一位黑人州长罗杰·罗尔斯的故事。

　　罗杰·罗尔斯是美国纽约州历史上第一位黑人州长。他出生在纽约声名狼藉的大沙头贫民窟，这里环境肮脏，充满暴力，是偷渡者和流浪汉的聚集地。在这儿出生的孩子，耳濡目染，他们从小逃学、打架、偷东西甚至吸毒，长大后很少有人从事体面的工作。但是，罗杰·罗尔斯是个例外，他不仅考入了大学，还成了州长。

　　在就职的记者招待会上，一位记者对他提问：是什么把你推向州长宝座的？面对300多名记者，罗尔斯对自己的奋斗史只字未提，只谈到了他上小学时的校长——皮尔·保罗。1961年，皮尔·保罗被聘为诺必塔小学的董事兼校长。当时正值美国嬉皮士流行的时代，他走进大沙头诺必塔小学的时候，发现这儿的穷孩子比"迷惘的一代"还要无所事事。他们不与老师合作，旷课、斗殴，甚至砸烂

103

教室的黑板。皮尔·保罗想了很多办法来引导他们，可是没有一个奏效。后来他发现这些孩子都很迷信，于是他上课的时候就多了一项内容——给学生看手相，他用这个办法来鼓励学生。

当罗尔斯从窗台上跳下，伸着小手走向讲台时，皮尔·保罗说："我一看你修长的小拇指就知道，将来你是纽约州的州长。"当时，罗尔斯大吃一惊，因为长这么大，只有他奶奶让他振奋过一次，说他可以成为五吨重的小船的船长。这一次，皮尔·保罗先生竟说他可以当纽约州的州长，着实出乎他的预料。他记下了这句话，并相信了它。从那天起，"纽约州州长"就像一面旗帜，罗尔斯的衣服不再沾满泥土，说话时也不再夹杂污言秽语。他开始挺直腰杆走路，在以后的40多年间，他没有一天不按州长的身份要求自己。51岁那年，他终于成了州长。

一句鼓励的语言，能够扫去他人的自卑，提振自己的信心；一句鼓励的语言，能够培养他人自尊与自爱，不被挫折所败；一句鼓励的语言，温暖他人的同时其实也照亮了自己的心灵。

如同没有好学生与坏学生，只有个性不同的学生一样，所谓不争气的人只是缺少了一些自信。面对这样的人，我们需要的是鼓励而不是嘲讽。

替人着想，击中要害

对如何有效地说服他人，美国汽车大王福特说过一句说："假如有什么成功秘诀的话，就是设身处地替别人着想，了解别人的态度和观点。"因为这样不但能得到你与对方的沟通和谅解，而且能更清楚地了解对方的思想轨迹及其中的"要害点"，瞄准目标，击中"要害"，使你的说服力大大提高。

曾经有人说，要想让别人相信你是对的，并按照你的意见行事，首先必须要人们喜欢你，否则你就要失败。可是如果你不能设身处地站在别人的角度，又怎么可能让对方喜欢呢？说服时，不考虑对方的立场，或是找些莫名其妙的理由来搪塞，都会使事情更难处理。上下级间之所以经常口角，多是双方只考虑自己的缘故。要站在对方立场来说话，实在不是件容易的事。

一个常在办公室抽烟的职员，曾经发誓戒烟，持续了一个月后，忍不住又去抽了。本来做上司的想："不是说不抽了吗？怎么又开始抽呢？"但改口用这样的口气说："戒烟可不容易啊，你能坚持一个多月，已经很不简单了！"部下听了一定会自生惭愧，心里暗下决心，坚决把烟戒掉。

上司这样的说法就很容易让职员理解。因为上司是替他着想，知道戒烟是不容易的事情，即便偶尔抽一支，也是可以理解的。这样的说法不但让职员下了台，还会让职员下决心不再犯同样的错误。

同样，有家电视台，每周设置一次关于人生问题讲座的节目，收视率比其他时段的节目高出许多。收视率之所以偏高，当然有许多的原因，但其中最重要的原因，是观众们欣赏节目中的巧妙答话。

大多数有疑难问题而上电视请教的观众，在开始时会对解答者所做的种种忠告提出反驳或辩解，并且显得十分不情愿接受对方所言。但久而久之，于是在不知不觉中对解答者所说的每一句话都颔首称是，看着电视画面，觉得比在电影院看一场电影还要好。

凡电视台的主持人或问答者，无不是精挑细选的，所以光是听听他们的说服方式也获益不少。

对于不易说服的人，最好的办法就是使对方认为你与他是站在同一立场的。通常出现在这类探讨有关人生问题的电视节目上的观众，离婚女子占多数。此时负责解答疑难者常说的一句话是："如果我是你，我会原谅他，而且绝不与他分手。"

你千万别认为话中的"如果我是你"只是短短的、单纯的一句话而已，它能发挥的效力绝对是不可限量！这也是由于人人都认为"自己是最可爱的"心理所致。如果你在说服别人的过程中，无意间使用了一些不太妥当的言辞，那你巧妙地运用这句"如果我是你"，就会弥补你言辞上的过失。不仅如此，它还能促使对方做自我反省，并最终感觉到唯有你的忠言，才是对他最有利的。

低调说话，高调做事

网上流传着这样一句话：做人要低调。有人开玩笑说，应该把它当成是大学生的校训一样，要人们每天铭记在心里。之所以这样说，是现在的人们总喜欢出风头，炒作别人或者炒作自己，想把自己拔高，结果往往使别人越来越讨厌他们。

一天晚上，在举行丰富人性大集会上，有一位参加者，冲出来这样说道："真的令人很惊喜呢！我目前所学到的说服人的规则果真很有效果。在这个礼拜，我以时速45英里穿过时速30英里的限制区时，我往后视镜一看，我看到一闪一闪的红色灯——是巡逻车！我确知超速已被警察发现了，于是将车子停靠在停车线上，然后从车里走出来，往巡逻车的方向走去。此时警官正想开始开罚单，我就使用在此学习的说服规则，仅花了 15 分钟的时间，便成功地说服警官，他没有开罚单！"

这位参加者这种为了想要让别人对自己印象深刻的言行是极其愚笨的。他也许真的说服了警官，然而他无法说服别人与他交往，没有人会喜欢跟爱卖弄的人打交道，做朋友就更别提了。

在日常生活中与朋友交往，尤其是和一些地位与处境不如你的人交往，你内心是否会滋生一种居高临下的感觉？如果有，你应该及时铲除人际交往中的这种有害心理。

轻狂傲慢的人在任何时间、任何地点都不愿放下架子，自高自大，不愿和人主动亲近，对人冷淡、清高，习惯性地在人们面前卖弄自己的特长和优点，时刻对他人居高临下。而历史上许多伟大的人物往往是谦虚平等、自信而低调的人。

曾经有一个学者，学富五车，精通多种知识，所以自认为无人可以和自己相比，很是骄傲。他听说有个禅师才学渊博，非常厉害，很多人在他面前都称赞那个禅师，学者很不服气，打算找禅师一比高下。

学者来到禅师所在的寺院，要求面见禅师，并对禅师说："我是来求教的。"

禅师打量了学者片刻，将他请进自己的禅堂，然后亲自为学者倒茶。学者眼看着茶杯已经满了，但禅师还在不停地倒水，水溢出来，流得到处都是。

"禅师，茶杯已经满了。"

"是啊，是满了。"禅师放下茶壶说，"就是因为它满了，所以才什么都倒不进去。你的心就是这样，它已经被骄傲、自满占满了，你来向我求教，怎么能听得进去呢？"

喜欢表露的人是很难结识到良师益友的，低调、谦逊是一种风度、一种情操。如果你不想让有真知灼见的朋友对你避而远之，最好收敛一些，把你仅有的一点见识藏好。

高调做事，低调说话，并不是什么事情都退在后面，自己的利益被别人剥夺强占也不发出任何声音，自己的人格被别人侮辱也不反抗，这不是低调，这是懦弱。不要太招摇，不要有点小本事就拿出来显摆，不要有事没事就往领导跟前凑，然后做出一副领导面前红人的模样。什么事情自己心中都要有数，要清楚，有本事慢慢拿出来用，在别人最需要的时候拿出来用，乐于帮助别人，为别人服务，这样才能成为一个受别人欢迎和拥护的人。

安抚对方，给他希望

如果有人情绪不好，处于气愤或失望中，你该如何安抚他呢？你可以描绘美好的未来，使对方产生精神上的寄托，他就自然而然地摆脱了对目前不利状况的思虑。未来是不确定的和无法预知的，正因为如此，未来才是可以去塑造、去开创的，才是可以寄予愿望的。当暂时出现了难以解决的难题和窘境时，你可以引导挫折者放眼未来，指出其开创未来的优势所在，使其产生对于未来的信心和希望，从而摆脱对眼下挫折的过多思虑，抖擞精神去开创未来。

有一对男女青年小周和小胡，交朋友 3 年多，在一起看电影、下馆子，关系挺密切。可是，当小周把结婚的东西置办齐，要小胡和他去登记结婚时，小胡却突然与他中断了恋爱关系。小周找到她家理论，又被拒之门外。他又气又恨，在门外叫骂，用头撞大门，要死在她家门外。这时，正好小周单位的领导经过，就跑过来问他："你们之间有爱情吗？"小周被问得沉默了。领导进一步开导说："光在一起看看电影，逛逛马路，吃吃喝喝，那不是爱情。真正的爱情不是用钱可以买来的。再说，'捆绑不能成夫妻'，既然人家不爱你，你何必强求呢？你今年才25 岁，为一个不爱你的姑娘去死，多不值得？你业务能力强，工作又上进，将来事业不可限量，只要好好干，还愁找不到一个好媳妇？"一番话把愁眉苦脸的小周说得眉眼舒展开了。

男青年小周失恋，这个既定的事实已经无法改变，想办法破镜重圆恐怕也是难以实现了。此种情况下，单位领导有意把小周的视线从眼前的糟糕状况中转移开，引导他放眼未来，同时给他指出开创未来的两点优势：年轻、工作上进，强调只要充分利用这些优势，就一定能够找到顺心的人生伴侣。这样，小周的精神上有了寄托，精神状态也就好转了。

英国浪漫主义时期的大文豪斯科特，著作等身，丰硕质精，不仅对英国小说史有划时代的影响，对当时的俄国、法国、美国文坛也激发出了新的动力。

可是，这样一个大文豪小时候并不优秀。身患小儿麻痹症的他，右脚行动不便，身体孱弱，几次重病差点丧命，本来就有些自卑，加上成绩不如人，便成了"学校怪胎"，言行常常不礼貌，爱缺课，学期末的评语总是很糟。只有一位老师知道，他虽然厌恶功课，对读书却充满兴趣，这位老师不停地给予他鼓励，而这也正是他的人生转折点。

成名后的斯科特曾回小学的母校参观，感触良多地问学校老师："现在学校成绩最差的孩子是谁？"然后，他学习当年看重他的那位贴心老师，告诉那位被称为最差的红着脸的小朋友说："你是个好孩子，我当年也跟你一样，成绩很差，不要灰心。"说完，他并从口袋掏出一枚金币送给这个孩子。

"一句话改变一个人的一生"，这句话在那个小朋友的身上应验了，他最终从爱丁堡大学毕业，成了优秀的执业律师。

到底是什么让学习成绩最差的学生成了一名优秀的律师，让一个问题学生成为一个大文豪？那就是一份希望，别人给他的一份希望。这也就是鼓励的艺术。

有人说，鼓励的艺术最高的境界会带给人新的希望。当一个人心情落到谷底时，只要有人对他说"你一定可以渡过难关的"，或者说一句"我相信你可以做得到"，或者说"大家与你同在，会帮助你的"，都能给予人坚持下去的勇气和力量。

所以，当你安慰别人时，可以给他一个希望的目标，在这份希望的指引下，他就可以很快走出失意，重新面对新生活。

模糊语言，再来批评

卡耐基认为，对于一些话题比较尖锐的事情，最好使用模糊语言，给对方一个模糊的意见，或者多用一些"好像""可能""看来""大概"之类的词语，显得留有余地，语气委婉一些。

例如，当学生在课堂上回答不出问题时，作为老师一般不应这样训斥学生："你怎么搞的？昨天你肯定没复习！"而应当用模糊委婉的语言表达批评的意思："看来你好像没有认真复习，是不是？还是因为有点紧张，不知道该怎么说呢？"而且应当进一步提出希望和要求："希望你及时复习，抓住问题的要领，争取下次作出圆满的回答，行不行？"这样给了学生面子，也能达到好的效果。

在一些交流场合，尤其是在一些比较正式的场合，经常可以碰到一些涉及尖锐问题的提问，这些提问不能直接、具体地回答，又不能不回答。这时候，说话者就可以巧妙地用模糊语言表达自己的意见，让当事双方都不感到太难堪。

阿根廷著名的足球明星迪戈·马拉多纳所在的球队在与英格兰队比赛时，他踢进的第一个球是颇有争议的"问题球"。据说墨西哥一位记者曾拍到了他用手碰球的镜头。

当记者问马拉多纳那个球是手球还是头球时，马拉多纳意识到倘若直言不讳地承认"确实如此"，那对判决简直无异于"恩将仇报"（按照足球运动惯例，裁判的当场判决以后不能更改），而如果不承认，又有失"世界最佳球员"的风度。

马拉多纳是怎么回答的呢？他说："手球一半是迪戈的，头球一半是马拉多纳的。"这妙不可言的"一半"与"一半"，等于既承认球是手臂打进去的，颇有"明人不做暗事"的君子风度，又肯定了裁判的权威。

用模糊语言回答尖锐的提问是一种智慧，它一般是用伸缩性大、变通性强、语意不明确的词语，从而化解矛盾，摆脱被动局面。模糊语言不仅能使对话双方在短时间内消除误会和矛盾，更重要的是，能创造一个相对和谐愉悦的气氛，使交谈能够顺利进行下去。这既是一种小聪明，有些时候，也是一种大智慧。

一个年轻男士陪着他刚刚怀孕的妻子和他的丈母娘在湖上划船。丈母娘有意试探小伙子，就问道："如果我和你老婆不小心一起落到水里，你打算先救那个呢？"这是一个老问题，也是一个两难选择的问题，回答先救那一个都不妥当。年轻男士稍加思索后回答道："我先救妈妈。"母女俩一听哈哈大笑，脸上都露出了满意的笑容。"妈妈"这个词一语双关，使人皆大欢喜。

我们在听政府发言人谈话，或者看一些文件、公报的时候，常常觉得平淡无味。其实这些语言往往蕴含着非常尖锐的意思，只是用了一些模糊化的词语，让它显得平淡了一些而已。比如外交部发言人谈话中提到"宾主双方进行了坦率的会谈"，这里"坦率"的背后意思就是有很多争议，意见分歧非常大；再比如"应当促进双方的交流"，意思就是双方的共识太少，彼此之间有比较深的成见。这些模糊化的语言既达到了说明问题的目的，又起到了淡化矛盾的作用。

·第十章·

说话禁忌

表达禁忌：避免表意不明引歧义

人说话的目的就是要让别人听懂自己，理解自己。一个人之所以开口说话，令人清楚明白是最基本的要求，如果说的话别人听不懂，语言不准确或者意思表达不清楚，就不能反映出自己的真实面貌和思想实际，听者也就不能理解和接受，结果不仅会给自己带来不少麻烦，甚至还会造成无法挽回的损失。

二战期间，由于德军经常空袭伦敦，所以英国空军总是保持高度警惕。在一个浓雾漫天的日子，伦敦上空突然出现了一架来历不明的飞机，英国战斗机立即升空迎击，到飞临对方时，才发现这是一架中立国的民航机。

英国战斗机向地面指挥部报告了这一情况，请求指示。地面指挥部回答："别管它。"于是，英国战斗机发出一串火炮，把这架民航机打落了。后来，英国为此支付了一笔巨额赔偿才了事。

在这一事件中，英国地面指挥人员和战斗机驾驶员都负有不可推卸的责任。首先是地面指挥部，不该用"别管它"这样语义不明的言辞来回答。这既可以理解为"别干涉它，任它飞行"，也可以理解为"甭管它是什么飞机，打下来再说"。其次是战斗机驾驶员的责任，在听到这种可作完全相反理解的命令后，他应该再次请示，然后再采取行动。这样就不致铸成大错了。

在遇到这种存在歧义的言辞时一定要慎重处理，切勿模糊不清，否则它会成为你与人沟通的障碍，甚至会得罪人。例如在一家公司中，人事流动是正常的，对一个高明的部门主管来说，当有人走了以后，他要做的事情应该是如何通过自己的语言影响力来稳住留下来的人。但是，有很多部门主管并不注意这一点。

某公司的部门经理手下有 6 名职员。有一天，2 名职员提出辞职，这位经理感到很不安，他对留下来的 4 名职员说，"那些精明能干的人都走了，我们的将来真是前途未卜！"显然，这句话得罪了留下来的 4 名职员，使部门的气氛更加紧张。

也许这位部门经理对留下来的 4 名职员并无贬低之意，可是由于他的不准确表达，使这 4 名职员心理上产生阴影，在日后的工作中，肯定会产生对抗情绪。

一个说话准确的人，总可以准确、流利地表达出自己的意图，也能够把道理说得很清楚、动听，使别人很乐意接受。当然，说话能够做到雅俗共赏是最理想的，那将使你拥有更多听众。但无论如何，为了准确传达你的信息，应尽量避免说那些会使人误会的言辞。

下面 3 点能够让我们尽快掌握表达禁忌的方法。

1. 从语言上来讲，说话要通俗易懂。例如涉及某些专业问题时，如果听者不是专家学者，应改用浅显、平易、朴实的语言，少用专业术语，更不可咬文嚼字，故作高深。如果听者是具有较高文化素养的人，语言可以稍微文雅些，让自己的谈吐适应他们的水平。

2. 少说套话，最好直入主题，清晰明确地表达自己的意见。但不要为了省话而只说简短的语言，以免让别人产生误会。

3. 经常朗读优秀的文章，练习写作，以修炼自己的语言组织能力；在说话前深呼吸，仔细思考所说之言的顺序，避免发言时逻辑思维混乱。

说话禁忌：勿在别人面前话不休

说话能安慰一个人，也能伤害一个人。当你管不住嘴巴，没完没了地自说自话时，你就如同一只苍蝇一样，令倾听者感到厌烦，你将很难给任何人留下好印象。

一百多年以前，美国著名的罗克岛铁路公司打算建一座大桥，把罗克岛和达文波特两个城市连接起来。当时，轮船是运输小麦、熏肉和其他物资的重要工具。所以，轮船公司把水运权当成上帝赐予他们的特权。一旦铁路桥修建成功，自然也就断了他们的财路。因此轮船公司竭力对修桥提案进行阻挠。于是，美国运输史上最著名的一个案子开庭了。

时任轮船公司的辩护律师韦德，是当时美国法律界很有名的铁嘴。法庭辩论的最后一天，听众云集。韦德站在那儿滔滔不绝，足足讲了两个小时。

等到罗克岛铁路公司的律师发言时，听众已经显得非常不耐烦了。这正是韦德的计谋，他想借此击败对手。然而，大令韦德意外的是那位律师只说了一分钟——不可思议的一分钟，这个案子就此闻名。

只见那位律师站起身来平静地说："首先，我对控方律师的滔滔雄辩表示钦佩。然而，陆地运输远比水上运输重要，这是任何人都改变不了的事实。陪审团，你们要裁决的唯一问题是，对于未来发展而言，陆地运输和水上运输哪一个更重要？"片刻之后，陪审团作出裁决，建桥方获胜。那位律师高高瘦瘦，衣衫简陋，他的名字叫作亚伯拉罕·林肯。

韦德之所以用两个小时滔滔不绝，既是为了炫耀自己的口才，也是存心在拖延时间，好让林肯在发言的时候让听众感到厌烦。但是他不仅错估了听众厌烦的剧烈程度，而且也低估了对手林肯的机智反应。这样一来，相比较林肯的言简意赅，韦德的慷慨陈词不但没能加深陪审团的印象，反而愈发显得惹人生厌。

如何以最简单的语言表达最清楚的意思，是说话的一个难题。在推销中这方面也显得尤为突出。当一个素不相识的推销员向你推销时，你一般都不会轻易接受，如果他喋喋不休，则更加令人难以忍受。所以言简意赅是谈话时需要特别注意的原则。

著名推销员克里蒙·斯通说："起初，我一直试着向每一个人推销。我赖在每一个人面前不走，直到把对方烦得累垮。而我在离开他之后，也是筋疲力尽。"很显然，这样做的效果对于推销业绩无所助益。

后来，克里蒙·斯通决定："并不一定要向每一个我拜访的人推销保险。如果推销的时间超过预定的长度，我就要转移目标。为了使别人快乐，我会很快地离开，即使我知道如果再磨下去他很可能会买我的保险。"

谁知这样做竟然产生了奇妙的效果，克里蒙·斯通的订单竟然与日俱增。因为有些人本来以为他会磨下去的，但当他愉快地离开他们之后，他们反而会来找他，并且说："你不能这样对待我。每一个推销员都会赖着不走，而你居然不再跟我说话就走了。你回来给我填一份保险单。"

任何人都不喜欢别人喋喋不休地向自己宣传，也不希望对方夸夸其谈，毫不在意自己的感受。在有些场合，你在发表自己的言论时，其实决定权在对方的手中，因为他是受众，当他肯定了你的言论，你说的话才是有效可行的。

喋喋不休只会让人心烦，对你失去信任与耐心，由此产生强烈的逆反心理，所以如果你经常啰唆不已，就要记得提醒自己不要去浪费别人的时间。

声调禁忌：避免音高避免乱回答

谁也不能否认，说话是一门高深的艺术，一段话出自演讲家的口中和出于一个没有文化的人口中，对受众所产生的效果绝对是不一样的。因为演讲家懂得用最适当的语速、最优美的声调、最清晰的语音来吸引听众。

一个真正会说话的人，不仅要把自己的言辞修饰好，其表达方式也是经过锤炼的。大凡能够吸引人的对话或演讲，通常都是充斥着智慧和活力的，这产生于说话者很好的表达能力。所以，如果你的声音足够优美且富有活性，可以使人对你产生极美好的幻觉，它能在你疲倦时让别人感到你仍精力旺盛，能在你 70 多岁时还使人觉得你仍然年轻。

声音的质感是天生的，即使先天的条件使你无法拥有优美的声音，但你也一定要学会如何让语言抑扬顿挫。声音优美、停顿有力并不够，我们还要把握好说话时的音量。什么情况该用多大的声音说话，吐字清不清晰，这也都决定了我们的语言是否能够感染别人。

在某次会议上，因发电影票问题，引起与会者的不满。有几个人怒气冲冲地来到会务组兴师问罪。会务组组长是位语言心理战老手，他向对方解释时的声音越来越小，嘴巴也越来越靠近对方的耳朵，最后简直就是贴在对方的耳朵上说悄悄话。对方的脸色也由阴转多云，多云转晴，最后，组长拍拍对方的肩膀，亲热地问了一句："明白了吧？"对方点了点头，微笑着告辞了。

事后，有人询问组长："组长，您跟他说了些什么，这么见效？"

组长的回答令人大吃一惊："其实我什么也没说！"

"那对方为什么消了怒气呢？"

"我跟他说话的方式使他消了气。"

中国有句俗话说：有理不在声高。如果你天生就是大嗓门，那就只有尽量降低自己的音量，每个人的耳朵都有一定的承受能力，并不是人人都想听你在一旁打雷。倘若你是因为气愤而大声怒吼，那么生气也是于事无补，对方也未必惧怕你；

如果你很有礼貌地说话，反而会使对方感到自己有失风度。

说话就是这样一门有趣且难以掌握的艺术，如果你能够尽数掌握这些本领，相信什么难以开口的语言，在你的口中都会变成一篇优美的文章。掌握以下5点方法会给你带来更多的帮助。

1. 要注意重音，使自己的声音充满活力。即根据表情达意的需要，把重要的音、句或语意强调说出，使说话者的思想感情表现得清楚明晰，以引起听者留意并加深他们的印象。

2. 不可千篇一律。要想声音活泼生动，首先得遵照呼吸原则，如果一句话非常长，那么就要断句说。

3. 声音色彩是感情色彩的外部体现。一个人说话的声音色彩浓烈，很容易感染他人。不过运用声音色彩进行表达时，却不能采用简单的见喜用喜声，见怒用怒声的"对号入座"的办法。

4. 说话时要注意语音停顿。恰当地处理语言交流中的停顿，不仅是表达说话意图的需要，而且是增强语言表现力和精确性的需要，是有声语言表情达意的必要手段。

5. 声音适度，语速适中。说话不能太大声，这样会产生共振效果，令人听不清楚。因此应训练你自己，说话时声音要清楚，快慢合度。

心态禁忌：别让恐惧扼住了喉咙

千万不要小看恐惧对一个人谈吐的影响。至少有90%的人，在公众环境发表讲话时，都会产生恐惧和紧张感，出现各种表达不清晰、不恰当的情况。所以千万别让恐惧掐住我们的喉咙。

恐惧是阻碍人说话达到预期效果的重要因素。我们常常可以听到："我的老师在每堂课上都喜欢提问。无论何时被叫到，我都会口干舌燥。如果是一对一闲谈，我会稍微感觉好一点，但仍然紧张。"

"没有比求职更糟的了。在等待会见时，我总是冒冷汗，额头布满汗珠，腋窝也湿了。还没进办公室就这副样子！"

是什么使所有这些恐惧落在我们的身上？简单来说，每个人都想获得尊重、招人喜爱。可信和令人喜爱是实现自如说话的两个重要因素，几乎每个人都想从这两点中获益。不管我们已有多少，永远也不会觉得足够。为了这两样东西，人们就会不自觉地产生紧张感，这种紧张感的出现源于以下两种心理因素：

第一种，不想献丑。这些人的想法是，一旦在众人面前说话，自己的粗浅根底、拙劣看法都会暴露出来，那么从此以后，哪里还有自己的立足之地？所以，不说话或少说话更稳妥。

不过，持有这种想法的人应该想一想，一个人尽量不暴露自己的短处，相对的，其长处也就无法尽显出来。其实只要你认真地发挥全力，诚诚恳恳地把话说出来，相信必会有不错的表现。

第二种，不知道该如何组织说话的内容，所以会感到惊惶。有的人产生此种感觉是先天原因：如生来性格内向，他们说话低声细语，见到生人就脸红。还有一些教育不当的因素也占其中：儿童时期因长辈不加引导，孩子见到生人或到了陌生的地方，便习惯性地害羞、躲避，没有自信心。等到长大之后，便羞于与人接触，更羞于在公开场合讲话。

害怕当众讲话，没有谁会是特例。可以毫不夸张地说，人人都可能在说话前后或说话过程中出现紧张、恐惧心理；即便演说专家、能言善辩者也不例外。世界上没有天生的演说家。

大凡闻名全世界的成功推销员、演说家并非一开始就对说话习以为常，无所畏惧。一名成功的推销员很可能在历经多次失败之后才建立起说话的勇气，著名的演说家也是从无数次演说经验中才掌握了演讲的技巧，才能赢得满堂彩。所以，第一次尝试总是比较艰难，但是一回生二回熟，熟悉之后就能泰然处之，游刃有余。

做到以下五点，会让你快速进入说话的最佳状态。

1.关于如何克服当众怕羞的心理，卡耐基的意见是："你要假设听众都欠你的钱，正要求你多宽限几天；你是神气的债主，根本不用怕他们。"所以，树立自信是客服恐惧感的第一步。你要这样认为，当你开口说话时，听众当中有人相信你的能力，相信你对议题有十分精通的判断。

2.抓住机会努力练习口才。只要是不会让你感到紧张的场合，你都可以练习，甚至你可以选择一块石头作为听众。然后循序渐进地把家庭成员、亲近的朋友，然后是任何人当成练习的对象。

3.主动营造说话的气氛。如果在与别人说话时的气氛好，或者当时所谈论话题人人感兴趣，那么人们的谈话兴致便高，回应的速率也会很快，这样就避免了自说自话的尴尬，无形中减少人在发言时的恐惧感。

4.效仿名人的谈吐方式，可以学习他们发言的风格。

5. 身体克服恐惧法。多进行深呼吸式的减压练习以及放松摆臂练习，来减少精神引发的肌肉紧张感。只要人的身体放松，说话就会慢慢变得流畅。

沟通禁忌：上帝给你两耳一张嘴

许多人喜欢让别人听他说话，却不太喜欢听别人说话，如果你在无意中也存在这样的情况，那么请记得，上帝给了我们两只耳朵一张嘴。我们有权说话，他人也一样，当你要求他人倾听你时，你也要懂得倾听他人。

例如在求职就业中，大多数人常犯的最大错误就是高谈阔论，普遍缺少倾听的耐心，很可能因此失去工作的机会。

有一合资单位的经理到某大学去招聘职员，他对二十多名大学生进行了反复核查，从中挑选出了三名大学生进行最后的面试。其中有两名大学生在经理面前，夸夸其谈，提出一大堆的建议和设想。而另一名学生则与他们相反，在面试时，一直耐心倾听经理的见解和要求，很少插嘴，只有当经理询问时，他才回答，而且很简练，在面试结束时，他委婉地说道："我很重视您的要求，也非常赞同您的见解。如果我能被录用的话，还望您今后多多指导。"三天后，这位善于倾听的大学生接到了录用通知，而那两位夸夸其谈者则被淘汰了。

在推销中常有这样的现象：如果推销员在推销产品时，70%的时间是他在讲话，顾客只能得到30%的讲话时间。这样的推销员业绩平平。而顶尖的推销员，早就总结出了一条规律：如果你想成为优秀的推销员，建议你把用于听和说的比例调整为 2：1，70%时间让顾客讲话，你倾听；30%时间自己用来发问、赞美和鼓励他说。这就是"两只耳朵一张嘴"法则。

在与别人交谈时，如果你发现自己的耳朵快关闭了，那么请当机立断，闭上嘴巴。谈吐不一定总能让你受到尊敬，而耐心倾听总是会轻易为你挣得别人的青睐。以下是 4 点需注意的地方。

1. 不要说个没完。当对方脸上露出不太愉快的表情时，你应知道是到了你该闭嘴的时候了。

2. 多做性格修炼。平时看书、饮茶，都是修养心性的好方法，这些事情会让你变得更加有耐心，有助于说话时能安静下来聆听别人。

3. 尽量克制自己打断他人的习惯。有效且巧妙的打断会让你找回正题，而无礼的打断只会让你名誉受损。

4.配合对方的谈话。经常用感叹词或肯定词来肯定和赞美他人的话，这也是倾听的方式，还能为你赢得他人的欢心。

隐私禁忌：避开同事的隐私问题

每个人都有不想让大家知道的事情，也就是说每个人都有自己的隐私。与人相处中，要极力避免谈论别人的隐私，否则就会使你人格受损，缺乏修养，甚至破坏你与他人的和睦关系。

避免谈论别人的隐私，一是不可在谈话中拐弯抹角地打听别人的隐私，二是不可知道了别人的一点点隐私就到处宣扬。宇宙之大、谈资无所不有，何必非要以他人的隐私当作谈资呢？

对待别人的隐私，要切忌人云亦云，以讹传讹。首先你要明白，你所知道的关于别人的事情不一定确凿无疑，也许另外还有许多隐情你不了解。要是你不加思考就把你所听到的片面之言宣扬出去，难免不颠倒是非，混淆黑白。话说出口就收不回来，事后你完全明白了真相时才后悔不已，但此时已经在同事之间造成了不良的影响。

如果有人在谈到某同事时说"我只跟你说"，对这样的话你可别太当真了。

假使你对某同事不具好感，按捺不住对上级说："这些话只跟您提而已……"这样随意地大发议论，正中上级下怀，你所说的话会立刻传入该同事的耳中。

对于造谣中伤，大多数人都是深恶痛绝的。而对于隐私方面的流言蜚语，虽然大多数人也表示厌恶和排斥，但不少人总爱在不知不觉中加入进去。

一句"今天我看见业务科的小赵在咖啡厅和一个年轻姑娘坐在一起"，其结果经过无数人的嘴，传到最后时会变成"业务科的小赵在咖啡厅和一个漂亮姑娘搂搂抱抱，可亲热呢"，甚至说那姑娘还是本公司的××小姐。实际上呢，小赵只不过是在咖啡厅同妹妹商量搬家的事。

事实上，人与人之间的关系相当复杂，如果不知内幕，就不可信口雌黄，以免招惹是非。

现实生活中有一种人，专好推波助澜，把别人的隐私编得有声有色，夸大其词地逢人就说，人世间不知有多少悲剧由此而生。你虽不是这种人，但偶然谈论别人的隐私，也许你无意中就为别人种下祸患的幼苗，其不良后果并非你所能预料到的。

要是有人向你说某人的隐私，你唯一的办法就是，像保守你自己的秘密一样，不可作传声筒，并且不要深信这片面之词，更不必记在心上。说一个坏人的好处，旁人听了最多认为你是无知；把一个好人说坏了，人们就会觉得你存心不良。

人们好说女人最爱谈论别人是非，其实男人当中也不乏这种人。如果你茶余饭后要找谈话的资料，那天上的星河、地上的花草，无一不是谈话的好题目，不必一定要说东家长、西家短才能消遣时间。

要是同事能将自己的隐私信息告诉你，那说明你们之间的友谊肯定要超出别人一截，否则他不会将自己的私密全盘向你托出。

要是同事在别人嘴中听到了自己的秘密被曝光，他肯定认为是你出卖了他。被出卖的同事肯定会在心里不止千遍地骂你，并为以前的付出和信任感到后悔。因此，不随意泄露个人隐私是巩固职业友情的基本要求，如果这一点做不好，恐怕没有哪个同事敢和你推心置腹。

尽量避开私人问题，也别议论公司里的是非长短。否则，用不了几个来回就能"烧"到你自己头上，引火烧身，那时再"逃跑"就显得很被动。

地域禁忌：避开别人的地域禁忌

我国地域广阔，方言习俗各异。一个规模较大的单位，不可能只由本地人组成，一定还会有各地的同事，要特别注意这点。不同的地方，语言习惯不同，自己认为很合适的语言，在其他不与你同乡的同事听来，可能很刺耳，甚至认为你是在侮辱他。

小齐是西北某地区人，而小秦是北京人。一次两人在业余时间闲聊，谈得正起劲，小齐看见小秦头发有点长了，就随口说："你头上毛长了，该理一理了。"不料小秦听后勃然大怒："你的毛才长了呢！"结果两人不欢而散。

无疑，问题就出在小齐的一个"毛"字。小齐那个地方的人都管头发叫作"头毛"，小齐刚来北京时间不长，言语之中还带着方言，因此不自觉地说了出来。而北京却把"毛"看作是一种侮辱性的骂人的话，无怪乎小秦要勃然大怒了。

还有许多其他的语言习惯，如北方称老年男子叫老先生，但如果上海嘉定人听来，会当是侮辱。安徽人称朋友的母亲为老太婆，尊敬她，而在浙江，称朋友的母亲为老太婆那简直就是骂人了。各地的风俗不同，说话上的忌讳各异。在与同事交往的过程中，必须留心对方的忌讳话。一不留心，脱口而出，最易伤同事间的感情。即使对方知道你不懂得他的忌讳，情有可原，但至少你还是冒犯了他，在双方的友谊上是不会有增进的，因此应该特别留心。

各地的风俗习惯不同，所以各地的习俗也形形色色，五花八门。因此，当我们在和外地人交谈时，首先就要了解一下该地域的文化背景，尤其是当地的禁忌，以免在洽谈中使用了不恰当的语言，触犯了他们的忌讳，从而引起不必要的误会，甚至妨碍了有效的人际交流。

比如，到内地来投资的香港商家很多，他们说话时都爱讨个吉利，所以，我们在与港商进行洽谈时，港商认为不吉利的话就不要说。像"四"与"死"谐音，在他们面前说"四"就会犯忌讳。他们对六、八、九这三个数字颇有好感，因为听起来很像大吉大利的"禄发久"。掌握了这一点，你讨价还价时，不妨向他们讨个吉利。

"金利来，男人的世界"——这句广告词可谓家喻户晓，令"金利来"领带风靡神州。殊不知，它也曾有过被消费者拒之门外的经历。

"金利来"，原名是意大利文的意译——"金狮"。有一天，"金狮"有限公司董事长曾宪梓先生，将两条"金狮"领带送给一个亲戚，亲戚一脸不高兴地说："我才不戴你的领带呢。金输金输，什么都输掉了。"原来，粤语中，"狮"与"输"读音相近。为了避免犯这个忌讳，曾先生当晚一夜未眠。冥思苦想，绞尽了脑汁，终于想出了万全之策。

他将 GOLD 依然意译为"金"，却将 LION 音译为"利来"，即"金利来"。这个名字体现了曾先生对消费者的文化传统、风俗习惯以及消费心理的尊重。终于使"金利来"这个名字一叫即响，人见人爱。可见，只有"入乡随俗"的商业活动，才能真正抓住顾客的消费心理。

恭维禁忌：拍马不要拍在马蹄上

任何人都需要被肯定，因此"肯定"这个行为便被运用为横向及纵向人际关系的"处方"——不管这些"肯定"是真诚的还是虚假的。

一个聪明的下属知道如何去恭维自己的老板，看下面这个故事：

韩昭侯有一晚酒醉，睡着了，负责冠冕的人怕主人着凉，就拿件衣服给昭侯盖上。后来昭侯醒来，很高兴部下这番心意，就问左右："是谁为我盖上衣服的？"

有人说："是负责冠冕的人。"

昭侯不但没有奖赏负责冠冕的人，反而还将他与负责衣服的人一同处罚了。

又有一次，昭侯出去打猎，马车的缰绳松了，马车内有人提醒说："缰绳松了。"

驭者也说："好像是松了。"

紧缰绳本该是驭者的事，可是到了狩猎场，马车的陪乘者趁着昭侯打猎的机会，把缰重新调整好了。

昭侯打完猎，踏上归途时，发现缰绳被调整好了，就问："缰绳是谁调整好的？"

陪乘者说："是我。"

昭侯回来后，就处罚了陪乘者。

昭侯说："即使再小的事，都必须严守自己的工作岗位；即使再小的事，如果是自己分内的工作，不可让别人插手；即使是做得对的，也不能越俎代庖。"

昭侯的处理是对的。拍马屁拍得太明显了反而不好，所以不要时时处处都争着表现自己，超越自己的职守范围，去做别人应该做的事，这样不但不会有明显的效果，同时还会让应该做的人认为你在抢占他的机会。

应该记住，不要做吃力不讨好的事。拍马屁要拍得不可让人察觉，而不是刻意去拍。

所以，恭维要讲究艺术。只图效果，搞得太露，让人感到肉麻，最后弄得不好，可能连被拍的人也接受不了，产生反感，那还不如不拍。

方法禁忌：说话必须避免的恶习

人们在日常说话时，由于场合简单，人员熟悉，所以随意性过大，难免存在一些不好的说话习惯。这些不好的习惯在一定范围的小圈子内无伤大雅，有时还能增进彼此间的关系，但是如果放到一个正式场合，这些不好的习惯就可能给你带来负面的影响。以下几点将提醒我们说话的坏习惯给我们在表达上带来的不便，进而指出我们应该采取的方法。

1. 是否使用鼻音说话

用鼻音说话是一种常见且影响极坏的缺点，当你使用鼻腔说话时，你就会发出鼻音。如果你使用大拇指和食指捏住鼻子，你所发出的声音就是一种鼻音。在电影镜头里，如果演员扮演的是一种喜欢抱怨、脾气不好的角色，他们往往使用的就是鼻音的说话方式。如果你使用鼻音说话，当你第一次与人见面时，就很难吸引他人的注意。你听起来像在抱怨、毫无生气、十分消极。不过，如果你说话时嘴巴张得不够，声音也会从鼻腔而出。当你说话时，上下齿之间最好保持半寸的距离。鼻音对于女人的伤害比对男人更大，你不可能见到一位不断发出鼻音，却显得迷人的女子。如果你期望自己在他人面前具有极大的说服力，或者令人心荡神移，那么你最好不要使用鼻音，而应使用胸腔发音。

2. 改变过于尖的声音

当我们受到惊吓或者恐惧时，当我们大发脾气时，当我们呼唤孩子时，往往会提高嗓门，发出一种尖叫的声音。女人尤其如此，这也许是因为她们整日面对着无数的刺激。尖锐的声音比沉重的鼻音更加难听难受，也许人们老远听见你的声音就避而远之。你可以通过镜子发现自己的这一缺点，你说话时脖子是否感到紧张？血管和肌肉是否像绳索一样凸出？下颚附近的肌肉是否看起来明显紧张？如果出现上述情形，你可能就会发出像海鸥一样的声音。

3. 克服讲粗话的毛病

任何事情，一旦形成习惯，就会自然地发生。讲粗话也是同样的道理。一旦沾上讲粗话的恶习，往往是出口不雅，自己还不知道。

（1）要认识到讲粗话是一种坏习惯，是不文明的表现，从思想上强化克服这种习惯的动机。实践表明，动机越强烈，行动越迅速，效果越明显。

（2）找出自己出现频率最高的粗话，而后以最大的决心将其改正。可以通过改变讲话频率、每句话末停顿一下、讲话前提醒自己等办法，改变原有的条件反射。改掉了出现频率最高的粗话，克服其他粗话也就简单了。

（3）要有实事求是的思想准备。冰冻三尺非一日之寒，要克服说粗话的恶习当然也要一些时间，操之过急只能越改越多。

（4）请别人督促。由于有时自己讲了粗话还不知道，那么就有必要请人对自己进行监督。当然，这里的"别人"最好是了解自己的人，这样督促起来可以直截了当。

4. 克服说话结巴的毛病

结巴是口吃的通称。口吃就是说话时字音重复或词句中断的现象。有些人在运用语言进行交流时会出现结巴的情形。其实，结巴产生的原因是多方面的。

结巴对于极个别的人来说是一种习惯性的语言缺陷，是一种病态反应，他们也被称为口吃患者。要想治愈他们的结巴，除药物治疗外，更重要的是去除他们的心理障碍。对待他们，首先不可取笑，更不能以此逗乐。其次要努力创造条件，不断变换方式，消除其自卑心理，培养其说话的兴趣。例如，我们可以有意识地和他们交谈，态度要和蔼，放慢速度，耐心倾听，不时加以赞赏。可以请他们说一些亲身经历或耳闻目睹的事，这样会增强他们说话的信心。

另外，有口吃的人不能消极地一味依靠外部力量，还要不断地训练自己。日本前首相田中角荣少年时代就是口吃患者，为了克服这个缺陷，他常常朗诵，慢读课文，为了发音准确，就对着镜子纠正口形，后来他成了一个著名的政治家、演说家。有口吃的人不妨试一试这个方法，只要坚持不懈并保持良好的心态，相信一定会产生好的效果。

5. 检测说话的速度

即使是一些职业演说家或政治家，有时也不容易把握好自己说话的速度，如果你说话太快，别人就听不懂你在说些什么，而且听得喘不过气来。如果太慢，人们就会根本不听你说，因为他们缺乏一种耐心。适当的说话速度约为每分钟120～160个字之间，当我们朗读时，其速度要比说话快。而且说话的速度不宜固定，你的思想、情绪和说话的内容会影响你表达的快慢。说话中把握适度的停顿和速度变化，这会给你的讲话增添丰富的效果。

为了测量自己说话的速度，你可以按照正常说话的速度念上一段演讲词，然后用秒表测出自己朗读的时间。如果你说话的速度每分钟不到110个字，那说明你说话的速度需要调整，否则，你最适合的工作就是去当保姆了，因为你很快就会令人入睡。

6. 铲除"口头禅"

在我们平常与人讲话或听人讲话之时，经常可以听到"那个、你知道、他说、我说"之类词语，如果你在说话中反复不断地使用这些词语，那就是口头禅。口头禅的种类繁多，即使是一些伟大的政治家在电视访谈中也会出现这种毛病。

有时，我们在谈话中还可以听到不断的"啊""呃"等声音，这也会变成一种口头禅，请记住奥利佛·霍姆斯的忠告——切勿在谈话中散布那些可怕的"呃"音。如果你有录音机，不妨将自己打电话时的声音录下来，听听自己是否出现这一毛病。一旦弄清自己的毛病，那么在以后与人讲话的过程中就要时时提醒自己注意这一点，当你发现他人使用口头禅时，你会感到这些词语是多么令人烦躁，多么单调乏味。

7. 停止过于频繁的动作

检查一下自己，你是否在说话时不断出现以下动作：坐立不安、蹙眉、扬眉、歪嘴、拉耳朵、摸下巴、搔头皮、转动铅笔、拉领带、弄指头、摇腿等。这都是一些影响你说话效果的不良因素。当你说话时，听众就会被你的这些动作所吸引，他们会看着你的这些可笑的动作，根本不可能认真听你讲话。

在你讲话时，完全可以自我提示，一旦意识到自己出现这些多余的动作，赶紧改正。

8. 运用有风度的言辞

风度是一个人涵养的外在表现，说话风度是一个人内在气质的言语表现。增强自己说话魅力的一个重要途径就是增加自己说话的风度。一个说话有风度的人，会令人仰慕不已、倾心无比。正如德国戏剧家莱辛所说："风度是美的特殊再现形式。"

孔子说："文质彬彬，然后君子。"风度正是外在语言和内在气质的恰当配合。首先，风度是一种品格和教养的体现。如果一个人没有高尚的道德情操，没有一定的文化修养，没有优雅的个性情趣，其说话必然是粗俗鄙陋、琐碎不雅。其次，风度是一种性格特征的表现。比如性格温柔宽容、沉静多思的人，往往寥寥几句的轻声细语就能包含浓烈的感情成分；而粗犷豪放、性情耿直者，则说话开门见山、直来直去。再次，风度是涵养的一种表现。这主要表现在处理人际关系时，不卑不亢、雍容大度。最后，风度是一个人说话的遣词造句、语气腔调、手势表情等的综合表现。如法官在法庭说话时，往往会正襟危坐、不苟言笑、咬文嚼字、逻辑缜密。

说话的风度是多种多样、丰富多彩的。洋洋洒洒、侃侃而谈是风度，只言片语、适时而发也是风度；谈笑风生、神采飞扬是风度，温文尔雅、含而不露也是风度；解疑答难、沉吟再三是风度，话题飞转、应对如流也是风度；轻声慢语、彬彬有礼是风度，慷慨陈词、英风豪气也是风度。每个人在培养自己的说话风度时，应根据自己的性格特征、情趣爱好、思维能力、知识结构等有所选择。另外，同样一个人，在不同的场合、不同的环境下，其说话的风度也是有所不同的。比如教师在课堂上讲课与在家里跟家人闲聊时，就会表现出两种相差甚远的风度。

说话的风度是人的一种自然特色，是与时代相吻合的。我们反对脱离时代追求风度；我们也反对脱离自己的个性、身份去讲究风度。任何东施效颦、搔首弄姿、没有个性的说话都毫无风度可言。

由上述言论我们应该看到，是风度决定了语言的高度和延续程度。跟一个完全没有风度的人说话，就正应了"话不投机半句多"的老话。所以，培养良好的谈吐风度对于每个人来说都很重要。

口才加油站

王熙凤不露声色拍马屁

《红楼梦》中王熙凤算是拍马屁的个中好手。林黛玉初入府时，为了让贾府最大的人物——贾母高兴，王熙凤拉着林黛玉的手可劲儿地夸："天下真有这样标致的人物，我今儿才算见了！况且这通身的气派，竟不像老祖宗的外孙女儿，竟是个嫡亲的孙女。"

一句话逗得贾母直乐，还同时取悦了三方人士：一面夸了林黛玉的美丽风韵；一面又没有得罪贾母的三个亲孙女：迎春、探春和惜春；还拐了弯儿地称赞了贾母。既是像嫡亲孙女，又有大家风范，那真正的嫡亲孙女迎、探、惜自然也非俗物，而这些又都源自贾母的优良遗传，可见贾母当年也是不同凡响，通身气派，乃大家之闺秀也。

如此简单的一句话，竟被王熙凤说得如此曲折、恰到好处，又火候适宜，还让听的人个个高兴舒服，欢喜非常；自己又显得不卑不亢，不媚不谄……真是令人忍不住拍案叫绝。

·第十一章·

声音技巧

发音技巧：发音是建立良好沟通的首步

我们所说的话都是由每一个字组做成的，然后我们给每一个字加上适当的重音和语调。然后将所有内容正确而恰当地发音，就形成了我们的演讲，能够帮助我们准确地表达自己的思想，使听众明白演讲者的意思和所强调的重点。

1. 练习发音的第一步是，练气

咽喉炎似乎是所有教师的通病，这种现象一方面是因为教师每天的说话量过大，另一方面是因为没有掌握正确的发声方法。我们都知道播音员和歌唱家每天的一个必备的功课就是练习发声，练习用气来发声。也就是人们常说的练声先练气。

气息是人体发声的动力，是发声的基础。如果能正确地掌握用气发声的方法，那么就不会有大量的教师患上咽喉炎了。

演讲的效果与发声有着直接的关系，我们之前说了，有活力的声音可以使听众兴奋，反之就会给人一种说话绵软无力的感觉。而影响发声的最直接原因就是气息，气息充足，声音就会响亮而有朝气；气息不足，声音就会恹恹无力；用力过猛就是我们常说的大嗓门，给以一种不礼貌的感觉。

我们在练声时，最重要的就是吸气与呼气训练。我们可以参考瑜伽当中腹式呼吸法来练习吸气和呼气。

所谓腹式呼吸法就是，吸气时让腹部凸起，吐气时压缩腹部使之凹入的呼吸法。正确的腹式呼吸法为：开始吸气时全身用力，此时肺部及腹部会充满空气而鼓起，但还不能停止，仍然要使尽力气来持续吸气，不管有没有吸进空气，只管吸气再吸气。然后屏住气息4秒，此时身体会感到紧张，接着利用8秒的时间缓缓地将气吐出。吐气时宜慢且长，不要中断。做完几次前述方式后，不但不会觉得难过，反而会有一种舒畅的快感。

2.练习发音的第二步，练声

第一，练习音高和音低。

可以通过朗读古代诗词，散文等来练习。先从低音说起，再一句句地升高，说到最后再一句句地降下来。然后再一句高，一句低，高低交替地朗读，也可以每个字的音调由低向高，再由高向低。

第二，练习音强与音弱。

可以采用和之前同样的材料，按音量从小到大来练习，从小音量练习开始，要注意的是音量虽小，但吐字一定要清晰。之后把音量加大到正常来练习，同样要求吐字清晰，抑扬顿挫。之后再加大音量，用大音量练习，这时要求气息强大，音色高亢洪亮。当我们能熟练清晰地用三种音量发音时，就可以进行三种音量的混合练习，这样的练习还可以加强我们的预感和语气。

第三，练习实音与虚音。

所谓的实音，就是，音色响亮、扎实、清晰度高的声音，这就要求我们在发音时，要清晰明白，咬字要准确。所谓虚音多用于表达感叹、回味、夸张等情感的语句中，说话的气息强而逸出较多，音量则有所控制，但是同样注意字音的清晰。

最后要注意的是，早晨刚睡醒时不要直接到室外去练习，特别是室外与室内温差较大时，冷空气的刺激会损害我们的声带。

语意技巧：不同的语调带有不同的意义

语调是声和气的结合，不同的语意是某一种声和气在人们长期的使用过程中逐步形成的。它是具有社会性的，是约定俗成的，具有稳定性，包括思想感情、声音形式两个方面。不会以个人的意志为转移，我们只能遵循这一特点，而不能根据个人的好恶去随意地违背它或改变它。

人们对于不同语调的反应在长期的生活中，是本能的认知：恶声恶气不会是抒发柔情蜜意、大声吼叫不会是称赞别人、粗声粗气不会是向别人道歉，更不能用来表现我们激动的心情。所有使用有声语言的场合，都离不开语调。若想成为一个说话富有感染力的人，就一定要熟练掌握驾驭语调的能力，要善于运用合适的语调来表达复杂的内容和不同的思想感情。

只有用正确的语调才能表示正确的意义，否则我们将不能正确地表达我们的本意，甚至还会招致麻烦和痛苦。但是当一个团体的成员固定使用一种新的语调，那么也会给既定的语调赋予新的含义。相同的词语因为不同的语调而产生不同的意义的例子在我们身边有很多。

语调能够影响人们的情绪这是在我们的实际生活中经常会遇到的现象，像相声演员就曾经利用这样的反差来进行表演，他们在《二泉映月》的音乐下说明相声是一项语言艺术，这样就形成了内容的喜悦和语调的悲哀的反差。意大利一位演员也曾经用悲怆的语调来朗读阿拉伯数字，虽然朗读阿拉伯数字本身并没有任何意义，但是因为语调的悲哀，使得听众产生了共鸣，不少听众潸然泪下。所以，有时候，在表情达意方面，语调甚至超过语言本身。

就像我们很熟悉的一个词"讨厌"，来举个例子。

当我们用粗声粗气来说，就表示出一种斥责、反感；用恶声恶气来说，就表现出一种愤怒、斥责；用柔声细气来说，则有一种害羞的感觉；用嗲声嗲气说，则有一种打情骂俏、撒娇的感觉。使用好声和气的一条重要原则就是要尽力避免可能会出现的歧义现象。

那么作为一个演讲者在演讲中可以常用哪些语调呢？

首先，当演讲者需要激励听众的士气时，可以使用慷慨激昂的语调。

慷慨激昂的语调有一种气势磅礴的感觉，可以给予人们激励的感觉，具有强烈的鼓动性和感染力。

其次，当演讲者需要引起听众的兴趣时，可以使用抑扬顿挫的语调。

所谓抑扬顿挫，就是指句子里的语气有高低升降、轻重缓急的变化。

抑扬顿挫，使得一句话，说出的时间和强度有了变化，这样它所表达的意思就有可能不同，甚至会截然相反。所以，抑扬顿挫的语调可以加强句子的语气，有助于演讲者抓住听众的情绪，吸引听众的注意力。

然后，当演讲者需要平复听众的情绪时，可以使用平和舒缓的语调。

有时，一味的慷慨激昂，高声演讲，并不能够吸引听众，当演讲者置身于某些特定的场合中，例如分别的时候，吊唁的时候，演讲者说话时的声音不能高声喧哗、慷慨激昂，这时就需要演讲者用平和缓慢的语调，这样的语调不但能符合听众的心理，还能够安抚、治愈听众的心灵。

最后，当演讲者需要说服听众时，可以使用气势沉稳的语调。

这样的语调是在演讲者想要将一种观念或理念传达给听众时常用的，教师就常用这种语调来给学生们讲解新的内容。

这样的语调最大的特点就是自信，因为，一个人，想要别人相信自己，首先要相信自己，要想说服别人，就先要说服自己，然后再以自己的沉稳自信去征服别人。

总之，用语调表达不同的感情时要注意语言、语义、演讲的场景和主题，注意语气与措辞的一致以及语气之间的协调，这样，我们的演讲才能取得比较好的效果。

语言技巧：如何在说话中运用突兀语言

有些人善于在说话的开头出语惊人，突兀而起，配以起伏变化的语调使演讲体现出一种神秘的色彩，一下子就能把听众震住。这样既能吸引听众的注意力，又能确定演讲的情感基调。有位演讲者在介绍刘玲英为保卫国家金库而与行凶抢劫者奋力拼搏的事迹时，是这样开始演讲的：

"刀，一把明晃晃的三角刮刀已经逼近了刘玲英的眼睛，穷凶极恶的歹徒丧心病狂地嚎叫：'你交不交钥匙？不交就要你变成瞎子！'面对威吓，刘玲英毫不畏惧，回答的是三个字：'不知道！'凶手手中的刮刀刮进了刘玲英的眼睛，可刘玲英回答的仍然是三个字：'不知道！'歹徒用三角刮刀在刘玲英身上、脸上捅了二十多刀，鲜血染红了地面，刘玲英还是那三个字：'不——知——道！'朋友们，这就是我们的英雄，面对猖狂，面对凶暴，脸不改色心不跳，用生命和鲜血捍卫着人民的财产。在这里我要用我全部的热情来赞一赞这位女豪杰，女英雄！"

这里，突兀在听众面前的是一幅凶残血腥的画面，令听众为之汗颜，为之心跳。加之演讲者夸张地运用轻重、快慢、升降、停顿等语调技巧，强烈地感染着听众。

我们再看看 1941 年 7 月 3 日斯大林《广播演讲》的开头：

"希特勒德国从 6 月 22 日向我们祖国发动的背信弃义的军事进攻，正在继续着。虽然红军进行了英勇的抵抗，虽然敌人的精锐师团和他们的精锐空军部队已被击溃，被埋葬在战场上，但是敌人又往前线调来了主力军，继续向前闯进……"

这样的开头，由惊人的事情说起，听众为之惊叹。

使用突兀语言，不仅需要大量的知识作为语言的支撑，更为重要的是要掌握使用方法。一般来说，突兀语言的出现，是为了增强语言的效果，使听众在"陌生化"的语言环境中感受你说话的魅力，因此，运用突兀而起的方法要注意与后面的内容配合得当，否则给人一种头重脚轻、"吊胃口"的感觉。

节奏技巧：节奏适中有助于听众的理解

听语言出色的人说话是一种艺术的享受。这是因为他们在演讲时，抑扬顿挫，就像一个优秀的指挥家，将语言的节奏当作一首优美的交响乐随意指挥，随心所欲地演奏出扣人心弦的乐曲。

如果想要成为优秀的演讲者，就要了解语言的节奏有哪几种，同时按照这些节奏来不断地进行练习的话，每个人都能成为优秀的演讲家。

第一，高亢的节奏。它能营造出威武雄壮的效果，这种节奏演讲者发出偏高的声音，同时语气的起伏较大，高亢的节奏能产生强烈的感染力和鼓动性，能够使听众热血沸腾，这样的节奏适合于叙述一件重大的事件，宣传重要决定及使人激动的事。

第二，低沉的节奏。这种节奏和高亢的节奏正好相反，他是为了营造一种低沉、庄严的气氛，通常使用较低的声音，低缓、沉闷，语流偏慢，语气压抑。大都在一些郑重的环境中应用，用于悲剧色彩的事件叙述，或慰问、怀念、吊唁等。

第三，凝重的节奏。它介于高亢和低沉之间，声音适中，语速适当，重点词语清晰沉稳，比较中庸。这种节奏每个字都要用重音来读，为了体现出一种一字千钧的感觉，在对于一些问题发表议论，或者在做一些演讲时比较常用。

第四，轻快的节奏。这种节奏是大部分演讲常用的，这样的演讲节奏比较适合大众，容易使人们产生融入感，日常性的对话、一般性的辩论，都可以使用这类型的节奏。

第五，紧张的气氛。紧张的节奏，通常运用比较快的语速来表达，往往带有一种迫切、紧急的情绪。每句话之间没有长时间的停顿。其目的是为了引起听众的紧张感和注意力，用于重要情况的汇报，或者是必须立即加以澄清的事实申辩等。

第六，舒缓的节奏。和之前的紧张的节奏正好相反，是一种稳重、缓慢、舒展的表达方式。声音不高也不低，语流从容，给人一种安心悠闲的感觉。一般的说明性、解释性的叙述，学术探讨等类型的演讲都可以运用这种节奏。

值得我们注意的是，不同的节奏有时可以改变一个演讲的性质，作为一名演讲者，根据自身演讲的内容和性质选择合适的节奏，才能达到演讲的效果和目的。

为了更好地掌握说话的节奏，我们可以从科学地运气入手。

气息是声音的原动力，科学地运用运气发音方法叮使声音更加甜美、清亮、持久、有力。要达到这个效果，平时要加强训练，掌握腹胸联合呼吸法。其要领是：双目平视，全身放松，喉松鼻通，无论是站姿还是坐式，胸部稍向前倾，小腹自然内收。

吸气方法是：扩展两肋，向上向外提起，感到腰带渐紧，后腰有撑开感。横膈膜下压腹部扩大胸腔体积，小腹内收，气贯"丹田"。用鼻吸气，做到快、静、深。

呼气方法是：控制两肋，使腹部有一种压力，将气均匀地往外吐，呼气时用嘴，做到匀、缓、稳。

这样的呼吸方法可以进气快，到位深，运气长，好控制。可用下列方法练习：

1. 闻花香。好像眼前有一朵花，深深吸进香味，两肋断开，控制一会儿，缓缓送出。

2. 模拟吹掉桌面上的灰尘。

3. 咬紧牙关，从余缝中发出"咝"声，平稳均匀。

4. 数数："1、2、3、4、5、6、7、8、9、10"，循环往复，一口气能数多少就数多少，吐字要清。

5. 数"一个葫芦,两个葫芦"或"一张球拍,两张球拍",看一口气能坚持多久。

6. 喊人："王刚""小胡"。

7. 一口气反复念：吃葡萄不吐葡萄皮儿，不吃葡萄倒吐葡萄皮儿。

8. 一口气诵读一首五言绝句或七言绝句，力求清晰、响亮，有感情。

·第十二章·

吐字技巧

吐字如何达到清晰准确

准确的发音，是演讲者传达自己意图的最基本的要素，只有清晰准确的发音，才能使听者明确地领会演讲者所要表达的思想，加深听众的印象。

不准确的发音不但会损坏演讲者的形象，还会影响演讲者的思路和才能。影响听众的理解效果。

那么怎么样才能准确地发音呢？

1. 要念准字音

念准字音是有效交流的第一要素，要念准字音就要尽可能使用普通话，避免方言发音带来的误读误听。

2. 一定要避免读音错误

相信很多人都知道一个笑话：我骑着自行（háng）车到银行（xíng）去问行（xíng）长行（háng）不行（háng）。

汉语是世界上最复杂的语言之一，尤其是多音字，声调的不同以及字形相近且平时不常用的字，如果不细心的话，经常会出现口误闹出笑话。

（1）口部训练：

口部的开合练习。张嘴像打哈欠（打牙槽），闭嘴如啃苹果（松下巴）。开口的动作要柔和，两嘴角向斜上方抬起，上下唇稍放松，舌自然平放。经常做这个练习，可以克服口腔开度小的问题。

咀嚼练习。张口咀嚼与闭口咀嚼结合进行，舌自然平放，反复练习即可。

双唇练习。一个方法是双唇闭拢向前、向后、向左、向右、向上、向下及左右转圈。另一个方法是双唇打响。

舌部练习。舌部练习方法较多，分列如下：舌尖顶下齿，舌面逐渐上翘；舌尖在口内左右顶口腔壁，在门牙上下转圈；舌尖伸出口外向前伸、向左右伸、向上下伸；舌尖弹硬腭，弹上唇，练习其弹性；舌尖与下齿龈接触打响。

（2）呼吸发声练习：

慢吸慢呼。立定站稳或一只脚稍向前，双目平视前方，头正，双肩放松，用鼻子吸上一口新鲜空气。保持几秒钟，然后再轻缓地呼出。

快吸慢呼。当你看到一封意想不到的来信时，你会迅速而短促地吸一口气，并保持气息，喊一声"啊"，然后保持着吸气状态。你可以经常假想这种状态，反复练习，可以延长呼气时间，对吐字清晰、掌握运气有帮助。

上述方法，只要坚持练习，就可以使你的发音准确，使你的音色圆润。

有声语言怎样正确练声

声带发出来的音是单调乏力的，只有经过头腔、口腔、喉腔、胸腔等共鸣腔的控制才能产生洪亮悦耳的声音。要么激昂高亢一泻千里，要么清澈流转娓娓道来，要么平缓深沉宽厚低吟。

人的共鸣腔以咽腔为主分为中、低、高三区。中音共鸣区就是咽腔共鸣，指硬、软腭以下，胸腔以上的各共鸣腔。高音共鸣区指鼻腔共鸣，头腔共鸣，可获得深沉、低缓的声音。应用、控制各个共鸣腔并求得整体配合可美化音色，加大音量，使声音变化无穷。

下面介绍几种练习方法：

1. "哼鸣"练习：放松喉头，把"哼"的感觉置于叹气的呼吸状态上。练时不能太紧。检验方法：哼唱时看嘴巴能否灵活动作，可以则为正确。

2. 半打哈欠：即闭口打一个哈欠，喉咙呈打开状，软腭提。

3. 气泡音练习：嘴闭，用轻匀的气流冲击声带，使之发出细小的抖动声。

4. 模拟汽笛长鸣（di——），可平行发音，也可由小到大或由大到小变化进行。

5. 模拟声乐节奏发"mimimi，motmotmo"。

6. 呼唤练习：假设一个对象分别处在50米、100米或更远点，大声拖喊："小程——等——等等！"

7. 音阶层递练习：由低到高、由高到低或高低变化层递训练。如：

天啦！走开！

天啦！走开！天啦！

走开！请安静！

我们开始上课啦！

8. 夸张四声练习：

山——明——水——秀；

风——调——雨——顺；

阴——阳——上——去；

逆——水——行——舟；

刻——骨——铭——心；

胸——怀——广——阔；

鲲——鹏——展——翅。

有声语言怎样清晰咬字

有些人说话时别人听不清，听不明，听不准。主要原因是吐字不清，归音不到位。吐字归音是说唱艺术中传统的咬字方法，即把音节的发音过程分为出字、立字、归音三个阶段，出字要准确，有叼住弹出之感；立字要圆满、充实；归音要鲜明、干净。整个过程类似枣核形。可以用下列方法当材料进行训练：

1. 弹唇：双唇紧闭阻住气流，然后突然打开，爆发 b 或 p 音。

2. 转唇：双唇紧闭，用力噘起，顺时转 360 度再逆时针转 360 度。

3. 弹舌：舌轻触上齿背，用气冲击使舌跳动。

4. 卷舌：用 "er" 练习。

5. 练习下列绕口令：

荞麦摘巴苞谷摘巴。

妈妈骑马，马慢妈妈骂马。

妞妞轰牛，牛拗妞妞拧牛。

语言能力要如何练习

中国语言博大精深，口语是人们日常生活中的必需品，别人理解我们的思想一般是依靠前后连贯、相对完整的语言来实现的。常见的表达能力不强而又缺乏训练的人，经常会出现的问题是语言吞吞吐吐、词不达意、前后脱节等问题。所以，对于这些问题，语言的训练就是能够培养他们完整、准确的口语表达能力。

首先，增大词汇量。

词汇是语言的基础，一个人不能说出他不知道的事情，同样的，也不能说出自己不知道的词汇。所以语汇贫乏就会造成语流阻断、语言无味、语无伦次。

为了解决这种现象，增加词汇量的储存量，就可以储备各方面富有表现力的词汇、短语，使语流更准确、更顺畅。

增加词汇量的方法有很多，可以通过和其他人的交流从别人身上学习自己没有掌握的词汇，也可以通过阅读字典、词典来增加自身的词汇储备，或者也可以通过专门的普通话训练，一方面增加词汇量，另一方面也能够纠正读音。

其次，炼句的训练。

在生活中，人们都讨厌说话啰唆重复的演讲者，就像一些单位，一听到领导讲话就头大，这是因为，大多数领导讲话，给人一种冗长但没有多大意义的感觉，因为在每句话中的信息量过少，但每句话又都很长的原因。

一个人在说话前如果没有想好要说些什么、怎么说，就会无可避免地产生无法凝聚思维语言的现象，这就导致了言不及义。

炼句的训练就是为了避免这种现象，是演讲者的语言简洁利索。

在炼句的训练中，我们可以倾听别人的演讲，寻找其中的语言缺陷和用句的精妙之处。也可以和朋友互相联系，让对方故意讲一句或一段不精练的话，然后对这个句子进行改写。也可以将原本没有问题的句子进行缩写，例如，"一句话新闻"。

最后，联系使用各种句式。

不同的句式能够表达不同的感情，因此我们在演讲中，避免通篇运用陈述句，使得听众觉得无聊。

句式训练的目的是培养运用多种句式推动语流畅通，增强表达效果的能力。重点训练长短句的交错和多重复句、插入、倒装等句式的运用以及陈述、疑问、祈使、感叹句式的组合使用。

如何练就流利的普通话

一、声母训练

普通话声母：

按汉语语音传统的分析法，一个音节可以分为声母、韵母、声调几部分。声母指音节开头的辅音，如 feiyue "飞跃" 两个音节中的 f 和 y，gongjiaoche（公交车）三个音节中 g、j、c。

普通话由辅音充当的声母有 21 个，还有一个零声母。

b p m f d t n l g k h j q x zh ch sh r z c s

二、平、翘舌音训练

（一）训练要领

发 z c s 这三个声母时，舌头平伸，舌尖与上赤背接触形成阻碍。

zh ch sh 发音时，舌尖上翘，与硬腭前部接触形成阻碍。

（二）对比训练

1. 字对比

损——顺，长——仓，参——掺，春——村，早——找，从——虫，

苏——书，缩——说，森——深，沙——洒，三——山，脏——张，

谆——尊，怎——真，扎——杂，资——知

2. 词对比

粗布——初步，擦车——叉车，乱草——乱吵，史记——死记，

师长——司长，商业——桑叶，私人——诗人，自立——智力，

栽花——摘花

3. 组词对比

作者，滋长，种族，转载，残春，操场，冲刺，揣测，飒爽，私事，疏松，

世俗，财产，声色

4. 听辨训练

推辞——推迟，三角——山脚，资源——支援，主力——阻力，

征兵——增兵，照旧——造就，棉纸——棉籽，事实——四十，

诗人——私人，鱼翅——鱼刺，一成——一层，竹子——卒子，

最粗——最初，摘桃——栽桃

5. 绕口令训练

这是蚕，那是蝉。蚕常在叶里藏，蝉藏在树里唱。

四是四，十是十，十四是十四，四十是四十，十不能说成四，四也不能说成十。若是说错了，就要误大事。

战士史有志，喜欢看报纸。一看中央指示，二看国际时事，三看国内新闻，

四看小说新诗。认不得的字就查字典,重要的内容就抄笔记。久而久之,学问挺深,大家就拜他为师。要问他有什么诀窍,回答很妙:学无止境,坚持下去,时间抓得紧,不愁不长进。

三、鼻音与边音辨正训练

（一）训练要领

发鼻音 n 时,软腭、小舌下降紧贴舌根,这时口腔通路关闭,鼻腔通路打开,气流振动声带,在鼻腔产生共鸣,从鼻腔流出。

发边音 l 时,软腭、小舌上升,堵住鼻腔的通路,气流振动声带,从舌的两边流出。

（二）对比训练

1.字的对比

老——脑,刘——牛,路——怒,类——内,赖——耐,年——连,
诺——落,龙——浓,闹——捞,拉——拿,冷——能,连——年,
列——涅,吕——女,零——宁

2.词的对比

新粮——新娘,旅客——女客,呢子——梨子,新连——新年,
脑子——老子,水牛——水流

3.组词对比

冷暖,老年,能量,奴隶,凝练,暖流,嫩绿,历年,尼龙,老农,落难,
鸟类,年轮,奶酪,农林

4.听辨训练

褴褛——男女,老路——恼怒,浓重——隆重,女伴——旅伴,
留念——留恋,难住——拦住,大年——大连,无奈——无赖,
脑子——老子,允诺——陨落,泥巴——篱笆

5.绕口令训练

有座面铺面朝南,门口挂个蓝布棉门帘。摘了蓝布棉门帘,看了看,面铺面朝南;挂上蓝布棉门帘,看了看,面铺还是面朝南。

门口有四辆四轮大马车,你爱拉哪两辆就拉哪两辆。小罗要拉前两辆,小梁不要后两辆。小梁偏要抢小罗的前两辆,小罗只好拉小梁的后两辆。

牛郎年年恋刘娘,刘娘连连念牛郎;牛郎恋刘娘,刘娘念牛郎;郎恋娘来娘念郎。

老龙恼怒闹老农，老农怒恼老龙，农怒龙恼农更怒，龙恼农怒龙怕农。

口才加油站

"翻到死"

有一户潘姓人家长辈过世，家祭时请一位乡音很重的老先生来当司仪。

讣文的落款是这样写的："孝男：潘根科；孝媳：池氏；孝孙女：潘良慈；孝孙：潘道时"。这位老先生老眼昏花并且发音不标准。当他照着讣文唱名时，凡是字面上有三点水的或左边部首都漏掉没看到。于是就给他念成这样子："孝男，翻……跟……斗……"

孝男一听，觉得很奇怪，但又不敢问，于是就翻了一个跟斗。

老先生接着又说："孝媳，也……是……"

孝媳一听："我也要翻啊？"于是孝媳也翻了一个跟斗。

老先生继续说："孝孙女，翻两次。"

孝孙女一听，想想爸妈都翻了，我也翻吧！于是就翻了两个跟斗。

此时孝孙心想："老爸、老妈都各翻一次，姐姐也翻两次，那么我要翻几次？"心里想着想着就开始紧张了："怎么办？"只见老先生扯开喉咙，大声念出："孝孙……翻……到……死！"

这仅仅是一个为博人一笑的笑话，大多数人看过、听过也就算了，但是仔细想想，要是这样的事情发生在我们的实际生活中，那么我们是怎么也笑不出来了。

·第十三章·

修辞技巧

比喻运用技巧

比喻是用某个有类似点的事物来比拟想要说的某一事物，以便表达得更加鲜明生动；打比方一般是拿具体的、浅显的、熟知的事物来说明或描述抽象的、深奥的、生疏的事物。无论是何种场合，如果想借题发挥的话，比喻绝对是个好方法，因为比喻有本体和喻体两部分，我们可以借喻体发挥本体，如此一来效果绝对很好。

《说苑》中有这样一个生动的故事：

有人对梁惠王说："惠子这个人说话善于打比喻。假如大王您不让他打比喻，那么惠子便没法说话了。"

于是梁惠王对惠子说："希望您今后发言时不要打比喻了。"

惠子回答说："假如有个人不知道'弹'为何物，您告诉他'弹就是弹'，他能明白吗？"

梁惠王说："当然不能明白。"

惠子接着说："如果您改换一种说法，告诉他'弹的样子像弓，是用竹子做弓弦'，那么，他能明白吗？"

梁惠王说："当然明白了。"

惠子说："我要把我知道的事物，告诉不知道这事物的人们，您说不打比喻行吗？"

梁惠王说："你说得太好了，不打比喻是不行的。"

这个故事的有趣之处在于梁惠王本来是不许惠子再打比喻的，可是惠子又恰恰打了一个比喻，说得梁惠王口服心服，惠子真是一个"善喻"的能手。

惠子在这个故事中，指出了比喻的重要作用——"把我知道的事物，告诉不知道这个事物的人们"，也就是"以熟喻生"，达到"化生为熟"的目的。

在我们的日常说话中，常常需要论述一些道理，这些道理如果配以贴切的比喻，就会容易让人理解和接受。

春秋时期的大教育家孔子，有个弟子叫子路。子路开始不大重视学习，孔子很想改变子路的这个缺点。

有一天，孔子对子路说："你有什么爱好？"

子路答："爱好长剑。"

孔子说："我不是问你这个，我是问你学习怎么样。"

子路毫不在乎地反问："学习也有好处吗？"

孔子说："一个国君，如果周围没有敢于劝谏的正直之臣，他在政策上就要失误。一个君子，如果没有能够给予他教益的朋友，他在品德上就会有失检点。驾驭烈性的马，不能放下手中的鞭子。操纵弓箭，绝不能离开矫正弓箭的工具。木头经过墨绳的规矩加工，就能变直。人们经常听取别人的不同意见，就能变得非凡。如果你肯于学习，就能顺利成长。要想成为一个君子，不能不学习。"

子路虽然觉得老师讲得句句在理，但仍有点疑惑不解，也就打了一个比喻反问："南山上的竹子，不经加工自然直，砍伐下来做成箭，能够穿透犀牛皮做成的盔甲。这样看来，又何须学习？"

孔子借用子路的比喻，进一步开导他："话可不能这么说啊。用竹子削成的箭，虽说也能射穿物体，但不会是很锋利的。如果削去箭尾，插上羽毛，再装上箭头，就会射得远。如果把箭头再在磨刀石上加以磨砺，箭射入得不是会更深吗？"

这一番形象生动的教诲，终于打动了子路。他赶紧拜谢道："我一定牢记您的教诲。"

本来是比较枯燥的大道理，直接说给子路听，也许他会接受也许会拒绝，孔子将道理蕴含到一系列贴切浅显的比喻中，一下子就深深抓住了子路的心，使他欣然接受。

比喻贵在抓住事物的特征，古人历来十分注意进行这方面的训练。《世说新语》中记载了这样一个故事。

东晋政治家谢安在一个下雪的日子里，把家里的子侄们聚集在一起，同他们谈论做文章的规律。不一会，雪下大了，谢安兴致勃勃地说："这纷纷扬扬的雪花像什么呢？"

侄子谢朗回答道："在空中撒盐大概可以比拟吧。"

侄女谢道韫答道："不如用柳絮随风飘舞来比拟。"

谢朗把天上下白雪比作"撒盐"，而谢道韫则把下雪比作飘起柳絮。虽然两者在颜色上都贴切，但后者显然更高明，因为后者道出了雪花的轻柔飘飞。

比喻不仅应用于日常的说服中，而且在辩论等比较激烈的场合也广泛应用，请看下面这个例子。

在交谈中，遇到棘手的质问或难于正面回答的提问，就可以用比喻巧辩法。适当地采用巧妙地比喻既能生动形象地说明观点，又能显示本人的幽默口才，较好地调节气氛。

用此法必须注意比喻的贴切性、易懂性、巧妙性，以及表意的准确性，才能使对方无话可说。

用比喻这种修辞格时，既可以从正面设喻，说本体是什么，像什么；也可以反面设喻，指出本体不是什么，不像什么。这就是我们平常所说的反喻。反喻的喻体大都是和本体相悖的。运用反喻的目的当然是为了更深刻地说明问题。

反问运用技巧

反问就是用疑问的形式表达某种确定的意思，只问不答，因为答案很明显不需要回答。它能够把确定的意思表达得更鲜明更强烈。

反诘进攻，往往能比正面提问更有力量，更能表达爱憎之情，更具有强烈的批判和讽刺的作用。很多时候，还可以用反诘转守为攻，造成心理上的优势和咄咄逼人的气势，置对方于被动的地位。

反诘进攻的具体表现形式很多，下面从不同角度介绍几种。

1. 肯定式反诘

在一次亚洲大专学生辩论会决赛时，正方发言中有这样一段话："如果发展旅游业是弊多于利的话，那么，为什么许多国家和地区，包括参加这次辩论赛的中国、新加坡、中国香港地区和澳门地区都在发展旅游业呢？难道这些国家和地区那么多的领导人都是愚不可及的吗？"最后一句话就是反问，肯定了正方"发展旅游业是利大于弊"的观点。

2. 否定式反诘

否定式反诘即用反问的形式，否定对方的观点。

史密斯是英国律师和保守派政治家,从1915年起到1919年,担任代理监察长,后升为大法官。

在担任代理监察长期间,史密斯惹怒了伦敦一个俱乐部的会员们,因为他不是该俱乐部的成员,却经常在去议会的途中停下来使用俱乐部的卫生设备。这使得对他没有好感的会员们十分不快,他们要求管理人员制止这种"掠夺"。

一天,史密斯又若无其事地走进了该俱乐部的卫生间,马上跟进来一位侍者。他提醒史密斯注意本俱乐部有只对内部会员开放的规定。

史密斯随口说道:"厕所也是俱乐部吗?"

"厕所也是俱乐部吗?"谁想过这样的问题?但是史密斯想到了,从而不仅制造了幽默,也回击了侍者的责难。

刚才是从内容上进行的分类,我们还可以从方式上将其分为步步逼问式和诱发反问式。

3. 步步逼问式

步步逼问式不仅要求能说,而且要求会听,能够抓住机会提出各种问题向对手进行连环式反击,令对方无招架之力而步步败退,从而一举赢得胜利。

东汉思想家王充敢于宣传无神论,批判鬼神迷信,是一位有胆有识的唯物论者。那时候,很多人都相信,人死后灵魂会变成鬼,还有人说自己真的见过鬼,说鬼的样子和穿戴跟人活着的时候一模一样。王充一下子就抓住了他们的破绽,反诘道:"你们说一个人死了,他的灵魂就能变成鬼,难道它穿的衣服也有灵魂,也变成了鬼吗?按照你们的说法,衣服是没有精神的,不会变成鬼。如果真的看见了鬼,那它该是赤身裸体、一丝不挂才对,怎么还穿着衣服呢?"他的这番话把对方驳得张口结舌。

王充接着风趣地说:"从古到今,不知几千年了。死去的人,比现在活着的人不知多多少,如果人死了就变成鬼,那么,现在路上将到处都是鬼。可是,有几个人见过鬼呢?那些见过鬼的人,也只说看见了一两个,他们的说法是自相矛盾的。"

有人辩解说:"哪有死了都变成鬼的,只有死的时候心里有怨气,精神没散掉,才能变成鬼。古书上不是记载过,春秋时期,吴王夫差把伍子胥放在锅里煮,又扔到江里。伍子胥含冤而死,心里有怨气,变成了鬼,所以年年秋掀起潮水,发泄他的愤怒，可厉害了。怎么能说没有鬼呢？"

王充说："伍子胥的仇人是吴王夫差。吴国早就灭亡了，吴王夫差也早就死了，伍子胥还跟谁做冤家，生谁的气呢？伍子胥如果真的变成了鬼，有掀起大潮的力量，那么他在大锅里的时候，为什么不把掀起大潮的劲使出来，把那一锅滚水泼在吴王夫差身上呢？"

王充的反诘驳得对方哑口无言。

4. 诱发反问式

诱发式提问是有意识地通过提问来使对方落入自己设计的圈套，从而迫使对方承认或否认某种言行，达到己方目的。请看下面的一个例子。

刘先生是一位大学教授，一天他回家，路上遇到一个小青年，非要和他谈心不可。刘教授抬头看看眼前的青年，留着小分头，上穿红色衬衫，下穿牛仔裤，胸前却挂着一个耶稣受难的十字架。一看这身装束，刘先生便知道眼前这个青年的思想状况，于是刘教授便开始了一连串的诱发式反问。下面是他们的对话：

刘："你为什么要戴十字架呢？"

青年："我看着好看，挺好玩的，就买了一个戴上了。"

刘："你戴上后，你会祈祷吗？你懂弥撒仪式吗？"

青年："我知道，就是'主'啊，'阿门'啊什么的。"

刘："不对。"（背了一段祈祷词，讲解了弥撒的仪式）又说："你读过《圣经》吗？你知道《圣经》都写了什么吗？"

青年："没有，不知道。"

刘教授耐心地向他解释了《圣经》的主要内容，然后话题一转说道："打个比方，有个女孩非常漂亮，相貌好，身材好，还有一身白皙的皮肤，看上去非常美，可是有一天你发现她心如蛇蝎，坑蒙拐骗，这时候你还认为她美吗？"

青年："内心与外表不和谐，当然不美。"

刘："有这样一个传教士，外表非常肃穆，内心对耶稣也很真诚，胸前挂着十字架，你认为他美吗？"

青年："内外和谐，当然美了。"

刘："阁下既不懂《圣经》又不是教徒，胸前却挂有一个十字架，难道你会认为这样很美吗？"

青年哑口无言。

有时为肯定自己的观点，诱导性地提问，让对方紧紧围绕自己的论题思考，再以反问的形式肯定自己的观点，也可以迫使对方不得不接受。

比拟运用技巧

比拟是把物拟作人或把人拟作物的一种修辞方法。用比拟可以使事物色彩鲜明，表意丰富，应用到说话中，可以起到幽默讽刺的效果。

1. 比拟的分类

（1）形象物拟人式

形象物拟人式就是把物比作人。即为了论点的需要，选用较形象的物体，将其赋予人的动作、行为或思想感情。在说话中恰当地运用以物拟人的方式，可以表现出强烈的爱憎感情，取得幽默的效果。

一次，意大利诗人但丁出席威尼斯执政官举行的宴会。席间，听差们捧给意大利各城邦使节的是一条条肥大的煎鱼，而给但丁的却是几条很小的鱼。

面对这种公然的歧视行为，但丁深为气愤，但没有因此而发作。他若有所思后，用手把盘里德小鱼逐条拿起，靠近耳朵，然后又一一放回盘中，循环往复多次。执政官见状，甚感莫名其妙，便走上前来和他搭话。

执政官：先生，您好像是听鱼说话？

但丁：几年前，我的一位挚友在海上旅行时不幸逝世，举行了海葬。从那以后，我一直不知道他的遗体是否已黯然葬入海底。因此，我就挨个问这些小鱼儿，也许它们多少知道一些情况。

执政官：那么，它们对你都说了些什么呢？

但丁：它们对我说，它们都很幼小，对过去的事情了解很少，不过，如果我向同桌的大鱼们打听一下，肯定会了解到想要知道的情况。

这位执政官听了但丁的话，很快明白了他的言外之意，连忙向但丁道歉并命令马上端上来一条又肥又大的煎鱼。

（2）形象人拟物式

形象人拟物实质上就是物拟人的翻版，亦即将原来有生命、有人性的类拟成无生命、无人性的。形象人拟物平常很少被人使用，即使在针锋相对时，能找到以人拟物者也是凤毛麟角。不过，人拟物确实不失为一种很具风趣意味的修辞，能起到很好的渲染效果。尤其是在驳论中，可以达到一语而制敌的效果。

大李和小张在同一单位工作。一天，他们谈论同事老王。

大李：老王挺老实的，比较可靠，比起那些高不成、低不就、见异思迁的人要好得多。

小张：好什么好！整天像个木头桩子，和他在一起好像全世界的生物都灭绝了似的。

在这段间断的对话中，小张就用了形象的比拟手法，将那位同事的"老实"与"木头"联系到一块，尖酸幽默地表达了自己的看法。

（3）形象物物相拟式

形象比拟还有一种方法，就是物物相拟式。这种方法通常也叫类比。在说话交谈中，物与物的类比经常被人使用，由此物比及彼物。用形象的类比取代抽象的说理，喻义深远，能让人产生联想，同样也可以将对手逼入困境。

形象比拟离不开幽默。幽默感的物物相拟，可以调节气氛，同时又能使对手因此而气馁并失去战斗力。在不同场合中巧妙地运用比拟法，可以鲜明地表达说话者的观点和立场，使交谈有一种令人荡气回肠的感觉。

2. 比拟应用

比拟的妙用，往往在人们轻松的掌声、愉快的笑声中显示出其难以匹敌的魅力。用这种方法不但可以起到良好的雄辩效果，同时也大大增强了说话者的信心。

运用比拟法进行辩论应注意如下三个要点。

第一，拟物与被拟物之间要有相关的逻辑联系，这样才能让听者由此产生联想。

第二，要注意适度，不能出格，以免造成人身攻击的不良后果。

第三，要扣紧说话的目的，不要只凭想当然去刻意渲染气氛或卖弄自己的幽默。

一个很虔诚的基督徒到非洲丛林探险，不幸脱队迷失在丛林中，接着更悲惨的事发生了。

一只狮子发现了他，便开始追杀他。他没命地跑啊跑啊，终于逃到一棵树上，可是狮子也不愿放弃，在树下等。

天黑了，他又渴又饿，于是他开始向上帝祷告："上帝啊，请您让这只嗜血的狮子变成基督徒吧。"

说刚说完，树下的狮子也说话了："亲爱的上帝，谢谢您赐给我丰盛的晚餐！"

狮子开口向上帝祷告，这是典型的拟人手法。

狮子很机智，口中的食物向上帝祈祷请求躲过杀身之祸，它为了不得罪上帝，也向上帝祷告，感谢上帝赐给它食物。到了最后，即使狮子真的吃了那个人，上帝也无法怪罪了。

曾任美国总统的杰拉尔德·R.福特，说话非常幽默。有一次，一名记者向他提问，请他自我评价一下，他风趣地说："我是一辆福特，不是林肯。"

林肯是非常高级的名牌汽车，而福特则是早已大众化的普通汽车，福特用汽车巧妙比拟自己，一方面是表示谦虚，一方面是为了标榜自己是深受大众喜爱的总统。

比拟幽默法不仅可以给人带来愉悦，而且可以用来下逐客令。

主人请客人在家里吃饭。客人酒足饭饱仍不想告辞。主人终于忍不住了，指着窗外树上的一只鸟对客人说："最后一道菜这样安排：砍倒这棵树，抓住这只鸟，再添点酒，现烧现吃，你看怎样？"

客人答道："只怕没砍倒这棵树，鸟就飞走了。"

"不、不！"主人说，"那是只笨鸟，不知道什么时候该离开。"

不想告辞的客人，被比拟成"不知道什么时候该离开"的笨鸟，如果这只笨鸟不是太笨的话，应该知趣地早点离开。

同样是逐客令，阿登纳的比拟法，不仅幽默而且具有讽刺意味。

阿登纳刚走出办公室，在花园的小道上小憩，这时为丈夫说情的科隆博塔夫人来了。阿登纳真不愿见，但她喋喋不休地要总理回办公室去谈。

"有什么说的，坦率地讲吧。"阿登纳有些不快。

这时不知从哪里飞来一只苍蝇，嗡嗡乱飞，夫人叫道："总理阁下，这里有苍蝇！"

"没关系，它老是在我身边。"

"它老是在我身边"，明指苍蝇，暗拟喋喋不休的夫人，幽默而又巧妙。

在不受欢迎的客人造访或有事急于脱身的时候直接下逐客令是一件令人为难的事。上面例子里的人比较聪明，巧借"笨鸟"和"苍蝇"将自己的意思表达出来。

比拟法也可以用来抨击时事。

以语言犀利、锋芒毕露见长的英国生物学家赫胥黎，在讲演中，用比拟法抨击了当时的社会对科学的不公正的态度。他说："科学这位'灰姑娘'天天生起火来，打扫房间，而到头来，人们给她的报酬，则是把她叫作贱货，说她只关心低级的物质的利益。"他60岁那年，辞去了英国皇家学会会长的职务。他在辞职仪式上说道："理智和良心向我指出，我已经无法完成这个会长职位的重大任务，所以我一分钟也不能干下去了。"说完上述话后，他又不无诙谐地对他的朋友们说："我宣读完了我去世的官方讣告。"

赫胥黎以拟人化的幽默，将教会和习惯势力排挤科学研究的丑恶面目揭示得淋漓尽致，因而具有震撼人心的力量。

双关运用技巧

双关是在一定的语言环境中，利用词的意义或同音条件，有意识地使语句具有双重意义，起到言在此而意在彼的效果。它分为谐音双关和语音双关。

在针锋相对、气氛热烈甚至略带一点火药味的情况下，面对对方凌厉的语言攻势，可以采用"明里说一，暗里说二"的方法，把深刻的道理寓于发人深省的比喻、回味无穷的幽默当中。这样发挥既能保持风度，又可以置对方于无可挽回的败地。

从前，有个县官带着随员骑马到王庄处理公务。走到一个岔道口，不知道朝哪个方向走才对。正巧一个老农扛着锄头走来，县官在马上大声问老农："喂，老头，到王庄怎么走？"

那老农头也不回，只顾赶路。

县官大声吼道："喂！"

老农停下来说："我没有时间回答你，我要去李庄看件稀奇事。"

"什么稀奇事？"县官问。

"李庄有头牛下了匹马。"

"真的？牛怎么会下马呢？"县官百思不解。

老农认真答道："世上的稀奇事多着哩，我怎么知道那畜生不下马呢？"

老农借字面的"畜生"，斥责连做人常礼都不懂的县官。这是一种明言此、暗言彼、指桑骂槐的双关讽刺手法。

双关技巧的应用是很普遍的，历来就为人们所重视。比如在《红楼梦》中双关技巧就有很多例子。

第四十六回中，鸳鸯与她嫂子之间有段对话：

鸳鸯道："什么话，你说吧。"

她嫂子笑道："你跟我来，到那里我告诉你，横竖有好话儿。"

鸳鸯明知她是为给贾赦说亲这件"喜事"而来，于是，使用双关手法骂道：

"什么好话，宋徽宗的鹰、赵子昂的马都是好画。什么'喜事'！状元痘儿灌的浆儿又满是喜事。"

这是一种谐音双关的技巧，显出言语的犀利，锋芒毕露，锐不可当。

以上都是双关技巧的运用。有的是谐音双关，有的是语意双关。不论是哪一种，只要运用得当，不但能够增加言语谈话的力度，使语言这一武器更具威力，而且能够有效地控制住谈话或辩论的气氛，要紧就紧，要松则松，牢牢把握主动权。

双关的运用具有模仿性、类比性、幽默性，故而在实践中运用这一手法时，要注意以下几个问题：

1. 高雅纯正

在使用这一手法时，要坚持文明表达、以理服人的原则。格调高尚文雅，内容纯净正派。要以德胜人、以理服人，切忌粗俗低级。虽然丑陋不堪也有可能凭一时的口舌之快占到上风，但泼妇骂街式的所谓"双关"令人不齿，是十分不可取的。

2. 隐藏幽默

这是双关技巧的要点。含而不露，幽默横生，是运用这种手法的基本要求，如果忽视这一点，就会失去风趣、讥讽和辩论的力量。幽默好比软鞭子，抽在身上，皮肤不留痕迹，但可以伤及人骨，刺入对方心里，使其言辞混乱，穷于应付，甚至还有可能使对方陷入自相矛盾而不能自拔的尴尬境地。所以，寓幽默于双关，寓驳于笑，是双关成功的秘诀之一。

3. 切中要害

我们不仅要善于捕捉对方的隐衷、企图，更要善于发现对方的破绽、矛盾，切中要害，置之于乱处，使之张口结舌，无言以对。同时要充分发挥联想、模拟的作用，加大发挥力度。

4. 沉着冷静

以静制动，对于对方挑衅性的言辞或咄咄逼人的气势既不能被其吓倒，也不可以同样气势摆出一副与之对骂的架势来。"不要同疯子争吵，否则人们会分不清谁是疯子"。始终保持良好的举止修养，彬彬有礼却寸步不让，和风细雨却伤人于无形。所以在使用这一技巧时，也要巧妙地把自己的道理寓在其中，才能更有说服力，更富战斗性。

夸张运用技巧

夸张是为了达到某种表达需要，对事物的形象、特征、作用、程度等方面有意夸大或缩小的修辞结构。

"霜皮溜雨四十围，黛色参天二千尺。"这是唐代大诗人杜甫《古柏行》里形容古柏高大的诗句。这两句诗曾引起一场笔墨官司。《梦溪笔谈》的作者沈括说："四十围直径只有七尺，此树高达二千尺，不是显得太细长了吗？"《苕溪渔隐丛话》的作者引宋人黄朝英的说："古制圆周与直径的关系式三比一，四十围就是一百二十尺，直径即四十尺，此树虽然高达二千尺，也不算细长了。"

这两个人说的似乎都很有道理，但是这样计算似乎过于拘泥了。杜甫是在进行文学创作，也就是说，是运用夸张手法写古柏的气势。"四十围""二千尺"都是虚数，并非实指。

夸张是为了表情达意的需要，故意言过其实，对客观的人、事、物进行夸大或缩小的描述。它的内核是表情达意，它的外貌是言过其实。只要内核把握好了，外貌不必斤斤计较。和比喻一样，一般的夸张说法已为人们普遍接受，逐渐化入人们的日常言谈之中，再也没有最初的刺激力了。

我们平时说的"烦死人了"就是典型的夸张。是程度上的夸张，因为烦人要到"死"的地步，岂不是夸张地形容烦得厉害？再如"忙了一天""干了一辈子""笑得喘不过气来""尾巴翘到天上去了"，以及"天翻地覆""绕梁三日"等，都运用了夸张的手法。可正由于用得多了，人们便不觉得那是夸张了。

又正如比喻要求创新，夸张也要求创新。比喻创新的路子是拉大本体与喻体的距离，夸张，尤其是作为幽默机智地方法的夸张，就是推向极度。所以这里称为极度夸张。

夸张应用到说话中往往起到讽刺的效果。正因为其有夸大的成分也就制造了幽默。所以应用夸张手法往往能起到一般语言起不到的作用。

阿凡提带着他7岁的儿子，拿着一份报告去找科长。

科长接过报告，不禁哈哈大笑："阿凡提啊阿凡提，别人都说你聪明，你怎么糊涂起来了？你才40多岁，你儿子才7岁，怎么打起退休报告来了？"

阿凡提不紧不慢地说："科长，按照你的工作效率，当你把这份报告批下来时，我和儿子的年龄就都够了。"

从40多岁到60多岁，中间有20年的时间，阿凡提够夸张的了，然而在阿凡提的幽默中，有强烈的讽刺意味。

上面是针对工作效率的低下，下面则是讽刺工作效率的"高超"的。

一群人围住一个小男孩，只见他蜷缩在地，痛苦地呻吟着。原来他吞了一枚十英镑的金币到肚子里。围观的人眼看孩子痛得不行了，都急得不知如何处置。这时，从人群中走出一位先生，来到小孩的身边，抓住小孩的腿，把他倒提起来，猛力地摇晃几下，只听"呼"的一声，那枚金币从孩子的嘴里喷了出来，围观的人舒了一口气。

一位旁观者问那位先生："你是医生吗？"

"不！"那人回答，"我在税务局工作。"

此幽默令人喷饭，把税务局抠钱的本领夸张得无以复加。夸张不仅应用于较和平的场合，在剑拔弩张的场合同样不可缺少。比如那些毫无根据，又极具挑衅的提问总是会激起人们的反感，但是直接的指责反而会显得自己涵养不够。所以，我们不如根据对方的诘问，为自己编造一个更为严重的罪责，嘲讽对方无中生有、不讲礼貌，表达自己对这种无凭无据的问题的极大愤怒和拒绝回答的态度。

·第十四章·

方圆技巧

迂回策略：以迂为直，绕路说服

在交际时，为了达到谈话的目的，有时需要绕一定的路才可以起到作用。人们常用的"以迂为直"策略在许多正面强攻不下的情况，不失为一种灵活有效的办法。因为它结合明确的目的性与战术的灵活性，避开对方布下的"地雷区"，进攻的路线又带有隐蔽性，并符合对方的心理需求，所以容易在对方戒备不严的情况下，逐步使其不知不觉地接受自己的观点。下面让我们举触龙说服赵太后的例子说明采用"以迂为直"策略的好处。

公元前265年，赵国的赵太后刚执政不久，秦国便发兵前来进攻。赵国求救于齐国。齐国提出必须以赵太后的小儿子长安君做人质，才肯发兵相救。但是赵太后舍不得小儿子，坚决不允。赵国危急，群臣纷纷进谏。赵太后依旧坚决地说："从今日起，有谁再提用长安君做人质，我就往他脸上吐唾沫！"大臣们便不敢再多说什么。

有一天，左师触龙要面见赵太后，赵太后认为触龙一定是为了劝谏而来，于是她便摆开了吐唾沫的架势。不想触龙慢条斯理地走上前，见了太后，关心地说："老臣的脚有毛病，行走不便，因此好久未能来见您，我担心太后的玉体，今天特地来看望。最近您过得如何？饭量没有减少吧？"

太后答道："我每天都喝粥。"触龙又说："我近来食欲不振，但我每天坚持散步，饭量才有所增加，身体才渐渐好转。"赵太后听触龙每句话都不提人质的事，怒气也渐渐消了。两人于是亲切、融洽地聊了起来。

聊着聊着，触龙向赵太后请求道："我的小儿子叫舒祺，最不成才，可是我偏偏最疼爱这个小儿子，恳求太后允许他到宫中当一名卫士。"太后赶紧问触龙：

"他几岁了？"触龙答："十五岁。他年岁虽小，可是我想趁我在世时，赶紧将他托付给您。"

赵太后听到触龙这些爱怜小儿子的话，深有同感，便忍不住与他闲谈，太后说："真想不到你们男人也疼爱小儿子呀！"触龙说："恐怕比你们女人还更甚呢！"太后不服气地说："不会吧，还是女人更爱小儿子。"

触龙见时机已到，于是把话题引申一步，说道："老臣认为您爱小儿子爱得不够，远不如您爱女儿那样深。"太后不同意触龙的这个说法。

触龙解释道："父母爱孩子，必须为孩子作长远的打算。想当初，您送女儿远嫁燕国时，虽然为她的远离而伤心，可是又祈祷她不要有返国的一日，希望她的子子孙孙相继在燕国为王。您为她想得这样长远，这才是真正的爱。"

太后信服地点了点头。触龙接着说："您如今虽然赐给长安君许多土地、珠宝，但若不使他有功于赵国，您百年之后，长安君能自立吗？所以我说，您对长安君不是真的爱护。"

触龙这番话说得赵太后心服口服，立即吩咐给长安君准备车马、礼物，送他去齐国当人质，并催促齐国出兵。而齐国也很快地就出兵解了赵国之围。

触龙说服赵太后的方法，便是运用以迂为直的策略典范。

有人说，可不喜欢听拐弯抹角的话，还是希望别人有什么话就直接说出来，不然来回绕弯子多耽误大家时间，还不一定能达到良好效果。可是有时候有些话直接说出来不但让对方接受不了，也会给自己招来祸端。记住：得罪人的事或者不好听的话，要尽量绕弯子地让对方明白。

转弯策略：欲抑先扬，避免直接

有时对方提出的要求并不是不合理，但因条件的限制无法予以满足。面对这种情况，拒绝的言辞可采用"先承后转"的形式，使其精神上得到一些宽慰，以减少因遭拒绝而产生的不愉快。例如，一家公司的经理对一家工厂的厂长说："让我们公司做你们的经销商，以我们的名气和你们的实力来打造一个全新的大品牌，你看怎么样？"厂长回答："这个设想很不错，只是目前条件还没有成熟。"这样既拒绝了对方，又给自己留了后路。

对对方的请求最好避免一开口就说"不行"，而是要表示理解、同情，然后再据实陈述无法接受的理由，获得对方的理解，自动放弃请求。

李毅和王静是大学同学，两人毕业后一直没有来往。一天，王静突然向李毅提出借钱的请求，李毅很犯难。李毅这几年做生意虽说挣了些钱，但也有不少外债。这次要是借吧，怕担风险；不借吧，同学一场，又不好拒绝。思忖再三，最后李毅说："你在困难时找到我，是信任我、瞧得起我，但不巧的是我刚刚买了房子，手头一时没有积蓄，你先等几天，等我过几天结账了，一定借给你。"

有的时候对方可能会很急于事成而相求，但是你确实又没有时间，没有办法帮助他的时候，一定要考虑到对方的实际情况和他当时的心情，一定要避免使对方恼羞成怒，以免造成误会。

拒绝还可以从感情上先表示同情，然后再表明无能为力。

先扬后抑这种方法也可以说成是一种"先承后转"的方法，这也是一种力求避免正面表述，而采用间接拒绝他人的一种方法。先用肯定的口气去赞赏别人的一些想法和要求，然后再来表达你需要拒绝的原因，这样你就不会直接地去伤害对方的感情了，而且还能够使对方更容易接受你，同时也为自己留一条退路。

一般情况来说，你还可以采用下面一些话来表达你的意见，"这真的是一个好主意，只可惜由于……我们不能马上采用它，等情况好了再说吧""这个主意太好了，但是如果只从眼下的这些条件来看，我们必须要放弃它，我想我们以后肯定是能够用到它的"，等等。

这样的表述虽然最后结果是拒绝别人，但因为赞扬和抬高了对方，对方不但不会生气，还会觉得你是个体贴的人。

权威策略：借人之名，说你的话

有的人想问别人某些问题，并且这些问题不问是肯定不行的，但是直接问也不妥当，这个时候你不妨借别人的口来问自己的问题。

某公司总经理在外地与对方谈判了六天还没有结果，他的秘书想知道谈判究竟进行得如何以及何时能返回，但又不好意思开口问，于是跟经理说："服务台小姐刚打来电话，说她们有预订机票的服务，问我们是否需要。我们用不用现在回复？"总经理想了一下，回答道："问一问能不能订后天的票。"秘书于是做好了返程的准备。

　　这里，秘书用的就是"借不相关的人之口来问自己的问题"的方法。

　　有些问题自己直接问，效果可能适得其反，但又无其他人的口可借时，就可以找一个与问题不直接相关的人的名义来问。如果我们向媒体或医生咨询一些关于人际关系或者健康的问题又难以启齿时，可以说："我的朋友病况如何，请问……""我的同事请我代问一下……"，其实，这些所谓的"朋友""同事"可以是根本就不存在的人。这种问话方式，在很大程度上能减轻人们的心理障碍，而使问题得以顺畅地表达出来。

　　生活中有些乖张的人，只有上级才能镇得住。以自己的名义向他提要求，没准碰一鼻子灰，这时最好借上级的口来问。

　　比如，出于工作需要，你要去问某一位领导工作进度。而他正好是一个欺软怕硬、专看上级脸色行事的人。你不妨这样问："王局长让我来问问，你们处的工作报告写好了没有。"这样一问，迫使他不得不以认真的态度来回答问题，而你自己又不会被他压住了气势,因为你的身份已经转换为"传话者"而非"办事者"，纵使他心里不情愿，鉴于领导的压力，也不敢怎么样。

　　此外，对那些工作比较繁忙的对象或对某些问题有解释能力却故意藏而不露的人，提问时可以借用含义比较广泛而又模糊的"大家"的口来问，如"大家都想了解一下……您能不能给我们说一下""大家让我来问问……"

　　一般人都会认为"大家"提的问题是重要的问题，尤其是矛盾比较大的问题，如果回答得好，则既可以使工作顺利地开展同时还能在公众心目中树立良好的个人形象。所以，借用"大家"的口发问，往往会使对方对问题予以重视。这一招最有效的场合是采访公众人物时，记者借用"大家"的口来问自己的问题。这样给人造成一种印象：这是大家都想知道的问题，我才不得不问的。

　　总之，当你在人际交往中遇到那些想问而又不能以自己之口直接询问的问题，最好借别人之口说出来，这样能取得良好的效果。

谐音策略：谐音巧用，反贬为褒

　　谐音，是指利用语言的语音相同或相近的关系，有意识地使用语句的双重意义，言在此而意在彼。谐音的妙用，在于能让人把话说圆而摆脱困境，甚至化险为夷。因为许多字词在特定场合中，用本音是一个意思，而用谐音则成了另一个意思。

据传，从前有个宰相，他有一个名叫薛登的儿子，生得聪明伶俐。当时有个奸臣金盛，总想陷害薛登的父亲，但苦于无从下手，便在薛登身上打主意。有一天，金盛见薛登正与一群孩童玩耍，于是眉头一皱，诡计顿生，喊道："薛登，你像个老鼠一样胆小，不敢把皇门边上的桶砸碎一只。"

薛登不知是计，一口气跑到皇门边上，把立在那里的双桶砸碎了一只。金盛一看，正中下怀，立即飞报皇上。皇上大怒，立刻传薛登父子问罪。

薛登父子跪在堂下，薛登却若无其事地嘻嘻笑着。皇上怒喝道："大胆薛登！为什么砸碎皇门之桶？"

薛登想了想，反问道："皇上，您说是一桶（统）天下好，还是两桶（统）天下好？"

"当然是一统天下好。"皇上说。

薛登高兴得拍起手来："皇上说得对！一统天下好，所以，我便把那只多余的'桶'砸掉了。"

皇上听了转怒为喜，称赞道："好个聪明的孩子！"又对宰相说："爱卿教子有方，请起请起！"

金盛一计未成，贼心不死，又进谗言道："薛登临时胡编，算不得聪明，让我再试他一试。"皇上同意了。

金盛对薛登嘿嘿冷笑道："薛登，你敢把剩下的那只也砸了吗？"

薛登瞪了他一眼，说了声"砸就砸"便头也不回，奔出门外，把皇门边剩下的那只木桶也砸了个粉碎。

皇上喝道："顽童！这又如何解释？"

薛登不慌不忙地问皇上："陛下，您说是木桶江山好，还是铁桶江山好？"

"当然是铁桶江山好。"皇上答道。

薛登又拍手笑道："皇上说得对。既然铁桶江山好，还要这木桶江山干什么？皇上快铸一个又坚又硬的铁桶吧！祝吾皇江山坚如铁桶。"

皇上高兴极了，下旨封薛登为"神童"。

谐音是一语双关的表现形式之一。在上面这个例子中，薛登之所以能够化险为夷，就在于他巧妙地运用了谐音把话说圆了。古人有这样的智慧，现代人也并不缺少。

一日，小君请了两位要好的朋友到家中小坐，几人猜拳行令，好不痛快，谈及三人兄弟友谊，更是情深意笃。小君掏出好烟，一一给两人点上，然后又点上自己的。谁知当他熄灭火柴扭头准备劝酒时，却见两位朋友拉着脸。小君一寻思：坏了！三个人不能同时用一根火柴点烟，因一根火柴点三次火的谐音是"散伙"。

面对这尴尬的场面，小君并没有用"对不起""请原谅"等客套话解围，他一笑说："咱们这地方都说三个人用一根火柴点烟的意思是'散伙'，我感到不对。我的解释是三个人用一根火柴点烟是三个人不分你我，是'仨人一伙'的意思。所以今天我特意用一根火柴点三支烟，我们三人今后永远是一伙的，有福同享，有难同当。哥们儿，你们说对不对呀！"经小君这么一解释，两位朋友都乐了："是！我们永远是一伙的。"

小君面对尴尬的局面，遇事不慌，巧妙地用谐音解释了词义，反贬为褒，不仅使误会消除了，而且加深了他们之间的友谊。

有时候出错是不好掩盖的，因为欲盖弥彰。这时候需要的是打破那种不快的气氛，让大家都能够释怀。用谐音把话说圆，就是让大家释怀的一种好方式。

双关策略：一语双关，引人就范

一语双关，是指在一定的语言环境中，利用语句的同义或谐音的关系，使语言具有双重意义。

由于双关含蓄委婉，生动活泼，又幽默诙谐，饶有趣味，能给人以意在言外之感，又使人回味无穷。

阿凡提在闹市的店面开理发店，租期为1年。

店主仗着店面是他的，每次剃头都不给钱。有一天店主又来了，阿凡提照例给他剃了光头，边刮脸边问道："东家，眉毛要不要？"

"废话，当然要！"

阿凡提嗖嗖两刀，把店主的两道浓眉剃下来了，说："要，就给你吧。"

店主气得说不出话来，埋怨自己不该说"要"。

"喂，胡子要不要？"

"不要，不要！"店主忙说。

阿凡提嗖嗖几刀，把店主苦心蓄养的大胡子刮下来，甩到地上。

阿凡提用双关语，把店主整治得无可奈何。

当遇到棘手的问题不好回答或不能回答时，一语双关往往能收到出人意料的效果。

不过一语双关是需要技巧和反应能力的，平常没有环境可以用不上这个技巧。但是如果有机会运用上，那这样的妙语足以让他人回味无穷。

晏子的语言智慧，也可以说是流芳千古了。

有一次，齐景公的一匹爱马突然病死，他迁怒于养马人，下令将养马人推出去斩首。

在场的晏子听说后，他略一思索，便跪到齐景公面前数落起养马人的"罪状"来了："大王，您想处死养马人，应该先让他知道，他犯了什么罪才行呀！现在让我来列举他的三条罪状，请您听一听。"

齐景公点头同意，晏子便对着养马人高声说道："你为君王养马，却把马养死了，这是第一条罪状；死掉的这匹马，又是君王最喜爱的，所以又增加了一条罪状；因为马的死，君王要处死你，这消息如果让老百姓知道了，他们就会怨恨君王，让邻国知道了，他们就会看不起齐国，让君王背上一个重马不重人的恶名，这不是你的第三条罪状吗？你犯下如此三条大罪，就应该处以死罪。"

齐景公听完这些话，觉得晏子是句句冲着自己来的，顿有所醒悟地说："把养马人放了吧！别损害了我仁爱的名声。"

晏子的话表面上处处顺着景公的心意，口口声声数落马夫的罪状，而实际上却是字字句句讽刺齐景公，从反面说出齐景公的错误，点出杀掉马夫的危害是"积怨于百姓，示愚于诸邻"。

这种蕴涵大义的弦外之音，齐景公当然还能听得出，只好释放了马夫。遇到不可理喻的人，善辩者总是一反常态，采用正话反说的方式，在虚顺实逆、明褒暗贬的语言怪招中，收获正面说理难以出现的奇效。

暗示策略：寓理于事，不言自明

中国有句老话："只可意会，不可言传。"这句话一语道破很多无法用语言形容的景象和状况。很多时候就是这样，比如你看到一篇佳作，你被触动了，深深打动了，可是如果有人说，你写篇读后感吧，那你多半要没了兴致，提笔也写不出心中的感受。

不过"只可意会，不可言传"，毕竟只是一个托词，对于朋友、家人间的一些问题不好回答了，可以用这句话搪塞过去。然而在公众场合，比如领导提问、记者采访或者像外交官一样代表国家形象去接受问答，这句托词就起不到作用。

如果对方果然问出一个让你非常棘手、不知如何回答的问题，该怎么办呢？你不回答会显得你无知，若是回答又没有贴切的语言可以描述。这时候你可以针对提问讲一个事例，让对方认同其中包含的道理，然后将此道理应用于对方的提问，使答案不言自明。

如果能反被动为主动，让对方代替自己回答问题，可以说是人际应对中的较高境界了。我们可以针对对方的提问，举出一个类似的事例，反请对方说出其中的道理，然后回到最初的问题上，说明对方的观点正是问题的答案。一个回合下来，对方这个"系铃人"在我方的诱导下不知不觉又成了"解铃人"，使我方得以轻松地摆脱困境。

罗斯福第四次连任美国总统时，许多记者都抢着采访他，请他谈谈连任四次的感想。一位年轻记者破例得到罗斯福总统的接待。他没有正面回答青年记者提出的问题，而是先请他吃一块蛋糕。

记者获得殊荣，十分高兴，他很快便把蛋糕吃下去了。接着，总统又请他吃了一块。当他刚要开口请总统谈谈时，总统又请他吃第三块蛋糕。青年记者受宠若惊，肚子虽饱了，还是盛情难却，勉强吃了下去。

记者正在抹嘴之时，只见罗斯福总统微笑着对他说："请再吃一块吧！"

记者实在吃不下去了，便向总统申明。

罗斯福总统笑着对他说："不需要我再谈第四次连任的感想吧？刚才您已经亲身体验到了。"

罗斯福没有直接告诉记者自己的感受，而是让他通过连吃四块蛋糕的感受，体验自己连任四次总统的感想，可谓高明之极。

有时候语言确实很苍白，不足以表达你心里的感受，比如当你登上泰山，来到玉皇顶，看见头顶上云雾在太阳的照射下迅速褪去，那种风云变幻的场景令你十分震撼。这时，如果有人在旁边问，谈一下你现在的感受吧。你一定会顿时觉得索然无味，连继续欣赏景色的兴致都消失掉。因为那个时刻，不说话只默默欣赏美景才是最好的。

有的话不需要说得很明白，对于不好回答或者不方便说的话，不妨就打个比喻，或者推托一下，彼此也就明白，不会无趣地盘问下文了。

·第十五章·

动心技巧

体念法：说话要先为对方着想

在说话时，最重要的就是能够以真情感动对方。说话的时候先为对方着想，无疑是很好的办法。

一般情况下，自己对某一件事所认为的"对"或"好"并不能代表别人的看法。在沟通时最好先得知对方的看法。若你径自表现出"好"或"对"，而不去弄清楚对方是否有相同的看法，你可能就会面临尴尬的境地。

所以在说话之前你所要做的就是尽你所能查出别人的背景、观点和热诚，你因而可以知道：

什么使他们兴奋，什么使他们睡眠。

什么惊吓他们。

他们上班时是什么人，他们下班时是什么人。

他们生活中真正要什么——他们怎么认为能获得。

你可以从别人的判断，知道很多他们的事。研究他们从前的决定。

知道这些问题的答案，不仅能避免你犯难堪的错误，它让你设计你的表达方式，因而你的意见可以跟他的需要和要求结合，这样就会使你的演讲以及你们的沟通更加融洽。

我们最常听见人们对工作环境的三项抱怨是：

他们认为别人不听他们的话。

他们觉得受不到尊重。

他们认为别人想办法要控制或操纵他们。

在与别人谈话的过程中，如果你先提自己的需要，这三种情况最可能发生。你先提别人的需要，它们就最不可能发生。

大部分人对自己的兴趣大过对别人的兴趣，对自己的需要，热衷程度远强于对别的需要。但是如果你先提对方最有兴趣的、他们需要的事情，就能掌握他们的注意力，建立联结，且赢得他们的信任和尊敬。

当你提对方所需，为对方着想时，你会发现许多可喜的变化，而这些变化对你也是有利的。

当你先提对方的需要时，对方会有以下表现：

较快开始聆听；

比较注意；

听得较久；

对你说的记得较多；

比较尊重你；

认为你是比较聪明的人，甚至较好的人，因此你得到较大的活动空间和自由；

等你在说你自己的需要时，会听得较专心。

另一方面，若你先提自己的需要，人们常不愿聆听、保护自己或使冲突升级。他们可能以愤怒的眼神和僵硬的表情回瞪你，怀疑你有任何意愿考虑他们的需要，你的话一句也不听。这种恐惧和不信任，很容易就爆发公开的敌对。

此外，人通常在冲突开始时会焦虑。任何能缓和他们恐惧的方法，都会使情形变得较轻松和对每个人较有利。这个时候，如果你先为对方着想，提出他人的需要就是一种很好的解决途径。在一些重大事情中，先提对方的需要，也会使你们成为合作伙伴。你们合作，联合对抗问题，而不是互相对抗。

所以，在进行演讲时，如果想取得较为满意的结果，你就必须先为对方着想，满足对方所需。

关怀法：对人体现关怀的理念

对人关心和体贴，自然会让人感到温暖。多说这一类的话，会赢得真心的感动和感激。体贴，代表了对别人的爱护、关切和照顾。歌曰："只要人人都献出一点爱，这个世界将变成美好的人间。"对别人体贴就是对别人献出了爱，别人受爱的感化，也会以爱相回报。体贴的话会换来友爱，换来真诚，而友爱和真诚是每个人都需要的。有些人不是慨叹这世上友爱和真诚太少了吗？其实，只要问问他："你又给过别人多少体贴呢？"恐怕回答起来就很尴尬了。

此外，你平时对别人表现出的关怀，还会成为你求别人办事的一种途径。想想你平时对别人那么好，谁还能拒绝为你办些事情呢？

与别人交往时，为了表达出自己的关怀之情，在说话的时候，你可以参考下面的几种方法：

1. 示之以鼓励

给遇到磨难或陷于某种困境的人指出希望，让他振作精神，乐观地从困境中走出来，对方会对你的善意表示感激。

2. 示之以关心

不拘位卑位尊，贫贱富贵，人人都珍视感情。在必要的时候向别人表示关爱的感情，别人也会把同样的善意之球抛掷给你。

3. 示之以同情

如果周围的人遇到了什么挫折和不幸，我们真诚地给予同情的表示，就可以让他感受到我们对他的体贴和关心。这样就能多少减轻一些他内心的痛苦。

当然，同情不是无原则的附和。如果对方的情绪产生于错误的判断，就不应当随便表示同情，以免助长其错误情绪。比如说评定奖金，张三本来劳动态度不好，因而未评上一等奖，他发起了牢骚，你如果在这时表示同情，那就等于助长他的错误思想，也不一定会起到安慰的作用，这时需要的倒是劝导他正确对待，好好工作，下次争取。

不管采用什么办法，相信如果你的话语中充满了关怀之情，对方就一定会被你所折服，你们的友谊也就更加牢固。

同域法：乡音难改，游子情深

人都是有感情的，尤其是对故乡有着一种天然的割舍不断的情愫。如果游子在他乡遇到了自己的老乡，那么思乡之情就会油然而生，随之而来的就是对老乡的一种认同感。

结交好老乡关系，对于帮助我们办事成功，作用不可低估。

那么，该怎样利用老乡关系呢？乡音就在这时派上了用场。

老乡与其他关系的不同之处就在于，老乡之间的关系是以地域为纽带的，有一份圈子内的情存在心上，既然是老乡，就必须有共同点存在于双方之间，而乡音又是一种最好的表达形式。

用家乡话做见面礼，可以说是独树一帜，它不需要物质上的东西。在这里有一点相当重要，那就是运用这种方法的场合，最好是在异乡，因为在异乡才会有恋乡情结，才会爱乡及人，这时再来个他乡遇老乡，哪有不欣喜之理。对方离乡愈久，离乡愈远，心中的那份情就愈浓、愈深。因此，越是这种情况，越要运用乡音这种技巧，你就会得到老乡所给你的种种好处。

如此看来，要与一个久离家乡的老乡处好关系，有一种特有效的技巧就是：运用你的语言技巧，与老乡谈起家乡的话题，以此来触动他的思乡情结，达到共鸣，从而使老乡之间的关系更进一层。

直表法：感激之情要溢于言表

中国是有五千年文化传统的礼仪之邦，中国人向来是重感情的，但含蓄内敛的天性又使得我们不善于表达自己内在的感情。在人们的日常生活和社会交往中，"谢谢"这两个字具有非凡的社交魅力。

很多人并非不想表达他们的感激之情，只是不知道该如何开口，所以选择了沉默。还有些人，他们充满感情的表达却让对方感到不自在。善于表达，懂得说谢谢的社交高手总是在表达的时候让人感到内心的愉悦。

当然，在人际交往中，说"谢谢"应注意以下几点：

1. 角色意识

不同人的心理是不同的。对什么人说"谢谢"和怎样说"谢谢"都很有讲究。因此，你在说"谢谢"时要讲究点角色意识。例如，小伙子对大姑娘表示感谢，要采取慎重的态度。那种说"谢谢你，想不到你一直在想着我"之类的话很容易造成误解。此外，感谢还要针对对方的不同身份特点而采取相应的方式。老年人自信自己的经验对青年人有一定的作用，青年人在表示感谢时就应感谢对方言行的结果，"谢谢您，您的这番话使我明白了许多道理……"这会使老年人感到满足，并对你产生好感，认为"这个小青年不错，孺子可教也"。对大一点的女性，感谢她们时，可以说："你真好"这比简单地说"谢谢你"更好一些。

2. 言为心声

"谢谢"应该是心中一腔感激之情在语言上的自然流露。要做到声情并茂，语调欢快，吐字清晰，而不能含混不清、嘟嘟哝哝。而且说"谢谢"时，眼睛要看着被感谢人，脸上应有诚恳、生动的表情，并配以恰当的手势动作。不过，动作不要夸张死板。可以设想一下，你在感谢时，倘若手舞足蹈，举止轻浮，一下子拍拍对方的肩，一下子拉拉对方的手；或者表情木然，低着头或看着别人，那么，对方肯定会心生不快之感。

3. 注意场合

如果与对方单独在一起时，对他（她）表示感谢，一般会有好效果，也不会使被感谢人难堪。同时，还要注意双方的关系。例如双方是一般熟人或同事关系，可以直接用"感谢您""非常感谢"之类的话。可用称赞语或陈述语来表达谢意。儿子对妈妈就可以说："妈妈，您真好，是天底下最好的妈妈。"

4. 形式多样

感谢从不同的角度分，有不同的种类：有对对方个人的感谢，也有对对方单位的感谢；有对对方行为的感谢，也有对对方人品的感谢；有个人之间的感谢，有群体之间的感谢，还有国家之间的感谢；有语言的感谢，有礼物的感谢；有口头的感谢，有电话感谢，有信函感谢……应选用恰当的类型与渠道，例如做客时受到盛情款待，可以在第二天打电话表示感谢。如果是公事访问，可以在访问之后用电报信函方式表示感谢。

要记住，与别人交往时，感激之情要溢于言表，一声源自内心的感激，一定会赢得别人的心。此外，表达感激时最重要的是要端正自己的态度，表达你的感激时最好要专注地看着对方，这样你的话才显得是出于真心的，你的感情才显得真挚。

恳切法：说话的魅力在于真诚

真诚的语言是最能打动人的，巧妙地运用充满真情真意的话语，可以促使说者与听者产生情感共鸣，可以使双方的关系变得融洽，从而营造出一种良好的沟通氛围，赢得广泛的人际关系，为成功创造有利的条件。

此外，我们经常会遇到"祝贺"这种交往形式，一般是指对社会生活中有喜庆意义的人或事表示良好的祝愿和热烈的庆贺。通过祝贺表示你对对方的理解、支持、关心、鼓励和祝愿，以抒发情怀，增进感情。

祝贺的语言要真诚、富有感情色彩，语气、表情、姿态等都要有情感性。这样才会有较强的鼓动性与感染力，才能达到抒发感情、增进友谊的目的。

道歉也是人际交往中常见的交流活动。为人处世，犯错误总是难免的，毕竟人非圣贤，孰能无过。但是犯错误后的态度人们却非常重视。所以犯错误时，我们首先要坦率承认、真诚道歉。

可以说，充满真诚、以诚暖人是交友说话打动人心的重要因素，是赢得知心朋友的重要所在。

口才加油站

洛克菲勒的真诚

1915年，洛克菲勒还是科罗拉多州一个不起眼的人物。当时，发生了美国工业史上最激烈的罢工，并且持续达两年之久。愤怒的矿工要求科罗拉多燃料钢铁公司提高薪水，洛克菲勒正负责管理这家公司。由于群情激奋，公司的财产遭受破坏，军队前来镇压，因而造成流血事件，不少罢工工人被射杀。

那种情况，可说是民怨沸腾。洛克菲勒后来却赢得了罢工者的信服，他是怎么做到的呢？

后来，洛克菲勒花了好几个星期结交朋友，并向罢工者代表发表了一次充满真情的演说。那次的演说可谓不朽，他不但平息了众怒，还为他自己赢得了不少赞誉。演说的内容是这样的：

这是我一生当中最值得纪念的日子，因为这是我第一次有幸能和这家大公司的员工代表见面，还有公司行政人员和管理人员。我可以告诉你们，我很高兴站在这里，有生之年都不会忘记这次聚会。假如这次聚会提早两个星期举行，那么对你们来说，我只是个陌生人，我也只认得少数几张面孔。由于上个星期以来，我有机会拜访整个附近南区矿场的营地，私下和大部分代表交谈过，我拜访过你们的家庭，与你们的家人见过面，因而现在我不算是陌生人，可以说是朋友了。基于这份互助的友谊，我很高兴有这个机会和大家讨论我们的共同利益。由于这个会议是由资方和劳工代表所组成，承蒙你们的好意，我得以坐在这里。虽然我并非股东或劳工，但我深觉与你们关系密切。从某种意义上说，也代表了资方和劳工。

这样一番充满真诚的话语，可能是化敌为友最佳的途径。假如洛克菲勒采用的是另一种方法，与矿工们争得面红耳赤，用不堪入耳的话骂他们，或用话暗示错在他们，用各种理由证明矿工的不是，那结果只能是招惹更多怨恨和暴行。

· 第十六章 ·

讨巧技巧

恭维技巧：用恭维的话博取他人欢心

爱听恭维话是人的天性。当你听到对方的吹捧时，心中就会产生一种莫大的优越感和满足感。恭维话是博得人心的好方法，只要说到点子上，就能深入人心，与人打交道共事就轻而易举了。

窃国大盗袁世凯，日夜觊觎着蓄谋已久的皇位。有一次竟在白天进入梦中。一位丫鬟正好端来参汤，准备供袁世凯醒后进补，谁知不慎将玉碗打翻在地。丫鬟自知大祸临头，吓得脸色苍白、浑身打战。因为这只玉碗是袁世凯在朝鲜王宫获得的"心头肉"，过去连皇帝也不愿用来孝敬，现在化为碎片，这是杀身之祸；罪是无论如何也逃不脱的了。

正当那位丫鬟惶惶不安时，袁世凯醒了，他一看见玉碗被打得粉碎，气得脸色发紫，大吼道："今天我非要你的命不可！"

丫鬟连忙哭诉着："不是小人之过，有下情不敢上达。"

袁世凯骂道："快说快说，看你编的什么鬼话！"

丫鬟道："小人端参汤进来，看见床上躺的不是大总统。"

"混账东西！床上不是我，能是啥？"

丫鬟下跪道："我说。床上……床上……床上躺着的是一条五爪大金龙！"

袁世凯一听，以为自己是真龙转世，要登上梦寐以求的皇帝宝座了，顿时一股喜流从心中涌起，不仅怒气全消了，而且还情不自禁地拿出五十两黄金为丫鬟压惊。

丫鬟在生死存亡关头，通过一句恭维妙语，不仅免了杀身之祸，还得到了对方的奖赏。正是情急之下的恭维之语，迎合了窃国大盗袁世凯做"皇帝梦"的心理，才使这丫鬟由祸转福，变危为安；倘若她不能投其所好，只是听天由命的话，眼前就只有死路一条了。

恭维话人人爱听，你对人说恭维话，如果恰如其分适合其人，他一定会十分高兴，对你更有好感。最怪的是，越傲慢的人，越爱听恭维话，越喜欢接受别人的恭维。有的人义正词严，说自己不受恭维，愿听批评，其实这只是他的门面话，你如果信以为真，毫不客气地率直批评他的缺点，他心里一定不会高兴。表面上虽然未必有所表示，内心却是十分恼火，对于你的感情，只有降低，绝不会增进。

每个人都有希望，年轻人寄希望于自身，老年人寄希望于子孙。年轻人自以为前途无量，你如果举出几点，证明他的将来大有成就，他必定会很开心，引你为知己；你如说他父亲如何了不得，他未必感兴趣，至多你说明他是将门之子了，把他与他的父亲一齐称赞，才对他的胃口。但是老年人则不然，他自己历尽沧桑，几十年的光阴，并未达到预期的目的，他对自己，不再十分相信，不再有十分希望，他所希望的，是他的子孙。你如果说他的儿子，无论学问能力，都胜过他，真是个可造之才，虽然你是抑父扬子，当面批评他，他不但不会怪你，而且会十分感激你，口头上虽连连表示不敢当，内心里却认为你是慧眼识英雄。可见说恭维话时对于对方的年龄，应该要特别注意。

对于商人，你如果说他学问好、道德好、清廉自守、乐道安贫，他一定不高兴。你应该说他才能出众、手腕灵活，现在红光满面，发财即在眼前，他听了才高兴。对于官吏，你如果说他生财有道，定发大财，他一定不高兴，你应该说他为国为民、一身清正，他才听得高兴。对于文人，你如果说他学有根底，笔上生花，思想正确，宁静淡泊，他听了一定会很高兴。总之，一句话，他从事什么职业，你说什么恭维话。

短语技巧：利用好交际中的黄金短语

在浩如烟海的俗成语言中，有一些是人们常用，又对人际交往起着重要作用的短语，若能在适当场合适当地使用，会给我们带来意想不到的良好效果。这些短语简洁明了、通俗易懂，充分体现了语言文明的基本形式。在人们交往过程中，如能经常使用，就可以避免许多不必要的误会和摩擦。它们也是人际关系和谐的润滑剂。

下面收录的是当代社会里用得最多，也是最有效果的黄金短语。

1. "早上好"

无论你昨天多么累，在今天早上起来后，在这新的一天里，都要精神抖擞地向你周围的人道一声"早上好"，特别是对你的老板和同事。

问一句"早上好"就是要打破从昨天下班以后到今天早上一直处于停顿状态的同事关系，重新开始新的一天的人际关系，因此，对别人说"早上好"是很有必要且是一个严肃的行为。

"早上好"是一句问候语，是亲善感、友好感的表示，更是一种信任和尊重。"早上好"一旦说出了口，双方就有了亲切、友好的意愿，彼此间的距离便缩短了，既增进了信任，还沟通了关系。

当然，除了"早上好"之外，平日里，相互见面时叫"你好""再见"也能起到与"早上好"一样的良好效果。

2. "请"

在西方国家，几乎在任何需要麻烦他人的时候，"请"都是必须挂在嘴边的礼貌语。如"请问""请原谅""请留步""请用餐""请指教""请稍候""请关照"，等等。频繁使用"请"字，会使话语变得委婉而礼貌，是比较自然地把自己的位置降低，将对方的位置抬高的最好的办法。

3. "谢谢"

生活中，我们要常说"谢谢"两个字。道一声"谢谢"，看似平常，却能引起人际关系的良性互动，成为交际成功的促进剂。人际交往里有一个"黄金法则"，内容是"你如何对待别人，别人也会以同样的方式给予回报"。

向别人表示你的感谢是一个积极而有意义的举动。因为这是一种感恩的心态和行为。感恩是一种良好的心态和奉献精神。若你能对别人的帮助表示一下谢意，彼此的关系就会因此而发生变化，彼此间的距离也缩短了，感谢也开始产生呼应和共鸣。

千万不要忘了你身边的人，你的家人、你的朋友、你的老板、你的同事，他们是了解你和支持你的，说出你对他们的谢意，并用良好的心态回报他们吧，这样，他们就会给予你更多的信任、支持和帮助。

对他人的道谢要答谢，答谢可以"没什么，别客气""我很乐意帮忙""应该的"来回答。

4. "对不起"

说声"对不起"，生活更容易。

有一句话说得好："智者千虑，必有一失。"一个人再聪明能干，也会有犯错误的时候。人在做了错事之后，往往有两种截然不同的态度：一种是拒不认错，找借口为自己辩解开脱；另一种是坦诚承认错误，向大家说声"对不起"，并勇于改正，找出解决的途径。

道歉是一件很细节的行为，但又是让很多人忽视的动作。然而，有了过失与错误，就应该及时道歉，说声"对不起"。"对不起"是消除后遗症的"定心丸"，说得越及时越好，说得越真诚越好。道歉既是尊重别人，也是尊重自己，不但能弥补过失，还能增进情谊、化解危机。

学会说"对不起"，看似简单，但它的效用，非别的字眼可以比拟。"对不起"能使强者低头，使怒者消气，使说者更加成熟。

5."我不知道"

对自己不知道的事情，坦率地说不知道。这样反而更容易赢得别人的尊重。孔子曾说过："知之为知之，不知为不知，是知也。"这启示我们，当我们真的不知道时，不妨直言"我不知道"。在现实生活中，许多人不愿意说出"我不知道"这四个字，认为这样做会让别人轻视自己，令自己没有面子。其实，效果正好相反。

平时动不动就说"我知道"的人，一般都是不善于与他人交往和不受人喜欢的人；而敢于说出"我不知道"的人，则是一种具有智慧的人，因为但凡有智慧者，都有勇气承认"没有人会知道一切事情"这个事实。

"我不知道"是一种动力，让我们不断学习，不断进步，赢得尊重，获得成就。

6."这是我的错"

当我们犯了错误时，当我们的行为对集体或他人造成损失时，除了说声"对不起"外，还可以立刻真诚地对大家或受损人说声"这是我的错"。

一个人犯了错误并不可怕，怕的是不承认错误，不弥补错误。在承担责任的态度上，勇敢说出"对不起"和"这是我的错"极其重要。松下幸之助认为，偶尔犯了错误无可厚非，但从处理错误的态度上，我们可以看清楚一个人。每一位老板都欣赏那些能够正确认识到自己的错误，并及时改正错误以补救的职员。勇敢地说出"这是我的错"吧。

7."我喜欢你"

人是自己的一面镜子，你越喜欢自己，你也就越喜欢别人。当你越喜欢别人时，你也就越容易与对方建立起良好的友谊基础。通常，要想让别人听从你的建议，要让别人乐意帮助你,首先就是喜欢你这个人。要别人喜欢你,首先你要喜欢对方。

"我喜欢你"是乔·吉拉德用得最好的一句简洁的话。每个月他都至少向13000个老主顾寄去一张问候卡片,而且每个月的问候卡片的内容都在变化,唯一在卡片正面打印着的信息没有变过,那就是"我喜欢你"。

每个人都希望别人喜欢自己、接受自己,只要是善意的,我们何妨向对方说出"我喜欢你"呢?

8. "×××"(对方的名字)

喊出对方的名字,这是建立人际关系的捷径。

人们常常忘记别人的名字,但是,若有谁因为不把自己放在眼里而记不住自己的名字,我们就会感到不痛快。记住别人的名字是一件非常重要的事情,忘记别人的名字简直是不能容忍的无礼。记住别人,对你的人际关系的打造至关重要,因为能够热情地叫出对方的名字,从某种程度上表现了对对方的重视和尊重,好感便由此而生。

每个人都很愿意别人叫自己的名字,因为熟人见面时往往都会叫出对方的名字。记住别人的名字和面孔,你就能赢得别人的好感。

巧言技巧:实话要巧说,坏话要好说

在生活中,人与人之间交流是避免不了的,同时说话的双方彼此都希望对方能对自己实话实说。但在某些特定的场合下,如顾及面子、自尊,以及出于保密等,实话实说往往会令人尴尬、伤人自尊,因此,实话是要说的,却应该巧说。那么该如何才能巧妙地去表达呢?如何才能说得既让人听了顺耳,又欣然接受呢?在这里介绍几点,仅供参考:

1. 由此及彼肚里明

两个人的意见发生了分歧,如果实话实说直接反驳就有可能伤了和气,影响团结。这个时候就需要我们采取这种方法,因为这样可能会避免一些麻烦。有这样一个例子:

一次事故中,主管生产的副厂长老马左手指受了伤被送往医院治疗,厂长老丁来病房看望时,谈到车间小吴和小齐两个年轻人技术水平较强,但组织纪律观念较差,想让他们下岗一事。

老马当时没有表态,只是突然捧着手"哎哟哎哟"大叫。丁厂长忙问:"疼了吧？"老马说："可不是，实在太疼了，干脆把手锯掉算了。"老丁一听忙说："老马，你是不是疼糊涂了，怎么手指受了伤就想把手给锯掉呢。"老马说："你说得很有道理，有时候，我们看问题，往往因注重了一方面而忽视了另一方面啊。老丁，我这手受了伤需要治疗，那小吴和小齐……"老丁一下子听出老马的弦外之音，忙说："老马，谢谢你开导我，小吴和小齐的事我知道该怎么处理了。"

老马用手有病需要治疗类比人有缺点需要改正，进而巧妙地把用人和治病结合起来，既没因为直接反对老丁伤了和气，而且又维护了团结，成功地解决了问题。实在是高！

2. 抓心理达目的

这就是要抓住人的心理，运用激将的方法，进而达到自己真正的目的。

一位穿着华贵的妇女走进时装店，对一套时装很感兴趣，但又觉得价格昂贵，犹豫不决。这时一位营业员走过来对她说，某某女部长刚才也看好了这套时装，和你一样也觉得这件时装有点贵，刚刚离开，于是这位夫人当即买下了这套时装。

这位营业员能让这位夫人买下时装，是因为她很巧妙地抓住了这位夫人"自己所见与部长略同"和"部长嫌贵没买，她要与部长攀比"的心理，用激将的方法进而巧妙地达到了让夫人买下时装的目的。

3. 藏而不露巧表达

运用多义词委婉曲折地表明自己要说的大实话。

林肯当总统期间，有人向他引荐某人为阁员，因为林肯早就了解到该人品行不好，所以一直没有同意。一次，朋友生气地问他，怎么到现在还没结果。林肯说，我不喜欢他那副"长相"。朋友一惊道："什么！那你也未免太严厉了，长相是父母给的，也怨不得他呀！"林肯说："不，一个人超过 40 岁就应该对他脸上那副'长相'负责了。"朋友当即听出了林肯的话中话，再也没有说什么。

很显然，这里林肯所说的"长相"和他朋友所说的"长相"，根本不是一回事。林肯巧妙地利用词语的歧义性，道出了"这个人品行道德差，我不同意他做阁员"这句大实话，既维护了朋友的面子，又达到了自己的目的。

绕圈技巧：巧说话能获得别人的好感

通常那些社交关系广泛的人都是言谈灵活又吸引人的人，如果你想关系广、好办事，你必须广拉关系，赢得人们的好感。所以，掌握如何在谈话中赢得人们的好感就非常有必要。

1. 表达善意的关心

当受到他人关心时，只要这份关心不会伤到自己，一般人往往不会拒绝。尤其是能满足自尊心的关怀，往往立即转化为对关怀者的好感。

满足他人自尊心最佳的方法就是善意地建议。对方是女性时，仅说"你的发型很美"，只不过是句单纯的赞美词；若是说"稍微剪短点，看起来会更可爱"，对方定能感受到你对她的关心。若是能不断地表示出此种关心，对方对你必然更加亲切信任。

2. 表明缺陷，赢得关注

每当百货公司举办"瑕疵品贱卖会"，必然造成汹涌人潮的盛况。为什么"瑕疵品"也能激起人们的购买欲呢？这是因为百货公司敢于表明商品具有瑕疵因而降价。而实际上，一丁点的瑕疵根本遮掩不了你本人的光辉。

之所以如此说，是因为坦率地暴露缺点，反而使人对你正直、诚实的作风留下深刻的印象，而此种诚实、正直往往能转变成别人对你的信赖，自然你也就大受其益了。

但是暴露自己的缺点并不是毫不保留地将所有的缺点都暴露出来，如此做，反而使人认为你是个毫无可取之处的人，因而丧失了你的信用。

暴露的缺点只要一两个就可以了，可使他人难以将这一两个缺点和你的其他方面联想在一起，因而产生其他方面毫无缺点的感觉。"这个人有点小缺点，但是其他方面挑不出毛病来，是个相当不错的人！"类似上述的想法就能深深植入他人的心中。

3. 要记住对方所说的话

一位心理学家应邀至某地演讲时，不料主持人却问他："请问先生的专长是什么？"他颇为不高兴地回答："你请我来演讲，还问我的专长是什么？"

招待他人或是主动邀约他人见面，事先多少都应该先收集对方的资料，此乃一种礼貌。换句话说，表现自己相当关心对方，必然能赢得对方的好感。

记住对方说过的话，事后再提出来做话题，也是表示关心的做法之一。尤其是兴趣、嗜好、梦想等事，对对方来说，是最重要、最有趣的事情，一旦提出来作为话题，对方一定会觉得很愉快。例如在面试时，不妨引用主考官说过的话，定能使主考官对你另眼相看。

4. 及时指出对方的微小变化

一般情况下，做丈夫的都不擅长对妻子表示出自己对她的关心。比方说，妻子改变发型时，明明觉得"看起来年轻多了"，却不说出口，使妻子心里不满，觉得丈夫不关心自己。

不论是谁，都渴求拥有他人的关心。而对于关心自己的人，一般都具有好感。因而，若想获得对方的好感，首先必须积极地表示出自己的关心。只要一发现对方的服装或使用的物品有些微小的改变，不要吝惜你的言辞，立即告诉对方。例如：同事打了条新领带时，"新领带吧！在哪儿买的？"像这样表示出你的关心，绝没有人会因此觉得不高兴。

另外，指出对方与往日不同的变化时，愈是细微、不容易被发现的变化，使对方高兴的效果就愈大。不仅使对方感受到你的细心也感受到你的关怀，转瞬间，你们之间的关系就会远比以前更亲密。

5. 呼叫对方的名字

欧美人在说话时，常说："来杯咖啡好吗？史密斯先生。""关于这一点，你的想法如何？史密斯先生。"频频将对方的名字挂在嘴边。此种作风往往会使对方涌起一股亲密感，宛如彼此早已相交多年。其中一个原因就是，他感受到对方已经认可自己了。

在我们的社会里，大部分人不习惯或者不愿意直呼别人的名字。但是，借着频频呼叫对方的名字来增进彼此的亲密感，并不失为一种好方法啊！

6. 提供对方关心的"情报"

提供别人关心的情况，首先可以引起别人的兴趣，这是非常有必要的。为做到这一点，你可以把别人的名片当成是记事本。

与其说这样是为了整理人际资料或是不忘记对方，倒不如说是为下一次见面做准备。也就是说，将对方感兴趣的事物记录下来，再度见面时，自己就可以提供对方关心的"情报"作为礼物。

即使只是见过一次面的人，若能记住对方的兴趣，在第二次、第三次见面时，不断地提供这方面的知识或是趣事，借此显示出自己对对方的兴趣很关心，必然会使对方产生很大的好感。

或许有些人会认为此种做法太过于功利主义，但事实上并非如此。怀有一定的功利目的不假，但对别人的关心就未必不真诚。若以长远的目标来衡量，此种做法能成为表现自我的有力武器，可以延续对方对自己的好感和信任。

亲切技巧：不要随便批评朋友的亲友

女孩子们在一起会对彼此的男友评头论足一番，当对方说"我的男朋友真不会体贴人，老是忘了我的生日"时，你千万别附和着说"是啊，这种男朋友不如早日分手"，或"他的确是粗枝大叶的人"。纵使对方会因为短暂的埋怨而寻求共鸣的对象，但我们可别真傻傻地去附和她的话。一时的埋怨过后，她若与男友和好，冷静思考你所说的话，必定以为你在挑拨离间，制造他们的分裂。当初只想安慰对方，反而招来一顿怨嗟，得不偿失。

即使是熟识的朋友，说话时仍需懂得掌握分寸。我们跟初次见面的人或不甚熟悉的人说话时，曾特别留意用字遣词或说话的口气，但对熟悉的朋友，这种防御的警示消除后，常会因口无遮拦、话未经大脑思考便脱口而出，伤了对方而不自知。

有时候对方向你抱怨他的亲友，其真意并非话里所说那般，例如："我儿子真调皮，整晚闹个不停。"事实上她并非在说她的儿子调皮，而是借此表示"他是聪明活泼的孩子"，如果你附和说"他的确很吵，没个规矩"，做妈妈的心里会怎么想呢？

人的感情实在很微妙，自己可以批评亲友，却容不得亲友被他人批评，明知自己所批评的人的确有此缺点，可是一旦这个缺点经由他人附和批评，自己又不高兴。

所以，当别人在埋怨他的亲友时，你千万别再加入埋怨的行列，应安抚说那个人还有许多优点。

感同技巧：别人郁闷时多说理解的话

最近几年流行一个词：郁闷。就是说，碰到了不顺心的事情，心情不好。人生在世，十有八九的事情都不是一帆风顺的，因此也经常会碰到正处在郁闷中的人。多说理解的话，对郁闷之人来讲是最好的安慰。

要想对郁闷的人说些理解的话，首先要弄清他为什么郁闷。如果不知道原因，随便地安慰一气，就可能火上浇油。有这样一则笑话：

> 有一个妈妈带着她的小宝贝外出游玩，在火车上哄着她的宝宝。
>
> 有一个乘客很好奇的把头凑过来看了就说："哇！好丑的宝宝！"
>
> 妈妈听了好难过，就一直哭，一直哭。
>
> 后来车子停在某个小站，上来一些新的乘客。
>
> 有一个好心的乘客看她哭得这么伤心，就安慰她说："你为什么哭得这么伤心呢？凡事都要看开点，没有解决不了的事情嘛！好了，好了，不要再哭了。我去帮你倒杯开水，心情放轻松点嘛！"过了一会儿，那个乘客真的倒了一杯水给她说："好了，别再哭了，把这杯水喝了就会舒服点，还有这根香蕉是给你的猴子吃的。"这位妈妈听了，差点哭晕过去。

笑话里面的那位好心的乘客还没有弄清那位母亲为什么哭，就随便安慰一通，当然会驴唇不对马嘴，甚至还给人火上浇油。所以说，首先应该知道别人郁闷的原因，然后对症下药，才能说出真正理解人的话，达到安慰的目的。

小罗是一名大学生，他很喜欢一个女同学。大家都知道这个女同学跟一个家里很有钱的男生非常暧昧，就经常劝小罗一定要小心。但俗话说"当局者迷，旁观者清"，小罗一直说那女同学告诉他了，她跟那个男生只是一般的朋友关系。

这种状态维持了半年，突然有一天晚上，小罗垂头丧气地回了宿舍，什么也不说就躺到床上。晚上熄灯很久了他还在那儿辗转反侧。第二天大家问他怎么回事，小罗伤心地说那个女孩昨晚约他出去，说从来没喜欢过他，自己现在是别人的女朋友了。

大家听了七嘴八舌地教训小罗，说他早就应该听大家的劝，弄到今天是活该。只有小王默默地听着。午饭的时候他把小罗约到一个饭馆，拿了两瓶啤酒，一边吃一边聊。小王告诉小罗，他自己也碰到过类似的事情，所以非常理解他。他告诉小罗，自己当时也是很难走出那种心灵的痛苦，幸好一个学心理的同学告诉他多出去走走，多跟人交往，不要把自己封闭起来，他照着做了之后，才在较短时间里恢复了过来。他劝小罗重新拾起信心，面对生活，好女孩多的是，不一定非要找一个不爱自己的人。

小罗听了他的话，精神稍微振奋了一些。此后他积极地参加集体活动，加上大家也都热心帮助，很快就恢复了乐观的生活状态。

虽然家家都有本难念的经，但是如果能够互相理解，尤其是能够设身处地地站在别人的立场上想事情，那么别人就会把你当成真心朋友，赞赏你、信任你，在你郁闷的时候也会真心地理解你，说一些让你宽心的话，人际关系的局面就会因此大大地好起来。

体贴技巧：得体的幽默最能取悦人心

得体的幽默最能取悦人心，人际交往中，离不开幽默的大力相助。因此幽默称得上是一个具有亲和力的"形象大使"。因为，很多工商业界高阶层的负责人，都运用幽默力量来改变他们的形象，甚至改变大家对整个公司的看法。每一阶层的领导人和经理人在人事的甄选与训练上，也转而向幽默力量来求助。

有家公司为主管们安排了有关"沟通"的教育训练课程。

上了一星期课之后，有位主管在责备老是严重迟到的一个部属时，挖空心思，想在骂他的时候又能保住他的面子。

后来，他把这个部属找来，面带笑容地对他说："我知道你迟到绝对不是你的错，全怪闹钟不好。所以，我打算定制一个人性化的闹钟给你。"

这个主管对部属挤了挤眼睛，故作神秘地说："你想不想听听它是怎么人性化的？"下属点点头。

"它先闹铃，你醒不过来，它就鸣笛，再不醒，它就敲锣，再不醒，就发出爆炸声，然后对你喷水。如果这些都叫不醒你，它就会自动打电话给我帮你请假。"

有一次，美国329家大公司的行政主管，参加一项幽默意见调查。由一家业务咨询公司的总裁霍奇先生主持此项调查，发现：

97%的主管人员相信，幽默在商业界具有相当的价值。

60%的人相信，幽默感能决定一个人事业成功的程度。

《芝加哥论坛报》工商专栏的作家那葛伯，访问了参与调查的几位主管人员，而后整理出几位高级经理人员的意见：

克雷夫特公司总裁毕尔斯，认为幽默感对于主管人员十分重要。"它是表示一个主管具有活泼、弹性的心态的重要指标。"毕尔斯说，"这样的人通常不会把自己看得太严重，而且比较能做出好的决策。"

·第十七章·

细节技巧

一个"您"字价值千金

想让你的谈话取得良好效果或效益吗？那么，在你与人交谈时，请选择他们感兴趣的话题。什么是他们最感兴趣的话题呢？是他们自己！

当你与他们谈及他们自己时，他们就会兴致勃勃，且完全着迷，他们对你的好感会油然而生。当你与人们谈及他们自己时，你是在顺应人性；当你与人们谈论你自己时，你是在违背人性。

你真的想成为最会说话的人吗？那么，从现在起，把这几个词从你的辞典中删除出去"我，我自己，我的"。你要开始用另一个词，一个人类语言中最有力的词来代替它——"您"！

例如："这是给您做的""您会从中得到好处""假如您这么做，您将会从中受益无穷""这将会给您的家庭带来欢乐"，等等。

当你能放弃谈论自己和使用"我，我自己，我的"这几个词而产生的满足感时，你的办事效率，你的影响力、号召力将会大大提高。虽然要做到这一点是有难度的，而且需要不断的练习，但是，一经付诸实践，它给予你的回报，将会让你觉得这样做非常值得。

还有一种利用"人们关心自己"这一特点的方式是，让他们谈论他们自己。这时，你会发现，人们热衷于谈论自己胜过任何话题。要是你能够巧妙地引导人们谈论他们自己，他们将会很喜欢你。

你可以尝试这样问他们：

"您的家人好吗？"

"您的孩子近来好吗？"

"您的女儿现在住哪里？"

"您在这家公司工作很长时间了吧？"

"这是您的'全家福'吗？"

"您认为……怎么样？"

大多数人很难对别人产生影响力或号召力，是由于他们总是忙着考虑自己，忙着谈论自己，忙着表现自己。但是，请记住这样一个事实：你是否对谈话感兴趣并不重要，重要的是你的听众是否对谈话感兴趣。除非你不想成为会说话的人，除非你想把你的人际关系搞坏。所以，当你与人谈话时，更多地谈论对方，并引导对方谈论他们自己吧。

这样，你就一定能够成为一名最受欢迎的最会说话的人。

当然，要注意，有时候"您"可以换成"你"字，视情况而用。

利用微笑拉近彼此间的距离

微笑能够反映出一个人的内心世界，在演讲的时候微笑，可以建立融洽气氛，消除听众抵触情绪，可以激发感情，缓解矛盾。由此可见，微笑是拉近彼此距离的最简单的方式。

发自内心的微笑是人们美好心灵的外现，也是心地善良、待人友好的表露，是一个人有文化、有风度、有涵养的具体体现。一个有口才的人，就应该是这样的一种人。做说服人的工作，要参加辩论和谈判，首先要打动他人的心；而动其心者莫先乎情，表情中最能赢得人心的是微笑。发自内心、表达真情实感的微笑，是取得说服效应的"心理武器"，也是辩论和谈判取得成功的秘诀之一。

下列场合可运用微笑技法：

第一，表达赞美、歌颂等感情色彩时应微笑。此时要博得别人笑，自己首先要笑。

第二，上台与下台时应微笑。这样可拉近与听众的距离，把良好的形象留在听众心中。

第三，面对听众提问时送上一缕微笑是无声的赞美与鼓励。

第四，肯定或否定听众的一些言行时，可以配合着点头或摇头，脸挂微笑。

第五，面对喧闹的听众，演讲者可略停顿，同时脸挂微笑是一种含蓄的批评与指责。

既然在日常生活交谈中、辩论中、演讲中，微笑有众多的效用，那么微笑训练便成为必要项目。然而，微笑训练都有哪些技术上的要求呢？这里介绍一个小小的诀窍，发明人是我国著名的电影表演艺术家孙道临。他说你只要在嘴上念声"茄子"就行了。

微笑练习的动作要领是：口腔打开到不露或刚露齿缝的程度，嘴唇呈扁形，嘴角微微上翘。结对练习时可根据上述归纳的重点重复练习，并互相注意，看看有什么问题。

微笑时容易出哪些毛病，又应该如何纠正呢？

笑过了头，嘴咧得太大。嘴咧得太大会给人一种傻乎乎的感觉。若不想让人说傻，则应以"不露或刚露齿缝"为最佳。

皮笑肉不笑，看上去让人觉得难受。如果你在交谈中能够以完全平等的态度对待对方，尊重对方的感情、人格和自尊心，那么你的微笑就是真诚的、美丽的，就具有强大的凝聚力。否则，你的微笑就是虚假的、丑陋的，你所能得到的也只能是逆反心理和离心力。

只要端正对待交谈对象的态度，加强态势语——微笑训练，那么，你的微笑就一定会助你达到良好的交谈效果。

但是要提醒你注意的是，如果你是参加演讲，演讲中不能从头到尾一味微笑，否则让人感到你没有心计，觉得你戴了一个假面具上台演讲，没有感情。

因此，微笑虽好，但也要分清场合，在召开重要会议、处理突发事件、参加追悼大会时，当然不能微笑。平时微笑要真诚自然，适度得体。至于无笑装笑、虚情假意的笑，甚至硬"挤"出来的笑，会令人大倒胃口，还不如不笑。

最好用谦虚的态度和人说话

中国人自古以来视谦虚为美德，虽然有人认为谦虚就是虚伪，或者是变相的骄傲，但在与人交谈中，谦虚的态度往往更容易被人接受。当然，我们可以在心里自信一些。

1. 不要目空一切、居功自傲

有的人做出一点成绩、取得一点进步，就飘飘然起来，跟谁说话都趾高气扬，到处夸耀自己，搞得大家都为之侧目。

小杨是一家广告公司的职员，他设计的一件平面广告作品得了一项大奖，经理在员工会上好好表扬了他一番，并让他升任主管。小杨认为自己是个人物了，从此以"专家"自居。一次经理接到一个平面设计任务，请小杨来评价评价。小杨唾沫飞溅地说了半个小时，批得体无完肤，最后结论是：应该返工重来。经理对这个设计本来比较满意了，听了小杨的话极不高兴，从此疏远了他。

又过了两年，公司里另一个职员小石也得了广告大奖。他吸取了小杨的教训，说话非常谦虚，态度和善，很得大家喜欢。

2. 要适当使用敬语

敬语能表现说话者对对方的态度，因此，对听话者来说，可以根据对话是否使用敬语，了解到说话者把自己置于什么地位。例如，科长想请新职员去喝酒，叫道："你也来吧！"如果职员回答"好，去"会怎样呢？科长会认为新职员不理解对上司应使用的语言，看低了自己，内心是不会平静的。如此一来，科长就会用另一种眼光看他。由于没有使用敬语，招致对方改变对自己的态度，日后人与人之间的关系将会变得微妙。

常常听到有人说"近年来年轻人连敬语的使用方法都不知道，真可气"，这就是虽然本人没有恶意，但由于没有使用适当、确切的敬语，致使人与人之间的关系产生了风波的明证。

与其相反，使用适当的敬语，双方不仅能正常地保持人际关系，还会提高别人对你的评价。特别是对女职员来说，更是如此。有人说："适当的时候，使用适当的敬语对女性来说，是语言之美的至高境界。"的确这样。想想看，与前述相同的场面，如果对于"你也来吧"回答说"好，一定参加"，就会使人多少有些美感。心目中对上司抱着什么态度，从语言中可以大体看出来。这种语言的运用，可以协调上级与部下、年长者与年轻者之间的关系，使听的人感到甜美。因为那种语言会使人感觉到有教养，感情丰富。

3. 要请人评判自己的意见

我们可以看到，有许多真正伟大的人物，总是很谦虚地请别人评判自己的意见，因而获得别人的赞同。以谦虚的态度表示独断的见解，对使别人信任我们的意见及计划都很有效用；我们知道多数成功的领袖，常常应用这个策略。

有的时候也需要争辩。比如两个喜欢辩论的朋友，经过一次激烈的辩论，也许对于双方都是有益而愉快的。美国威尔逊总统曾经对鲍克接连问了一小时的问题，使得他不得不拥护在他自己看来绝对相反的意见。但到了末了，威尔逊使鲍克感到吃惊的是：他告诉鲍克，他已经改变了主意，他已经醒悟了，而从另外一个观点去观察这个问题。鲍克非常吃惊，从此对威尔逊更加敬重了。这种策略，可以当作能够引起友爱的一种方式，但不可说是常例。总之，别人可能在种种方面与我们意见不一致，但是如果你在和他争辩之后，还能请他来评判一下自己的意见，他就会认为你是个谦虚的人，从而对你刮目相看。

在私底下指出别人的缺点

朋友之间，指出缺点总是要担负伤和气的风险的，但作为朋友应该承担这种风险。风险有大有小，关键是用的方法适当与否。从小处说，就是在私底下指出别人的缺点。人总是要讲点面子的，指出缺点更应该顾及对方的面子，说话尽可能婉转一些，尤其不要当众给朋友生硬"挑刺"。即使在私下场合指出缺点和错误，也应充分考虑如何让对方愉快接受，最好先聊聊其他事情，以便在沟通感情、融洽气氛的基础上再婉转地指出问题。

当员工违背明确的规章制度时，应当众指出其过错，在让他认识到缺点错误的同时，也可对其他人起到警示作用。假若员工在工作上出现小小的失误，而且不是有意的行为，则可在私下为其指出来，或以含蓄、暗示的方式使其意识到自己的缺点。这样既能维护他的面子，又能达到帮他改正缺点的目的。

要时常反问自己："处理这件事最合乎人性的方法是什么？"当员工因为某些失误把事情弄糟了，有的领导者会把犯错误的员工当着其他员工甚至是这个员工的下属一通训斥。而人性化的领导者会在私下里跟员工谈心，指出缺点，并且帮助他们找出适当的方法去做好事情，并且会肯定他们已经做得很好的部分，以免让这些员工丧失信心。

所以作为上司，假如说下属真的表现出比较严重的缺点，一般应私下单个找他谈话，指出来，引导他今后如何正确处理类似的问题及注意事项，避免再犯同样的错误。只有这样，下属有问题才愿找上司反映或沟通谈心。这样一来就会在员工中树立一个良好的形象。

作为老师，对学生的缺点也要有一些"春秋笔法"。

刘老师班上有个女生很优秀，一段时间看到别人比自己成绩好，心里有些不平衡。刘老师通过网上聊天工具和她聊天，直言不讳。这个女生很感激，情绪理顺了。对其他有缺点的学生，刘老师也尽量采取类似方法。"刘老师照顾我们的面子，我们也尽力改正。"一位教育专家这样评价刘老师的：刘老师这样做是讲策略，育人工程最艰深，关键要用心！

有一次，刘老师经过教室，听到一位同学用粗话骂老师，他装着没听见，事后私下把那同学请到办公室，告诉他老师已经听到他说的那句话，但不想当着全班人的面来批评，是为了尊重他。这样他很诚恳地承认了并向老师道歉，后来变得很有礼貌了。试想，如果刘老师当时走进教室狠批他一顿，有可能换来学生第二次更难听的粗话。

指出缺点更多时候是发生在角色地位并不平等的人之间，比如上司对下属，老师对学生。这些情况下可以公开指出缺点吗？当然不应该，照样应该维护下属和学生的面子。

因此，面对别人的缺点，私下里指出而不是当面批评或宣扬，不仅会让他感受到你的礼貌，而且也会让他更加尊重你。

如果你想让自己的说话方式讨人喜欢，那么私下指出别人的缺点是采取行动的第一步。但有的人却常常要么容忍别人的缺点，要么就直接对外宣扬，让别人下不来台。这里的教训实在值得我们思考。

做人要拥有一颗宽容的心。"金无足赤，人无完人"，记得有位专家就说过，不要苛求别人的完美，宽容让你自己不断完美起来。只有我们拥有了一颗宽容的心，别人才能感受到我们的真诚，在我们指出他们缺点的时候他们才能心悦诚服地接受。

时代语能为你添姿着色

"时代语"就是那些在一定时间、一定范围里高频率地运用于人们口头交际中的鲜活新潮的词句。它和着时代的脉搏，折射着生活的灵光，为人们的日常言谈增添着魅力与色彩。

流行语并不一定是一个国家或民族的共同语、规范语，它有较强的地域特征。例如，在香港，人把谈恋爱称为"拍拖"；广东人逢人称"阿哥"；南京人说事情好到极点为"盖帽了"；北京人谈吃喝用"撮"……有些流行语在传播中扩大了范围，如北京人把闲谈聊天叫"侃"，现在其他不少地方也用开了"没事我们一道侃侃去"。

大多时代语往往在一定的年龄、文化水平以及职业的人群中使用。比如在商业界，"看好""看涨""看跌""滑坡""走俏"等词语运用得很普遍；在演艺圈，"走红""领衔""性感"很流行。时代语多数是现有词句的一种比喻、替代、延伸，例如，知识分子把从商称为"下海",把改行叫作"跳槽",把撰写文章搞创作戏称为"爬格子"。

时代语具有较强较浓的时代色彩,沉淀着一定时期内的政治色彩、文化特点与生活气息。比如,对别人称自己的妻子,旧时代是"内人""太太",现代则有"爱人""那口子""另一半"等说法。说一个人样子好、气质佳,以前是"眉清目秀",后来是"健壮有朝气",现在是"潇洒风流""有魅力"等。

在日常谈话、交往活动中,恰到好处地使用流行语可以起到多方面的作用。

时代语可丰富、更新自己的谈话色调。一个人的谈话色调既包括话题、语调、声音的选择,也包含词句的筛选与锤炼。现实生活中有些人与别人交谈时老是一种腔调,老运用一些自己重复多遍、陈旧蹩脚的词句、口头禅,毫无新鲜明朗的气息,给人的感觉是迂腐而沉闷,如鲁迅笔下的孔乙己,"之乎者也"不断,又像《编辑部的故事》中的牛大姐,官腔套话不离口。跟紧时代的步伐,注意吸收运用流行的词句,可以使自己的谈吐变得丰富多彩,永远保持谈话色调的生机、活力,使话语常讲常新。

使用时代语可沟通联系,赢得别人的好感。愉快顺利的交谈活动,往往离不开时代语的使用。比如称呼别人,以前多是"师傅""同志""××长",现在多用"女士""先生""老板",这样更能增强谈话双方的亲近感、尊敬感,使交谈始终处于轻松自如的状态下,不至于因过于拘谨、正儿八经而影响沟通,引起别人反感。

使用时代语可增添生活情趣。生活是五彩斑斓的万花筒,人们常在一起聊天、谈笑,少不了时代语的点缀。一位男生发现一位女生新穿了一件连衣裙,故意惊呼道:"哇!真 3.14。"这 3.14 是圆周率 π 的值,与流行语"派"谐音,因而立刻博得大家一阵会心的大笑。

时代语是怎么来的?其实,时代语不是哪位名人或语言学家创造发明出来的,我们每个人都可以留心于生活,留心于别人的言谈,并借鉴、发挥,推陈出新,启动灵感,随口说出。平时不妨从以下几方面去搜集、学习。

——从电视电影里学。当代影视与人们的生活愈来愈贴近,不少精彩对白、主持人的即兴妙语、广告语的妙趣横生令人赞叹不绝,我们可以从中借鉴。比如有人劝朋友去看一个展览:"去看看吧,不看不知道,展览真奇妙!"显然这里仿用了"正大综艺"主持人的开场语。

——从港台语言中学。如"真性格""好帅""当心公司炒你鱿鱼",等等,很新奇,用语优美,不妨一借。

——从流行歌曲中学。许多流行歌曲不但能唱出人们的真情、心声，而且唱词通俗，生活气息浓。某男士谈恋爱，刚接触对方，生怕对方看不中自己的"外相"，灵机一动，说道："我知道我很丑，可是我也很温柔。"他妙用了赵传的一首歌名，很快赢得了姑娘的好感。再如"不是我不小心""我的未来不是梦""你知道我在等你吗"等，结合讲话的场合、语境、心境，信手拈来，适时穿插，一定情趣斐然。

——从报刊用语里学。如某报上曾有一篇题为《检察机关浑身是眼》的文章，某位善谈者巧借活用，与人评论小偷："他浑身是手，什么都偷。"

——从方言俚语中学。方言俚语表达含蓄，俗得够味，很受人们喜爱。如"磨叨"在北方方言中是费口舌之意，我们也可以拿来运用，如："还磨叨什么？快走吧。"

当然，运用流行语还必须考虑交谈对象的年龄、知识水平以及谈话背景。

借助健康的富于生命力的"时代语"，你可以在搞好人际关系这方面更加如鱼得水，流行语是语言不可或缺的调味剂。

温暖的安慰送给最需要的人

生老病死是自然规律。具体到生病，人在生病以后，情绪会很低落，经常会心烦意乱，胡思乱想。你如果能够将安慰奉献给他们，他们的心情就会好转些，并对你表示感激。但是，若要真正达到安慰患者的目的，就必须要讲究一些谈话技巧。

具体来说，谈话技巧有以下几个方面：

1. 要了解情况，有针对性地同患者进行交谈

了解情况，是指对患者的病情、思想状况和实际情况，以及有关疾病的基本医药卫生知识有所了解。根据患者在住院期间的不同状况来进行各种安慰。

例如，有的慢性病患者由于病休时间较长，容易产生放弃思想。对此，要多给他讲一些"既来之，则安之"的道理，劝慰患者在医院安心治疗，不要有头无尾，功亏一篑。有的患者可能较多地考虑经济负担等实际问题，对此则应该劝他们着眼于健康，注意调养，并建议与单位联系争取适当补助。有的患者对自己所患疾病缺乏信心，遇到这种状况，就应该多介绍一些别人得了同类的病而经过治疗得到痊愈的事例，这样就可以减少患者及其家属的忧虑。

2. 交谈中尽量多谈一些使患者感到愉快、宽心的话题和事情

安慰患者的目的在于让患者精神宽松，早日恢复健康。因此，在安慰对方时，

绝不能与其谈论有可能增加忧虑和不安的消息与话题。在患者谈论病情和感觉时，应当认真聆听，以便从中发现一些对患者有利的因素。随时接过话题，对患者进行安慰。

3. 在交谈过程中，还要特别注意语气语调的运用

病痛在身的人，十分需要他人的安慰，因而对探望者的语气语调特别敏感。所以，探望者要努力使自己在交谈时音量适当，语气委婉，感情真挚。要尽量使患者觉得在你探望后感到心情愉快和轻松。这样，有利于减少疾病给患者带来的心理压力，有助于恢复健康。

4. 不要在交谈中以自我为中心

当你看望生病的朋友时，请牢牢记住，你是去提供帮助、表示关心的。因此要多多注意别人的感情，而不要以自我为中心。

不要借朋友的不幸，引述出你自己的类似经历。你可以说"我也碰到过这种事"或者说"我能理解你现在的心情"。对待磨难各人有各人的处理方式，所以，不要把你自己的处世态度强加给或许并非与你一样感情外露的朋友。

5. 不要使用怜悯的话语

人都是有自尊的，尤其是生病以后。自尊心的敏感度更是胜过以往。你若是怜悯他，他很可能认为你是在嘲笑他，越觉得自己的病非同一般。所以我们要使用相反的方法。当我们看望患者时，可以说："多幸运呀，我也想生点小病，好好地休息几天。"让患者不由自主地觉得偶尔生一点小病也是一种幸福了。

总之，探病是为了安慰患者，鼓励患者战胜困难，激发他们与病魔作斗争的勇气。因此，在与患者谈话时千万要做全盘细致周密的考虑，懂得什么样的话可说，什么样的话不可说。

·第十八章·

演讲技巧

形象技巧：把话说形象才更吸引人

语言离不开形象化。形象化，即运用形象性的语言。在说话时，要注意使用形象性的语言，在演讲中更要注意，因为形象性的语言听众更容易理解和接受。

要让听众"看见"你的话，还有一项极为重要的技巧，这就是景象描绘。景象描绘就是使用能造成图画般景象的字眼。让人感到轻松愉快的演讲者，都是能塑造景象于你眼前的高手。

卡耐基总结他的成功之道说："景象！景象！景象！它们如同呼吸空气一般，是免费的呀！把它们撒在演讲里，你就更能欢娱别人，也会更具影响力。"

一个知道怎么把话说到位的人，他会使他说的景象浮映在听众的眼前，而那些不会讲话的人，只是笨拙地使用平淡无味的语言，结果让听众昏昏欲睡。因此，你应该把景象用在你的演说中，这样，你就更能感染听众，让听众接受自己的观点了。

换句话说，我们应该多用具有视觉效果的语句。具有视觉效果的语句最能唤起人们脑海中的景象，甚至可以牵引出观众的想象，达到一种互动的作用。

法国哲学家艾兰说："抽象的风格总是差的，在你的句子里应该充满了石头、金属、椅子、桌子、动物、男人和女人。"

因此，我们平时要历练自己的语言，使它变得形象、生动，当需要登台演讲时，可以使你的观点被描述得更为具体、活泼。

演讲案例：波特《献给尤里塞斯·格兰特的颂词》

格兰特将军具有一位成功的军人所具有的一切品格，而且表现得异常出色。他一生的业绩表明他坚忍不拔，富有创建，足智多谋。他的成功主要是靠独创能力而不是靠适应能力。人们曾将他同几乎每一位历史上的伟大统帅作过比较，这也许恰好证明他有别于任何一人。无论处身于何种紧急情况，他都具有精神上和肉体上的勇气足以在激动中镇静，在艰苦中忍耐，胜不骄矜，败不气馁。他感情丰富，心地柔和，却从不令自己的感情影响军人应有的严明职责。他知道刀片不能劈石头，纸弹不能打仗，他明白最猛力的打击会带来最速效的结果。死于疾病蔓延的营房中的兵士多于死在枪炮下的人。

他对敌人宽大，对朋友慷慨。只要豪侠的品质受到尊崇，他便会一直为人传颂。你们知道，攻陷淮克斯堡后，他下令说："卫戍部队明日撤离本城，应指示所属部队在俘虏经过之时保持安静，严守纪律，切勿恶言相加。"李将军在阿波马托克投降后，我军鸣炮庆祝，格兰特将军立即下令制止说："战事已经结束；叛乱分子又已成为我们的同胞；庆祝胜利的最好方式是避免作出在战场上的一切行动。"同样，他从不写出陈词滥调，也不追求夸张的警句。当他说"让我们共同享有和平吧"时，他表达的是一颗诚实的心最真挚的信念。他从不厌烦或吝啬对有功下属的贡献作出赞扬。一如编织哥白林双面挂毯的首要艺匠，格兰特将军情愿自己隐在挂毯的后面，让毯面精美的图形为挂毯增添光彩。

如果英语的语言宝库里有一个单词可以描画出格兰特将军的性格特点，那么这个词就是"忠诚"。他忠于自己参与的一切伟大事业和工作，忠于朋友，忠于家庭，忠于他的国家，忠于上帝。他的忠诚令所有和他有接触的人不期然地作出回报。这就是他的兵士对他如此忠诚的主要原因之一。不错，他是这样地忠诚，以至于因此而犯错误，使他继续帮助那些已经不值得信任的人。但这种性格是如此高尚而光明磊落，我们也就不去计较它带来的不良后果了。这一点表明他是一个有勇气主持正义的人，有勇气站在值得尊敬的人一边，去反对毁谤他们的卑劣小人。在人心对公众生活起的作用如此微小的年代，他使仁爱的感情还能有些影响。许多公职人员有大批追随者，因为这些追随者能凭借公职人员手中的权力得到厚利；不少公职人员有一伙伙党羽，因为这些人盲从他所代表的事业；然而除了格兰特将军之外，也许没有人有如此众多的忠实朋友了。他们只是爱他的为人，他们对他的深情与时俱增，他们对他的热爱不会变化，他们像耐萨斯的袍服，永远贴附于他，不论他是军官，是将军，是总统或只是一个普通公民。

主题技巧：脱颖而出的主题受欢迎

大凡即兴演讲与说话，都有一个特定的主题范围，因为主题是演讲的灵魂。但主题的范围有大小，于是就有一个主题是否新颖的问题。只有脱颖而出的主题才能让人为之侧目。

有位演讲者参加了以"交通安全"为演讲主题范围的演讲比赛。他分析了这个主题之后，感觉到可能很大一部分选手会立足于"人们交通安全意识淡薄而产生的危害"这方面材料，展示在听众面前的可能是一幅幅骇人听闻、惨不忍睹的血腥事件。这样，十几名选手讲下去，听众会听得喘不过气来，时间长了，会产生一种倦怠的感觉。考虑之后，他想从新的角度去表达。于是他选准现代生活中很多人不理解交通警察，致使交警的工作举步维艰。如果全社会都来理解交警，支持交警的工作，交通事故将会减少。他斟酌再三，确立了以《奉献与理解》为主题，通过赞颂交警默默耕耘，为祖国、为人民无私奉献的精神，呼唤人们理解交通安全工作。他的演讲为比赛吹来一股清凉的风，赢得了听众的热烈掌声。

在演讲中，创新已经成为一种时尚的追求，创新主题的途径，无外乎三种：

1. 钩沉发挥法

即兴说话中用到的材料一般都是习以为常的事物，这一方法要求针对某一事物现象，发现人们向来并不注意的本质意义，从而确定更新颖主题。某些常见的事情，并不符合实际，但往往被当作正确的东西长期相传，浮在面前，人们也并不认真加以追究，而对那些事理的正确认识，却沉到了生活的最底层。如果把它们钩出来，确定为主题，自然能够突破习见或传统看法，使听众耳目一新。

2. 角度变换法

艺术摄影不仅可以从正面平视的角度拍摄，镜头可侧，可背，可仰，可俯；可以逆光，可以顺光。只有这样才能拍摄出不同特点的照片。从同一则材料中发现不同的主题，也需要这种艺术，这就是角度变换法。苏轼的"横看成岭侧成峰，远近高低各不同"这句诗，很形象地说明了这种方法的奇特作用。任何事物的内部结构都比较复杂，外部情况也是多种多样，因而同一事物除了具有正面基本意义之外，还具有许多旁引乃至反面性的意义。因此，在构思过程中就可以从多角度引出众多主题进行充分选择，避开俗题。

3. 知识杂交法

即把自己熟练掌握的不同学科中相对独立的知识或问题结合起来，使之构成一个新的研究题目进行研究，从而引出全新的观点的方法。这也是学术研究选题创新的重要方法之一。在即兴演讲当中，针对那些比较客观的材料和标题，构思时应将这些感情的东西渗入到个人的生活经历或经验以及自己的文化知识中，这样一来，你已赋予这个题材新的内涵。于是，这个主题便在无形中产生了新意。

最后，不要忘记给新选出的主题冠一个漂亮的、能准确概括它的名字，这就是题目。题目的拟定务必要做到简洁、新奇、意远，让听众一听便知，过目不忘。

演讲案例：海明威的《作家和战斗》

作家的任务是不会改变的。作家本身可以发生变化，但他的任务始终只有一个。那就是写得真实，并在理解真理何在的前提下把真理表现出来，并且使之作为他自身经验的一部分深入读者的意识。

没有比这更困难的事情了，正因如此，所以无论早晚，作家总会得到极大的奖赏。如果奖赏来得太快，这常常会毁掉一个作家。如果奖赏迟迟不至，这也常常会使作家愤懑。有时奖赏直到作家去世后才来，这时对作家来说，一切都已无所谓了。只因为创作真实、永恒的作品是这么困难，所以一个真正的优秀作家迟早都会得到承认。只有浪漫主义者才会认为世界上有所谓"无名大师"。

一个真正的作家在他可以忍受的任何一种现有统治形式下，几乎都能得到承认。只有一种政治制度不会产生优秀作家，这种制度就是法西斯主义。

因为法西斯主义就是强盗们所说出的谎言。一个不愿意撒谎的作家是不可能在这种制度下生活和工作的。

法西斯主义是谎言，因此它在文学上必然是不育的。就是到它灭亡时，除了血腥屠杀史，也不会有历史。而这部血腥屠杀史现在就已尽人皆知，并为我们中的一些人在最近几个月所亲眼看见。

一个作家如果知道发生战争的原因，以及战争是如何进行的，他对战争就会习惯。这是一个重要发现。一想到自己对战争已经习惯了，你简直会感到吃惊。当你每天都在前线，并且看到阵地战、运动战、冲锋和反攻，如果你知道人们为何而战，知道他们战得有理，无论我们有多少人为此牺牲和负伤，这一切就都有意义。当人们为把祖国从外国侵略者手中解放出来而战，当这些人是你的朋友，新朋友，老朋友而你知道他们如何受到进攻，如何一开始几乎是手无寸铁地起来斗争的，那么，当你看到他们的生活、斗争和死亡时，你就会开始懂得，有比战争更坏的东西。胆怯就更坏，背叛就更坏，自私自利就更坏。

在马德里，上个月我们这些战地记者一连19天目睹了大屠杀。那是德国炮兵干的，那是一场精心策划的屠杀。

我说过，对战争是会习惯的。如果对战争科学真正感兴趣（而这是一门伟大的科学），对人们在危急时刻如何表现的问题真正感兴趣，那么，这会使人专心致志，以至于考虑一下个人的命运就会像是一种卑鄙的自爱。但是，对屠杀是无法习惯的。而我们在马德里整整目睹了19天的大屠杀。

法西斯国家是相信总体战的。每当他们在战场上遭到一次打击，他们就将自己的失败发泄在和平居民身上。在这场战争中，从1937年11月中旬起，他们在西部公园受到打击，在帕尔多受到打击，在卡拉班切尔受到打击，在哈拉玛受到打击，在布里韦加城下和科尔瓦城下受到打击。每一次在战场遭到失败之后，他们都以屠杀和平居民来挽回不知由何说起的自己的荣誉。

我开始描述这一切，很可能只会引起你们的厌恶。我也许会唤起他们的仇恨。但是，我们现在需要的不是这个。我们需要的是充分理解法西斯主义的罪恶和如何同它进行斗争。我们应该知道，这些屠杀，只是一个强盗、一个危险的强盗——法西斯主义所做的一些姿态。要征服这个强盗，只能用一个方法，就是给它以迎头痛击。现在在西班牙，正给这个法西斯强盗以痛击，像130年以前在这个半岛上痛击拿破仑一样。法西斯国家知道这一点，并且决心蛮干到底。意大利知道，它的士兵们不愿意到国外去作战，他们尽管有精良的装备，却不能同西班牙人民军相比，更不能同国际纵队的战士们相比。

德国认识到，它不能指望意大利在任何一场进攻战中依赖这个盟国。不久前我读到，冯·布龙贝尔克参加了巴多略元帅为他举行的声势浩大的演习。但是，在远离任何敌人的威尼斯平原演习是一回事，在布里韦加和特里乌埃戈依之间的高原上，同第十一和十二国际纵队以及里斯特、康佩希诺和麦尔的西班牙精锐部队作战中遭到反攻并损失三个师，那就是另一回事了。轰炸阿尔美利亚和占领被出卖的不设防的马拉加是一回事，在科尔多瓦城下死7000人和在马德里的失败的进攻中死伤3万人则又完全是另一回事。

我开始时说过要写得好而真实是多么困难，说过能够达到这种技巧的人都一定会得到奖赏。但是，在战时（而我们现在正不由自主地处于战争时期），奖赏是要推迟到将来的。描写战争的真实是有很大危险的，而探索到真实也是有很大危险的。我不确切知道美国作家中有谁到西班牙寻求真实去了。我认识林肯营的很多战士。但是，他们不是作家。他们只会写信。很多英国作家、德国作家到西班牙去了，还有很多法国作家和荷兰作家。当一个人到前线来寻求真实时，他是可能不幸找到死亡的。如果去的是 12 个人，回来的只是两个人，但是，这两个人带回来的真实，却将是实实在在的真实，而不是被我们当作历史的走了样的传闻，为了找到这个真实，是否值得冒这么大的危险，这要由作家自己决定。当然，坐在学术讨论会上探讨理论问题要安全得多。

各种新的异端，各种新的教派，各种令人惊叹的域外学说，各种浪漫而高深的教师，对那些人来说，总是可以找到的——他们也似乎信仰某种事业，但却不想为这个事业的利益而奋斗，他们只想争论和坚持自己的阵地，这种阵地是巧妙地选择的，是可以平平安安占据的。这是由打字机支撑并由自来水笔加固的阵地。但是，对于任何一个希望研究战争的作家来说，现在正有，而且在相当长的时期内一直都会有可去的地方。

看来，我们还会经历很多不宣而战的年代。作家们可以用不同的方式参加这些战争。以后也许会有奖赏。但是，作家们不必为此而感到不好意思。因为奖赏很久都不会来的。对此也不必特别寄予希望，因为，也可能像拉尔夫·福克斯和其他一些作家那样，当领取奖赏的时间到来时，他们已经不在人间了。

叙事技巧：叙事型演讲的注意要点

一、叙事型演讲的基本要求

1. 心灵火花，迸发主题

在作叙事型演讲时，演讲主题来自于演讲者从自身经历的事情中精心选取的一个思想焦点。不管演讲者经历的长短，所遇人和事的多寡，命运的好坏，事业的成功或失败，只要他是一个思维健全的人，他都会有若干感受、感想。有的感想可能是褊狭的、一时的，因而没有多少价值；有些则可能是典型的、经久难忘的、终身受益的，因而是有价值的。这种有价值的感受就可以成为演讲者演讲的主题。但要注意的是，在准备演讲时，一定要对感想进行归纳和提炼，以便找到一个既反映了自己的实际经历，又闪耀着人生哲理的光辉的思想凝聚点。

这个凝聚点是演讲者心灵的依托、行动的指南、智慧的结晶、力量的源泉。演讲人只要把这一思想凝聚点提炼成富于哲理性和形象性的语言，就可以作为演讲的题目和主题。

2. 事因情起，理以事显

所谓"事因情起"，是指演讲者因情绪激荡，想起了他一生中对自己有深刻影响的某些事情。所谓"理以事显"，是指演讲者沿着人生的轨迹，讲述对自己有深刻影响的事情，层层递进，步步深入，使得演讲所要表达的道理在演讲者所述的事情中自然显现。演讲也就达到了目的。

3. 长藤结瓜，疏密有致

在演讲中，更应注意的是：演讲者要善于依据主题选择材料。通常应截取人生历程中一两件或两三件最典型、最有说服力、最生动的事例来演讲，切忌事无巨细。在对所选的两三件事的讲述中，也要详略得当。一般的过程，可以粗略地介绍，一笔带过；能说明人生哲理的细节，则应详细描绘，一定要写得具体生动。这种演讲过程很像一根长长的西瓜藤上结出两三个大西瓜。一般过程是藤，具体细节是瓜。人生经历自然是越丰富越好，越丰富越有选择余地。不过，丰富的经历并不一定能取得演讲的成功，常见有人唾沫飞溅，声嘶力竭，将自己从穿开裆裤一直讲到胡须白，而听众竟没有听明白他到底要谈什么。

虽然，该演讲者有好的思想，也有丰富的经历，但他没有选择材料的本领。他将夺目的鲜花，统统掩盖在数不清的绿叶、枝蔓和杂草丛中了，这就做了一件出力不讨好的事。善演讲者，精力主要不在"讲故事"而在"说思想"上，他所讲的故事，处处都在为说思想考虑。若一两个或两三个故事，都能说明思想，他就会果断地将其余的故事忍痛割爱，只字不提。

4. 波澜起伏，引人入胜

"文如见山不喜平"。叙事型演讲也不能太平铺直叙。演讲过程中，也要有变化、有波澜、有转折。波澜亦即悬念，它能引人入胜。没有悬念，不仅听众会打瞌睡，演讲者自己也会因为叙事的平淡无奇而提不起精神。

5. 夹叙夹议，凸现主题

叙述型演讲只叙不议不行，以夹叙夹议为宜。"议"一般夹在叙述过程之间。它一般起两个作用：第一，能够突出强调主题，起到画龙点睛的作用；第二，便于承上启下，使叙述转折自然。夹在叙事中的"议"，可长可短，完全根据演讲内容而定。第三，一句话在叙事过程中不断出现，很像一首乐曲的主旋律，给人带来一个鲜明生动的主题。第四，这句话多次重复出现，形成一种类似音乐上的那种"回环曲"式的美，产生"一吟三叹"的艺术效果。"议"在叙事型演讲中运用得好，可以使演讲增色不少。

6. 高度投入，如临其境

在叙事型演讲中，演讲者叙事时一定要投入，要逼真，要给人身临其境的感觉，千万不可蓄意矫饰。一虚假，演讲就毫无效果可言。

二、叙事型演讲的声腔处理

1. 前奏：舒展明净，从容不迫

从容不迫、舒展明净的语调有先声夺人的效果，使整个演讲如行云流水般潇洒流畅，同时应保持一定的神秘感，设置一点引人入胜的悬念，这样容易引发听众的好奇心，增加听众兴趣。

2. 主题：庄严凝重，铿锵有力

对主题段、主题句以及叙事中议论的演讲内容，语言要变得庄严、凝重而铿锵有力。这样讲诵，才能使整个演讲"纲举目张"，才能给听众留下难忘的印象。这类文字如果讲诵得随便、轻飘，甚至含糊不清，整篇演讲就垮了一半，无法收到预期的效果。

3. 尾声：精神百倍，气力十足

演讲结束段，要讲诵得格外精神。这时的三五句话，通常凝聚着全篇演讲的精华，内涵极其丰富，寓意特别深远。所以正式演讲前要反复尝试，用不同的情绪、语调、语气来试讲，直到找到一种能完全表达语句的丰富内涵和深长意味的读法为止。人们都说，演讲的出色结尾能绕梁三日，让人回味无穷。要达到这种效果，当然得认真思索。

演讲案例：李大钊《庶民的胜利》

我们这几天庆祝战胜，实在是热闹得很。可是战胜的，究竟是哪一个？

我们庆祝，究竟是为哪个庆祝？我老老实实讲一句话，这回战胜的，不是联合国的武力，是世界人类的新精神。不是哪一国的军阀或资本家的政府，是全世界的庶民。我们庆祝，不是为哪一国或哪一国的一部分人庆祝，是为全世界的庶民庆祝。不是为打败德国人庆祝，是为打败世界的军国主义庆祝。

这回大战，有两个结果：一个是政治的，一个是社会的。

政治的结果，是"大主义"失败，民主主义战胜。我们记得这回战争的起因，全在"大主义"的冲突。当时我们所听见的，有什么"大日耳曼主义"咧，"大斯拉夫主义"咧，"大塞尔维主义"咧，"大主义"咧。我们东方，也有"大业细亚主义""大日本主义"等等名词出现。我们中国也有"大北方主义""大西南主义"等等名词出现。"大北方主义""大西方主义"的范围以内，又都有"大主义"等等名词出现。这样推演下去，人之欲大，谁不如我？于是两大的中间有了冲突，于是一大与众小的中间有了冲突，所以境内境外战争迭起，连年不休。

"大主义"就是专制的隐语，就是仗着自己的强力蹂躏他人欺压他人的主义。有了这种主义，人类社会就不安宁了。大家为抵抗这种强暴势力的横行，乃靠着互助的精神，提倡一种平等自由的道理。这等道理，表现在政治上，叫作民主主义，恰恰与"大主义"相反。欧洲战争，也是"大主义"与民主主义的战争。我们国内的战争，也是"大主义"与民主主义的战争。结果都是民主主义战胜，"大主义"失败。民主主义战胜，就是庶民的胜利。社会的结果，是资本主义失败，劳工主义战胜。原来这回战争的真因，乃在资本主义的发展。国家的界线以内，不能涵容他的生产力，所以资本家的政府想靠着大战，把国家界限打破，拿自己的国家做中心，建一世界的大帝国，成一个经济组织，为自己国内资本家一阶级谋利益。俄、德等国的劳工社会，首先看破他们的野心，不惜在大战的时候，起了社会革命，防遏这资本家政府的战争。联合国的劳工社会，也都要求平和，渐有和他们的异国的同胞取同一行动的趋势。这亘古未有的大战，就是这样告终。这新纪元的世界改造。就是这样开始。

资本主义就是这样失败，劳工主义就是这样战胜。世间资本家占最少数，从事劳工的人占最多数。因为资本家的资产，不是靠着家族制度的继袭，就是靠着资本主义经济组织的垄断，才能据有。这劳工的能力，是人人都有的，劳工的事情，是人人都可以做的，所以劳工主义的战胜，也是庶民的胜利。

民主主义劳工主义既然占了胜利，今后世界的人人都成了庶民，也就都成了工人。我们对于这等世界的新潮流，应该有几个觉悟：第一，须知一个新生命的诞生，必经一番苦痛，必冒许多危险。有了母亲诞孕的劳苦痛楚，才能有儿子的生命。这新纪元的创造，也是一样的艰难。这等艰难，是进化途中所必须经过的，不要害怕，不要逃避的。第二，须知这种潮流，是只能迎，不可拒的。我们应该准备怎么能适应这个潮流，不可抵抗这个潮流。人类的历史，是共同心理表现的记录。一个人心的变动，是全世界人心变动的征兆。一个事件的发生，是世界风云发生的先兆。1789 年的法国革命，是 19 世纪中各国革命的先声。1917 年的俄国革命，是20世纪中世界革命的先声。第三，须知此次和平会议中，断不许持"大主义"的阴谋政治家在那里发言，断不许有带"大主义"臭味，或伏"大主义"根蒂的条件成立。即或有之，那种人的提议和那种条件，断归无效。这场会议，恐怕必须有主张公道破除国界的人士占列席的多数，才开得成。第四，须知今后的世界，变成劳工的世界。

我们应该用此潮流为使一切人变成工人的机会，不该用此潮流为使一切人人变成强盗的机会。凡是不做工吃干饭的人，都是强盗。强盗和强夺不正的资产，也是一种强盗，没有什么差异。我们中国人贪惰性成，不是强盗，便是乞丐，总是希图自己不做工，抢人家的饭吃，讨人家的饭吃。到了世界成一大工厂，有工大家做，有饭大家吃的时候，如何能有我们这样贪惰的民族立足之地呢？照此说来，我们要想在世界上当一个庶民，应该在世界上当一个工人。诸位呀！快去做工呵！

感染技巧：让你的听众身临其境

细微之处见精神。与主题有关的细节，如果能够描述得具体生动，会给人一种栩栩如生、身临其境的感觉，可以大大增强演讲的感染力。

一位参加过抗美援朝战争的志愿军战士，在某学校作以"教育下一代"为主题的演讲中，这样描述他的战友：

381号高地关系到整个战局的形势，夺下了就可以占据主动，痛歼敌人；夺不下，则有全军覆没的危险。因此，司令部下令要成立一支突击队进行首攻。

大家都积极报名，最后我们的团长担任这支突击队的队长。在发起攻击之前，团长亲自做了动员："同志们，你们是中国人民的骄傲。养兵千日，用兵一时，这次战役能不能成功，就看你们这百十号人了，别给咱中国人丢脸，是好汉还是孬种咱们战场上见。现在，我命令你们15分钟务必夺下381号高地。"

战斗打响了，团长端起冲锋枪，喊了声"跟我上"就一跃而起，冲在最前面，战士们也不甘示弱，呐喊着冲了上去。

敌人开始疯狂地扫射，炮弹和手榴弹不时在我们身边爆炸。战场上硝烟滚滚，喊杀声惊天动地，战士们机警地一边向上冲锋，一边寻找一切障碍物做掩护。但是，还是有人不幸中弹倒下了。

一位战友因躲避不及，被敌人密集的机枪火力击中腹部，顿时鲜血如注。他只是简单地包扎了一下，便又继续匍匐前进。可是，又有一颗炮弹在他身边爆炸。他被巨大的爆炸声震得昏了过去。

等他醒过来的时候，他发现自己的小腹已经被炸开，肠子一大半都裸露在外面。可是，我们英勇的战士，随手在身边抓了一个钢盔，用手抓起沾满泥土和鲜血的肠子塞进肚子里，用钢盔卡住，再用子弹袋扎紧，就又挣扎着向前爬去。一米，两米，三米……他实在没有力气了，便努力支撑着自己的身体，用尽最后一点力气端起冲锋枪，向着敌人的阵地扫射过去。在他牺牲前，他打完了枪里的 30 发子弹。

……………

这激动人心、细致入微的讲述，让在场的每一个人都情绪激动，有些人已经悄悄啜泣起来，整个会场庄严、肃静，人们都在回味着战场上生与死的考验，回味着我们的志愿军战士视死如归的英雄气概。

这就是恰当的细节描述所带来的震撼性效果。要想打动你的听众，就应该带他们进入你所描述的意境，让他们仿佛置身其中，仿佛亲眼所见、亲耳所闻，这样的演讲才是真正的演讲。

一天下午，轰隆隆，一发罪恶的炮弹拦腰削断了一棵碗口粗的大树。接着，轰隆隆……一连几发炮弹在战士们的周围爆炸。这时，受伤的战士继续匍匐向前，嗒嗒嗒……敌人的高射炮轰击着，战士们顺着山势往下滚，鲜血浸进了殷红的大地……

这段演讲词把绘声和描状结合起来，增强了演讲的视觉形象和听觉感受，逼真地烘托出战场的气氛，使听众宛如身临其境。

前苏联著名幼儿教育家波维卡娅也很喜欢在教学中使用摹状手法，充分调动动作、姿态去表演，运用口技去摹声，使课堂充满笑声。

摹状主要运用形容词后附加重叠音节的方法。如"绿油油""红彤彤"。

还有变迭法："滴滴答答""郁郁葱葱"。

还有直音法："黑咕隆咚""轰"的一声。

摹状的最大作用是诉诸人的感觉。如：

描写："哒哒哒地跑过跑道""风嗖嗖地吹着"。

拟态："波涛滚滚地涌来"。

拉拢技巧：要与听众形成精彩互动

可以设想一下，如果一个演讲者一个人在那儿唾沫飞溅地讲，没有与听众的情感交流，没有让听众参与进去，那么毫无疑问，他的演讲是失败的。

美国的喜剧教练约翰·坎图建议，通过唤起听众情感上的共鸣，让他们参与到演讲中来。"有一些特殊事件对人有很多特别意义——他们的中学时代，他们的第一辆车，他们的第一次约会。"他说，"设法将这些事件引入到你的演讲中去。"这和让听众回想与他们约会的第十个人一样简单。"任何听你讲话的听众都会不由自主地想到那个人。"约翰解释说，"他们会强烈地融入你的演讲。"

这里只有一件事需要注意——你必须澄清为什么你要让听众想这些情感上的东西。"它必须与你的讲话有关并且能够说明问题。"约翰说。幸运的是，这很容易做到。只要在你的演讲中找一些可以引起类似感觉的情况，然后将它与你要让听众想象的东西联系起来就行了。"想一下你的第一次约会，还记得你是多么兴奋、害怕，而又高兴吗？这就是我走进银行，申请贷款开公司时的感觉……"

约翰·坎图还建议，通过唤起听众所有感官的记忆，让他们参与进来。他特意描述了一个运用所有感官的情况。"你还记得高中时吗？所有人都在大厅里走来走去，所有人都围着你讲话，那个地方闻起来像公共厕所。""你不要过多地使用它。"他提醒说，"但是这可以帮助保持听众的参与。"

演讲中在适当的情境下进行提问可以缩短与听众的距离，满足听众的好奇心，创造宽松的气氛，利于演讲者处于主动。请看下段演讲：

"同胞们，敌人在践踏我们的领土，敌人在屠杀我们的乡亲，敌人在掠夺我们的财产，敌人在烧毁我们的房屋，敌人在蹂躏我们的姐妹，难道我们能容忍他们如此兽性大发、胡作非为吗？难道我们能让他们涂炭生灵、为非作歹吗？不能，绝对不能！怎么办？大家说怎么办？"强烈的情感鼓动点燃了听众对敌斗争的熊熊火炬，他们义愤填膺，异口同声："与他们拼了！"这样，听众与演讲者心相连，语相通，一致说："我们听你的。"

提问要适时而发，要在气氛很融洽的情况下进行，这样听众才能很好地同你配合。如当你讲到现实生活中机构臃肿、办事艰难，你的观点又引起了听众的共鸣时，你可这样发问："朋友，刚才我说到的这种'门难进，脸难看，事难办'的现象，您碰到过没有？"

提问要视事而发。在听众有一种强烈的探讨欲、表现欲时可进行提问。比如演讲中讲到"金钱"问题时，这个问题一般人对它很敏感。可以这样问："有人大声呼喊，'世上只有金钱好，没有金钱不得了'，在座的诸位，你们说对吗？"

提问是最易使演讲掀起高潮与最易走向低谷的手段，一定要把握分寸。

要问得简洁。提问次数不能太多，每次提问要简短，问题的答案要能让听众在很短的时间内答出来，甚至在潜意识驱使下就能作答。切忌内容晦涩难懂，用词佶屈聱牙。要问得真诚。除了在不得已的情况下，比如想通过提问来平息喧闹时，一般不要问得离奇、问得庸俗、问得莫名其妙，要示之以诚，发自真心。

让听众参与你的演讲，有一个简单的办法，给他们一个没有危险性的问题，让他们举手回答。这一动作不仅可以提高听众的精神状态，而且还能提高他们的接受能力。

演讲案例：比尔·盖茨哈佛演讲

有一句话我等了三十年，现在终于可以说了："老爸，我总是跟你说，我会回来拿到我的学位的！"

我要感谢哈佛大学在这个时候给我这个荣誉。明年，我就要换工作了……我终于可以在简历上写我有一个本科学位，这真是不错啊。

我为今天在座的各位同学感到高兴，你们拿到学位可比我简单多了。哈佛的校报称我是"哈佛大学历史上最成功的辍学生"，我想这大概使我有资格代表我这一类学生发言……在所有的失败者里，我做得最好。

但是，我还要提醒大家，我使得斯特夫·鲍尔莫也从哈佛商学院退学了。因此，我是个有着恶劣影响力的人，这就是为什么我被邀请来在你们的毕业典礼上演讲。如果我在你们入学欢迎仪式上演讲，那么能够坚持到今天在这里毕业的人也许会少得多吧。

对我来说，哈佛的求学经历是一段非凡的经历。校园生活很有趣，我常去旁听我没选修的课。哈佛的课外生活也很棒，我在英国的拉德克利夫过着逍遥自在的日子。每天我的寝室里总有很多人一直待到半夜，讨论着各种事情，因为每个人都知道我从不考虑第二天早起。这使得我变成了校园里那些不安分学生的头头，我们互相粘在一起，做出一种拒绝所有正常学生的姿态。

拉德克利夫是个过日子的好地方，那里的女生比男生多，而且大多数男生都是理工科的。这种状况为我创造了最好的机会，如果你们明白我的意思。可惜的是，我正是在这里学到了人生中悲伤的一课：机会大，并不等于你就会成功。

我在哈佛最难忘的回忆之一发生在1975年1月。那时，我从宿舍楼里给位于阿尔伯克基的一家公司打了一个电话，那家公司已经在着手制造世界上第一台个人电脑，我提出想向他们出售软件。

我很担心，他们会发觉我是一个住在宿舍的学生从而挂断电话，但是他们说："我们还没准备好，一个月后你再来找我们吧。"这是个好消息，因为那时软件还根本没有写出来呢。就是从那个时候起，我夜以继日地在这个小小的课外项目上工作，这导致了我学生生活的结束以及通往微软公司的不平凡旅程的开始。

不管怎样，我对哈佛的回忆主要都与充沛的精力和智力活动有关。哈佛的生活令人愉快，也令人感到有压力，有时甚至会感到泄气，但永远充满了挑战性。生活在哈佛是一种吸引人的特殊待遇……虽然我离开得比较早，但是我在这里的经历、在这里结识的朋友、在这里发展起来的一些想法永远地改变了我。

但是，如果现在严肃地回忆起来，我确实有一个真正的遗憾。

我离开哈佛的时候，根本没有意识到这个世界是多么的不平等。人类在健康、财富和机遇上的不平等大得可怕，它们使得无数的人们被迫生活在绝望之中。

我在哈佛学到了很多经济学和政治学的新思想，我也了解了很多科学上的新进展。

但是，人类最大的进步并不来自于这些发现，而是来自于那些有助于减少人类不平等的发现。不管通过何种手段——民主制度、健全的公共教育体系、高质量的医疗保健，或是广泛的经济机会——减少不平等始终是人类最大的成就。

我离开校园的时候，根本不知道在这个国家里有几百万的年轻人无法获得接受教育的机会。我也不知道发展中国家里有无数的人们生活在无法形容的贫穷和疾病之中。

我花了几十年才明白了这些事情。

在座的各位同学，你们是在与我不同的时代来到哈佛的。你们比以前的学生更多地了解世界是怎样的不平等。在你们的哈佛求学过程中，我希望你们已经思考过一个问题，那就是在这个新技术加速发展的时代，我们怎样最终应对这种不平等以及我们怎样来解决这个问题。

我的母亲在我被哈佛大学录取的那一天，曾经感到非常骄傲，她从没有停止督促我去为他人做更多的事情。在我结婚的前几天，她主持了一个新娘进我家的仪式。在这个仪式上，她高声朗读了一封关于婚姻的信，这是她写给梅琳达的。

那时，我的母亲已经因为癌症病入膏肓，但她还是认为这是又一次传播她的信念的机会。在那封信的结尾，她写道："对于那些接受了许多帮助的人们，他们还在期待更多的帮助。"

想一想吧，我们在这个院子里的这些人被给予过什么——天赋、特权、机遇——那么可以这样说，全世界的人们几乎有无限的权力期待我们做出贡献。

同这个时代的期望一样，我也要向今天各位毕业的同学提出一个忠告：你们要选择一个问题，一个复杂的问题，一个有关于人类深刻的不平等的问题，然后你们要变成这个问题的专家。如果你们能够使得这个问题成为你们职业的核心，那么你们就会非常杰出。但是，你们不必一定要去做那些大事。每个星期只用几个小时，你就可以通过互联网得到信息，找到志同道合的朋友，发现困难所在，找到解决它们的途径。

不要让这个世界的复杂性阻碍你前进，要成为一个行动主义者，将解决人类的不平等视为己任，它将成为你生命中最重要的经历之一。

在座的各位毕业的同学，你们所处的时代是一个神奇的时代。当你们离开哈佛的时候，你们拥有的技术，是我们那一届学生所没有的。你们已经了解到了世界上的不平等，我们那时还不知道这些。有了这样的了解之后，要是你们再弃那些你们可以帮助的人们于不顾，就将受到良心的谴责，只需一点小小的努力，你们就可以改变那些人们的生活。你们比我们拥有更大的能力，你们必须尽早开始，尽可能长时期坚持下去。

知道了你们所知道的一切，你们怎么可能不采取行动呢？

我希望，三十年后你们还会再回到哈佛，想起你们用自己的天赋和能力所做出的一切。我希望在那个时候你们用来评价自己的标准不仅仅是你们的专业成就，更包括你们为改变这个世界深刻的不平等所做出的努力以及你们如何善待那些远隔千山万水、与你们毫不涉及的人们，你们与他们唯一的共同点就是同为人类。

最后，祝各位同学好运。

内容技巧：谨记演讲时的十大禁忌

演讲者的对象是听众，听众的情绪直接影响到演说的效果。演说是一门艺术，要想提高演讲水平，不仅要了解该怎么做，还要从另一面，了解需要注意和避免的一些问题，比如：

1.声音和速度

演说时最忌声音太小，使部分听众听不见演说者的声音，势必影响听众的注意力，甚至会引起听众不满，而交头接耳，窃窃私语。演说者的声音一定要洪亮、有力，甚至大到足以压倒分散注意力的嘈杂声。人的听话速度大大超过说话的速度。听众在听演说时，注意力随时可能分散。这是因为听众在听讲时有多余的时间去想与演说无关的事，因此，在演说时，必须牢牢地保持说话的速度和节奏，这样才能吸引住听众的注意力。

2.时间和内容

演说者要考虑到听众注意力的持久性。研究表明，演说开始20分钟之后，一般人的注意力开始下降，一个小时以后注意力急剧下降。因此，在准备演说时，要尽量把自己的演说压缩到最短时间，在听众开始听讲时注意力非常集中的时间里，把自己所要讲的话都讲完，以取得演说的最大效果。还要看到，听众只对自己能够理解的内容感兴趣，如果演说者使用的语言超过了听众的水平，听众就难以接受。他们可能采取两种办法：猜测意思或干脆不听。反之，如果演说者使用的语言大大低于听众的水平，即低估了听众的理解力而使用幼稚的语言，听众就会对演说持强烈的否定态度。因此，要注意通过对措辞和语言灵活、准确的运用来吸引听众的注意力。

3.多余的客套话

演说者说些毫无意义的客套话，不仅浪费时间，而且影响演说气势。对比那些气势博大、节奏感强、咄咄逼人的演说，听众再听到那"哼，讲得不好，啊，请大家多包涵"之类陈腐的客套话，那该是多煞风景啊！难怪听众反感，甚至会导致走动声、口哨声，没有掌声了。所以，演说中必须消除、克服客套话。演说者要自觉做到充分考虑听众对象，杜绝说那些无用的客套话。关键是演说者要提高水平，不必开口"水平不高"，闭口"研究不够"，"高不高"、"够不够"，要靠演说本身，听众自有评价，倘若真的讲不好，听众见你有诚意，也会原谅你。

4.忌豪言空谈

空谈是言之无物，空空洞洞之谓也。那些不结合当时、当地的历史现状和实际的情况太多了。有的单位一年一度的总结会议，会议的开幕词用的陈年的讲话稿，只把第一届改成第二届，第三次改成第四次，内容照旧，年年如此，这就是空对空的典型例子。

5. 忌杂乱无章

有人讲话材料过于庞杂，讲起来又杂乱无章，像开无轨电车，开到哪里，算到哪里，叫人摸不着头绪。还有的不合逻辑，妄加论断；或者不顾事实，主观臆断。上得台来，不问青红皂白，哇啦哇啦一通，这也是某些官僚主义者的病症。

6. 忌冷漠乏味

有的人讲话时毫无表情，呆若木鸡，甚至肌肉绷紧，脸色铁青。缺乏说话情趣，语调淡，没有抑扬顿挫、真情实感，讲话乏味，叫人怎不瞌睡？！

7. 忌艰涩冗长

有人讲话用的是书面语言，使人感到艰涩难懂。毛泽东曾批评这种现象说过，"一个演说，颠来倒去，总是那几个名词，一套'学生腔'，没有一点生动活泼的语言，这岂不是语言无味，面目可憎，像个瘪三吗？"因此，要尽量避免使用书面用语，更不要"文夹白"，要用口语，善于用简单明了、听众易懂的语言讲话，坚决抛弃晦涩难懂的术语和外来的字眼。文章贵短，讲千方百计也应该长话短说。

8. 忌失言失态

有的人演说时会有口头禅，诸如"啊""是吧""怎么样"，等等。讲话要讲效用，口头禅成堆，"啊啊"连篇，让人听了也为他感到难受，只能起消极作用。有的人讲话不了解听众的职务、水平，不注意会议的环境和背景，甚至不顾及本人的身份和在会议上的地位，这就难免在内容、措辞、语气口吻等方面不妥善、不贴切、不礼貌、不恰当，更要加以注意。

9. 忌故弄玄虚

托尔斯泰说："真正的艺术永远是十分朴素的、明白如画的、几乎可以用手触摸到似的。"演说语言要力求通俗化、口语化，如不考虑听者的接受能力，用那种文绉绉、酸溜溜的语言就既不亲切，又艰涩难懂，往往事与愿违，弄得不好，还会闹出笑话。

10. 忌方言俚语

演说按照内容的需要，针对不同的对象，应使用不同的语言形式。但要注意，由于我国面积广大，方言众多，欲使演说通俗易懂，明白晓畅，交流顺当，还有个改变家乡音、推广普通话的问题，否则就会出现语言障碍。因为一个国家语言标准化、规范化的程度，往往反映这个国家的文明程度。

演讲案例：小儿满月酒答谢词

大家好!

今天是 2010 年 4 月 5 日,恰逢鄙人的儿子满月之际,承蒙各位前来祝贺,首先请允许我代表我和妻子向各位的到来表示热烈的欢迎和衷心的感谢!

初为人父,心情是激动的、快乐的、满足的,我想每个初为人父的朋友都是一样的感受,但是,父母对孩子的心愿只有一个,就是望子成龙。为此夙愿,我们为孩子精心起了一个吉祥的名字:刘宇轩,我希望我的儿子能像宇宙一样的博大与包容,轩是轩昂的轩,就是希望他能以一种饱满的精神和不凡的气度去迎接未来的世界。

下面请各位亲朋好友和我互动一下:请大家闭上眼睛用心去为我家的儿子祈祷一分钟,恳请上帝祝福:长命百岁,快乐聪明,博学多才,早日成龙,也祈求上帝赐福今天所有莅临酒会的亲朋好友,赐给大家一个健康的身体、和睦的家庭和理想的事业。谢谢大家,请大家睁开眼。

由于大家的工作都比较繁忙,本次的满月酒答谢宴也没有太大的范围、太大规模的开展,只是将比较直系的亲戚和最要好的一些朋友约来共同庆祝,凡现在坐在这里的人都是我们刘氏和董氏家族最亲近的人,所以希望大家不要拘束,放开酒量,放开肚量,吃喝无量!谢谢大家。

结尾技巧:怎样结尾让人回味无穷

演讲要获得全面成功,一定要精心设计好结尾。也就是俗话所说的:"编筐编篓,全在收口。"如果说好的演讲开头犹如凤头,那么好的演讲结尾就像豹尾。豹尾者,色彩斑斓而又强劲有力。结尾是对整个演讲的总结,它承担着收拢全篇的任务,因此,其意义非常重要。演讲的结尾既有文采又坚定有力,既概括全篇又耐人寻味,才能使全篇演讲得以升华,收到良好的效果。

例如,林肯赞美尼亚加拉瀑布的演说,就是如此。请看他怎样把哥伦布、耶稣、摩西、亚当等人的时代和尼亚加拉瀑布相比,一句比一句有力而达到高潮的。

这使我们回忆过去。当哥伦布首次发现这个大陆,当基督在十字架上受苦,当摩西领导以色列人通过红海,甚至当亚当首次自其造物者手中诞生时,那时候和现在一样,尼亚加拉瀑布早已在此地怒吼。已经绝种但其骨头塞满印第安土墩的巨人族,当年也曾以他们的眼睛凝视着尼亚加拉瀑布,正如我们今天一般。尼亚加拉瀑布与人类的远祖同期,但比第一位人类更久远。今天它仍和一万年以前一样声势浩大。早已死亡，而只有从骨头碎片才能证明它们曾经生存在这个世界上的史无前例的巨象，也曾经看过尼亚加拉瀑布。在这段漫长无比的时间里，这个瀑布从未静止过一分钟，从未干涸，从未结冻，从未合眼，从未休息。

这个结尾给人的感觉是一浪高过一浪，使人心里难以平静，思维由演说者牵着往前走。

对讲演结尾的要求大致可以归纳成以下三点：

1. 加深印象，结束全篇

当演讲基本完成，听众对你的观点、态度以及讲述的有关知识基本上已经掌握时，就必须考虑收口了。收口将从视觉上、听觉上给听众留下最后印象，将在听众的大脑屏幕上定格。收口的好坏直接决定了听众对整个演讲的印象。精彩的结尾往往能弥补一些不足，强化听众的总体印象。只要我们留意一下，便会发现古今中外的演讲家对结尾都是很重视的。

2. 言简意赅，耐人寻味

演讲结尾切忌重复、松散、拖沓、枯燥，尽量避免那种人云亦云的客套式的结束语。结尾言简意赅应该是演讲者追求的目标。

华东师范大学的一位同学作了题为《时代的启示》的演讲，他的结尾是这样的："我们民族振兴之先驱，将以十倍的创新、百倍的努力迎接时代的考验！伟大的歌德曾这样欢呼新时代的到来：'宽恕我吧！渗透着时代精神，这是莫大的乐趣！'看呀，从前的智者是怎样思考的，而我们最后却远远超过他们。"

结尾犹如撞钟，余音缭绕，耐人寻味，令人感奋向前。

3. 戛然而止，余音绕梁

结束语是演讲的重要组成部分，精妙的结束语能使演讲收到意想不到的效果。通常情况下，结尾不应冗长拖沓，更不能画蛇添足，而要在达到高潮时戛然而止，给听众以余音绕梁、回味无穷的感觉。结尾时要尽可能达到与听众感情上的交融，引起听众的共鸣。在把握好分寸的前提下，满腔热情地提出希望、要求和建议。

在一次演讲中，老舍先生开头说："我今天给大家谈六个问题。"接着第一、第二、第三、第四、第五，井井有条地谈着。这时，他发现离散会的时间不多了，于是他提高嗓门："第六，散会。"

听众先是一愣，接着就欢快地鼓起了掌，大家都十分敬佩老舍先生的幽默。

老舍先生知道已到散会的时间，没有再按事先准备的去讲，而是选择时机戛然而止，既幽默又利索。

美国《星期六晚报》的主编说过："我把文章刊登在最受欢迎的地方，就结束了，而在演说上，当听众达到最愉快的顶点，你就应该设法早些结束了！"

当演讲因种种原因需要中止时，你仍然滔滔不绝讲个不停，必然引起听众的反感。因此，演讲者一定要学会适可而止。

演讲案例：美国总统克林顿在白宫发表离职演说

女士们、先生们，今晚是我最后一次作为你们的总统，在白宫椭圆形办公室向你们做最后一次演讲。

我从心底深处感谢你们给了我两次机会和荣誉，为你们服务，为你们工作，和你们一起为我们的国家进入 21 世纪做准备。这里，我要感谢戈尔副总统，我的内阁部长们以及所有伴我度过过去 8 年的同事们。现在是一个极具变革的年代，你们为迎接新的挑战已经做好了准备。是你们使我们的社会更加强大，我们的家庭更加健康和安全，我们的人民更加富裕。

我们已经进入了全球信息化时代，这是美国复兴的伟大时代。

作为总统，我所做的一切——每一个决定，每一个行政命令，提议和签署的每一项法令，都是在努力为美国人民提供工具和创造条件，来实现美国的梦想，建设美国的未来——一个美好的社会，繁荣的经济，清洁的环境，进而实现一个更自由、更安全、更繁荣的世界。

借助我们永恒的价值，我驾驭了我的航程。机会属于每一个美国公民；（我的）责任来自全体美国人民；所有美国人民组成了一个大家庭。我一直在努力为美国创造一个新型的政府：更小、更现代化、更有效率、面对新时代的挑战充满创意和思想、永远把人民的利益放在第一位、永远面向未来。

我们在一起使美国变得更加美好。我们的经济正在破着一个又一个纪录，向前发展。我们已创造了 2200 万个新的工作岗位，我们的失业率是 30 年来最低的，老百姓的购房率达到一个空前的高度，我们经济繁荣的持续时间是历史上最长的。

我们的家庭、我们的社会变得更加强大。3500 万美国人曾经享受联邦休假，800 万人重新获得社会保障，犯罪率是 25 年来最低的，1000 多万美国人享受更多的入学贷款，更多的人接受大学教育。我们的学校也在改善。更高的办学水平、更大的责任感和更多的投资使得我们的学生取得更高的考试分数和毕业成绩。

目前，已有 300 多万美国儿童在享受着医疗保险，700 多万美国人已经脱离了贫困线。全国人民的收入在大幅度提高。我们的空气和水资源更加洁净，食品和饮用水更加安全。我们珍贵的土地资源也得到了近百年来前所未有的保护。

美国已经成为地球上每个角落促进和平和繁荣的积极力量。

我非常高兴能于此时将领导权交给新任总统，强大的美国正面临未来的挑战。

今晚，我希望大家能从以下 3 点审视我们的未来：

第一，美国必须保持它的良好财政状况。通过过去 4 个财政年度的努力，我们已经把破纪录的财政赤字变为破纪录的盈余。并且，我们已经偿还了 6000 亿美元的国债，我们正向 10 年内彻底偿还国家债务的目标迈进，这将是 1835 年以来的第一次。

只要这样做，就会带来更低的利率、更大的经济繁荣，从而能够迎接将来更大的挑战。如果我们做出明智的选择，我们就能偿还债务，解决（二战后出生的）一大批人们的退休问题，对未来进行更多的投资，并减轻税收。

第二，世界各国的联系日益紧密。为了美国的安全与繁荣，我们应继续融入世界。在这个特别的历史时刻，更多的美国人民享有前所未有的自由。我们的盟国更加强大。全世界人民期望美国成为和平与繁荣、自由与安全的力量。全球经济给予美国民众以及全世界人民更多的机会去工作、生活，更体面地养活家庭。

但是，这种世界融合的趋势一方面为我们创造了良好的机会，但同时使得我们在全球范围内更容易遭到破坏性力量、恐怖主义、有组织的犯罪、贩毒活动，致命性武器和疾病传播的威胁。

尽管世界贸易不断扩大，但它没能缩小处于全球经济繁荣中的我们同数十亿处于死亡边缘的人们之间的距离。

要解决世界贫富两极分化需要的不是同情和怜悯，而是实际行动。贫穷有可能被我们的漠不关心激化而成为火药桶。

托马斯·杰斐逊在他的就职演说中告诫我们结盟的危害。但是，在我们这个时代，美国不能，也不可能使自己脱离这个世界。如果我们想把我们共有的价值观赋予这个世界，我们必须共同承担起这个责任。

…… ……

第三，我们必须牢记如果我们不团结一致，美国就不能领先世界。随着我们变得越来越多样化，我们必须更加努力地团结在共同价值观和共同人性的旗帜下。

我们要加倍努力地工作，克服生活中存在的种种分歧。于情于法，我们都要让我们的人民受到公正的待遇，不论他是哪一个民族、信仰何种宗教、什么性别或性倾向，或者何时来到这个国家。我们时时刻刻都要为了实现先辈们建立高度团结的美利坚合众国的梦想而奋斗。

希拉里、切尔西和我同美国人民一起，向即将就任的布什总统、他的家人及美国新政府致以衷心的祝福，希望新政府能够勇敢面对挑战，并高扛自由大旗在新世纪阔步前进。

对我来说，当我离开总统宝座时，我充满更多的理想，比初进白宫时更加充满希望，并且坚信美国的好日子还在后面。

我的总统任期就要结束了，但是我希望我为美国人民服务的日子永远不会结束。在我未来的岁月里，我再也不会担任一个能比美利坚合众国总统更高的职位、签订一个比美利坚合众国总统所能签署的更为神圣的契约了。当然，没有任何一个头衔能让我比作为一个美国公民更为自豪的了。

谢谢你们！

情绪技巧：如何掌控听众们的情绪

演讲中，由于演讲者自身的关系，以及外部因素的影响，听众对演讲的关注度会随着情绪的下降而产生转移，从而直接影响演讲的进行。这个时候，演讲者的信心也会受到严重的打击。那么如何有效把控听众的情绪，让他们始终关注演讲呢？

1. 满足求知欲

陌生的知识领域或神秘不可及的事物总是能引起人们的求知欲，使人们兴起探索的欲望，对于不知道的东西，想要弄清楚其工作原理，这是人类的本能，针对这种奇闻轶事展开话题可以大大地吸引听众的注意力。

2. 刺激好奇心

好奇心是人类的天性。演讲者可以利用每个人都有好奇心通过各类趣闻、名人轶事、突发事件、科学幻想、传奇经历等内容，来激发听众的好奇心。

3. 利益相关切

在很多单位都会有这样一种现象，公司的一些大的发展方向或者整体规划往往不能得到每个员工的重视。相反的，每个小的细节例如年终奖金的评定方法、午餐的标准等，这样的事情反而能赢得大部分人的关注，这是因为群众最关心的无非就是涉及自己切身利益的事情。所以，纵观各种说话内容，一旦关系到吃、穿、住、行、生活琐事的都会非常受欢迎。所以高明的说话者常常能将要说的问题和人们生活中的实际利益集合到一起，例如在讲解全球变暖，号召大家爱护环境时，可以不用空洞的说明，而是根据现实生活中的实际情况来说明：夏天气温越来越闷热等。

4. 信仰的话题

在物质生活越来越丰富的今天，人们对于理想和信仰的追求也越来明确，没有探索、没有理想的人几乎是没有的。古今中外，人们都在为信仰和理想而不停地奋斗着。

因此，有关这方面的话题能够被大多数的群众所接受，尤其是青年听众，他们正是人生观、价值观形成的时期，关于信仰和理想的演讲对于他们正是良好的启迪。同时也要注意演讲的内容必须要有针对性、现实性，符合现实生活，符合时代的需求，只有这样才能达到励志的目的。

5. 娱乐性话题

现代人的生活节奏越来越快，工作生活的压力也越来越大，这样的生活使得人们的生活也越来越苦闷，为了缓解人们的压力。娱乐性的演讲正好可以实现这个目的。一般娱乐性的演讲大都是选择一些社会上热议的话题，通过演讲者在演讲中穿插些幽默、笑话或娱乐性故事，就能在短时间内提起听众的兴趣，礼仪场合或者社交场合大都喜欢用这种话题来缓解或者活跃气氛。

🎙

口才加油站

俞敏洪《不要用你的现状去判断你的未来》（摘选）

其实人活着就挺好，至于生命有没有意义另当别论。活着每天都会有太阳升起来，每天都会看到太阳落下去。你就可以看到朝霞，看到晚霞，看到月亮升起和落下，看到满天的繁星，这就是活着的最美好的意义所在。

没想到同济大学的同学们把我如此"高大"的形象放在大屏幕上，这就是理想与现实的差距。所以我相信同学们看到我的第一眼一定感到非常的失望。实际上，每一个人都是非常普通的，我们很多时候会发现生命中非常重要的东西跟我们未来的幸福和成功其实没有太多的联系。比如，有人认为，相貌跟未来的成功会有很多的联系；有人认为，自己的家庭背景会跟成功有必然的联；有人认为，上名牌大学的人会成功、在大学里成绩好的人比学习成绩差的人更加容易取得成功……所有这些因素可能有部分是对的，但大部分基本无效，比如说相貌。

如果说一个人的相貌和成功有关，那就不会有马云和阿里巴巴，因为如果在座的同学认为马云长得好看，那一定是审美出了问题。

有的时候你会心存不满，但这个世界本来就充满着不公平，而很多不公平常常就在你的眼前闪现。你会说，这个世界怎么会对我这样，为什么他什么都有，而我什么都没有？我在大学里也有过这种很正常的心理。比如，我的同学中有部长的儿子、有大学教授的女儿，而我却是一个农民的儿子。3次高考后才走进了北京大学，穿着布衣挑着扁担走进去的。你会发现你总赶不上他们的状态，倒不如说赶不上他们的脚步。你会发现即使他们停下来一辈子什么都不做，他们所拥有的东西都比你多。

比如，在大学一年级的时候，班上那个部长的孩子每周五都有开着奔驰280的司机把他接回去。你想我们那个时候连自行车都买不起，他居然坐着奔驰280，那是一种什么样的感觉。你感到这辈子基本就完蛋了。但是同学们你们要记住一个真理，生命总是往前走的，我们要走一辈子。我们既不是只走过大学四年，或研究生，我们要走一辈子。可能走到80、90岁，虽然走到80、90岁时，人生到底怎么样你是不知道的，你唯一能做的就是要坚持走下去。所以我非常骄傲地从一个农民的儿子走到北大最后又走到了今天。我的心态很平衡，但其实我走了很远。当然，有的同学会说，你进了北大就已经很成功了。确实，北大增加了我很多成功的因素。比如，因为北大读书气氛很浓厚，所以我读了很多的书，思维变得很敏锐。

一次有个大学生告诉我，"俞老师我要创业，不上大学了"。我说为什么，他说要向比尔·盖茨学习。我说世界上有几个比尔·盖茨，不就一个嘛，他说没关系，他可以成为第二个。我说，那你为什么不上大学呢？他说，"我考试不及格，上不下去了"。这还是没法跟比尔·盖茨比的，人家是觉得自己的知识已经远远超过了老师，觉得上大学已经是时间的浪费，要把自己的创造力及时地发挥出来，所以钻到自己的汽车库里研究微软去了。这是两种完全不一样的概念。

我们的人生必须像连绵不绝的山脉一样，像青藏高原一样的度过。总是有无数的险峰在眼前需要我们征服，而一旦我们登上险峰后，生命中无限的风光就会展现出来，整个世界都尽收眼底。当然，攀登并不是一件容易的事情，你必须付出很多代价，但这些代价都是值得的。你爬到一座山头，如果要去另外一个山头，必须从底下开始重新攀爬，因为没有任何两个山头是连在一起的。

我 10 年前就碰到一个特别令人感动的故事：有一个大学生来找我，因为非常贫困，但想出国，想上新东方的 GRE（美国等国家研究生入学资格考试，英语 Graduate Record Examination 的缩写）和托福班。他跟我说他很想上新东方的课，但没钱，能不能暑假在新东方兼职做教室管理员，并且安排他到托福和 GRE 的班，查完学生的听课证扫完地后就在后面听课，我说当然可以。没想到这个学生又提了个要求，如果两个月的兼职真的做得很好的话，能否给他 500 元工资让他买个录音机，我说没有问题。结果那孩子做了两个月，所有接触过他的人都说这孩子刻苦认真，所以到了两个月后，我给他一千块钱的工资让他买录音机。他买好后，边听着录音机边流着泪。我知道他被自己的行为感动了，以后肯定有大出息，果不其然，几年后他被耶鲁大学以全额奖学金录取了，现在还在美国工作，年薪 13 万 5 千美元。所以说只有被自己感动的生命才会精彩。

有一次，一个朋友问我马和骆驼一辈子谁走得远？我觉得一定是马，他说您错了，骆驼走的路要远远比马多，因为马跑一会儿就会停下来，而骆驼一旦开始走，如果不让它停，它是不会停的。所以，一个聪明的人一辈子所创造的成就不一定比一个笨的人所创造的多，因为笨的人每天都在创造，而聪明的人可能创造一段时间会停下，即便是爱迪生这种超级天才，小时候也被认为是个白痴。爱因斯坦 9 岁才会说话，还好他有个好妈妈一直认为他是个天才，才使他成为一个伟大的科学家。所以当我的儿子到 4 岁时还不会说话，我老婆着急地带他到处求医时，我说，别看，4 岁不会说话很正常的。我老婆说，为什么正常，我说，不会说话是语言功能发育不完全，不代表头脑就不发达。所以永远不要用你的现状去判断你的未来，只要你坚持就一定能获得你所意想不到的东西。

还是我的老话：把生命活得精彩一点。我的比喻就是大树与小草的比喻，还有另外一个比喻：人的生活就像溪流一样，总有一个梦想——流进大海。有的人这一辈子没有流向大海，这条河就是不完整的。长江流向大海，黄河流向大海，但长江、黄河以自己不同的方式流向大海。长江开山劈石穿过大山流向大海，黄河没有开山劈石，结果绕过九曲十八弯。但是不管怎么样，生命再弯最后目标不变。我们唯一要记住的就是要像黄河、长江一样不断地向前流，但是不能变成黄河、长江里面的泥沙，最后自己沉淀下去，把生命给沉淀没了。总而言之，生命的精彩只靠自己不靠别人。从来没有什么救世主，想要活得精彩、幸福，只能靠我们身边的每一个朋友的共同努力！

· 第十九章 ·

初次见面

与初识的人寻找同话题

所谓"酒逢知己千杯少"，两个意气相投的人在一起总觉得有说不完的话。因此，我们在和陌生人交往时，不妨多多寻求彼此在兴趣、性格、阅历等方面的共同之处，使双方在越谈越投机的过程中获得更多关于对方的信息，迅速拉近距离，增进感情。

美国耶鲁大学的一位教授在他的散文《人类的天性》当中写道：

在我 8 岁的时候，有一次到莉比姑妈家度周末。傍晚时分，有个中年人慕名来访，但姑妈好像对他很冷淡。他跟姑妈寒暄过一阵之后，便把注意力转向我。那时，我正在玩模型船，而且玩得很专注。他看出我对船只很感兴趣，便滔滔不绝讲了许多有关船只的事，而且讲得十分生动有趣。等他离开之后，我仍意犹未尽，一直向姑妈提起他。姑妈告诉我，他是一位律师，根本不可能对船只感兴趣。"但是，他为什么一直跟我谈船只的事呢？"我问道。

"因为他是个有风度的绅士。他看你对船只感兴趣，为了让你高兴并赢取你的好感，他当然要这么说了。"

谈论别人感兴趣的话题能够很容易拉近人与人之间的距离。

谈论别人感兴趣的话题，对双方都有好处。不仅可以使人对你产生兴趣，钦佩你，而且可以使自己更关心别人，关心他人对自己的要求。对于这一点，下面的例子可以作证。

小何是一位铁杆球迷，有一次在去广州的火车上，她的同座是位辽宁口音很浓的小伙子，闲来无事，小何和他侃起来。她得知他是辽宁人时故作惊讶，然后顺口赞美辽宁人的豪爽、够朋友，说她自己有好几位辽宁籍朋友，人特爽快。小伙子自然高兴，自报家门，说他叫李庆，是大连人，并说辽宁人是很讲朋友义气的，粗犷、豪放。而小何话锋一转，说辽宁人也很团结，特别是大连足球队，虽然每位队员都不是非常出色，但他们团结一致，奋力拼搏，经常取得好的成绩。恰巧李庆是位球迷，两人直侃得天昏地暗，下车后互留了通讯地址。在李庆的介绍下，小何认识了很多球迷，其中有一位就是她这次准备争取的客户。于是小何轻松地完成了这次推销任务，也为公司赢得了一家大的客户，更值得高兴的是结交了许多朋友。

在与李庆交谈时，小何先是从"辽宁人"这个话题入手，然后转到"足球"这个两人都感兴趣的话题上，与对方越谈越投缘。经过一番"神侃"之后，两人很快加深了了解，成为好朋友，这层关系对小何完成任务提供了很大帮助。

两个人刚见面认识时，不知道对方的性格、爱好、品性如何，往往会陷入难熬的沉默与尴尬之中。这时我们应当主动地在语言上与对方磨合，等找到了对方的兴趣所在，就可以以此作为共同的话题，很快地拉近距离。

与初识的人一见如故

在我们的一生中，经常可以遇到这种情况：必须和一群不认识的人打交道。打破与他们之间的界限，消除无形的隔膜，顺利地把自己的意见和思想传达、灌输给他们，使他们能欣然接受，并赞成拥护，甚至把他们变成自己的朋友，绝对需要不凡的智慧。

一见如故，相见恨晚，历来被视为人生一大快事。当今世界人际交往极其频繁，参观访问、调查考察、观光旅游、应酬赴宴、交涉洽商……善于跟素昧平生者打交道，掌握"一见如故"的诀窍，不仅是一件快乐的事，而且对工作和学习大有裨益。那么，如何才能做到一见如故呢？

美国是一个多族裔的移民国家，相互之间的交流极为重要。同时，美国的议会代议和全民选举体制，更要求人们能和不认识的人一见如故，推销自己的观点和想法。

威尔逊刚当选新泽西州州长后不久，有一次赴宴，主人介绍说他是"美国未来的大总统"，这本来是对他的一种恭维，而威尔逊又是怎样回应的呢？

首先威尔逊讲了几句开场白，之后接着说："我转述一则别人讲给我听的故事，我就像这故事中的人物。在加拿大有一群钓鱼的人，其中有位名叫约翰逊，他大胆地试饮某种烈酒，并且喝了很多。结果他们乘火车时，这位醉汉没乘往北的火车，而错搭往南的火车了。其他人发现后，急忙打电报给南开的列车长：'请把那叫作约翰逊的矮人送到往北开的火车上，他喝醉了。'约翰逊既不知道自己的姓名也不知道目的地是哪儿。我现在只确实知道自己的姓名，可是不能如你们所说的一样，确实知道自己的目的地是哪儿。"听众哈哈大笑。威尔逊接着又讲了一个滑稽的故事，使听众们心情非常愉快。从此，威尔逊的名声大振。

富兰克林·罗斯福刚从非洲回到美国，准备参加 1912 年的参议员竞选。因为他是西奥多·罗斯福的堂弟，又是一位有名的律师，自然知名度很高。在一次宴会上，大家都认识他，但罗斯福并不认识其他的来宾。同时，他看得出虽然这些人都认识他，表情却显得很冷漠，似乎看不出对他有好感的样子。

罗斯福想出了一个接近这些自己不认识的人并能同他们搭话的主意。

他对坐在自己旁边的陆思瓦特博士悄声说道："陆思瓦特博士，请你把坐在我对面的那些客人的大致情况告诉我，好吗？"陆思瓦特博士便把每个人的大致情况告诉了罗斯福。

了解大致情况后，罗斯福借口向那些不认识的客人提出一些简单的问题，经过交谈，罗斯福了解到了他们的性格特点、爱好，知道他们曾从事过什么事业，最得意的是什么。掌握这些后，罗斯福就有了同他们交谈的话题，并引起他们的兴趣。在不知不觉中，罗斯福便成了他们的新朋友。

1933 年，罗斯福当上了美国总统，他依然采取和不认识者"一见如故"的说服术。著名的美国新闻记者麦克逊曾经对罗斯福总统的这种说服术评价道："在每一个人进来谒见罗斯福之前，关于这个人的一切情况，他早已了若指掌了。大多数人都喜欢顺耳之言，对他们做适当的颂扬，就无异于让他们觉得你对他们的一切事情都是知道的，并且都记在心里。"

我们每一个人都应当学会与不认识的人一见如故，因为：

首先，第一次和别人打交道时，双方都不免有些拘谨，有层隔膜。如果能有人主动、大方地打破这层隔膜，对方也能很快融入进来，这种假的"一见如故"

在双方看来，就变成了真的一见如故。

其次，很多时候我们只和一些人擦肩而过，但世界如此之小，在社会中生存的我们说不定什么时候需要他们的帮助。到那时，你过去跟他的一见如故的交往，会带来丰厚回报。

第一次约会说话不放肆

第一次约会，小周和女孩走了很长一段路。这时，女孩对他说："我累了！"小周英雄救美人似的蹲了下来，说："我背你！"她赶紧摆着手："不成不成！"其实，小周只是作秀，仅仅让她明白，他不仅会心动，而且会行动。走得差不多了，彼此话题也有待拓展的时候，小周邀她去一家安静的酒吧里坐下，在她的手不知该放在何处的时候，建议说："来，我看看你的手相！"她迟疑了一会儿，还是把手给了小周。小周说："冰冷的小手！"她笑了。

在第一次约会的时候，"尊重"和"收敛"这两词必须一直在心头浮现，好让自己开口时有所顾忌，不会过于放肆。相互尊重，又能坦诚相待，这分寸必须掌握好。有人情味，又不能太呆板，这当中要有一个"度"。不同的对象，彼此熟悉程度如何，都会直接影响到"度"的把握。

如果太过于露骨，说话放肆，就会引起对方反感，不利于进一步交往。

小徐已经28岁了，自从4年前和前女友分手后，一直单身。家里屡次催他结婚，他自己也很着急。前段时间有个热心的朋友帮他介绍了一个女孩，非常贤淑。两人约好在湖边公园见面。见面后开始还聊得非常投机，因为双方的兴趣爱好竟然如此相似。聊着聊着就聊到了以后怎么发展的话题上。小徐突然来了句："你说我们以后有了孩子，是男孩儿好呢还是女孩儿好？"女方听了这话大吃一惊，推说自己要去洗手间，就再也没有露面。第二天，朋友给小徐打电话，说女方认为他说话太过随意，预祝他找到一个更好的女孩。小徐非常失望。

你喜欢一个女孩子，可以理解你心里有很多话想向她倾诉，包括你的过去和现在，但很多男士都会犯毛病。一个就是一下子想很远很赤裸的事情，一个就是在第一次约会时便把以往的情史诉诸口中，希望对方明白自己的过去。

有的男士第一次约会时喜欢说"以前我……"这样的主题不仅不能给她留下满分的印象，反而会大打折扣，因为这样往往忽略了女孩的感受。她和你约会，难道就是听你诉说你的前度女友吗？况且，一般女孩子都喜欢自己在男友心中是独一无二的，绝不容男友心中记挂另一个人。嫉妒早已和爱情紧紧扣上，是不受理智控制的，故一旦谈到旧日恋情，还是小心为妙，多体谅对方的感受。

对于女方来说，第一次约会的大忌就是进行"身价调查"。像薪水待遇、存款、不动产等私人财务状况属于个人隐私，不适合作为第一次见面的聊天话题，否则对方可能会想，你到底是想跟她交往，还是跟她的财产交往？

对于一对男女来说，第一次约会之前，相互之间一般不会很了解，因此你第一次约会的一言一行，直接影响着对方对你的印象。自始至终说话有节和一句放肆话之间，相差是非常大的。如果流露出你的狂妄和斤斤计较，那第二次约会很可能会遥遥无期了。

无米难成炊，要找话题

俗话说"巧妇难为无米之炊"，没有话题，谈话就没有焦点。光是空说话，没有实际意思，那陌生人终究还是陌生人，陌生的局面终究是化不开。

和陌生人说话最苦于找不到话题，怎样巧找话题呢？那就要从具体情况出发去考虑，如果彼此完全陌生尚未相识，那就要察言观色，以话试探，寻求共同点，抓住了共同点就抓住了可谈的话题。如果是因为话不投机，出现难题，那就要求同存异，或是检讨自己的不妥之处，表示歉意，如果对方有什么顾虑，或是沉默的原因不明，那就没话找话说，随便找个话题，引起对方的兴趣，说个笑话，谈点趣闻都可以活跃气氛。

从具体情况出发，可以选择采取卜面的方法：

1.你想了解什么就问什么、谈什么

与陌生人交谈，一般都可以先提一些"投石"式的问题，在略有了解后再有目的地交谈，便能谈得较为自如。如在商业宴会上，见到陌生的邻座，便可先"投石"询问："您是主人的老同学呢，还是老同事？"无论问话的前半句对，还是后半句对，都可循着对的一方面交谈下去；如果问得都不对，对方回答说是"老乡"，那也可谈下去。假如是北京老乡，你可和他谈天安门、故宫、长城，谈北京的新变化；如果是福建老乡，你可与他谈荔枝、龙眼、橘子，沿海的水产等，从而开始你与他的交谈，也许他将来就是你事业上的合作伙伴呢！

2. 就社会热点问题进行交谈

陌生的双方刚一接触，纯属个人生活的事情不宜多谈，但可以对时下人所共知的社会现象、热点问题谈谈看法。如果对方对这一问题还不太清楚，你可以稍作介绍。例如，近期影响较大的社会新闻、电影、电视剧和报刊文章等，都可以作为谈话的题目和接近的媒介。

3. 从眼前和身边的具体景物上找话题

（1）从双方的工作内容寻找。相同的职业容易引起共鸣，不同的职业更具有新奇感和吸引力。

（2）从彼此的经历中寻找。经历是学问，亲身经历过的人和事往往会给你留下极深的印象。这种交流最易敞开心扉，最易见到真情。

（3）从双方的发展方向寻找。人都关心自己的未来，前途与命运是长盛不衰的永恒的话题。人生若没有前进的方向，生活便失去了动力。这类话题最易触动对方敏感的神经。尤其是异性，更热衷于此。

（4）注意家庭状况。谈家庭生活并不一定就是俗气，家庭是社会的细胞，家庭生活的完美、和谐是每个人的理想。这类话题不必做准备，随时都可以谈论，但有思想的人都可以从中发现许多人生的哲理。

（5）关注子女教育。孩子是父母生活的希望，孩子的教育牵动亿万家长的心。怜子、爱子、望子成龙是家长的共同心理。谈及孩子，即使是性格内向的人，也会眉飞色舞、滔滔不绝。

（6）观察其住所摆设装饰。如果是预约式的拜访某陌生人，那你最好具备一些洞察力。你首先应当对即将拜访的客人做些了解，打听一下对方的情况，关于他的职业、兴趣、性格之类。当你走进其住所后，可以凭借你的观察力，看看能否找到一些了解对方性格的线索。如果墙上挂着的是摄影作品，即可揣测对方是否是摄影爱好者，等等。屋内的装饰摆设，可以表现主人的喜好和情调，甚至有些物品会引出某段动人的故事。如果你把它当作一个线索，不就可以了解主人心灵的某个侧面吗？了解了对方的一些个性，不就有话题了吗？交谈前，使用多种手段，尽可能地多了解对方，再把所获得的种种细微信息分析研究，由小见大，由微见著，作为交谈的基础。

归纳起来说，讲话务必看清对象，从他的兴趣爱好、个性特点、文化水平、心情处境等入手。陌生人之间只要做到这一点，就能由细微处见品性。

精彩地说出自己的名字

在向陌生人做自我介绍时，首先要做的就是自报姓名，但许多人在这方面却做得不太好，在介绍时只是简单地报出自己的姓名："我姓×，叫××。"自以为介绍已经完成，然而这样的介绍肯定算不上有技巧，也许只过了三五分钟，别人已经把他的姓名忘得一干二净，这样也就无法给别人留下深刻的第一印象。

一个人的姓名，往往拥有丰富的文化积淀，或折射凝重的史实，或反映时代的乐章，或寄寓双亲对子女的殷切厚望。因此，推衍姓名能令人对你印象深刻，有时也会令人动情。

1. 利用名人式

在新生见面会上，代玉做自我介绍时说："大家都很熟悉《红楼梦》里多愁善感的林黛玉吧，那么就请记住我，我叫代玉。"

再如王琳霞："我叫王琳霞，和世界冠军王军霞只差一个字，所以，每次王军霞获得世界冠军时，我也十分激动。"

利用和名人的名字相近的方式来介绍自己的名字，关键是所选的名人是大家都知道的，否则就收不到效果。

2. 自嘲式

如刘美丽介绍自己时说："不知道父母为何给我取'美丽'这个名字。我没有标准的身高，也没有苗条的身材，更没有漂亮的脸蛋，这大概是父母希望我虽然外表不美丽，但不要放弃对一切美丽事物的追求吧。"

3. 自夸式

如李小华介绍自己时说："我叫李小华，木子李，大小的小，中华的华。都是几个没有任何偏旁的最简单的字，就如我本人，简简单单、快快乐乐。但简单不等于没有追求，相反，我是一个有理想并执着的人，在追求理想的路上我快乐地生活着。"

4. 联想式

如一个同学叫萧信飞，他便这样做自我介绍："我姓萧，叫萧信飞。萧何的萧，韩信的信，岳飞的飞。"绝大多数人对"萧何月下追韩信"的典故和抗金英雄岳飞都很熟悉，这样，大家对他的名字当然印象深刻了。

5. 姓名来源式

如陈子健：“我还未出生，名字就在我父亲的心目中了。因为他很喜欢这样一句古语‘天行健，君子以自强不息’，于是毫不犹豫地给我取了这个名字，同时希望我像君子一样自强不息。”

6. 望文生义式

如秦国生：“我是秦始皇吞并六国时出生的，我叫秦国生。”

与其他方法相比，望文生义法有更大的发挥余地，例如下面的几例：

夏琼——夏天的海南，风光无限。

杨帆——一帆风顺，扬帆远航。

皓波——银色的月光照在水波上。

秀惠——秀外“惠”中，并非虚有其表。

7. 理想式

如向红梅：“我向往像红梅一样不畏严寒，坚强刚毅，在各种环境中都要努力上进，尤其是在艰苦的环境里，更要绽放出生命的美丽。”

8. 释词式

即从姓名本身进行解释。如朱红：“朱是红色的意思，红也是红色的意思，合起来还是红色。红色总给人热情、上进、富有生命力的感觉，这就是我的颜色！”

9. 利用谐音式

如朱伟慧：“我的名字读起来像‘居委会’，正因为如此，大家尽可以把我当成居委会，有困难的时候来反映反映，本居委会力争为大家解决。”

10. 调换词序式

如周非：“把‘非洲’倒过来读就是我的名字——周非。”

11. 激励式

如展鹏在新生见面会上说：“同学们，我们从五湖四海来到这里，为了什么？不就是为了好好学习，今后在社会这片广阔的天空中大鹏展翅，自由翱翔吗？”

12. 摘引式

如任丽群：“大家都知道‘鹤立（丽）鸡群’这个成语，我是人（任），更希望出类拔萃，所以，我叫任丽群。”

总之，自我介绍是有很大发挥空间的，我们应该想方设法把它丰富起来，不要放过任何一个吸引人注意的机会。

自信要大胆勇敢说出来

每个经历挫折后取得成功的人都有一个共同的体会：信心产生力量，只要相信自己，即使追求的目标如移山倒海，终有成功的一天。

信心是一种最坚强的内在力量，它能够帮助你度过最艰难困苦的时期，直到曙光最终出现。信心会使人发现自身的价值和潜能，取得成功。

自信是美德，如果你能在言语中表现出自信来，会让人感觉你是一个可造之才。

高中毕业生小杜，到深圳后就兴冲冲地抱着简历去参加人才交流会。整个会场人如潮涌，唯有一家公司的展台前冷冷清清，与会场的气氛形成了鲜明的对比。

小杜好奇地走过去，看这家公司招聘启事上的内容，当即吓了一跳。它招聘20名业务代表，却指明要名校毕业生，并且还得有3年以上从事零售业的工作经验。条件那么苛刻，难怪没有人敢贸然应聘。

小杜揣摩了一番，虽然没一条够得上，可业务代表的工作对她却很具吸引力。她心一横，决定试一试，真要被拒绝，就当是一次锻炼好了。

小杜径直走到应聘席前坐下，那位中年主管看了她一眼，面无表情地指了指那招聘启事问："看过了吗？"她点点头说："我看过了，不过很遗憾，我既不是名校毕业，也没有从事过零售工作，只有高中文凭。"

那位主管看了她好半天，才说："那你还敢来应聘？"

小杜微微一笑："我之所以还敢来应聘，是因为我喜欢这份工作，而且相信自己有能力胜任这份工作。"停了停，她又说，"如果求职者真要具备启事上所有的条件，那他肯定不会应聘业务代表，至少是公司主管了。"

说完，小杜就把自己的简历递了过去，那位主管竟然没有拒绝，而且微笑着收下了。

第二天，小杜就接到了录用通知书。后来她才知道，那些苛刻的招聘条件只不过是公司故意设置的门槛罢了，其实当她和主管谈完话之后，她就已经通过了公司的两项测试：勇于挑战条款的信心和勇气以及分析问题的能力。

作为一名业务代表，每天都得与形形色色的商家打交道，如果那天小杜没有信心去敲这家公司的门，又岂能有勇气去敲各个商家的大门？

自信是美德，可以得到别人的好感。但说出自信绝不是夸夸其谈的事，你只有做出来，才可能让人彻底信服。

一个年轻人去一家广告公司应聘方案策划。老板问他："你以前做过这方面的工作吗？"年轻人说："没有，但我有信心做好。"

"既然你没有做过，信心何来？"

"以前我也是搞文化工作的，跟方案策划相近。这样吧，如果不能让您满意，我一分钱不要就卷铺盖走人。"

老板同意了，并交给他一项文案创意的任务。他不敢掉以轻心，当他把稿子交给老板时，老板仔细看了一遍，半天没吭声。年轻人心里不禁紧张起来：难道老板不满意？这时，老板吁了一口气，说："你是这方面的天才，好好干吧！"

人应该有自信，这似乎是一个成功学上的真理，可是自信要怎么表现出来呢？更多的时候自信首先是靠你说出来的。试想如果你自信满满地说："我能行。"和犹豫地说："我试试吧。"你觉得哪种说话方式会让对方把机会留给你？无疑是前者。所以当你对一件事情很有把握的时候，就不要推托自己还欠火候，而应该勇敢说出："交给我完成，没问题。"

口才加油站

戴高乐的赞扬

法国总统戴高乐1960年访问美国时，在一次尼克松为他举行的宴会上，尼克松夫人费了很大的劲布置了一个美观的鲜花展台：在一张马蹄形的桌子中央，鲜艳夺目的热带鲜花衬托着一个精致的喷泉。精明的戴高乐将军一眼就看出这是女主人为了欢迎他而精心设计制作的，不禁脱口称赞道："女主人为举行一次正式宴会要花很多时间来进行这么漂亮、雅致的计划和布置。"尼克松夫人听了，十分高兴。事后，她说："大多数来访的大人物要么不加注意，要么不屑为此向女主人道谢，而他总是想到和讲到别人。"在以后的岁月中，不论两国之间发生什么事，尼克松夫人始终对戴高乐将军保持着非常好的印象。

·第二十章·

克服恐惧

自励法：心病还须心药医

俗话说："心病还须心药医。"心理的毛病用心理的方法去矫治是最直接、最有效的。心理卑怯现象是心理夸张性感受所致，必须让心理感受重新归位。要达到这一要求，需要采用心理暗示的方式，对对方有客观、正确的认识，对自己做准确、公正的评估，这样就能保持清醒，树立信心。如当别人说话显示出我们没有的优势时，我们可做这样的暗示：这是他的优势所在，我同样也有优势，一样是他比不上的。

对于一个要当众讲话的人来说，首先要对自己的讲话的内容和讲话的效果充满自信，要在精神上鼓励自己去争取成功。你可以用如下几句话反复暗示、刺激自己："我的讲话对别人具有极大的价值，他们一定会喜欢。""我非常熟悉这类题材，我一定会成功。""我准备得非常充分了。"讲话者不应在讲话前过多考虑可能导致演讲失败的因素，如："我忘了词怎么办？""别人嘲笑我怎么办？"这种负面的自我暗示往往会产生暗示的结局。

现代实验心理学表明，由自我启发、自我暗示而产生的学习、行为动机，即使这动机是佯装的，也是导致学习、工作取得良好效果的有力手段。

树立自信的方法之一，就是要记住自己是被邀请来做讲话的。有人相信你的能力，相信你对这一论题十分精通。提醒自己，如果在座的观众中有人比你更权威，他们早就该被邀请来做演讲了。

我们应该想到恐惧是后天的反应。两岁大的孩子在过马路时不会懂得害怕，直到有人猛地把他拽回来，警告他过马路有多么危险。同样，当我们第一次看见同学站起来背诵诗歌，发现他突然哽住了，变得慌张窘迫，以致全班发出阵阵的窃笑时，我们懂得了当众讲话时害怕。既然紧张害怕是后天学会的，那么它也是可以被忘却的，或者至少是可以被控制的。

锻炼法：胆子是练出来的

丘吉尔被誉为"世纪的演说家"，但人们可能忘了，他原先讲话结巴，口齿不清，根本就不是当演说家的材料。他本人身高五英尺半左右（约 1.65 米），没有堂堂的仪表和风度，他那难听的叫喊声又不像道格拉斯·麦克阿瑟或是马丁·路德·金那样洪亮。丘吉尔没有受过大学教育，他曾经在下院最初的一次演讲中，讲了一半便垮下来了……然而，他并不为此而自卑，从此一蹶不振，认为自己就不是这块料。经过多次的主动练习，经验和胆量都大大增加的他终于成了举世皆知的雄辩的演说家。

面对陌生的事物或人，我们总是很容易退缩、害怕，想要让自己大胆表达，最好的方法就是让自己习惯开口说话，怎么样让自己习惯开口说话呢？在任何场合，你都应该积极把握或创造与人交谈的机会，试着与他人闲聊、寒暄、攀谈，说话的次数多了，自然也就成了习惯，胆怯就会逐渐消失。

成功的推销员、演说家并非一开始就对说话习以为常，著名的演说家也是从无数次演说经验中才掌握演讲的技巧，才能赢得满堂彩。如果一个人能抓住机会努力练习口才，那他的说话胆量一定会得到很好的训练。

家庭是练习口才的第一个场所。家庭不免会有些经济收支问题、子女教育问题、卫生保健问题、饮食起居问题，你能平时就这些问题与你的妻子好好谈过吗？如果你能时常提出一些有益的意见或帮助她解决一些或大或小的困难，那说明你的口才练习有了明显进步。社会是由男性和女性组成的，男女间的相互交往、夫妻间的良好相处，都是练习口才的极好途径。同时，从和自己最熟悉的人开始练习，也不会有太大的难度，这样很方便训练说话的胆量。

广结良友，与朋友频繁往来，是练习口才的又一途径。我们的朋友可能来自不同的地方，处于不同的年龄，属于不同的阶层，从事不同的工作，因而与他们相处时会遇到一些各种不同的问题。如果想练习好自己的口才，训练自己的说话胆量，就最好去了解他们的各种情况，好好找他们谈谈，尽量想出如何帮助、开导、启发他们的谈话内容来。这样，无形之中，你拥有的朋友，你了解的谈话内容，都会渐渐地增多起来，你说话的胆量也会渐渐大起来。

在陌生人聚会的场合也可以训练说话的胆量。每个人都免不了会参加一些社交活动，如果我们参加的社交活动是陌生者的聚会，又要我们尽量去寻找与人说话的机会，那可以说是训练说话胆量的很好机会。在这种陌生者聚会的场合，我们想与人说话的机会和方法很多。大家相聚时，不外乎出现两种情形：一是有的人在交谈，而有的人却孤零零地待在一边；二是大家都三五成群地在一起交谈。如果我们仔细一观察，发现有人也像自己一样，孤孤单单地坐在某个角落，那么就大胆地走上前去，向对方介绍自己。打完招呼可由天气等无关紧要的话题说起，逐渐加深话题力度。这时候，除了某些特殊原因之外，对方多半是欢迎我们的。如果在这种陌生人聚会的场所多锻炼几次，下次再碰到陌生人，也就不至于生疏和胆怯了。只要自己愿意主动开口，并掌握好说话的有效时机和方法，就一定不会被拒绝，这也无疑是对你下一次主动出击的最大鼓励。

胆子是练出来的，要想拥有好的口才，就要抓住一切机会，锻炼自己的胆子。只有不懈地锻炼才能取得最后的成功。

外借法：营造减压的气氛

有时候，有的人在单位里见到以前在一起玩过的同事，竟然低头不语，装作没看见，自顾自地走过去。乍看起来，似乎觉得这种人很没有礼貌。其实不然，他们并不是高傲不理人，而是害羞、胆小，连很普通的招呼都不知道该怎么打，也不喜欢有事没事都露出一脸微笑，所以，见人只好假装没看见。像这种没有表情的人，除了可以和三四个密友谈天说笑之外，面对其他的人，就不知道该说些什么，无法像闲聊那样，与不熟悉的人自如畅谈。

其实，一个人说话胆量的大小，说话水平发挥得如何，与说话时的气氛很有关系。说话时的气氛好，人的兴致便高，情绪便较高昂，谈兴也会较浓，这样便会使人放下包袱，倾心畅谈。反之，说话时的气氛不好，人的情绪就很难调动起来，人一觉得乏味，也就不会有什么好的兴致说话了。比如，当我们在与自己的家人或亲友交谈时，一般气氛都较好，这样几乎不需要思考，就能根据报上看的、广播里说的、街上听的关于昨天、今天或明天的重要的或一般的事情，聊个没完，越聊越起劲。但是，当我们在遇到初次见面的人、地位显赫的大人物、神秘的谈话对象时，往往都很拘束，很难一下子就形成良好的轻松气氛，这样谈话就没有那么顺利了，而且因为气氛不好，还有可能使自己脑中一片空白，完全想不出该说什么话。

所以，为了使我们的说话胆量得到提高，为了能使自己成为一名具有较好口才的人，我们在与他人说话时，要设法创造一种轻松和谐的说话气氛。

热情是这种气氛所必不可少的元素。你最好钻出自己的壳，热情主动地与人交往，不要使冰霜结在你的脸上。要把冰霜融化掉，方法是说些有趣的事。热情的力量都会帮助你营造一种愉快气氛，并且使它有人情味儿。

你也可以适当开开玩笑，在笑声中解开紧张的情绪，这种方式很容易使气氛达到高潮。你也许在电影或在日常生活中看过男女双方第一次见面时手足无措的情节。男女相亲，双方默默无语，好不容易一方正要开口说话时，另一方也正好想说些什么，于是两人同时张开嘴巴，又尴尬地同时闭了口。过了一会儿，同样的事情又重演了。不过这都是出现在别人身上，如果真发生在自己身上，其慌张失措的窘态是可想而知的。

我们现在所处的社会，是具有高度民主的社会，再怎么有名的大人物，也跟我们一样是人。我们应该对他们表示敬意，但却不必畏缩、恐慌。只要把他们当成自己的亲戚或师长，很自然地与之进行对话，就可以了。我们说话的时候，不必害怕或紧张，应该泰然自若，以尊敬而明朗愉快的语调和知名人士交谈。这样就可以营造出一种轻松和谐的气氛了。

我们无论在什么情况下与什么人说话，营造轻松和谐的说话气氛都是非常重要的。

学习法：抓住学习的机会

发明大王爱迪生说过，天才是百分之一的灵感和百分之九十九汗水的结晶。天赋固然重要，但后天刻苦的锻炼更为关键。在实践中磨炼口才，以坚强的意志作为通向成功的基石，用汗水浇灌成功的花朵，勤奋的苦练加上技巧，一定会成功。哈佛大学的著名教授威廉·詹姆士说过："我们只是半醒着。我们仅仅在使用我们体力和智力的一小部分。说得明白一点，人类就是一直这样画地为牢，生活在自己的圈子里。人具有各种力量，但往往未加发挥。"这些力量我们每个人都有，只是没有得到充分发挥，却对这些力量置若罔闻，真是太可惜了！

有的人想练习口才，但苦于找不到机会，其实，练习口才的机会处处都有，不仅很多，而且方便省事。我们每天都要见人，都要说话，所以到处都是练习的机会，千万不要以为日常的说话不需要什么口才。其实，练习口才的人应该把每一句话都说好，口才好的人一开口就能说上一句好话、一句动听的话。这恰如练习书法的人一样，必须首先练好每一个字。一个书法好的人，一动笔就能把一个字写好。所以，我们绝不能轻视那些日常生活对话。就是这些极简单抽象的日常对话，口才好的人和口才不好的人，说起来都是截然不同的。

面对陌生的事物，我们很容易害怕退缩。想让自己能够流利地表达意见，最好的方法就是让自己习惯开口。做任何事情都需要练习才会进步，说话也是如此。如果我们无法自在地与陌生人交谈，假如你能鼓起勇气和超市店员或不太熟识的邻居说声"你好"，你就会发觉自己越来越习惯面对陌生人发言了。在任何场合，你都要积极把握和别人交谈的机会，试着与他人闲聊、寒暄，从中学习说话技巧，建立自信。

主持会议或在会议上发言也是练习口才的绝好机会。会议语言是一种很好的磨炼形式，能迅速促进你的提高。

说话的机会随处皆是，如果有可能，你不妨参加一个社会组织，志愿从事需要你讲话的职务。在公众聚会里，你要勇敢地站起身来，使自己出个头，哪怕是附议也好。在参加各种会议时，千万别去敬陪末座，而要洒脱一些。另外，还应当参加相应的团体活动，并活跃地参加各种聚会。我们只要多留心我们周围的事情，便会发现，没有哪种商业、社交、政治、副业甚至邻里间的活动是你不能举步向前、开口说话的。如果我们不主动地开口说话，并且抓住一切机会不停地说，我们永远不会有进步，也永远不知道自己会有怎样的进步。

自然法：消除紧张留自然

在说话过程中，必须处处留意自己，使自己像一个无忧无虑的小孩那样无拘无束地表现自己。做到说话自然，热情而不矫揉造作，平和易懂而又不呆板。

1. 消除你的紧张情绪

为了使训练效果更佳你应该想象自己是身临其境，面对观众听众。只有坚持做这样的练习，你才能消除演讲时的紧张，到最后演讲时，你便可做到被人偷袭也能立刻还击，而且自然得近乎反射性地说话。

此外，练习演戏也能有效地消除演讲时的紧张。在练习中，常常要求自己把小说、戏剧中的对白部分，作为演讲的材料，并尽量使自己进入角色。如果在许多观众面前能脱去自己的面具，那么不论在任何场合你都能毫无顾忌地表现自己，从而体会到一种表达的自由，好像蔚蓝的天空中一只自由自在飞翔的小鸟一样。

2. 秉持你的本色

福特汽车公司的广告用语为："福特公司出品的汽车，每一部的结构都相同。"可是人不同于汽车，世界上从来没有两个完全相同的人。每个人都有其各自独特的个性，这种个性使你与其他人不同，也是你赖以生存的条件。

说话也是这样。当你面对听众时，你应该尽量表现自己独特的个性。一个富于健康个性的说者，才会受到听众的欢迎。也许两位演说者演说的内容完全一样，但由于表现形式不同，其效果就会相差甚远。造成不同的原因，除了语言、音调之外，还包含演说时的表情态度。你用何种方式去说，其实在某种程度上比你说什么还要重要得多。英国有一句古老的格言："你说话内容的有无并不重要，重要的在于你的表达方式。"

也就是说，你的个性会增强你的演讲效果。虽然每个人都和你一样，只有两只眼睛、一个鼻子、一张嘴，但没有人和你长得一模一样，也没有人和你的性格、处世方法、气质等完全相同，更没有人能和你一样自然地表达自己的思想与感情。这表明你是个有独特魅力的演说者。你的个性是你最宝贵的财产。所以你要保持你的本色，不要去模仿别人，更不要使自己受固定模式的束缚。简而言之，你不但不能抛弃自己独特的个性，而且应该充分展现它的魅力。唯有如此，你的演讲才会让人觉得真实，才会对听众产生持久的影响力，你也才真正是你自己。

自强法：建立自信的技巧

在前面的内容中已谈到，恐惧是许多人不能较好地进行演讲的主要心理障碍，那么，如何搬掉这一绊脚石，充满自信地走上讲台，使我们的演讲才能充分显示出来呢？这就是建立自信的技巧问题，你不妨试用以下方法：

1. 自我鼓励法

演讲者首先要对自己的演讲充满信心，在精神上鼓励自己成功。演讲者可用如下语言反复鼓励自己，比如"我的演讲题材很有吸引力，听众一定会喜欢""我的口才很好，我一定会成功""我准备得很充分了"，等等。

演讲者在演讲前不应过多考虑演讲失败的后果，如"我演讲差了怎么办？""听众乱起哄怎么办？"这种负面的自我暗示往往会影响演讲效果。应努力做到"放下包袱，轻装上阵"。

现代心理学实验表明，若由自我鼓励、暗示产生了学习及工作的动机，那么即使这动机是强装的，也是学习、工作取得良好成绩的有效措施。

2. 要点记忆法

初学演讲者往往把能够背诵演讲稿认为是充分的准备。熟读记忆，对于初学演讲者来说可能是一种必要的准备手段，但如果只是机械记忆，那么不仅会耗费演讲者大量时间，而且容易形成演讲者的心理疏忽。实际演讲时，如果因怯场、听众情绪波动、设备故障等突发事故打断演讲者的思路，机械记忆的链条就会被截断。于是演讲者便会处于记忆的空白状态，或者思维短路，导致演讲无法继续下去。此外，单纯的背诵，还极易形成机械的"背书"节奏，并且不能灵活运用恰当的手势语，不能根据观众情绪适时调整自己的节奏、情绪，使演讲呆板、乏味，而丧失了演讲应该具有的战斗性和人情味。

丘吉尔是英国著名的政治家、演讲家，年轻时也曾依靠背诵演讲稿发表演说。在一次国会会议的演讲中，丘吉尔突然忘记后面的内容，不断地重复仍然无济于事，最后只得挫败地回到座位上。从此，丘吉尔放弃了背诵演讲稿的准备手段。

在演讲中，以采用提纲要点记忆法为宜。首先，就有关演讲的主题、论点、事例和数据整理成翻阅方便的卡片，然后针对演讲稿进行比较和适当的补充，整理出一份简略的提纲，并在提纲里注明各段的小标题，最后在各段的小标题下按顺序补充重要的概念、定义、人名、地名、数据和关键性词语。

至此，一份演讲提纲即算基本完成。在整理和编排的过程中，演讲者应反复思考和熟悉自己的演讲内容，而演讲时仅仅需要将该演讲提纲作为提示记忆的依据即可。

3. 试讲练习法

试讲练习可纠正语音，矫正口型，锻炼遣词造句能力，又可训练形体语言。演讲者可以自选一个演讲题，或模仿名家的演讲，在静僻处独自练习。著名演讲家，美国第十六任总统林肯，年青时代经常独自一人对着森林或空旷的原野模仿律师、传教士演讲，并反复练习。

在参加正式的演讲或比赛规格较高的会议上发表讲话之前，也有必要进行试讲。这种试讲最好请一些朋友同事充当听众，一是可以增加现场气氛，二来可以听取接受一些好的意见和建议。

试讲练习可以帮助演讲者拥有充分的自信心，避免因准备不充分或不适应演讲坏境而引起的惊慌失措。

4.情绪调节法

适度的深呼吸有助于调节紧张、烦闷、焦躁等情绪。当演讲者在临场时出现怯场反应，可以运用深呼吸法进行调节。即：使全身放松，双眼望着远方，做绵长的腹式深呼吸，同时，随呼吸节奏心中默数1，2，3……

5.目光回避法

刚学演讲的人往往害怕与听众进行眼神交流。因为一看到听众的眼神于自己不利，就会心慌意乱，而无法继续演讲下去。于是出现了侧身、仰望、低头等影响演讲效果的不正确姿势。因为，演讲要求演讲者正视听众，这既是出于一种礼貌，又是演讲者与听众全方位交流的需要。拉近演讲者与听众的距离，是演讲成功的必备条件。刚学演讲的人不妨采用虚视方式处理自己的目光，将视线移至演讲场后排上方，以回避听众的目光，让目光在会场上方缓缓流动。这种方式既能避免演讲者与听众目光对视所产生的局促和窘迫，又能给听众留下演讲者稳重大方的印象，使演讲获得成功。

口才加油站

萧伯纳练胆

英国的现代主义戏剧家萧伯纳才华杰出，并且以幽默的演讲才能著称于世，显示了渊博的知识、深邃的思想。但是，在他年轻时，却胆子很小，羞于见人。初到伦敦，上朋友家做客，总是先在人家门前忐忑不安地徘徊良久，却不敢直接去按门铃。有一次，一位朋友邀请他参加一个学会的辩论会，他在会上怀着一颗非常紧张的心站了起来，做出了有生以来的第一次公开演讲。当他讲完时，迎接他的不是掌声，而是喝倒彩和讥笑。这次下来，萧伯纳感到蒙受了莫大的耻辱。但是，萧伯纳并没有从此不在公开场合演讲，而是化自卑为动力，化弱点为长处，鼓足勇气，面对挑战。他越挫越勇，拿出超人的毅力，参加了许多社团辩论，并且在社团辩论中总是参与发言，据理力争。他每星期都找机会当众公开演讲，在市场、在教堂、在公园、在码头，无论是面对成千上万的听众还是寥寥无几的听众，都慷慨陈词。终于，萧伯纳成了一名世界级的演说家。

·第二十一章·

应变驾驭

增强心理调控力

调控情绪有两大优点：一是观察别人的变化，找出破绽；二是免增烦恼，精心做自己的事。

一个人如果没有调整情绪的习惯，就有可能失去自己行为的尺度。

1.学会心理调控

凡成大事者，不是让情绪驾驭自己，而是自己驾驭情绪，成为情绪的主人。例如，他们抑制冲动、避免争论、善听批评、开放胸怀、力戒不满情绪外露等。这些控制情绪的习惯，看起来不起眼，实则是说话沟通中不可缺少的重要组成部分。

美国石油大王洛克菲勒，擅长运用情绪战术达到自己的目的。他曾经在法庭上，漂亮地击退了一位名律师。

"洛克菲勒先生，你收到我寄给你的信了吗？"律师拿出一封信，以严肃的口气问道。

"收到了！"洛克菲勒回答。

"你回信了吗？"

洛克菲勒面带微笑，不疾不徐地回答："没有。"

其后，律师一封又一封地拿出了十几封信，一一询问洛克菲勒，而洛克菲勒也以相同的声音和表情，一一给予相同的回答。

法官偏过头来问洛克菲勒："你确定收到了吗？"

"是的，先生，我十分确定。"洛克菲勒镇静地回答法官。

律师忍不住面红耳赤地怒吼道："你为什么不回信，你不认识我吗？"

"我当然认识你呀！"洛克菲勒依然面带微笑地回答。

这时候律师已经控制不住自己的情绪，暴跳如雷，不断咒骂，洛克菲勒却不动声色，好像对方所讲的事，跟自己一点关系都没有。

最后，法官宣布洛克菲勒"胜诉"，律师因为情绪失控而乱了章法，法官认为该律师已无法继续辩论下去。

在任何场合，我们都有可能遇到不顺心的事，甚至是羞辱自己的事情。在这种情况下，我们首先要做到的，就是保持克制，然后再根据自己所处的环境，抓住有利时机进行反击。

要想维护自己的正当利益，仅仅采取愤怒的反应方式是不够的，还应该经由理性思维去找出更好的应对招数或策略。当一个人对自己有了正确的、全面的了解时，他也同时能以一种理性的方式去思考别人和周围的事物。环境的突变、事件的突发，他都能理智分析，泰然处之。理性的人善于控制自己，他能够很快适应周围的人。由于他的自控能力，别人会更加尊重他。

2. 心理调控方法

（1）深呼吸

深呼吸可缓解紧张情绪，使僵硬的声音气息得到调整。大口吸气还是无济于事，只有深吸一口气，摸摸你的喉咙，感觉一下颈部的肌肉有多紧张。此时再屏气，关键是呼气而不是吸气。呼气时要徐徐地发出"嘶"声，稳定持续地呼气，并收缩腹部三角区的肌肉，借此缓冲、平静一下过度的心跳和急促的呼吸。当你吐完气时，放松肌肉，然后轻轻吸气。

（2）心理诱导

心理诱导法是用含蓄的暗示方法对人心理和行为产生影响，给大脑以兴奋的刺激。这种心理影响表现为使人按一定的方式行为或接受一定的意见或信念，树立必胜信心，克服一切不利因素。

无论是自我暗示还是他人暗示，进行心理诱导时，切忌用消极暗示，诸如"别慌""别紧张"等暗示，这些暗示可能会引起不良反应，反倒容易导致心理负担产生。所以应当尽量避免去想可能使自己不安的反面刺激，不断鼓励自己给自己打气。要用积极的暗示，如"我一定能成功""我状态很好""我会顺利"等，这些积极地暗示对心理诱导作用影响很大，一定的目标和意志能够在一定程度上控制自己的情绪，克服紧张情绪的不良影响。

（3）自我调控

"自我心理调适"是运用心理学的原则和方法来自我调整心理失常的感觉、认识、情绪、性格、态度和行为，使失调的大脑神经机能得以恢复，从而使自己异常的情绪和行为得到减轻和消除。心理学家认为一个有成就的人应该是一个心理健康的人。他应当具备以下条件：

有积极进取的人生态度；

有强健的体魄；

有大无畏的精神；

对未来的成就充满希望；

享有良好的人际关系；

懂得运用这种信心；

愿意与家人分享自己的成就；

愿意以博爱精神去工作；

胸襟开阔，能容人容物；

有良好的自律性；

有了解他人和世事的智慧；

享有宁静充裕的生活。

以上成功者所必备的特征中，除了"有积极进取的人生态度"和"享有宁静充裕的生活"两条以外，其余几条均是从个体心理和人格角度来确定的。因此，我们不难发现，努力完善人格是个性能否发展的根本，而事业的成功只是完善人格的结果。心理学家提出的成功者必备的 12 个条件，应该成为我们进行自我心理调适、塑造完善个性、造就成熟人格的准则。

训练敏锐洞察力

敏锐的洞察力包括心理洞察力和语言洞察力。能够做到对对方的心理和语言有一个较深刻的理解，基本上就做到了"知彼"，而如果能知道"知己知彼"的话，就可以"百战不殆"了。

交谈是在讲话和听话双方共同作用下完成的，交谈双方特定的心理状态会对交谈过程中的信息传递产生影响。当双方心灵相通时，这种影响表现为替表达者疏通一定的信息流向，使接受者形成一种定向的心理期待，准确地接受理解。不了解对方的心理，则会阻塞信息传递渠道的正常流动。为了调动听者的潜能，就需要针对听者的心理，话要说到人的心坎上，以获得语言作为交际媒介的"子弹效应"，即一旦恰当地选择了交际媒介，只要对准了听话者，就会使之"应声而倒"，在思想上行动上完全被语言所捕获。听者接受言语、接受刺激、作出反应的过程与听者的心理有密切的联系。因此，交谈过程中，洞察听者心理是必不可少的一环。

1. 对心理的洞察力

人为什么一直在使用语言，在"喋喋不休"？人是在借助语言以求满足种种需求。心理学告诉我们，所谓需要，乃是指人的生理或心理状态由于某种不足或过剩而失去了安定的不平衡状态，由此产生不快感而造成一种紧张状态时，个体表现出追求安定以恢复平衡，这就是需要。

它是机体自身或外部生活条件的要求在大脑中的反应。拿人的社会交往来说，人是社会的，如果一个人独处，失去思想交流的机会，就会出现心理状态在交往方面的不足。一个人在荒野之中最大的痛苦就是有着强烈的与人交谈的欲望而没有实现的机会。但如果终日在嘈杂的人海中，频繁交往，心理状态在交往方面过剩，就会出现另一种需要，要寻求安静的处所，过滤自己的思想。

人的需要多种多样，根据需要的产生和起源可分为生物性的需要和社会性的需要，根据对象性质又可分为物质需要和精神需要。不同年龄段、不同性别、不同行业的人，在不同情境中，主要需要各不相同。

一般人的需要主要有：地位的需要、尊重的需要、贡献的需要、感情的需要、社会价值的需要，因此与人交往，洞察人的心理时必须考虑这些因素，同时也应遵循一定的原则：平等、尊重、参与、肯定和负责。

相同行业、相同性别、相同年龄段的人，会有一些相同的心理特征，在处理各种事情时，表现出一些相同的心理状况。如知识分子有较强的自觉性，一般说来，性格较为内向含蓄，自尊心强。青年人，情绪体验强烈而富有热情，要求深入地了解自己的成长，自尊心增强，自我意识处于发展期。

人由于先天素质，后天生活环境和教育方式等的不同，又存在着个体差异，在对人对事的态度上表现出不同的性格特征。如人的情绪特征，表现在情绪反应的强弱、快慢起伏的程度、保持时间的长短和主导心境的性质等方面，或暴躁、或温和、或乐观、或悲伤。人的意志特征有沉着自制、慌张冲动等的不同。内向型的人富于想象而孤僻，外向型的人活泼开朗，顺从型的人往往依照别人的旨意行动，独立型的人坚持自己的信念等。

2. 对言语的洞察力

"不知言，无以知人矣。"（《论语·尧曰》）你在与人进行交流时，必须具备语言洞察力。掌握善于倾听的艺术，通过对方的言谈而了解对方的心理和愿望。

倾听是交谈的开始，是社会成员得以沟通的必由途径。认真倾听，如果在倾听中加以适当地问句，可以引导对方的表达逐步深入而有条理。如同一位大夫，望闻问切，如果没有听取患者病状介绍就立即诊断开药，显然是不负责任的表现，对症下药也就成了空谈。而在患者的介绍过程中，大夫的适当提问，有条理地帮助患者诉说病情，又能获得许多相关的病状信息。

倾听理解中，既要掌握语言组合中由语言自身产生的意义，还要掌握言语形式的"言外之意"。有时，事物的特殊性、复杂性难以用言语叙述，需要听者凭着对事物认识的经验、理解语言时的语感和体会等去补充了解；有时，表达者有意婉转，以有限的语言寄寓无限的意思；有时又言此而意彼。种种现象，说明人们用来表达思想感情的言语形式，其含义并不是完全由言语形式直露显现。有时言语形式实际的根本作用是暗示和触发，借以唤起听者的联想记忆，达到以有限言辞表达无限内容的目的，这些内容常常附加、隐含在言语形式中。

这里举例谈谈语句的附加义。语句的附加义适应使语句传达更多的信息内容。有附加具体的形象感，作用于人的五官，这也是汉语的感觉暗示性特点的一个方面。如象声词反映的都是作用于听觉的具体形象，使人感受到事物的生动性和内在的规律，有身临其境之感。比喻格中喻体的形象性很突出，如毛泽东在《反对党八股》中说："上海人叫小瘪三的那种角色，也很像我们的党八股，干瘪得很，样子十分难看。"八股文的干瘪无味，本来是无形的，毛泽东的这个比喻，让人实实在在地感知到了那种干瘪的形象。

有的附加具体情感。词汇、语句有褒义贬义之分，如"团结各级人士""勾结狐朋狗友"，肯定赞许和否定贬斥的区别非常明显。人们在叙述事物的时候，带上表述者的主观色彩是常见的现象。

思维训练的方法

说话交谈是思维的外化，是思维的一种工具，思维是语言的内容，没有思维就没有语言。语言表达过程，实际上是把思维的结果表述出来的过程，说话交谈就是从内部言语向外部言语转化的过程。

确定说什么诗一种思维活动，在说什么与怎么说之间进行着快速的转换过程：思想——句子类型——词汇——语音。这个过程是完整的，任何一个环节出了差错，都会影响表达的进行。因此，从思维到语言的转化过程十分重要，进行这方面的基础训练有利于我们对语言的控制能力，从而更好地驾驭语言，发挥语言的魅力。

1. 定向思维训练

定向思维是指按常规恒定模式进行的思维。定向思维的训练可培养我们对问题作深入思考的能力，有助于养成深入分析问题，透过现象看本质的良好思维习惯。

可拟定一些比较容易的叙述、说明、介绍方面的题目进行训练。为了使思维有条理，可在表达中插入一些常用的言语链。比如关联词"因为""所以""于是""之所以……是因为……"可以按时间的先后和位置的移动进行表达；可以采取先总后分、先分后总等方式练习等。

2. 逆向思维训练

逆向思维训练是反过来想一想，变肯定为否定，或变否定为肯定；变正面为反面，或变反面为正面。例如，世人一般把"这山望着这山高"喻为贪心不足而赋予贬义，如果化贬为褒，将其含义用于人类勇于向新的科学高峰攀登的赞颂中，岂不又可以肯定它了？例如爱因斯坦敢于取代牛顿经典物理学，用运动员一次次刷新纪录等事例说明人就是要有"这山望着那山高"的进取精神，批评哪种"无为而顺其自然"的"知足常乐"的消极态度。

进行逆向思维能培养逆向思考问题的能力，独立发表见解的能力。

3. 发散思维训练

发散思维是使表达者朝各种可能的方向扩散并引出更多的新的信息，从而达到创新的一种思维方式。这里介绍三种训练方法。

（1）链接法

承接上一位表达者的话茬继续往下说的训练方法。

戴尔·卡耐基的训练学员即兴演讲就常用此法。卡耐基叫一位学员开始叙说一个故事。比如，这位学员说："前几天我正驾着直升机，突然注意到一大帮飞碟正朝我靠近。于是我开始下降、靠近，可飞碟里却有个小人开始向我开火，我……"说到这里，卡耐基要求他停下，然后要另一个学员接下去。

（2）连点法

将头脑中闪现出的人、事、物和散点按照一定的顺序和结构连缀成篇。比如用：花儿、气息、跑，比如下面一例。

"置身各位青年朋友之中，我似乎感到春天的气息扑面而来。大家都很年轻，都有花儿样的青春、花儿样的年龄、花样的生活，愿大家做帆船，乘风破浪，挺进大海；愿大家做骏马，飞奔未来，跑向光辉灿烂的明天。"

（3）联想法

联想法是由一事物想到另一事物的训练方法。其特点是闻一知十、触类旁通，使说话具有流畅性、变通性。可以运用如下题目进行训练。

出示一根玻璃棒，要求训练者通过联想，迅速说出它像什么。

出示一个红色球，要求训练者通过联想，讲述我们的生活充满阳光。

展示一幅画，画上画两只小鸡，要求训练者表达人生并非一帆风顺。

促进脑筋灵动性

有时候，在说话的过程中，我们需要做的，可能就仅仅是脑筋转一下弯而已。不费吹灰之力，就能解决问题，何乐而不为？

有位著名的演员参加了一场公益演唱会，她要演唱两首歌曲，第一首歌唱到一半时，她突然忘了歌词。

怎么办？

这位演员灵机一动，依然浑然忘我地随着乐队的演奏起舞，嘴巴一张一合，看起来好像是还在唱歌。观众只听见了演奏曲，没有听到歌声，一直等到这位演员想起歌词，麦克风才忽然有了歌声。

这位演员一曲唱完走到后台，只见负责麦克风的工作人员满头大汗地跑来，不住地对这位演员鞠躬道歉：

"真是对不起，我明明事先都检查过了，不知道为什么忽然坏了，真是抱歉。"

这位演员笑了笑没答话，又回到舞台上了。

俗话说，救场如救火。这救场说的也就是舞台上发生的紧急突发情况，从应付这种突发状况上，也能看出演员功底的深浅。

在日常生活与工作中，如果出现了意外的情况，就要求我们能够处变不惊，凭借临场发挥，方可稳操胜券。看看下面这个故事：

某市公安干警小张为了跟踪侦查贩毒集团主犯，登上开往 A 地的客轮。途经一处著名景点时，旅客们纷纷走出船舱观看两岸的奇秀景色。毒贩走了出去，而为了监视住罪犯的旅行箱，小张装成看书入迷的样子，独自一人留在舱内。过了一会，一个女人走进船舱，见舱内只有小张一人，便笑哈哈地走到他的床前，突然脸色一沉，一把扯开自己的衬衣纽扣，压低嗓门对小张说："快把钱包给我，否则我要喊人了，说你耍流氓调戏我。"

面对这一突如其来的情况，小张愣住了。他想出示证件制服这个女人，但这样做自己的身份就暴露了，跟踪任务就会无法完成。若不暴露自己，眼前这个情况又难以对付。突然他想到自己上船以后还没有说过一句话，心生一计，便打着手势，嘴里哇哇叫着，然后用笔写道："我是聋哑人，不知道你在讲什么。"那女人一下子愣住了，看着屋里没人，也在纸上写下了自己的讹诈要求。小张立即把纸条夺过来，往自己的口袋一塞，站起来说："你快给我出去，不然我把纸条交给乘警了。"

这个女人只好悻悻地离去。

小张在进退两难的时候运用装聋作哑的方法将计就计，巧妙获得了对方讹诈的证据，一下便将对方制服。说话过程中懂得灵活机动，并不意味着可以耍小聪明，任何一种语言表达形式，都不需要小聪明来进行掩饰。

坚定语言个性化

主动性、坚毅性、果敢性是语言的三大个性，无论哪种个性都能增强我们的语言反击能力，能够在我们受到语言攻击时快速识别、快速判断、快速反击，因此也就有助于实现口才的效用能力。

1. 主动性

主动性是指一个人在说话时应具有明确的说话目的，并充分认识说话的意义，使自己的表达行为服从于听众要求的心理。

这种心理反映着说话者的意念，贯穿于说话活动的始终；同时，也是产生说话欲望的动力。比如你是一名军人、一位领导、一个党员，或有良知的公民，当有严重损害国家、人民利益的言行突然在你身边发生，你会被强烈的责任心驱使，站出来喝止。至于这会给自己带来什么不好的影响，是来不及考虑的。像在长途汽车上勇敢站出来制止歹徒施暴的解放军战士徐洪刚，就是这样。

2. 坚毅性

坚毅性是指说话的人能对自己的表达坚持到底，无论如何都不被外力的影响左右，坚毅顽强，勇往直前。在这种心理支配下，既要全力维护自己所表达的立场，又要奋起排除各种干扰自己立场的因素，任凭外力如何干扰，绝不改变初衷，有善始，必须善终。

坚毅不是顽固。顽固是明知自己所言站不住脚却偏要坚持，对不同意见，不管是否有理，一概排斥。而坚毅则是深信自己所言是正确的，别人只是一时无法接受、认同，自己也无法一时加以充分证实，但以后的实践必将会证明自己是正确的。

3. 果敢性

果敢性是指说话者所说的话中需要明辨是非，表达态度时，能够迅速勇敢地以恰当地言辞作出决定。

这种心理容不得犹豫、迟疑，也不可能允许说话作全面、反复、认真的思虑。千钧一发，迫在眉睫，当断不断，必为所乱。有时，即使有很大危险，也在所不惜。

果敢不是妄断。妄断是情况不明，毫无把握，乱撞。而果敢是对情况有所了解，并有一定把握的心理反应。诸葛亮要是不了解司马懿为人多疑，不了解司马懿深知自己平生谨慎、从不冒险的心理，绝不会果敢地大开四门唱空城计。

储备必要的知识

知识是我们发挥语言威力最基础的东西，没有知识支撑，语言就是一座空中楼阁。只有拥有丰富的知识并将其运用到语言中去，才能更好地驾驭语言，从而更好地提升说话能力。

1. 处事知识让你言之有节

处事就是和社会上形形色色的人交往。我们每个人都是社会大家庭的一个小分子。只要我们想要在社会上生存，就要对社会生活中各种各样的关系发生关联。如果想使自己的语言更加合乎规律，达到自己的目的，就必须掌握必要地处事知识，掌握交际应酬起码的知识，这样才能说出与当时的情景相适应的言辞。

杨修是曹操的主簿，相当于机要秘书。有一次，他陪同曹操视察刚建成的一座庄园。曹操看了之后什么也没说，提笔在庄园的门板上写了一个"活"字，然后转身离去。众人不知何意，面面相觑。杨修道，"活"字题在门上，即"活"外一门为"阔"，丞相是嫌门子太窄，加宽就行了。这话传到曹操耳朵里，曹操表面称许，心中不悦。

有一次，曹操出兵汉中，与刘备僵持不下。部将到曹操营中请问夜间号令，正好曹操正在喝鸡汤，随口说了一句"鸡肋"。杨修听后便让士兵收拾行装准备撤兵。众人不明白，问他什么意思。杨修说："鸡肋者，食之无味，弃之可惜。今进不可胜，退恐人笑，在此无益，不如早归。"

曹操听后大惊，斥责道："杨修怎敢造言，乱我军心？"喝令斩之。

作为一个下属，随意揣测上级的意图而擅自传播，这是杨修被杀的重要原因。

这就是处事知识，不懂这些，有可能招致杀身之祸。像探亲、访友、问候、祝贺、吊丧等这些都已形成不成文的规矩与习惯，若想提高语言应用知识，就应该投入社会，留心这些知识。

2. 世事知识让你言之有度

世事就是世界上的事，也就是社会生活中方方面面的常识、经验、风情、习俗等。这种知识一般不用专门学习，只要我们不脱离这个社会，在实际生活中我们就会潜移默化，逐步体会领悟到。正所谓"世事洞明皆学问，人情练达即文章"。

当然世事知识太多了，我们不可能都亲身经历过。比如熟悉甲地，熟悉本地的世事知识，但对外地的这些知识可能了解很少。这就需要我们多学多问。我国有一句俗话"入乡随俗"，就是说到了外地就要学习并遵守当地的风俗习惯，否则只会自讨苦吃。

3. 文化知识让你言之有理

这里的文化是广义的文化，包括人类在发展过程中所形成的一切精神财富，上到天文，下到地理，中间的政治、经济、科学、艺术等一切尽在其中。这些知识体现为成语典故、名言警句等，它能陶冶人的情操，开拓人的视野，从而使人的语言表达更具有感染力和说服力。这些知识的获得只能靠我们孜孜不倦地学习。只有不断学习、不断积累，你的口才才能提升得更快。

明朝万历年间，内阁首辅张居正为了使自己的儿子状元及第，派自己的弟弟张居直约见极有可能获得第一的临川考生汤显祖，要他让出第一名。张居直说："汤才子之乡乃产笔名地，故王勃在《滕王阁序》里写有'光照临川之笔'的佳句。"汤显祖笑道："据我所知，王勃所言指谢灵运之诗，他曾为临川刺史。"张居直的脸一下子红了，尴尬万分。

在人际交往过程中，若对某方面文化知识不足，就不要轻易涉足这方面的话题，否则会闹笑话。

4.专业知识让你言之有力

前些年一个间谍被我公安机关抓获后，坚持说自己是一个学者而不承认自己的间谍身份。在多次审讯无果后，警察和他聊起了家常。

"你是学者，那你研究什么？"

"我研究的是古代思想家管子。"

"是管仲吗？"

"是的。"

"管子还是中国著名的军事家。"

"是吗？"

"中国有句成语叫老马识途，你知道吗？"

间谍摇摇头。

"怎么，你作为一个学者竟然连这么简单的一个成语都不知道？"

间谍一脸惶恐。

警察接着说："看来你在中国这么多年，没有研究管子，而是另有任务，一直从事非法活动。"

这个以学者身份为幌子的间谍因为专业知识的欠缺而露馅。社会上各有各的领域，不同领域其专业知识也不同，所谓"隔行如隔山"说的正是这个道理。无论我们从事什么行业，有一点是必需的，那就是掌握本行业的专业知识。

专业知识的获得，一靠学习，靠不断的积累；一靠实践，在实践过程中掌握这些知识。社会在发展,知识也在不断地更新,因为我们的专业知识即使学得很好，也还是需要不断学习。

明确说话的目的

在平常的语言场合中，失言是不可避免的。失言的原因是多方面的，但其中最根本的原因，往往是因为缺乏清醒的目的。语言交流的目的，不只是一种社交上的需要，也不只是互相认识和了解一下。

例如，你找一位朋友，请他参加一个团体，或者请一位医生解决一个医疗问题，或是买卖双方谈论生意上的事情，这一类谈话究竟和一般社交性质的谈话有什么不同呢？在有些方面，两者是一样的。例如，你要具有一般的谈话能力，你要能够适应对方，尽可能了解对方的特点；你要有兴趣，态度要友好而真诚，等等。但有些地方却是不同的，这类谈话，每次都有一个特殊的目的。

一般来说，人们说话的目的，有以下五种：

第一，传递信息和知识。如课堂教学、学术报告、现场报道、产品介绍、展览解说等一类的谈话。

第二，引起注意或兴趣。多是出于社交目的，或为了与人接触；或为了与人沟通；或为了表明自身的存在；或为了取悦别人，如打招呼、应酬、寒暄、提问、拜访、导游、介绍、主持人讲话等。

第三，争取了解和信任。如人们交谈、叙旧、拉家常、谈恋爱等，往往旨在交流感情，增进友谊，密切关系。

第四，激励或鼓动。旨在加强人们现有的观念，坚定信心，振奋精神，有时也要求得到行动上的反应，如赞美、广告宣传、洽谈、请求、就职演说、鼓动性演讲，以及聚会、毕业典礼和各种纪念活动、庆祝活动中的讲话等。

第五，说服或劝告。诸如谈判、论辩、批评、法庭辩护、竞选演讲、改革性建议等。此类说话，大多力图改变对方的某种观念或信念，阻止对方采取某种行动。

坚持话由旨遣的原则，明确说话目的，是说话取得成功的首要条件。目的明确，谈话、社交往往能够取得良好的效果，有时甚至能够使说话人急中生智，化险为夷。

只有明确目的，才知道应准备什么话题的资料，采取何种语言风格，运用哪些技巧，从而能够有的放矢，临场应变。若目的不明，不顾场合地信口开河。毫无目的性地东拉西扯，对方就会不知所云，无所适从。

因此，每次说话之前，不妨问问自己："我为什么要说？""人家为什么要我说？"预先想一想可能产生的效果，把预期的效果当作目标并为之努力。

那么我们怎样才能做到明确目的呢？

首先，以听明白为前提。语言是信息传递、思想交流的工具。无论是我们陈述一件事情、说明一个道理，还是提出一个问题，我们都要让听者明白我们说话的目的，这样才能达到我们的目的。比如一个推销员向顾客推销自己的产品，那么他必须将自己推销的产品的性能、价格和其他的一些情况用语言向顾客讲述明白，只有这样顾客才了解你的产品，而只有顾客了解了你的产品，他才会决定是否购买你的产品。

从语言效果上来说，一切语言都是围绕听者而展开的，从这个角度来说，语言表达要以听者为主体。以听者为主体就是要考虑听者的接受能力、处境、心情、实际需要和思想性格。

其次，以说服对方为目的。在说服对方时，既要显得真诚，又要为对方着想。这样，无论是交易上还是感情上都和对方进行了沟通，从而促使我们的目的更好地达到。

一位善于谈判的经理在推销产品时总是说："我的工厂是小工厂，大夏天工人在露天场地工作，汗流浃背，好不容易制造出产品，按照正常利润来算，我给你的报价是合理的。"对方听完一笑："我可服你了，你的话总是和别人不一样。好吧，我就按你说的价格买下来好了。"

这个经理的成功在于真诚的态度。真正地站在对方立场上，并全面分析双方的利弊得失，说话真诚，语气随和，不卑不亢，入情入理，又怎么能说服不了对方呢？

最后，以关心他人为准则。关心别人不仅可以结交不同的朋友，还可以获得更多的主动权。这并不是什么崭新的道理，早在基督降生前一百年，有一个罗马诗人就说过："当别人关心我们时，我们也关心他们。"

必须坚持的原则

在与人交流时，有时候我们必须顾及他人的想法与感受，但为了能将自己的意思表述得更加恰当与完整，我们也需要在语言上表现出强势与肯定的态度。如何处理好这两者间的关系？以下两点可以作为我们的日常参考。

1. 以他人的角度来看世界

有人认为，他们的观点是唯一真实或正确的看法。他们不去检验自己的看法，不知道自己很多的见解只是假设和偏见。指出他们的错误不是你的工作，由于你不能改变别人或至少不能期望改变他们，所以若你要设计出一项协议，就必须避开这些先入为主的观念。

有效地了解别人，你必须像别人那样看外界。当你有能力以他们的观点看问题时，你就能明白别人要什么，也使他们觉得意见正确因而快速和完整地听取你的意见。

2. 树立自信

从历史来看，能在事业上有所建树的人们有一个共同的特点，那就是自信。

他们在进行语言表达的时候，思维敏捷，谈笑风生，应付自如。但是我们大多数人却做不到这一点。其实每个人都多多少少有怯场的经历，而非个别现象。

之所以怯场，是因为缺乏自信。那么，怎么才能树立自信心呢？

第一，要做好充分的准备。在你讲话之前做好各种意外情况的准备。首先不要背词。很多人为了避免冷场而栽在背诵的陷阱里。一旦养成这个习惯，就会不可救药地从事这种浪费时间的准备，从而破坏说话的效果。你所说的话会很死板，不是发自内心，只是出于记忆。其次预先将意念汇集整理，汇集那些从实践经验中汲取的思想、概念，真正地准备是思考，只需一点专注和思考便能达到目的。

第二，树立成功的决心。我们可以全身心投入自己的信念中，详细研究，抓住更深层次的意义。同时我们不要过多考虑令人紧张的负面情绪，总是想自己会不会犯什么错误，会不会出洋相。在这种反面假想支配下，我们的信心是很容易被击垮的。要时时想着为自己加油。当消极思想开始腐蚀你的时候，你就应该为自己打打气，用明白、坦诚的言辞告诉自己：我能行。事实上，真诚的鼓励是必要且必需的。

克服当众讲话的恐惧，树立自信，对于我们做任何事都有极大的心理暗示作用，并且发现我们的思维甚至性情都因而得到潜移默化的改变。那些接受挑战的人，会发现自己人品极佳，素质极高，发现自己已经脱胎换骨，进入更丰富更美满的人生。

一位销售人员说："恐惧克服后，我感觉任何人都可以应付了。即便是特别凶悍的客户，他还没来得及拒绝，我已经将商品放在了他的面前。结果，他给了我很大一份订单。"以前是困扰难解的事情，现在变成快乐的挑战和机遇了。

下 篇
场景篇

· 第一章 ·

面试口才

说话方式，快速接受

从一定意义上说，面试的过程是一个让面试官接受你、欣赏你的过程。如果能在最短的时间内发挥出自己的聪明才智，让面试官眼前一亮，你就会有很大胜算。

1. 表明你的工作态度

国外某家企业欲招聘一个职员，有三位求职者报名前来。招聘人员让这三个人想象正在打扫，然后问道："你们在做什么？"

第一个应聘者说："打扫屋子。"

第二个应聘者说："我正在做钟点，每小时 3.3 美元。"

第三个应聘者却说："你问我吗？我正在整理一座世界上最庞大的宾馆。"

结果，第三个应聘者被录取了。

如果你作为公司的主管人员，不难想象这三个人未来发展的情况会怎样。最可能的情况是：前两人依然是清洁工。他们没有远见，不重视自己的工作，缺乏追求更大成功的推动力。这种人很难为企业的发展做出创造性的贡献。但是，那位把自己看成在整理大宾馆的清洁工绝不会永远是个工人。也许他已成为管理者，甚至成为有名的宾馆经理。第三个清洁工已经掌握了新的思维方法，这为他在工作中的自我发展开辟了道路。

一个人的工作态度能说明他是否能担负大任。事实上，招聘者对求职者能否适合某项工作，经常注意到这一点，就是看他对目前的工作有何看法。如果求职者认为自己的工作很重要，就会给招聘者留下深刻的印象，即使他对那项工作还有不满。道理很简单，如果他认为他目前的工作很重要，那很可能为他的下一个工作自豪。这是许多单位选用人的重要原则。一个人的工作态度同他的工作表现有着密切的关系。他的工作态度，正如他的仪表一样，会对上级、同事和下级，乃至他接触的大部分人说明他内在的品质。

2. 亮出你的新意

青青去深圳某电子公司应聘时，穿的是一袭雅致的连衣裙。老板问她，为什么愿意离开家，从遥远的西安来深圳打工。

青青微笑着说："在深圳一年四季都可以穿裙子！"这出乎意料的回答，令老板十分欢喜。他马上笑着站起来，走过去握着她的手说："好，我们欢迎你，你有一颗纯真质朴的心。"

青青用一句轻松的调侃，就将一个很难的问题轻松化解，表现了较高的应变能力。

一般来说，招聘者提出的问题可分为两类。一类是规定性提问，也就是招聘者事先准备好的对每一位应聘者都要发问的问题；另一类是自由性提问，亦即招聘者随意穿插的问题，这些问题往往是千变万化、涵盖宽泛的，招聘者可以从应聘者不经意的对答中窥视其闪光点或缺点。

无论是哪一类问题，应聘者在回答时都应当把握以下几条基本原则：不要遗漏表现自己才能的重要资料；保持高度敏锐和机敏灵活的思维状态；回答既要表现自己的个性气质，又要表现出对招聘者的尊重与服从；认真倾听对方的提问，并注意对方的反应，以便及时调整自己不恰当的回答；避免遇到"倒霉""晦气""不幸""疾病"之类可能招致对方忌讳的字眼。

两难问题，机巧回答

中国自古以来讲究中庸之道，折中可以说是一门艺术，是祖先智者留下的智慧结晶；是为人处世，各个方面都可以适当运用的生存立世之道。

在求职面试中，主考官经常会给你出一些令你左右两难的问题。在这个时候，你可以选择缄默吗？不能，那只会使你与工作失之交臂。你只能勇敢作答，但有勇也要有谋。左不行，右也不行，那就最好采取折中术。

在一次外企面试中，双方交谈得很投机，看来希望不小。接近尾声时，考官看了一下表，问："可不可以邀请您一同吃晚饭？"

原来这也是一道考题。如果考生痛快接受，则有巴结、应酬考官的嫌疑；如干脆拒绝，又被说成不礼貌。考生动了动脑筋，他机智地回答道："如果作为同事，我愿意接受您的邀请。"

由于他预设了一个前提条件，所以他的回答十分得体到位，获得了好评。

总之，对于可能设有"陷阱"的提问，一般情况不要直答，而应想一想对方的用意是什么，"机关"在哪里，然后运用预设前提的说法跳过陷阱，予以回应。所谓折中术，就是采取一个巧妙的方法将划分左右的界限模糊掉。

日本某银行招聘公关人员时，极为重视职员协调人际关系的才能。该银行没有专门考核应聘者的业务知识，而是提出了一道别出心裁的判断题："当国家的利益和本银行的利益发生冲突时，阁下采取何种对策？"

三类不同的应聘者对问题的回答迥然不同。

第一类人回答："当国家利益跟我们银行利益发生冲突时，我会坚决地站在我们银行的立场上。"

银行主管人员认为，这样的人将来准会捅娄子，不能聘用。

第二类人回答："当国家利益和本银行利益发生冲突时，我作为国家的一员，应该坚决保护国家的利益。"

银行主管人员认为，第二类人员适合政府部门的工作，也不可取。

第三类人则回答说："当国家利益和银行利益发生矛盾时，我要尽全力淡化矛盾。"

银行主管人员认为第三种人才是银行需要的高手。企业同政府的关系往往集中表现在国家利益和企业利益上，企业公关人员作为企业与公众之间的媒介，只有注重社会整体的协调性，善于采取圆融战术，才有可能妥善处理好企业与国家的关系。

在这里尤其要指出的一个方面是，由于女性本身所具有的一些求职方面的先天劣势，如结婚生子、照料家庭内务等，招聘单位常担心其婚姻和家庭会影响工作，所以面试时往往提出许多相关的问题。这些问题或刁钻古怪，或直击要害，总让人觉得左右两难，如何回答都不妥当；但能否回答好这些问题，又直接关系到求职是否能获得成功。比如，其中有一个问题常常被当作拦路虎，它时时跳出来为难求职女性：如果让你在家庭与事业之间做选择，你认为哪一个更重要？

这是一个老生常谈的问题，也是一个难题。事实上这是一个对于任何人都重要的问题，之所以更经常地出现在女性求职者面试的情景中，是由于女性往往要对家庭内务承担更多的责任，而这些责任很可能与工作相冲突。招聘单位自然非常希望你以事业为重，但也很清楚谁都希望拥有一个幸福美满的家庭，有幸福的后方保证，才能无后顾之忧地集中精力工作。显然，这道题目是个两难的选择，不管你选择家庭还是事业，无疑都是不合适的。所以，回答这个问题的时候，不妨换个角度，不和题目正面冲突，又给出招聘单位想要的答案。

你可以参考如下的回答：

"我认为，无论在工作上还是在家庭中，女性的最大目标都是要使自己活得有价值。虽然我很想通过工作来证实自己的能力、体现活着的意义，但家庭对于我的意义也是不容小觑的，我也相信，不只是我，可能每个人都是这么认为的。家庭和生活也许是互相影响的两方面，但我相信，它们并不是站在对立的立场上，处理得当的话是完全有可能两全其美的。事实上，有很多女性都是这样做的，而且她们也做得很不错。我认为我也可以做到。"

这样的回答，既表明了你对待工作的态度，又表达了你对家庭的热爱，而这两点，正是一个心理健康、成熟的女性所应该具备的。

在面试中，学会这样回答问题，不要表明你对任何一个方向的倾向，能大大提高被录用的机会。

幽默风趣，别具一格

在面试的时候，许多人会因为紧张而失去被录取的机会，这其中包括许多有才华、有能力的人。面试官认为，紧张慌乱的应聘者，意味着在工作中也不能胜任。此时，如果你善于幽默，可以在此发挥，调节一下气氛。幽默可以说是一种优美的、健康的品质；幽默也是人与人之间的润滑剂，是一个敏锐的心灵在精神饱满、神气洋溢时的自然流露。每个人都喜欢说话风趣的人。

在求职面试过程中，求职者在回答问题时采用一些幽默的语言，这样不但能活跃气氛，也能获得面试官的好感。

一位考官这样问一名女性应聘者："为什么你要选择教师这个职业？"

应聘者回答说："我小时候曾立志长大后要做伟人的妻子。但现在，我知道我能做伟人妻子的机会实在渺茫，所以又改变主意，决定做伟人的老师。"

这位应聘者的回答博得在场人员的一片掌声，结果她被录取了。

这位应聘者的明智之处就在于打破了常规思维和表达模式，以真实感受胜人一筹。她用了"伟人"这个范畴来贯穿前后，表达自己所立的志向、幽默的谈吐，既清楚地表达了自己的中心意图，又出语惊人、新颖、不落俗套，因而这位求职者获得了成功。

在一次电视台主持人招聘面试中，考官问一位女学生："三纲五常中的'三纲'指什么？"这名女学生答道："臣为君纲，子为父纲，妻为夫纲。"她刚好把三者关系颠倒了，引起哄堂大笑。可她镇定自若，幽默地说："我指的是新'三纲'，我们国家人民当家做主，领导是人民的公仆，当然是'臣为君纲'！计划生育产生了大量的'小皇帝'，这不是'子为父纲'吗？如今，妻子的权力逐渐升级，'妻管严''模范丈夫'流行，岂不是'妻为夫纲'吗？"

这位女学生机敏幽默的回答，显示了她的口才与智慧，显示了她竞争的实力，最终，她顺利通过了面试。

幽默是自信的表现，是善于处理人际关系的反映。在非常严肃、紧张、决定前途的面试中，不妨来点幽默，不仅可以使自己放松，能使考官记住你，还会让你因此在面试中脱颖而出。

面试中，自信的应答不但有助于受试人吻合招聘者既定的聘用期望，而且可能重新塑造招聘者的聘用愿望。然而有的人更胜一筹，是因为他在自信中添加了幽默的元素。

自我介绍，恰如其分

求职面试时，招聘者最想知道的就是求职者的独到之处。在能力相同的情况下，那些求职者之所以能够成功，关键在于他们在面试时自我介绍得恰如其分。

要做到恰如其分的自我介绍，可以从以下几个方面着手：

1. 彬彬有礼

在做介绍前，要先对主试官打个招呼，道声谢，如："经理，您好，谢谢您给我这么好的机会，现在，我向您做个简单的自我介绍。"介绍完毕后，要注意向主试官道谢，并向在场面试人员表示谢意。

这能给主试官留下很好的印象。没有人会拒绝谦恭的态度。

2. 主题明确

在做自我介绍时，最忌漫无中心，东扯一句西扯一句，或者陈芝麻烂谷子，事无巨细一一详谈，让人听了不知所云。求职面试中的自我介绍宜简不宜繁，一般包括这些基本要素：姓名、年龄、籍贯、学历、学业情况、性格、特长、爱好、工作能力和工作经验，等等。对于这些不同的要素该详述还是略说，应按招聘方的要求来组织介绍材料，围绕中心说话。假如招聘单位对应聘者的工作能力和工作经验很重视，那么，求职者就得从自己的工作能力及经验出发做详细的叙述，而且整个介绍都是以这个重点为中心。

下面是一位求职者面试时的自我介绍，非常精练，分寸把握得当。

"我的经历非常简单。1985年，18岁的我高中毕业没有考上大学，招工进入某厂当上了一名车工。从此，我操刀切削十多年。其间3次参加全市车工岗位技术大比武，荣获两次第3名，一次第2名。去年企业破产，我下岗失业。下岗后参加过3个月的电脑培训，3个月的英语培训，取得两个上岗证书，为我掌握现代化的数控车床操控技术打下了基础。听说贵公司招聘技工，我觉得我是比较合适的人选。"

从上例中可以看出，介绍自己简历时可以从参加工作时讲起，不要拉得太远；经历中重点介绍自己从事什么工种，有何特长，凡与此无关的都可省略；能够显示自己优势的，可以讲详细些，而且应与招聘内容联系起来。例如，三次参加技术比武获奖，两次参加技术培训，都显示了应聘者的技术水准，可以说正投招聘者所好。所以，立刻引起了主考官的兴趣。

3. 让事实讲话

在自我介绍中，要尽量避免对自己做过多的夸张，一般不宜用"很""第一""最"等表示极端的词来赞美自己。在面试场上，有些人为了让面试官对他留下深刻的印象，往往喜欢对自己进行过多的夸赞，如"我是很懂业务的""我是年级成绩最好的一个"，总是喜欢带着优越的语气说话，不断地表现自己。其实，如果对自己做过多的夸耀，反而会引起面试官的反感。

谈论自己的话题，应尽可能避免一些夸大的形容词，把话讲得客观真实，尽量用实际的事例去证明你所说的，最好用真实的事例来显露你的才华给面试官。

一家物流公司在招聘考试时，发现一位应试者在校成绩不太好，主考者问道：

"你的成绩不是很好，是不是不太用功？"应试者回答说："说实在话，有的课我认为脱离实际，所以把时间全花在运动上了，所以身体特别好，还练就一身好功夫。"主考者很感兴趣，让他表演一下。应试者脱下衣服，一口气做了 100 多个俯卧撑，使主考者大为吃惊，立即录用了他。

有位成功面试者说："我毕业于一所没有名气的大学，但请看看我过去 10 年的工作成就吧！"这样说突出了他的精明和强干，用事实来说话。

当你在谈论自己某方面的长处时，请千万记住用具体论据来支持。比如，你说"我和其他工作人员关系很好"时，别说到这里停止了，还要举一些具体事例来加以陈述，如："我总是和我的工作伙伴和属下有着相当融洽的关系，而且我也和从前每一位上司都成为好朋友。

4.好牌不要一次出完

当你有了不起的业绩时，或者你有足够的资历、经验能胜任这项工作时，不要在"自我介绍"中和盘托出、暴露无遗，要给自己留一手，一开始就说出"伟大业绩"会给人自吹自擂的感觉，引起人反感，留在后面说，会给人以谦虚诚实的印象，使面试官对你刮目相看。

小秦曾经得过全国发明奖。他先故意不跟面试官提这件事，当谈话进一步深入时，面试官提到这项发明。小秦笑笑说："这是我前年搞的。去年和今年又搞了两项。"面试官问："得奖了吗？"小秦说："那有什么可值得提的。"小秦也许在今年和去年都没有得奖，他对得奖的淡漠，赢得了面试官的格外好感。面试官十分高兴，录用了小秦。

试想，如果小秦一开口就把自己发明的成果大大宣扬一番，面试官就会说："你更适合搞发明吧！"而且心里还会想：这人有什么了不起的，别拿什么奖来吓唬我。你越用过去的业绩来炫耀，面试官就越不买你的账。

5.掌握"瞬间展示"法

现在，许多企业，特别是外资企业和合资企业，都喜欢采用"一分钟录像"的办法来选择人才。所谓一分钟录像，就是只给应聘者一分钟的时间，让他们利用这短暂的时间来介绍自己，同时录像，然后拿给招聘者观看。这种自我介绍比较难，因为没有任何问题作为你谈话的引导和提示。

如果招聘单位使用"一分钟录像"的方法录用人员，那么求职者在一分钟的时间里，如何充分地表现，如何更多、更好地让对方了解自己，便成了求职成败的关键所在。因而，要求应聘者必须在短短的几分钟内或某一瞬间，最有效、最充分而又最简洁地表现自己，从而获得求职成功。这种策略称为"瞬间展示"法。

"瞬间展示"法的求职技巧主要包括以下两个方面：

其一，精选一分钟录像内容。由于只有一分钟，时间很短，因此说话内容不宜太多、太繁杂，着重讲好以下几个方面即可：

自己的简历、家庭状况。

自己的专业、主修的课程。

曾担任过的社会工作。

对自己未来工作的简单设想。

应聘的态度。

自己的抱负和理想。

其二，一分钟内注意的事项：

在服装方面要着意打扮一下，衣着整洁，将会给人一种美的感觉，也是社交活动必备的。

切忌蓬头散发，不修边幅。

镇定自如，不要紧张。

礼仪周全。开始时，先说声"你好"，然后再作自我介绍，最后不要忘了说声"谢谢"。

内容要简单精练。

说话声音要高低适中，吐字发音要清楚。

自我介绍的话并不需要说得太多，但要句句说到点子上，这样就能轻易为你的面试加分。

不管面试的类型设计得如何科学，让人喜欢的气质在对方决定谁能获得职位时总是起着很大的作用。愿意雇用自己喜欢的人这是人之常情。所以，必须学会让面试官喜欢我们，具体做法如下：

1. 展现你与面试官或公司文化的相似之处

你和面试官也许并不完全相同，但你应该找出你们兴趣相同的方面：比如共同喜欢的电影、工作方法和产品，等等。如果你成功地使有权决定录用员工的面试官看到了你们的共同之处，例如，世界观、价值观以及工作方法等，那么你便赢得了他的好感并可因此获得工作机会。

2.聆听面试官的问题、评论或者感受

人们喜欢别人听自己说话胜于自己听别人说话。你应该通过总结、复述和回答面试官说的话，使对方喜欢你，而不是仅仅注意你要说什么。

3.赞美时不要做得太过头

当看到办公室好看的东西时，你可以趁机赞美几句以打破见面时的尴尬，但不要说个没完。多数面试官讨厌这种赤裸裸的巴结奉承。相反，你应该及时切入正题——工作。

4.讲话停顿时显得像是在思考的样子

这么做能使你显得是那种想好了再说的人。这种做法在面对面的面试时是可以的，因为面试官可以看得出你在思考而且是想好了才回答。在电话面试和可视会议系统面试时，不要做思考的停顿，否则会出现死气沉沉的缄默。

5.适当做笔记

随身携带一个小笔记本。在面试官说话时，特别是你问完一个问题之后，或者他在特别强调某件事情时，你可以做些记录。做笔记不仅表明你在注意听，而且也表明你对面试者的尊重。

要求薪酬，注意要点

求职面试时难免不谈起薪酬。一个人的薪酬是与其能力、作用、表现和贡献等息息相关的，在用人单位尚未了解你上述情况时，开价过高，难以被用人单位接受；开价过低，吃亏的又是自己。

怎样与用人单位协商薪酬？你必须首先应该知道以下几点：

第一，除非用人单位已经十分明确表态要用你，否则不要讨论薪酬；

第二，切勿盲目主动提出希望得到的薪酬数目；

第三，尽可能从言谈中了解用人单位给你的薪酬是固定的还是有协商余地的；

第四，面试前设法了解该行业薪酬福利和职位空缺情况。

在协商过程中，如果用人单位要你开价，可告诉其一个薪酬幅度。如他一定要你说出个明确数目，可问他愿意付多少，再衡量一下自己能否接受。

为减少讨价还价的盲目性，可到其他同类公司询问职位空缺情况和大概的薪酬标准，以便自己心中有数。同时别忘了，福利也是你应得的报酬，如医疗保险、公积金、带薪休假和年底分红等。

理想的薪酬数，应是用人单位和求职者双方都能接受的，而应试者应表现一定的灵活性。当薪酬福利谈妥后，最好要求用人单位写份协议合同，因为有些用人单位面试之后，很可能会忘掉曾答应你的事。

工作谈判不能像其他谈判那样，一味设法提高对方开出的条件，而对方就只顾压低你的价钱。把原来和谐的气氛弄成敌对的局面，这对你实在没有好处。

谈判一旦出现僵局，不妨把话题转移到有关工作的事情上。例如，对方有心压低你的薪酬，就可将话题转移到你上任后有何大计，如何扩大市场占有率和如何降低产品成本等，那样原来紧张敌对的状态，很快便会变成同心协力的局面。

公司都希望应试者对应聘的职位感兴趣，而非纯以金钱挂帅。因此，只要老板觉得请你没有令公司损失，要争取高薪、福利并不困难。你可以讨论自己的才能、经验，要求老板让你承担多一点责任，甚至把职位提高，这样就有机会将福利提高。即使没法调升职位，但是工作范围扩大了，公司多付薪水给你，也不过是补偿你额外的工作，亦不会因任何一方吃亏而令谈判中断。

如果受公司预算限制，甚至比你现有或以往的薪水还要少。只要你认定这是一份理想工作，不妨暂时不谈薪水。待对方认定你是最佳人选，再尝试以职位及工作为由，多要求些福利津贴。例如，若想要求提高公务开销，你就应说以往工作顺利，全因频频与客户交际应酬，从而提出担心公务开销不够，雇主也会乐于增加这方面的津贴。

独树一帜，主张个性

意气风发的你怀里揣着个人简历，为谋求一份满意的工作尽着种种努力。人才市场、招聘会、就业指导中心、因特网上，都留下了你辗转流连的脚步。面对着熟悉而又陌生的社会，面对着成千上万的优秀竞争者，你也许感到迷茫彷徨，怎样才能在众多应聘者中脱颖而出，让招聘方看到你呢？请在言谈中发挥你的创意吧！彰显你的个性，若干竞争者都会迅速排到你的后面去。

陈锋南下广州，第一次参加应聘面试却迟到了，到达该公司时，已有30个求职者排在他前面，他是第31位。

怎么能引起主试者的特别注意而赢得职位呢？陈锋很快拿出一张纸，在上面写了一些东西，然后折得整整齐齐，走向秘书小姐，恭敬地对她说："小姐，请你马上把这张纸交给老板，这非常重要！"

那小姐很称职，点点头把那张纸条取走，并很快送到老板的桌上。老板看后笑了起来，因为纸条上写着："先生，我排在队伍的 31 位，在你看到我之前，请不要作决定。"

虽然迟到了，陈锋却反而利用这一点，将劣势转为优势。

最终陈锋得到了工作，这是他善于用脑的结果。

确实，一个会动脑筋的人，一定是个富有创意的人，而这家广告公司所要的人才，就是要求其想象力丰富，有创意。

在面试过程中，招聘人员经常会产生奇思妙想，故意抛出难题来考验你的想象力和创造力。这时候，切忌平淡做出回答，最好让你的思想长上一双翅膀，多发挥创造力，让你的回答独树一帜。

款式新颖、造型独特的物体常常是市场上的畅销货；见解与众不同、构思新奇的著作往往供不应求。独特、新颖便是价值。物如此，人亦然。他人不修边幅，你则不妨稍加改变和修饰；他人好信口开河，你最好学会沉默，保持神秘感，时间越长，你的魅力越大；他人总是扬长避短，你可试着公开自己的某些弱点，以博得人们的理解与谅解；他人自命清高、孤陋寡闻，你应该尽力地建立一个可以信赖的关系网；他人虚伪做作，你要光明磊落，待人坦诚；他人只求可以，你则应全力以赴，创第一流业绩；他人对上级阿谀奉承，你却以信取胜。独特也是一种艺术。

某公司在一次"形象大使"的挑选赛中，为了测试参赛选手的应对技巧，主持人提出了这样一个难题："假如你必须在肖邦和希特勒两个人中间，选择一个作为终身伴侣的话，你会选择哪一个呢？"

其中有一位参赛选手是这样回答的："我会选择希特勒。如果嫁给希特勒的话，我相信我能够感化他，那么第二次世界大战就不会发生了，也不会有那么多家破人亡的事故发生。"

这位选手的巧妙回答赢得了人们的掌声。这个问题难度较大，大多数人估计都不会回答"选择希特勒"，因为如果回答"选择希特勒"，很难给予合理的解释。那位小姐却选择了出人意料的答案，又寻出了合理而又充满正义的解释，从而成功地推销了自己的特色，以幽默、机智给评委留下了深刻印象。

"山不在高，有仙则名；水不在深，有龙则灵"，有时候，真实的思想和坦率的语言就是个性突出的最佳表现。你不妨实事求是，个性鲜明地怎么想就怎么说（当然，除一些敏感性问题需有适度的分寸之外）。你所表现出的机敏、坦诚与个性，一定是招聘者最为欣赏的。

怎样树立独树一帜的个性？

首先，要多动脑筋，发挥自己的创意，让竞争者都排到你的后面。

其次，可用真诚的思想和坦率的语言突出自己的个性。

当你被问道："你喜欢出差吗？"你可以直率地回答："坦率地说，我不喜欢。因为从一地到另一地去推销商品并不是一件惬意的事。但我知道，出差是商业活动中的一个重要部分，也是推销员的主要工作之一。所以说，我不会在意出差的艰辛，反而会以此为荣。因为我非常喜欢推销工作。这一点更重要。"

又如，主持面谈的经理问你："如果我们接受你，你会干多久呢？"如果你这样回答："没人愿意把一生中最为宝贵而有限的时光花在不停地寻找工作当中；也不会有人甘愿把他所喜爱的东西轻易放弃。就拿这份工作来说，如果它能使我学以致用，更多地发挥我的潜力，而我也能从中获取更多的新知识与技能，并且也能得到相应的回报，那么我没有理由不专心致志地对待我所热爱的工作。"

扬长避短，力求完美

金无足赤，人无完人，如果你想刻意掩盖自己的缺点，尤其是那些显而易见的缺点，恐怕会招致反感。最好的办法就是在与主考官交谈时坦然地主动承认，但是，承认缺点是要讲求方法的，最好在谈缺点的时候，模糊该重点，甚至暗暗对自身优点夸赞一番。

当求职者的简历上有明显的留级记载，你可以这样谈及这件事：

"我也觉得留级一年很不应该，当时我担任社团的负责人，全身投入社团活动上，反而忽略了自己当学生的本分，等我察觉到这个错误时，我已经留级了。虽然我花在社团的心血，也带给我不少的收获，可是每想到自己因此而留级，就觉得很可耻，我一直都对此事耿耿于怀，更不愿重蹈覆辙。"

从你的话语中，主考官反而关心起你社团负责人的工作来，他猜测该应聘者在社交方面的能力会非同一般。求职者明说缺点，暗中却在体现自己的能力，这样的坦白何其高明，何其漂亮。

我们都非完人，但可以扬长避短。

在某公司招聘部门经理的面谈中曾有这样一段对话：

问："你不认为自己做这项工作年轻了些吗？"

答："我已经23岁了，事实上，下个月我就23周岁了。尽管我没有相关的工作经历，但我有整整两年的领导校学生会的工作经验。2008年初，我被推选为该年度的校学生会主席，之后又连任一年。你们可以想象，管理组织3000多名学生并非易事，没有一定的管理才能和领导艺术，是无法胜任的。所以，我认为，年龄固然能说明一定的问题，但个人的素质和能力更为重要。因为这正是一个部门经理所不可缺少的。"

这就是一种典型的扬长避短式的回答。答者极力宣扬个人的长处，并把自己的长处同应聘的工作有机地结合起来，变不利为有利。

我们可能经常会遭遇这样一个问题："你认为你自己最大的弱点是什么？"我们不得不针对这个提问做一番对策准备。

这是一个棘手的问题。如果照实回答，你可能会毁了工作；如果回答没有什么缺点，又实在不能令人信服。招聘官试图使你处于不利的境地，观察你在类似的工作困境中将做出什么反应。

"朋友们都说我做事情过于追求完美，以至于有些吹毛求疵。记得学校校庆时，我负责宣传板报的制作，返工了4次，被和我搭档的同学埋怨了好久。"这样的回答，说的虽是自身的缺点，却表现了正面的效果，体现了你对工作的认真和负责。

从辩证的角度看，缺点与优点是相互转化的，"横看成岭侧成峰"，对缺点本身来讲，有些"缺点"对某些工作来说恰恰是优点；对有缺点的人来讲，坦然承认，并懂得迂回之术，变短为长，扬长避短，都会使消极评价转化为积极的评价。

求职面试时，如何做到扬长避短？

第一，不宜说自己没什么缺点。

第二，不要把那些明显的优点牵强地说成缺点。

第三，切勿不经思量地说出那些严重影响所应聘工作的缺点。

第四，不宜说出一些令人不放心、不舒服的缺点。

面试冷场，如何破冰

在面试过程中，冷场常常出现在谈话双方都没有激情的情况下，所以要用你的激情保证整个面试过程的活跃和热烈。如果冷场出现，一定要主动打破沉默，找到可以激起面试官谈话兴趣的话题，或者运用提问打破沉默，如可以说："我们换个话题好吗？"

你可以对自己以上所说做个补充。如果你刚刚谈了自己以前所取得的工作业绩，你可以接着谈一谈自己有哪些不足，或者有什么让自己感到遗憾的地方。可以从正面补充，也可以从反面，这样会让考官觉得你思考问题很全面。

王建在一家公司待了3年，积累了一些经验，想换个环境，找一家新的单位。在网上投出简历不久，就有一家公司通知他去面试。

面对面前的5个考官，王建虽然身经百战，也还是手心冒汗。开始的时候他们轮番轰炸，你一言我一语，问了很多有关专业的问题和他对这个工作的认识。过了几分钟，4位考官有事出去了，只剩下一个人提问。到后来，这仅剩的一位考官问题越来越少，最终沉默下来。屋里从一片吵闹到寂静，双方都感到很不习惯，只好低下头做些小动作。

王建看了看表，距离面试结束还有5分钟，如果就此沉默下去，自己这份工作肯定要砸锅。于是，他从一个被动答问者变为主动者，抬起头来对考官说道："我听说这个公司开始的时候只是给人家做一些中介生意，经过老板和员工们的努力，几年时间就发展成了一个拥有200多人的大公司。看来公司有一种非常好的企业精神。"

听到王建打破沉默的这句话，考官重重地点点头说："是啊。"原来他就是开始和老板一起创业的6个人之一，听到王建谈起公司的企业精神，马上来了精神，和王建很愉快地又聊了15分钟。临走的时候，他对王建说："你很不错，等好消息吧。"

第二天王建就接到电话，他被录取了。

适当地总结一下，也是不错的处理办法。当考官沉默时，你可以大胆地说"总之……"，为你的言论做个简短的结尾。事实证明，这往往行之有效。

你也可以另起一个新话题，最好能在面试之前就准备好这样几个话题，以备不时之需。一旦遇到冷场，马上话锋一转，与考官进行新的讨论，使对话朝着有利于你的方向发展。

面试开始时，有的应试者不善打破沉默，他们出于种种顾虑，不愿主动说话，只等待面试官打开话匣，结果使面试出现冷场。其实，面试中的沉默有时候是许多考官的"杀手锏"，因为这能有效检验应聘者的心理素质和办事能力。有的面试官是故意不说话，只拿眼睛注视着应试者，这其实是一种无声的提问，他在等着应试者主动打破沉默。可是有些应试者以沉默对沉默，你不开口，我也不开口，导致出现冷场。有的应试者虽然勉强打破沉默，可是词不达意、语调生硬，反使场面更显尴尬。这样的错误是致命的，一个不善于打破沉默的人，会被认为是缺少交际能力、缺少自信而且很难相处的人。一位人事主管说，在与求职者面谈的时候，他就非常喜欢沉默，以此来看看对方的应变能力。这时，你应该主动打破沉默。实际上，应试者主动致意与之交谈，会留给面试官热情和善于与人沟通的良好印象。

面试过程中的交流应该是互动的，无论是面试前还是面试中，应试者应善于寻找合适的话题打破沉默，不管这种沉默是无意的还是考官有意设置的。这是一种自信的表现，也是一种能力。

离职原因，小心表达

"你能说一说离开原单位的原因吗？"这类问题在面试时经常会被问及，面试考官能从中获得很多有关你的信息。因此，求职者面对这个看似简单的问题，回答时切不可掉以轻心。对于一些普遍性的原因，如"大锅饭"阻碍了自身的发挥、上班路途太远、专业不对口、结婚、生病等人们都可以理解的原因，是可以如实道来的。而对下面一些原因就要慎之又慎了，否则，很有可能使你的面试陷入僵局。

1. 关于上司的问题

对你的前任上司切不可妄加评论，要知道现在招聘你的考官可能就是你未来的上司，既然你可以在他面前说过去的上司不好，难保你今后不在上司面前对他说三道四。一个人要在社会中生存，就得与各色各样的人打交道，挑剔上司说明你对工作缺乏适应性。

其实主考官心里有数，知道许多人是因为讨厌上司而辞职不干的，他们自己也可能因为同一原因换过几次工作。但是没有多少雇主喜欢听这种话。

惠普公司的副总裁麦克·李弗尔说："我想不通为什么有些人希望我录用他，却又去谈他和上司有冲突。那等于拉响了警报。"然而，如果你真是因为上司太难应付而辞职，就应该委婉地告诉主考人，这比直接说出来好得多。要说得得体，保持冷静。

如果你只是因为领导层频频换人而辞职，而领导本人并无问题，这个原因你也不可以随便讲出。原因很明显，工作时间你只管做自己的事，领导层的变动与你的工作应该是没有直接关系的，你对此过于敏感，也表现了你的不成熟和个人角色的不明确。

2. 关于人际关系的复杂

现代企业讲求团队精神，要求所有成员都有与别人合作的能力，你对人际关系的胆怯和避讳，会让人认为你心理状况不佳，处于忧郁、焦躁、孤独的心境之中，从而妨碍了你的事业发展。

3. 关于工作压力太大

在这个快节奏的现代社会，无论是在企业内部还是在同行业之间，竞争都很激烈。竞争不仅来自于社会压力，同时也使员工处于高强度的工作压力之下。如果你说，在原单位工作压力太大，很难适应，很可能让现在的招聘单位对你失去信心。

李强原是某经济报专刊部记者，报社不仅要求记者一个月完成多少字的文稿，而且还要负责拉广告。中文系毕业的李强对家电、电脑市场行情一窍不通，要写这方面的文章，感到压力太大。于是他到商报应聘新闻记者。负责招聘的考官问他："你是否觉得在经济报的工作压力太大？我们社的工作压力也不小的，你可以承受吗？"李强说："作为年轻人，工作压力大点没关系，最重要的是希望找到能发挥自己专长的工作岗位。"结果李强如愿以偿进了这家报社，文章也频频得奖，很快当上了新闻部主任。

4. 关于竞争过于激烈

随着市场化程度的提高，无论是在企业内部还是在同行之间，竞争都日益激烈，需要员工很快适应，在这种环境下干好本职工作。

5. 关于你想换行业的意愿

洛杉矶的招募员霍华德·尼奇克告诫说："不要直接说'我想试一试另一份工作'。我听了会这么想：'此人对自己的方向都没搞清楚。'"你应该说，以你的能力、个性和志向，做这份新工作更适合，或者说，你想"添加"一些能助你取得更大成就的新经验。

你可以从几个方面来说，一方面是自己的专业基础（假如你是学计算机的），例如会计事务所其实很欢迎工科的学生，因为他们对数字很敏感，曾经的工作经验、社会活动、个人感受，说明你对这个职位的了解；另一方面告诉考官你的性格，正是这样的性格适合这份工作；此外，再把你的兴趣与工作联系起来就使这个回答更加圆满了。

在上述几个慎重回答的重点中，我们推荐尽量采用与工作能力关系不大，能为人所理解和接受的原因，如为符合职业生涯规划；住处离公司太远不方便上班，影响工作效率；生病离职（这种病不是经常性发作的）等。

口才加油站

法拉第的求职故事

戴维："很抱歉，我们的谈话随时有可能被打断。不过，法拉第先生，你很幸运，此时此刻仪器还没有爆炸（当时戴维正在做实验）。你的信和笔记本我都看了，你好像在信中并没有说明你在什么地方上大学。"

法拉第："我没有上过大学，先生。"

戴维："噢？从你的笔记看来，你显然具备这一切的理解能力，这又怎么解释呢？"

法拉第："我尽可能学习一切知识，并在用自己的房间建立的实验室进行试验。"

戴维："唔，你的话使我很感动。不过科学太艰苦了，付出极大的努力只能得到微薄的报酬。"

法拉第："但是，我认为，只要能做这件工作，本身就是一种报酬！"

戴维看着眼前的法拉第，微笑着说道："如果可以的话，你就来试试吧！"

这段对话是英国科学巨匠法拉第当年向戴维爵士求职时的对话。可以看得出，戴维爵士强调的是从事科学研究的艰苦，必须付出代价；而法拉第表示的是对知识的强烈渴望和对科学的执着追求。结果法拉第被戴维破格聘为自己的助手。假如他们一个只强调学历，一个只贪图金钱，那法拉第的求职肯定失败！

求职应聘对于那些刚走进社会的大学生来说，的确是一件不容易的事，但如果我们能够掌握求职的语言艺术，就可以达到事半功倍的效果。

·第二章·

职场口才

切勿散布流言与蜚语

同事中常有些人没事就散布别人的流言蜚语，虽然他们可能并非有意，但他们的言语却对别人产生了很大的影响，甚至有些人竟被流言蜚语淹没，自身的才能被流言蜚语渐渐吞噬。

流言蜚语会对人们的工作、生活产生巨大影响。有一位赵小姐就遇到过这样的痛苦经历，下面我们来听听她的讲述：

我为人善良，但很要强。我既想在事业上有所作为，又不想让他人说三道四。说来有些惭愧，高考落榜后，我进了一家工厂。一进厂，厂里就组织我们一同来的 40 个女同学进行培训。

4 个月以后，只有我一人分到科室工作，其他全下车间。我很高兴，在科室工作许多事要从头学起，我虚心向老同志请教，勤奋学习，细心观察别人对问题的处理方法，以便能很好地胜任自己的工作。

我这个人不笨，脑子比较灵，办事也有一定的能力。就在工作取得一定成绩的时候，听到别人议论自己，说我是靠不正当手段进科室的，说我与上司的关系不一般等闲话。我的上司有能力，但名声的确不好，而且粗鲁，经常开过头的玩笑。我对他也很看不惯，但毕竟是上司，又能怎么样？所以我对他敬而远之。可是有些同事总是背后议论我的品行，他们这些无中生有的议论，实在影响我的情绪，心理压力很大，我没有使用任何手段使自己分到科室工作，我自认为是凭自己的本事得到这一份工作的，可是人言可畏啊！自从听到传言之后，我处处小心，感到孤独、烦恼，工作积极性不高，精力很难集中起来，我该怎么办呢？

上例中的赵小姐就是一位典型的被流言蜚语所伤的受害者，男女关系是散布流言蜚语的同事最喜欢传播的小道消息之一。当然了，这类同事散布流言蜚语不仅仅是这一方面，他们散布的话题非常广泛，比如，某人工作有了一些成绩、家庭出现一些问题，甚至多接几个电话都会有流言蜚语产生。流言蜚语是软刀子杀人，会使人陷入深深的痛苦之中而不能自拔。

办公室的是是非非每天都发生着，你可能是个很有正义感的人，忍不住要挺身而出"匡扶正义"，也可能你是个外向型的人，眼里看不惯嘴里要说出来，也可能你是个"事不关己，高高挂起"闲事少管的人……不管你是个什么样的人，你都得要和同事们日复一日、年复一年地相处下去。这就需要你掌握一些与同事说话的招法，在他们中间塑造一种受欢迎和受欣赏的说话形象和风格，以便使身边的同事不至于小看你或者抓住你的某个话柄找你的麻烦。

对于造谣中伤大多数人都是深恶痛绝，而提到流言蜚语，虽然人人痛恨，但不少人总爱在不知不觉中就加入进来了。

什么叫流言蜚语？有人下过这样一个定义："把一种信念具体化地提示、表达出来，从这个人嘴里传到另一个人嘴里，全无应该作为其证据的确实证据，却被四处散布。"

读起来非常拗口，但简单明了一点，就是：毫无根据地传闲话。

许多人传播流言蜚语并不认为自己在传闲话。而且流言蜚语往往传得特别快。早上发生的一件事，一经传播家们的渲染，绘声绘色的叙述，晚上准能传遍全城，而且面目全非。

作为公司中的一员，时刻与同事相处，对于同事的品质应该有所了解。切不可把鸡毛当令箭，把流言蜚语当作真事来传。

如果自己不能时刻觉察到自己有这个毛病，那么，请同事来提醒你，纠正它。加入流言蜚语的行列实在是极愚蠢的，害人又害己。

试想一下，当你偶然发现某位跟你十分投契的同事，竟然在你背后四处散播谣言，数说你的不是和缺点，这时你才猛然觉醒，原来平日的喜眉笑目，完全是对方的表面文章！

晴天霹雳之余，你会痛心地想跟他一刀两断，日后也要报复他！

因此凡是有点头脑的人，都会调过来这么想：这次你在我面前说别人的坏话，下次你就有可能在别人面前说我的坏话。这样一来，你在别人的印象中就不可能好到哪里去。

如果遇到别人在你面前说另一个人的坏话，最好不要参加到他的谈论里，并用辩证的思维去考虑这种情况，做个"无言"的倾听者。

不该说的话切记勿说

在办公室里要做有心人，有些话不可乱讲，否则会招来不必要的麻烦，你知道哪些话在办公室是不能随便说的吗？

1. 薪水问题

很多公司不喜欢职员之间互相打听薪水，因为同事之间工资往往有不小的差别，所以发薪时领导有意单线联系，不公开数额，并叮嘱不要让他人知道。"同工不同酬"是领导常用的手法，用好了，是奖优罚劣的一大法宝，但它是把双刃剑，用不好，就容易促发员工之间的矛盾，而且最终会调转枪口朝向，矛头直指领导，这当然是他所不想见到的，所以他对好打听薪水的人总是格外防备。

有的人打探别人时喜欢先亮出自己，比如先说"我这月工资……奖金……你呢"，如果他比你钱多，他会假装同情，心里却暗自得意。如果他没你钱多，他就会心理不平衡了，表面上可能是一脸羡慕，私底下往往不服，这时候你就该小心了。背后做动作的人通常是你开始不设防的人。

首先你不要做这样的人。其次如果你碰上有这样的同事，最好早做打算，当他把话题往工资上引时，你要尽早打断他，说公司有纪律不谈薪水；如果不幸他语速很快，没等你拦住就把话都说了，也不要紧，用外交辞令冷处理："对不起，我不想谈这个问题。"有来无回一次，就不会有下次了。

2. 私人生活

无论你是失恋还是热恋，别把情绪带到工作中来，更别把故事带进来。办公室里容易聊天，说起来只图痛快，不看对象，事后往往懊悔不迭。可惜说出口的话如同泼出去的水，再也收不回来了。

职场上风云变幻、错综复杂，把自己的私域圈起来当成办公室话题的禁区，轻易不让公域场上的人涉足，其实是非常明智的一招，是竞争压力下的自我保护。"己所不欲，勿施于人"。如果你不先开口打听别人的私事，自己的秘密也不易被打听。

千万别聊私人问题，也别议论公司里的是非短长。你以为议论别人没关系，其实用不了几个来回就能"烧"到你自己头上，引火烧身，那时再"逃跑"就显得被动了。

3. 家庭财产

不是你不坦率，坦率是要分人和分事的，从来就没有不分原则的坦率，什么该说什么不该说，心里必须有谱。

就算你刚刚新买了别墅或利用假期去欧洲玩了一趟，也没必要拿到办公室来炫耀，有些快乐，分享的圈子越小越好。被人妒忌的滋味并不好受，因为容易招人算计。

无论露富还是哭穷，在办公室里都显得做作，与其讨人嫌，不如知趣一点，不该说的话不说。

4. 雄心壮志的话

在办公室里大谈人生理想显然滑稽，打工就安心打工，雄心壮志回去和家人、朋友说。在公司里，要是你没事整天念叨"我要当领导，我置办产业"，很容易被领导当成敌人，或被同事看作异己。如果你说"在公司我的水平至少够副总"或者"35 岁时我必须干到部门经理"，那你很容易把自己放在同事的对立面上。

你公开自己的进取心，就等于公开向公司里的同事挑战。僧多粥少，树大招风，何苦被人处处提防，被同事或上司看成威胁。做人要低姿态一点，是自我保护的好方法。你的价值体现在做多少事上，在该表现时表现，不该表现时就韬晦一点也没什么不好，能人能在做大事上，而不能在说大话上。

不乱说话不等于不说话，一定要分场合。谈公司里的事情最好在比较适合、公开的场所，比如部门主管征询意见时，你不说就不妥，或者开讨论会时，该发言就不能闷着，老不说话领导以为你没主意，但私底下的闲话少，麻烦也少。

办公室是闲话的滋生地，工作间歇，大家很愿意找些话题来放松一会儿，为了不让闲聊入侵私域，最好有意围绕新闻、热点、影视作品聊天，避开个人隐私，放得开而且无害。

对同事说话需要宽容

工作中，同事之间难免有不同意见，要尽量避免生硬的伤害他人自尊心的言语，以商量的态度提出自己的看法。如果遇到不合作的同事，也要表现出你的宽容和修养。学会耐心倾听对方的意见，并对其合理成分表示赞同，这样不仅能使不合作者放弃对抗状态，也会开拓自己的思路。

某同事得罪过你，或你曾得罪过某同事，虽说不上反目成仇，但心里确实不愉快。如果你觉得有必要，可主动去化解僵局，也许你们会因此而成为好朋友，也许只是关系不再那么僵而已，但至少减少了一个潜在的对手。这一点相当难做到，因为大多数人就是拉不下脸来！要允许别人犯错误，也允许别人改正错误。不要因为某同事有过失，便看不起他，或一棍子打死，或从此另眼看待对方，一过定终身。

同事所犯的错误有时候会给你带来一定的损害，或在某种程度上与你有关。因此，能否用一种宽容的态度对待这种"过"，就是衡量人的素质的一个标准。原谅别人是一种美德，有时尽管自己心里并不痛快，但却应该设身处地地为同事着想，考虑一下自己如果在他那个位置会如何做，做错了事之后又有何种想法。

小张和小杨合作共同完成一项工程。工程结束后，小张有新任务出差，把总结和汇报的工作留给了小杨。正巧赶上小杨的孩子生病，小杨因为忙于给孩子看病，一时疏忽，把小张负责的工作中一个重要部分给弄错了。总结上报给主管以后，主管马上看出了其中的毛病，找来小杨。小杨怕担责任，就把责任推给了小张。因为工程重要，主管立刻把小张调回来。小张回来后，莫名其妙地挨了主管一顿训斥。仔细一问，这才明白了是怎么回事，赶快向主管解释，才消除了误会。小杨平时与小张关系不错，出了这事后，心里很愧疚，又不好意思找小张道歉。小张了解到小杨的情况，主动找到小杨，对他说："小杨，过去的事就让它过去吧，别太在意了。"小杨十分感动，两人的关系又近了一层。

其实只要你愿意做，你的风度会赢得对方对你的尊敬，因为你给足了他面子。

宽容大度是一种胸怀，为一点小事斤斤计较，争吵不休，既伤害了感情，也无益于成大事，甚至最后伤害的还是自己。

虽然有的时候，对别人宽容是要以付出痛苦为代价的，但是当你显示出自己的宽容和大度时，机会也就随之而来了。

别人论己时切莫打断

在特定的环境下，沉默常常比论理更有说服力，尤其是当听到别人谈论自己的时候。很多人容易犯这样一个错误：一旦别人谈到自己时，尤其是不利于自己的情况时，往往会打断别人，进行争论。其实，这是最不明智之举。

伊利亚·爱伦堡的长篇小说《暴风雨》出版后，在社会上引起震动，褒贬不一，莫衷一是。某报主编不知从哪里了解了斯大林对《暴风雨》有看法，说是"水杯里的暴风雨"。

显然该书应该被批判。为了讨好领导，该报就组织编辑部讨论这部小说，以表示该报的政治敏感和高度的警惕性，表明其鲜明的立场。

讨论进行数小时，发言人提出不少批评意见。由于主编的诱导，每个人的言辞都很尖刻，如果批评成立的话，足以让作家坐几年牢。可是在场的爱伦堡极为平静，他听着大家的发言，显出令人吃惊的无动于衷，这使与会者无法忍受，纷纷要爱伦堡发言，从思想深处批判自己的错误。

在大家的再三督促下，爱伦堡只好发言。他说："我很感谢各位对鄙人小说产生这么大的兴趣，感谢大家的批评意见。这部小说出版后，我收到不少来信，这些来信中的评价与诸位的评价不完全一致。这里有封电报，内容如下：'我怀着极大兴趣读了您的《暴风雨》，祝贺您取得了这么大的成就。斯大林。'"

主编的脸色很难堪，以最快的速度离开会场，那些批判很尖刻的评委们，也纷纷离开了。爱伦堡轻轻地摇摇头："都怨我，这么过早地发言，害得大家不能再发言了。"

爱伦堡的聪明在于，如果他据理反驳，必能激起同仁们更加尖锐的批评，这种场合，最明智的做法就是保持沉默，褒贬随人。

在职场上，如果同事批评或者谈论你时，你不必急于否认或者急于表现自己。于是有人问，如果他们批评得不对，明明自己是被冤枉的，还不申冤那不就显得自己太窝囊了吗？如果你真是被冤枉的，大家都在七嘴八舌地指责你，你当场据理力争就只会让自己陷入更深一轮的语言轰炸中，非但不能洗刷冤屈，还会让他人更加团结起来打击你。

所以，有时候保持沉默很重要。沉默的力量是无边的，它可以帮你说服反对你的人，让你向成功迈进。我们要学会沉默，学会在别人论己时保持沉默。

当然也不是让你一直保持沉默，只是等其他人都已经批评累了，没有兴致的时候，你再适时回击。这样一来，别人已经无暇继续反驳你，二来你也可以替自己洗刷掉了冤屈。

谦虚人生能行万里路

在职场中，当你明显比同事强时，你在感情上还是要和大家在一起，千万不能与他们拉开距离，同事们也就不会再嫉妒你了，同时也会在心里承认你的优位是靠自己努力换来的。当你处于优位时，注意突出自己的劣势，就会减轻妒忌者的心理压力，产生一种"哦，他也和我一样无能"的心理平衡感觉，从而淡化乃至消除对你的嫉妒。

小李是大学刚毕业的新教师，对最新的教育理论有较深的研究，讲课亦颇受同学欢迎，以致引起一些任教多年却缺乏这方面研究的老教师的强烈妒忌。为了改变自己的处境，小李便故意在办公室的同事面前大曝自己的劣势：教学经验一点都没有、对学校和学生的情况很不熟悉，等等，最后还一再强调"希望老教师们多多指教"。

就这样，小李自曝劣势后，终于有效地淡化了自己的优位，衬出对方的优位，弱化了老教师对他的妒忌。

身在职场处于优位时，自然是可喜可贺之事。如果别人一提起一奉承，你就马上陶醉而喜形于色，这会在无形中加强别人的嫉妒。所以，面对同事的赞许恭贺，应谦和有礼、虚心，这样不仅能显示出自己的君子风度，淡化同事对你的嫉妒，而且能博得同事对你的好感。

"小姜毕业一年多就提了业务经理，真了不起，大有前途呀！祝贺你啊！"在外单位工作的朋友小叶十分钦佩地说。

"没什么，没什么，老兄你过奖了。主要是我们这儿水土好，领导和同事们抬举我。"小姜见同一年大学毕业的小吴在办公室里，便压抑着内心的欣喜，谦虚地回答。小吴虽然也嫉妒小姜的提拔，但见他这么谦虚，也就笑盈盈地主动招呼小姜的朋友小叶："来玩了？请坐啊！"

不难想象，小姜此时如果说一些"凭我的水平和能力早可以提拔了"之类的话，那么小吴肯定非常妒忌小姜，进而与小姜难以相处。

有的年轻人，初入职场，说话"慷慨激昂"，锋芒太露，一般在某个企业都待不久。有句俗语说得好，"小心驶得万年船"，同样，我们也可以说"谦虚能行万里路"，事实如此，谦虚能避免别人妒忌甚至是怨恨，这样你走的时间才能更长，路才能走得更远。

谦虚除了从自己口中直接陈述，还有别的表现，比如说"不耻下问"。古人云："人之恶在于好为人师。"可见一般人都有这样的心理：除了爱听奉承话之外，还愿做别人的老师。

在日常生活和求职就业的过程中、在与他人交往时，你也不妨做一个忠诚的听众。把别人都当成自己的老师，少说多听，做一个学生，给对方充分表现自己的机会，最后达到自己的目的。这就是"甘为人徒"法的根本所在。

每个人都有强烈表现自己的欲望，以此获得的自我感觉比别人略高一筹。这正是人们既可爱又愚蠢的地方。

以人为师，少说为佳，并不是不说话，而是指在说话时投其所好，不懂就问。有时即使是懂得，也要暂时装作不懂去问。你提问的方式，要能使对方口若悬河，使对方心理有一种满足感和被尊重感。这时你的谦虚形象，自然就勾画出来了。

职场上的路是靠自己走出来的。在你不耻下问的过程中，你与工作中其他人员的关系往往会更加紧密，从而创造出更加美好的成果。

说话要学会亡羊补牢

亡羊补牢的成语故事可谓家喻户晓了，大家都知道亡羊后在于怎么把"牢"补上。我们生活在一个人与人构成的社会当中，交流是必要的，既然要说话，难免有口误，尤其是在办公室这样一个特殊的环境里，说错话并不是少有的事。

当你在上司面前言行失误时，心里不要紧张和恐慌，这时关键是要施以巧言挽回失误。有几种方法可供参考。

1. 坦率道歉

有一次，小王在和同事聊天时，开玩笑地说上司"像个机器人"，不巧正好被上司听到了。于是，小王给上司写了一张条子，约他抽空谈一谈，上司同意了。

"显而易见，我用的那个词绝无其他用意，我现在倍感悔恨。"小王向上司解释道，"我之所以用'机器人'之类的字眼，只不过想开个玩笑，我感到您对工作一丝不苟，但对我们有些疏远，因此，'机器人'三个字只不过是描述我这种感情的一种简短方式。请您谅解！以后我会注意自己的表达方式。"

上司为小王合情合理的解释和自我批评的行为而深受感动，他甚至当即表态，说要努力善解人意，做个通情达理的领导。

小王的坦率道歉，让他和上司化干戈为玉帛。有些人在对上司说了不敬的话后，往往会一味地自我谴责甚至自我羞辱，然后低声下气地去道歉。但许多情况下，仅靠一句"对不起"不会取得上司的谅解。道歉要坦率，更为关键的是，要通过道歉把问题讲清楚，只有这样才能促成和上司的充分沟通，从而顺利解决自己言行失误带来的感情危机。

2. 真心巧表，妙用修辞

在上司面前做错了事，道歉并不总是唯一正确的选择。因为道歉过后，上司可能只是原谅了你，怨气消了不等于喜气来了，而如果能给自己的失误加上一个美丽的修饰，错误反而成了向上司表达忠心的举动，难道不令人拍案叫绝吗？

3. 先恭维，再说道歉

余先生被调派到分公司工作了半年，一回到总公司，马上就赶着去问候以前很照顾他的陈科长。余先生对过去陈科长经常不辞辛苦地跑到分公司给予指导的事，反复致谢，可是，不知怎么搞的，对方反应似乎很冷淡。

当余先生纳闷地走出门时，一名同事才过来告诉他："陈科长已经升为副处长了呀！"

不知道对方已经升官，依然用以前的职称称呼，可能会使对方的心里觉得不舒服。余先生顿时恍然大悟，后悔自己没有事先确认对方的职位是否已经有所变化，所以失了言，但说错的话已经收不回来，怎么办？他想了想，马上返回到陈处长的办公室，开口说："陈处！真是恭喜您了！您也真是的，刚才也不告诉我一下。我在分公司难免消息不灵通。不过，错漏您升官的消息，总是我的不是，真对不起，请原谅！"

像这样明白地讲出来，并把衷心的祝贺表达出来，自然也就化解了陈处长心中的不快。

犯了类似无心之过时，先用甜言蜜语恭维一番你的上司，再真诚地分析自己的失误，表示你的歉意，不失为消除上司心中不快的好办法。

要是与同事之间因为某些言行不够谨慎，言谈欠周到、细致而发生一些误会，我们也要积极想办法去消除，做到亡羊补牢，补牢才能不亡羊，使自己与同事能尽快地轻松、舒畅起来。

1. 当面说清楚

虽然误会的类型各种各样，但解决的最简捷、最方便的方法便是当面说清楚。大多数人也都喜欢这种方法。

因此，如果有误会需要亲自向对方做出说明，你千万不要找各种借口推脱。你一定要战胜自己的懦弱，克服困难，想方设法地当面表明心迹，千万不要轻信第三者的只言片语。

2.不要放过好时机

解释缘由，消除误会，必须选择好时机，一定要考虑对方的心境、情绪等情感因素。你最好选择升职、涨工资或婚宴等喜庆日子，因为这时对方心情愉快，神经放松，胸怀也就较为宽广。你如果能抓住这些时机进行表白，往往能得到对方的谅解，重归于好。

3.请同事帮忙

你与同事的误会常常是在工作中产生的，双方的误解涉及许多方面。个人解决可能会受到限制，有时候不能明白透彻地说清楚，这时候，你可以请其他同事帮忙，把事情彻底地弄清楚。当然，你也不必兴师动众，叫上一帮同事大费口舌。当误会不便于直说，你们双方又都觉得心里不愉快，产生了生疏和隔阂时，你只需要让同事帮忙为你们提供一个畅谈的机会。在和谐、友好的气氛中，彼此间心理上的距离便会缩短，许多小误会和不快都会自然消失。

遇到和上司、同事之间的不愉快，尤其是因为自身原因引起的，不要刻意回避，问题一日不解决，你的损失就越来越大。

提拔时怎样面对同事

在现代社会，提拔有德有才之士到领导岗位上是平常的。这些人，一旦到了领导岗位，就必须掌握说话的艺术和技巧。在被提拔之前，你或许只是个芝麻大的小官，或许是个平民百姓，话说得好不好，对你的影响不太大；可现在不同了，你到了更高一级的职场上。

小张和小王几乎是同一时间被公司招来的，年龄差不多，因而他们成了无话不说的好哥们儿。一起下班一起吃饭喝酒，有时候也不免一起调侃公司里的领导。可是两人性格终有差别，小王没有太强的事业心，对工作只是完成就好。而小张有强烈想证明自己的野心，又善于和领导打交道，对待工作也非常认真，于是没多久，小张就获得了提升，成了小王的上级。小王对此本来也没什么异议，因为他也不是贪得功名的人，谁来当他的上级也无所谓，可是让小王非常不满的是：小张开始摆起了架子。言谈举止总是提醒小王，我已经是领导了，你不要像以往那样没大没小，拿我开玩笑或者给我找麻烦了……而且小张也不再跟旧同事吃饭喝酒，而是开始和领导谈笑风生，甚至开始回避以前共事的同事。

结果到年底综合评分的时候，小张因为群众基础不好，而被扣了奖金还挨了上级批评。

故事里的小张虽然被提拔当上了领导，可由于没有摆正自己的位置，也没有和原来的同事进行有效沟通，结果让自己因为人缘不好吃了亏。这实在遗憾。

如果他能把话说得动听，即便有人心里确实不满也不会故意难为他。大多数人认为，职场之妙，妙在心机和口舌。可见学会说话已是你当务之急。在你被提拔之后，原来的领导或许成了你的同仁，而原来的同事成了你的下级，这样在你与他们之间就突然有了一种很微妙的距离感。你如何说话才能尽快打破这种局面，下面的方法可以一试。

1. 对新同事的说话技巧

"各位领导，原来你们是我的上级，曾经不断鼓励我上进，并给了我许多机会展示自己的能力和才华，才使我在众多候选人中脱颖而出，得到提升。

"我很感谢各位对我的扶持和帮助，也希望在今后的工作中继续给我指出努力和前进的方向。

"对于做领导的艺术和学问，我没有你们在行，你们从事领导工作的时间比我长，所以在许多方面都是我的老师，我要好好向你们请教学习……"

2. 对旧同事、新下级的说话技巧

"以前我们大家是同事，在一起打打闹闹，处得非常愉快，现在虽然没有更多机会和大家热闹，但我们还和过去一样是平等的，在工作中希望大家支持我；工作之外，和过去没有任何区别，你们有什么意见和要求可随时提出来，有什么建议和不满也随时反映，我一定会尽自己的能力尽快地给予解决。希望大家理解和支持我的工作！希望大家配合我把工作做得更好！"这样一番话说下来，相信谁也不会与你为难，对你心存芥蒂了。

总之，被提拔以后也不要有小人得志那样的骄傲，毕竟你的工作是需要得到上级的肯定和下级的支持的，如果一味巴结上级，和以前的同事划清界限，那么你的工作就可能得不到下级的支持，而导致无法进行下去。如果又一味和下级保持以前那种没大没小乱开玩笑的状况，也会让你丧失威信，在领导面前无法交差。所以，别小看一次简单的提升，它会考验你说话水平的高低。

接待工作中称呼禁忌

进行人际交往，在使用称呼时，一定要回避以下几种错误的做法。其共同的特征是失敬于人。

1. 使用错误的称呼

使用错误的称呼，主要在于粗心大意，用心不专。常见的错误称呼有两种：

（1）误读

误读，一般表现为念错被称呼者的姓名。比如"郇""查""盖"这些姓氏就极易弄错。要避免犯此错误，就一定要做好先期准备，必要时不耻下问，虚心请教。

（2）误会

误会，主要指对被称呼的年纪、辈分、婚否以及与其他人的关系作出了错误判断。比如，将未婚妇女称为"夫人"，就属于误会。

2. 使用过时的称呼

有些称呼，具有一定的时效性，一旦时过境迁，若再采用，难免贻笑大方。比方说，法国大革命时期人民彼此之间互称"公民"。在我国古代，对官员称为"老爷""大人"。若将它们全盘照搬进现代生活里来，就会显得滑稽可笑，不伦不类。

3. 使用不通行的称呼

有些称呼，具有一定的地域性，比如，北京人爱称人为"师傅"，山东人爱称人为"伙计"，中国人把配偶、孩子经常称为"爱人""小鬼"。但是，在南方人听来，"师傅"等于"出家人"，"伙计"肯定是"打工仔"。而外国人则将"爱人"理解为进行婚外恋的第三者，将"小鬼"理解为"鬼怪""精灵"，可见更为南辕北辙，误会太大了。

4. 使用不当的行业称呼

学生喜欢互称为"同学"，军人经常互称"战友"，工人可以称为"师傅"，道士、和尚可以称为"出家人"，这并无可厚非。但以此去称呼"界外"人士，并不表示亲近，没准儿还会不为对方领情，反而产生被贬低的感觉。

5. 使用不严肃的称呼

在人际交往中，有些称呼在正式场合切勿使用，例如"哥们儿""姐们儿""死党""铁哥们儿"等一类的称呼，就显得不够正式和严肃。当然，逢人便称"领导"，也显得不伦不类。

6. 使用绰号作为称呼

对于关系一般者，切勿自作主张给对方起绰号，更不能随意以道听途说来的绰号去称呼对方。至于一些对对方具有侮辱性质的绰号,例如,"北佬""阿乡""鬼子""鬼妹""拐子""秃子""罗锅""四眼""肥肥""傻大个儿""北极熊""黑哥们"等,则尽量不要用这些称呼对方。另外,还要注意,不要随便拿别人的姓名乱开玩笑。要尊重一个人,必须首先学会去尊重他的姓名。每一个正常人,都极为看重本人的姓名,而不容他人对此进行任何形式的轻视。

口才加油站

礼物

在战国时期,齐国有个出身卑微的人,叫淳于髡,他虽然身材矮小但口才很好,善于讲幽默笑话,使听者在笑声中受到启发。于是齐威王派他作为齐国的使臣,出使各国。由于他有雄辩的口才,因而每次都非常出色地完成了使命,深得齐威王的器重。

一次,楚国发兵进攻齐国,齐威王派遣淳于髡带着黄金百斤、驷车十乘为礼物,前往赵国求救兵。淳于髡接到命令之后,放声大笑,直笑得前仰后合,浑身颤动,连帽子缨带都断了。

齐威王问他道:"先生是不是嫌我送给赵王的礼物太轻了?"

淳于髡回答说:"我怎么敢呢?"

齐威王又问:"那么,你为何这样大笑呢?"

淳于髡答道:"不久前,我从东面来,看见路上有一个人正在向土地神祈祷。他拿着一块肉,捧着一杯酒,嘴里念念有词,'高地上粮食满筐,低地上收获满车,五谷丰登,全家富足'。我看见他奉献给土地神的少,而向土地神索取的多,所以觉得好笑。"

齐威王听到此处明白了,淳于髡是在用隐语来谏劝自己增加礼物,于是决定把礼品增为黄金一千镒(每镒二十两)、白璧十对、驷车一百乘。淳于髡于是带着礼物前往赵国,说动了赵王,答应发兵救齐。

在职场中,我们常常会碰到各种各样的矛盾,有的甚至是十分棘手的难题,这就需要我们妥善解决它。我们可以以幽默的语言打开局面,给上司以智慧的启迪和美的享受。所以,职场上离不开幽默的语言。

·第三章·

下属口才

能平步青云的说话技巧

在职场上出人头地，才干加上超时加班固然很重要，但懂得在关键时刻说适当的话，也是成功与否的决定性因素。卓越的说话技巧，避免麻烦事落到自己身上，处理棘手的事务，等等，不仅能让你的工作生涯加倍轻松，更能让你名利双收。牢记以下九个句型，并在适当时刻派上用场，加薪与升职必然离你不远。

1. 承认疏忽但不引起上司不满句型：是我一时失察，不过幸好……

错在所难免，但是你陈述过失的方式，却能影响上司心目中对你的看法。勇于承认自己的过失非常重要，因为推卸责任只会让你看起来就像个讨人厌、软弱无能、不堪重用的人，不过这不表示你就得因此对每个人道歉，诀窍在于别让所有的矛头都聚到自己身上，坦承能淡化你的过失，转移众人的焦点。

2. 面对批评要表现冷静句型：谢谢你告诉我，我会仔细考虑你的建议

自己苦心设计的成果遭人修正或批评时，的确是一件令人苦恼的事。不需要将不满的情绪写在脸上，但是却应该让批评你工作成果的人知道，你已接收到他传递的信息。不卑不亢的表现令你看起来更有自信、更值得人敬重，让人知道你并非一个刚愎自用，或是经不起挫折的人。

3. 以最委婉的方式传递坏消息句型：我们似乎碰到一些状况

你刚刚才得知，一件非常重要的案子出了问题。如果立刻冲到上司的办公室里报告这个坏消息，就算不关你的事，也只会让上司质疑你处理危机的能力，弄不好还惹来一顿骂，把气出在你头上。此时，你应该以不带情绪起伏的声调，从容不迫地说出本句型，千万别慌慌张张，也别使用"问题"或"麻烦"这一类的字眼；要让上司觉得事情并非无法解决，而"我们"听起来像是你将与上司站在同一阵线，并肩作战。

4.巧妙闪避你不知道的事句型：让我再认真地想一想，三点以前给您答复好吗

上司问了你某个与业务有关的问题，而你不知该如何作答，千万不可以说"不知道"。本句型不仅暂时为你解危，也让上司认为你在这件事情上很用心，一时之间竟不知该如何启齿。不过，事后可得做足功课，按时交出你的答复。

5.智退性骚扰句型：这种话好像不大适合在办公室讲

如果有男同事的黄腔令你无法忍受，这句话保证让他们闭嘴。男人有时候确实喜欢开黄腔，但你很难判断他们是无心还是有意，这句话可以令无心的人明白，适可而止。如果他还没有闭嘴的意思，即构成了性骚扰，你可以向有关人士举发。

6.说服同事帮忙句型：这个报告没有你不行啦

有件棘手的工作，你无法独立完成，非得找个人帮忙不可，于是你找上了那个对这方面工作最拿手的同事。怎么开口才能让人家心甘情愿地助你一臂之力呢？送顶高帽，并保证他日必定回报；而那位好心人为了不负自己在这方面的名声，通常会答应你的请求。不过，将来有功劳的时候别忘了记上人家一笔。

7.恰如其分的客气句型：我很想听听您对某件案子的看法

许多时候，你与高层要人共处一室，而你不得不说点话以避免冷清尴尬的局面。不过，这也是一个让你能够赢得高层青睐的绝佳时机。但说些什么好呢？每天的例行公事，绝不适合在这个时候被搬出来讲，谈天气嘛，又根本不会让高层对你留下印象。此时，最恰当的莫过一个跟公司前景有关，而又发人深省的话题。问一个老板关心又熟知的问题，在他滔滔不绝诉说心得的时候，你不仅获益良多，也会让他对你的求知上进之心刮目相看。

8.上司传唤时责无旁贷句型：我马上处理

冷静、迅速地作出这样的回答，会让上司直觉地认为你是名有效率、听话的好部属；相反，犹豫不决的态度只会惹得责任本就繁重的上司不快。夜里睡不好的时候，还可能迁怒到你头上！

9.表现出团队精神句型：安琪的主意真不错

安琪想出了一条连上司都赞赏的绝妙好计，你恨不得你的脑筋动得比人家快，与其拉长脸孔、暗自不爽，不如偷沾他的光。方法如下：趁上司听得到的时刻说出本句型。在这个人人都想争着出头的社会里，一个不妒忌同事的部属，会让上司觉得此人本性纯良、富有团队精神，因而另眼看待。

向领导表敬意

在领导面前，除了展现自己的能力，还要表现自己的敬意。

刘备临终前为了测试诸葛亮的忠心，故意对诸葛孔明说，阿斗为人非常懦弱，丞相是人间圣贤，如果可以辅佐就辅佐，不行的话你自己当皇帝算了。孔明心里透亮，但还是大吃一惊，于是不假思索翻身跪倒，涕泪交加，指天发誓永远忠于刘氏天下，不惜肝脑涂地。"臣安敢不竭股肱之力，尽忠贞之节，继之以死乎！"说完叩头流血。让刘备死前的心稍微安了一些，让诸葛亮继续执掌大权，得以七擒孟获、六伐中原，一展自己的抱负。

可见，适时地表达出忠心之意是多么重要。

宋太宗年间，曹翰因罪被罚到汝州。曹翰苦思返京之策。一天，宫里派了个使者到汝州办事，曹翰哪里肯放过这个机会。他想办法见到了使者，流着泪对他说："我的罪孽深重，就是死也赎不清，真不知怎样才能报答皇上的不杀之恩，现在只有在这里认真悔过，来日有机会一定誓死报效朝廷。只是我在这里服罪，家里人口太多，缺少食物活不下去了，我这里有几件衣服，请你帮我抵押一万文钱，交给我家里换点粮食，好使家里大小暂且糊口。"

使者回到宫中如实向宋太宗做了汇报。太宗拿过包袱打开一看，里面原来是一幅画，画题为《下江南图》，画的是当年曹翰奉宋太祖旨意，任先锋攻打南唐的情景。太宗看到此图想起曹翰当年的功勋，心里很难过，怜悯之情油然而生，决定把曹翰召回京城。

同样，宋仁宗时，丁谓被贬官到崖州，他虽然十分不满，表面上却装着潜心思过。那时他本人贬到崖州，而家属还留在洛阳。有一次他写了一封信派人送往洛阳，交给洛阳太守刘烨，请求刘烨转交给自己家里的人。丁谓告诉送信的人，务必等到刘烨会见下属的时候再把信交给他。送信人依计而行。刘烨在公众场合接到丁谓的信，不敢隐瞒，马上派人把丁谓的信呈送给皇上。

皇上收到信拆开一看，里面全是悔过的话，措辞十分尖锐。信中还对家里人说："朝廷对我们恩泽深厚，我们全家就是肝脑涂地也报不尽浩荡的皇恩，不要因为朝廷对我的贬谪而产生怨恨之心。"仁宗被深深打动了，于是便下诏把丁谓调到了雷州。

表敬意的方式多种多样，比如先抑后扬就是一种好方法。

南朝有个人臣叫萧琛，能言善辩。在萧衍还没有称帝时，他就与之交好。后来萧衍当了皇帝，两个人之间的关系还是很亲密。

有一次，武帝萧衍举行大型宴会，萧琛也参加了。酒过几杯后，萧琛有些醉意，就趴在桌子上。武帝见了，就用枣子投他，正好打中萧琛的头。萧琛抬起头，竟然不假思索地拿起食品盒里的栗子向武帝投去，正好打中武帝的脸。这时，旁边的官员都看到了，吓得大气都不敢出。武帝的脸也一下子沉了下来，刚要动气，这时只见萧琛说道："陛下把赤心投给臣，臣怎敢不用战栗来回报呢？"武帝一听，转怒为笑。

这里，"赤心"是借用枣的形态作比喻的，"战栗"则是借用了"栗"的谐音。可以想象，这个忠心表得既大胆又巧妙，让皇帝由怒到喜，这"喜"就更深了。

巧妙语言让领导变高兴

领导都爱听好话，一旦不小心得罪了领导，惹他生了气，后果可能不堪设想。

纪昀是乾隆时期的大学士，博学多才、能言善辩，他多次凭借自己的机敏和善辩，化险为夷。他的故事被人们津津乐道。

有一次，纪昀在皇宫的翰林院率众编著《四库全书》。当时，正值盛夏，体胖的纪昀难忍酷热，便脱衣光背，把辫子盘在头顶伏案阅稿。这时正巧乾隆皇帝从外面走了进来，等到纪昀发现时，穿衣服已经来不及了，怎么办？有了，他一猫腰，钻入案下，并将桌布拉好，准备皇帝一走，再出来继续工作。谁知，这一切都被乾隆看到了。他不动声色地来到纪昀案旁，坐了下来，并示意四周惊慌失措的众人安静下来。

肥胖的纪昀此时在通风不良的案下热得实在受不了，又听屋内确无异常动静，以为乾隆皇帝走了，便撩起桌布露出脑袋问："老头子走了吗？"别的不说，单是"老头子"这三个字就把乾隆皇帝惹恼了："纪昀，不得无礼，什么老头子，别的罪可恕，你凭什么叫我老头子？如果讲不出道理来，立即赐死！"

谁知，此时纪昀却不慌不忙，从容答道："'老头子'这三个字是大家公认的，非臣臆造。容臣详说：皇帝称万岁，岂不为'老'？皇帝乃国家领首，岂不为'头'？皇帝乃真龙天子，岂不为'子'？'老头子'三字乃简称也。"乾隆听了，哈哈大笑，说道："好个能言善辩的纪昀，虽苏秦、张仪再生也不及了！朕赦你，起来吧。"

能言善辩的纪昀凭如簧之舌救了自己的一条性命。纪昀的确是一位极聪明的人，把"老头子"三字拆开分析，并分析得头头是道，皇上明明知道他是在狡辩，也不得不佩服他的能言善辩，从而赦免了他。

上司面前千万不要抱怨

在工作中，你总是非常出色地完成了工作，总是赞叹自己如同诸葛孔明般聪明，总是讥笑那些"榆木脑袋"似的同事……

于是，你看什么都不顺眼，总是觉得自己出类拔萃，总是满怀欣喜地盼望着评优、加薪、升迁，但好事偏偏离你那么遥远。

回头好好想一想，自己平时是怎么和上司说话的？是不是经常口无遮拦地诉说自己的成功，贬低同事呢？是不是信口开河、滔滔不绝地对周围的人抱怨呢？

其实，这些偏激的语言都逃不开上司的眼睛！他们嘴上虽然不说，心里其实已经在开始为你打分了，为了你的前途，你还是改变一下自己的说话风格，把抱怨收起来吧！

有一位在网络公司做美编的年轻人这样讲述自己的一段亲身经历：

半年过去了，我的薪水依然没有提高。于是，我开始在上司面前隐约地提到这个问题，上司一直装傻。我有点急了，那天办公室就我和上司两个人，我故意提到，这个月的房租又涨了，饭票也涨了……言外之意是，我的工资什么时候涨呀？

上司笑着说："别抱怨了，好好工作吧！大家的工资都是一样的！"

"是吗？真的一样吗？"其实我早就生气了，但是一直忍着。上司说出大家的工资都是一样的，我就不服气！怎么是一样呢？我好像比同事少了好几百块呢！关于上司的工资，我不知道是多少，但是我知道，他的工资不知道比我多多少倍呢！所以那句"真的一样吗"的话就这么脱口而出了。出口之后，我长久以来的怨气都宣泄出来了："不要以为别人不知道，大家做的工作都是一样的，凭什么拿的工资不一样呢？要说工作经验，我也已经在这里半年了，什么经验没有呀！"

上司看了我半天，就像看一只怪物。我觉得自己理由充分，所以一点也不心虚。但是我错了！

第二天，办公室里的同事相继对我说："我们刚来的时候比你的工资还少呢，到现在才一点点提升上去。"我心里一惊，肯定是上司找我的同事谈话了！

我跑进上司的办公室，直接问上司："我想知道这里的每个员工都是干了多长时间开始加薪的。"

上司不动声色地问我："你有什么权利知道？"

我说："因为我想知道自己什么时候可以加薪！还有，你对我有什么意见可以直接问我，不要让同事来告诉我，我觉得这样的做法未免有点太卑鄙了！"

上司瞪了我一眼，说："如果你来上班就是为了将来拿高工资，那么我可以告诉你，我这里没有高工资，只有你的业绩做到一定程度，你的价值值得我给你开那么多工资，我就给你开。但是目前，你还没有做到。我说过，工资每个人都是一样的，并不是说你们的数量是一样的，而是说标准是一样的。在这里，都是为工作而来的，没有工作能力一味谈高工资，我想每个老板都不欢迎。"

这个年轻人无话可说了，虽然他很生气，但是再也说不出来什么了。他知道自己错了，和上司发生争执是不应该做的，而和上司说这些偏激的话，更不是他该做的！

工作中和上司说偏激的话，是很愚蠢的做法。即使你真的发现了上司对每个职员的不同待遇，也不能用偏激的语言说出来！毕竟人家是你的上司。你可以以别人的待遇为参考，但绝不能以抱怨的方式向上司提出要求。

如何提要求上司不会拒绝

不管情商是高还是低，老板总是老板，希望什么事情都由自己决定。作为下属，向老板提要求的时候，就应该用商量的口气，让他感觉决定权在自己手里。

小侯是一家化工公司的财务人员，整天坐在办公室与数字打交道，这与他所学的专业不合。小侯觉得挺没意思，也不是他的兴趣所在，想换个环境，发挥自己的特长。于是在一个上午，他瞄准老板一人在办公室没事干，敲门走了进去。

老板见他进来，知道他肯定是有事情，示意他坐下后，问道："小侯，有什么事吗？"

"经理，我有个小小的要求，不知您是否会答应。"他微笑着看着经理。

"什么要求？说说看！"

"我……我想换个环境，想到外面跑跑，可以吗？"

"可你对业务不熟，你想跑什么呢？"经理面有难色。

"业务不熟我可以慢慢熟悉。如果经理能给我这个机会的话，我会好好珍惜，一定不会让您失望。"

听小侯这么一说，经理面色缓和了许多，问道："你具体想去哪个部门呢？"

"您认为我去公关部合不合适？"经理皱了一下眉，"你原来做财务工作，现在去跑公关……""经理，是这样的，我有些朋友在媒体工作，我通过他们的关系，可以为公司的宣传出一份力的。"

经理想了想说："那你先试试吧，小侯，我可是要见你成绩的啊。"

"谢谢经理给我这次机会，我一定好好干！"

于是，小侯成功地调到了公关部，工作成绩还相当不错。

记住，老板永远是决策者，下属永远是建议者。有什么要求只能用商量的口气提出来，绝不可以自己先做了决定再去向老板提。领导是不会喜欢"先斩后奏"的人的。

被批评后如何巧妙辩驳

面对上级的批评，不管他说的对不对，都要虚心而诚恳地听取，但也应该勇于为自己作出积极的辩护。

晋文公一次用餐时，厨官让人献上烤肉，肉上却缠着头发。文公叫来厨官，大声责骂他说："你存心想让我噎死吗？为什么用头发缠着烤肉？"

厨官叩着响头，拜了两拜，装着认罪，说："小臣有死罪三条：我找来细磨刀石磨刀，刀磨得像宝刀那样锋利，切肉肉就断了，可是粘在肉上的头发却没切断，这是小臣的一条罪状；拿木棍穿上肉块却没有发现头发，这是小臣的第二条罪状；捧着炽热的炉子，炭火都烧得通红，烤肉烘熟了，可是头发竟没烧焦，这是小臣的第三条罪状。君王的厅堂里莫非有怀恨小臣的侍臣吗？"

文公说："你讲得有道理。"就叫来厅堂外的侍臣责问，果然有人想诬陷厨官，文公就将此人杀了。

这明显是个冤案，如果正面辩解，有可能使晋文公火上浇油，怒气更盛而获死罪。因此，厨官采取正意反说的方式为自己辩解。他装着认罪的态度供认了三条罪状，其实是为了澄清事实：切肉的刀如此锋利，肉切碎了而头发居然还绕在上面；肉放在火上烤，肉烤焦了而毛发犹存，这明显不合乎事理。至此，厨官已证明自己无罪，同时提醒晋文公，是否有人陷害自己？厨官的辩解顺其意，却能揭其诬，可谓灵活机巧。这种做法也是非常必要和适当的。

有些人面临麻烦的事常用辩护来逃避责任，这就走到另一个极端了。这种推卸责任的辩护，偶一为之，无伤大雅，尚可原谅，倘一犯再犯，肯定会失去别人对你的信任。

有时候，做错了事责任不会在下级，大部分却是由于上级的缘故，这时应大胆辩解。不辩解，只能使上级对你的印象更加恶化，而丝毫不会考虑到也有自己的责任。

所以，工作中，同事之间，尤其是下级与上级之间，由于地位不同而发生意见相左的情况时，不要害怕会被认为是顶撞，应积极地说明理由，沉默不语只能使问题更加复杂而难以化解。

辩解的困难点在于双方都意气用事，头脑失去了冷静。所以过于紧张和自责，反而会使场面更僵。因此越到这类棘手的对立状态时，更应该积极辩明，明确责任。其要点大概有以下几点：

1. 不要畏惧。不必害怕声色俱厉的上级，越是嚷得凶的上级，往往心越软。

2. 把握时机。寻找一个恰当的机会进行辩解也很重要。辩明应该越早越好。辩明越早，则越容易采取补救措施。否则，因为害怕上级责骂而迟迟不说明，越拖越误事，上级会更生气。

3. 对错误已经有了足够的认识。

4. 辩护时别忘了站在对方的立场上讲话。上级责备下级，当然是出于自己的观点。如果下级不了解这一点，一味认为自己受了冤枉，因此站在本身的立场上拼命替自己辩解，这样只能越辩越使上级生气。应该把眼光放高一点，站在对方的立场上来解释这件事，则容易被接受。

5. 辩解时不管是何种情况，都不要加上"你居然这么说"。任何人都有保护自己的本能，做错事或和旁人意见相左时，便会积极地说明经过、背景、原因等。但在上级看来，这种人顽固不化，只是找理由为自己辩护罢了。

6. 道歉时不要再加上"但是"。千万不要说"虽然……但是……"这种道歉的话，让人听起来觉得你好像是在强词夺理，无理争三分。道歉时，只要说"对不起"，不必再加上"但是……"。如果面对的是性格坦率的上级，或许就可以化解彼此的距离。当然该说明的时候仍要有勇气据理力争，好让上级了解自己的立场。

众人面前维护领导脸面

"人活脸，树活皮"，作为领导更是如此。当领导的都常把面子看得非常重要，因此做下属的应当处处想到给他留脸面，尤其是在众人面前，不仅不能驳领导的脸面，还应处处维护他人脸面。

一家公司新招了一批职员，老板抽时间与这批职员见个面。他按员工姓名表把新员工一个个叫起来认识一下。

"黄烨（huá）。"老板微笑着叫道。全场一片静寂，没有人应答。

老板又念了一遍。

这时一个员工站起来，怯生生地对老板说："杨总，我叫黄烨（yè），不叫黄烨（huá）。"

人群中发出一阵低低的笑声。

老板的笑脸不见了，脸上有些不自然。

一个精干的小伙子忽然站了起来，解释道："请杨总原谅，我是新来的打字员，是我把名字打错了。"

"太马虎了，下次注意。"老板挥挥手，接着念了下去。

之后不久，叫黄烨的那个员工被解雇了，而那个打字员则被提升为制作部经理。

在这样的场合公然指出老板的低级错误，还弄得"人群中发出一阵低低的笑声"，太不给领导面子了，是可忍，孰不可忍。如果不是打字员出来打圆场，老板的这个低级错误一定会成为大家茶余饭后的笑谈。所以提意见的新员工被解雇，打字员被提升也是情理之中的事。

相反的，如果在大庭广众之下维护了领导脸面，甚至能做到归罪于己，会让领导十分喜欢，今后会更尊重和重视你。

小甄今年刚大学毕业，进了政府机关，当了一名职员。这天，领导拿着一份文件，让他传真到市委宣传部，小甄照办了。

可谁知，第二天，领导怒气冲冲地走进了小甄的办公室，当着众多同事的面，大声斥责小甄："你怎么做事的？让你发份传真到组织部，你却给我发到了宣传部！"

小甄一下子懵了，他回忆了一下，确定领导昨天向他交代的确实是宣传部而非组织部，他想领导一定是在情急之中记错了。

可是，看着领导愤怒的脸，小甄二话没说，主动承担了责任："对不起，实在对不起！都怪我办事毛躁，本想抓紧时间办好，没想到闹了个大错。我一定会吸取教训的，保证不会有第二次了！"

说完，他赶紧又给组织部发了份传真。

又过了一天，小甄被叫到了领导的办公室，领导真诚地向他道了歉，说自己那天因为着急，错怪了小甄，并夸奖小甄小小年纪，就懂得忍辱负重。自此，小甄在领导心目中的地位大大提升了。

领导也是凡人，也有犯错的时候，尤其在工作中，极有可能因为混乱和着急，而错怪了你。这时，你千万记住：一定不要当着众人的面反驳上司，因为上司需要维护一定的威信和颜面，即使他错怪了你，你也不能当众让他下不了台。你应该暂时把责任承担下来，等上司清查过来后发现自己错怪了你时，自然会为你当初的忍辱负重而感动。

无事也要多向领导请教

小李和小陆是同一所名牌大学的毕业生，他们的成绩都很优秀。两人分配到同一家单位。

一年以后，小陆被提升为部门主管，小李则被调到公司下属的一家机构，职位没有实权，地位明升暗降。为什么呢？

他们分配到该单位后，领导各交给他们一件工作，并交代他们可以全权处理。

小李接到任务后，做了精心的准备，方案也设计得十分到位。他一心投入工作，全然不记得要向领导请示一下。领导是开明的，既然说过让他全权处理，自然也不干涉，但也没有和下面人交代什么。等到小李把自己的计划付之于实践时，各部门人员见他是新来的，免不了有些怠慢，小李心直口快，与一个人顶了起来，这可惹了麻烦，因为这人正是公司总经理的亲信。后果可想而知，他的工作处处受阻，最后计划中途"流产"。

小陆接到任务后，经过周密分析调查，提出了若干方案给领导看，又向领导逐条分析利弊，最后向领导请教用哪个方案。这时，领导对他的分析已经信服了，当然采取了他所推荐的那个方案。这时他又问领导如何具体实施。

领导说："你自己放手干吧，年轻人比我们有干劲。"小陆连忙说："我自己刚来，一切都不熟悉，还得多听领导的意见。"

因为小陆的态度谦恭，意见又到位，领导很满意，当即给几个部门的主管打电话，让他们大力协助小陆的工作。因为有了领导的交代，小陆在实施自己的方案时又时时注意与各部门人员的协调，所以他的工作完成得又快又好。

孔子教导我们要"不耻下问"，按这种道理说，"上问"就更是理所当然了。领导也许学历不如你，某些方面的能力也许不见得很强，但是他能成为领导，自然有他的长处，多向他请教不但能提高自己的能力，有助于做好工作，还能给领导留下良好的印象。一举两得，何乐而不为呢？

有人因为害羞而不敢向领导请教，有人因为自傲而不愿向领导请教，有人害怕向领导请教会显得自己没水平……其实大可不必顾虑这些。多思勤问的人总会得到领导的重视的：一是，你的提问显出你对工作的热情和思考；二是，你的提问显出你的谦虚和诚恳。这样的人谁会不喜欢呢？

你是不是常常向上司询问有关工作的事？或者是自己的问题，有没有跟上司一起商量呢？

如果没有，从今天起，你就应该做出改变，尽量地发问。一个不成熟的部下向成熟的上司请教，这并不可耻，而且是理所当然的。即使你并不是不懂，也要"问"，从而可以满足上司好为人师的心理。千万不要想："我这样问，领导会不会笑我，我是不是丢了脸？"如果你这样想，那就是多虑了。

有心的上司都很希望他的部下来询问，部下来询问，就表示他在工作上有了不明之处，而上司予以回答，就能减少错误。

如果你假装什么都懂，一切事都不问，上司会觉得"这个人恐怕不是真懂"，会对你的能力表示怀疑。除了金钱以外，任何事情都可以问，诸如工作上的难题、家中的困扰、男女感情的苦恼，都可以跟上司谈谈。作为上司，他们必定很喜欢能敞开胸怀，有事和自己商量的部下。

要让上司自己做出决定

提建议时要记住，要让上司自己做出决定。让上级在多项建议中做出选择，会使上级感到非常舒服，是一种高明的提建议技巧。

对在国外出生的学究式人物亨利·基辛格来说，他在美国政府中的生涯可谓壮丽辉煌。他第一次崭露头角引起国民注意是作为当时的纽约州州长纳尔逊·洛克菲勒的外交政策顾问，洛克菲勒竭力向尼克松推荐基辛格，终使基辛格后来成了美国的国务卿。继尼克松之后，杰拉尔德·福特接任总统，他上任后办理的第一件事就是再次任命基辛格为国务卿。还有罗纳德·里根，虽然他被迫向极右支持者们许下诺言，他将不会任命基辛格为国务卿，然而他经常要求得到基辛格的帮助。

与总统或将成为总统的人打交道，基辛格喜欢用的手段之一就是让他们自己做出各种选择。至少在重要问题上，他努力向他们提供许多可能性以供他们选择，而不是提出一个特定的政策或是特定的行动方针。基辛格总是精心地列举各种可能性。他列出每个可行的方案，并且认真地写下它们所有的优点和缺点，但他绝对禁止自己只推荐其中的任何一个。

从上级管理的角度来看，这种方法的优点是显而易见的。当然，这种方法不只局限于广阔的和充满异国情调的外交活动场所，在处理相当细微的琐事的时候，也可以有效地使用它。

假设你正在为一家小公司处理雇员关系。这家公司接受了大量的订货任务，为了完成任务，公司实际上已增加了劳动力，因而，曾一度宽敞的公司停车场地现已变得拥挤不堪。雇员们为了有限的停车场地开始激烈地争夺，而且所用言语十分恶毒，甚至两个雇员为争夺停车场地发生口角，导致动手打架。

你觉得这个问题应当引起上级的重视，因为你所能想到的任何一个解决方法，都超出了你的职责范围。但你要列出一些可供选择的方案，而不是把这件事情往上级身上一推了事；或者提出一个拟定好的方法劝他采纳。这些可供选择的方案大致包括：扩大停车场；租车接送工人；停车收费并把这项盈利作为雇员的娱乐基金；组织汽车联营，等等。所有这些方案各有利弊，拟订方案时，你要仔细但简要地说明这些利弊。当你希望这个问题能引起上级注意的时候，就可以提交这个方案。

这样做时你也要考虑一下它的不利因素。显然，这会花费你一些时间和精力。有些问题根本不值得花费那么大的力气，还有些问题只能提供一个可行方案。而且，下属总倾向于罗列他自己喜欢的方案，上级感觉到这一点时，就会失去对下属的信任。

尽管有这些潜在的缺点，这种方法仍有其真正的魅力。它让上级就问题做出最后的决策，从而使其发挥作为上级应起的作用。而且很清楚，这种方法能促使下属全面、深入地思考问题。这样的结果对上下级都是有利的。

和上司有分寸地开玩笑

玩笑万一开得不好，对方听了心里就会不舒服，在上司面前尤其如此。事实上，没有几个人真正喜欢黑色玩笑的，这里包含了太多的不尊敬和戏弄成分。

玩笑开得好不仅可以增进人际关系，还能使你整个人充满魅力。但如果玩笑有人身攻击的成分，就是黑色玩笑了。很多人喜欢和别人开玩笑，却从来不知道玩笑也是要有分寸的，其实，黑色玩笑体现着一个人性的弱点：面对一个人或一件事时，会不自觉地挑刺，这是一种思维习惯。

高蝶上学的时候就非常聪明，老师说她的脑子活，言辞犀利，还有丰富的幽默细胞。无论上学还是工作，她都是大家的一颗"开心果"。尽管如此，她在一家公司已经工作三年了，仍然只是一名仓库管理员。到底是什么原因使她在工作上没有转变，她自己也说不好。

那天，高蝶向研究心理学的表哥提到了这个问题，表哥问她："你平时有没有在言辞上对上司不敬啊？"

高蝶一愣，想她平时除了爱开玩笑，没有其他的毛病了，难道是她向上司开玩笑引起的？于是，高蝶想到了最近的几个玩笑。

那天，上司穿了身新衣服去上班，灰西装、灰衬衫、灰裤子、灰领带。同事都没有说话，只有高蝶高声地喊着："哎呀，穿新衣服了？"

上司听了咧嘴一笑。

她接着捂着嘴笑："哈哈，像只灰耗子！"

还有周五的时候，来了个客户找上司签字。当上司签完字以后，对方连连称赞上司的字好，说："您的签名可真气派！"

高蝶正好走进办公室，听到称赞声后，一阵坏笑："能不气派吗？我们上司可暗地里练了三个月呢！"当时她注意到上司和客户的表情都很尴尬，不过她也没有多想。

现在仔细一想，好像问题都出在这里。有时为了赶时间，高蝶很早就去公司上班了，所以加班时会满身疲惫，难免出点差错，上司不仅不体谅，还不分青红皂白地说她偷懒，怎么解释都不行。当时觉得很委屈，现在看来，好像真正的原因很明了了!

开玩笑没有分寸的人一定是热衷于挑刺的人，这类人往往被视为刻薄，容易引起他人反感。同事或朋友、同学之间，也许一笑了之，但如果冒犯了上司的尊严，其后果是严重的。

同样一个问题，也许你觉得没有什么，然而你的上司会觉得问题很严重。这就需要平时自己的努力了!

首先要学会宽容，学会挖掘别人的优点。只有你的眼睛里都是对方优点的时候，你的玩笑开起来才会动听一些。

其次，在和上司单独相处时，可以去赞美对方的衣饰细节的变化，这样能迅速拉近双方间的距离。用这个方法，不仅能在紧急时刻迅速打破和上司之间的僵局，而且还能了解到不少上司的喜好。

平时在汇报自己想法的时候，要选择好措辞。在开玩笑的时候一定要看场合，要清楚自己该不该说。比如，某些人如果不开黑色玩笑，而用另外一种方式向上司说话，如："我个人认为××方案比较可行，但我做不了主，您经验丰富，帮我做个决定行吗?"上司听到这样的话，绝对会做个顺水人情，答应你的请求，这样岂不两全其美?

对领导有意见要婉转说

面对来自上司的压力，总有一些话如鲠在喉，不吐不快。此时此刻，你将怎么做? 不吐不快，绝不意味着要一吐为快，跟上司提意见还是要婉转说。因为他有权力随时开除你。

1. 提意见兼并上司的立场

李先生是一家知名外企的总经理助理。他的顶头上司王总搞学术和技术出身，由于工作重点长期落在研究开发领域，因此对企业管理一知半解。出于对技术的钟情与依恋，王总直接插手技术部门的事，把管理的层级体系搞得乱七八糟，其他部门虽然表面上敢怒不敢言，但私下里无不怨声载道，让李先生与其他部门沟通协调倍感吃力。

经过思考，李先生决定采用兼并策略，向王总建议。

他对王总说，真正意义上的领导权威包含着技术权威和管理权威两个层面，王总的技术权威牢固树立，而管理权威则有些薄弱，亟待加强。王总听后，若有所思。

李先生巧妙地兼并了王总的立场，结果获得了成功。后来，王总果然越来越多地把时间用在人事、营销、财务的管理上，企业的不稳定因素得到控制，公司运营进入了高速发展状态，李先生的各项工作也顺风顺水，渐入佳境。

从李先生的经历，我们可以得到很好的启发：兼并上司的立场，的确不失为向上司提意见的上等策略。首先，它没有排斥上司的观点，而是站在上司的立场上，最终是为了维护上司的权威，出发点是善意良性的；其次，这种策略是一种温和的方式，能够充分照顾上司的自尊，易于被上司接受，效率较高；另外，它需要很强的综合能力，需要很高的社会修养。能够针对不同情况，不断提出有效率的兼并上司立场的意见，并非轻而易举。长期这样做下去，自己个人的领导能力亦会迎风而长，甚至来一个飞速提升。

2. 注意语气适当，措辞委婉

因为说得过火或过于渲染，涉及领导的尊严与权威，尺度掌握不准，搞得不好就会有嘲讽、犯上之嫌，被领导误以为心怀不满，另有所指。所以下属一定要注意使自己的口气比较和缓，显示自己的诚恳和尊敬之情。特别是要使领导明确地认识到，你的所作所为都是出于做好工作的动机，是为领导设身处地的着想，而不是针对领导者本人有何不恭的看法。

"要想成功与上司交手，了解他的工作目标和其中的苦衷是极为重要的。"赖斯顿顾问说，"假如你能把自己看作是上司的搭档，设身处地替他着想，那么，他也会自然而然地帮你的忙，实现你的理想。"

卡内基·梅伦大学的商学教授、《金额工人》一书的作者罗伯特·凯利，曾引述加利福尼亚某电影公司的一位程序设计员和他上司进行争辩的故事。当时，为了某个软件的价值问题，双方争执得僵持不下。凯利说："我就建议他们互换一下角色，以对方的立场再进行争辩。五分钟以后，他们便发现自己的行为有多么可笑，两个人都不禁大笑起来，接着，很快找出了解决的办法。"

你必须掌握一个常识。你要牢记，无论怎样，你的一切都操持在上司手中。假如争辩过火弄成僵局，也许会产生比原来更坏的影响，他是随时都能把你解雇的。因此，要明智一点，要牢牢记住：仗无把握，请莫开战。

口才加油站

"我各方面都不如陛下"

1909年，德国的最后一位皇帝威廉二世是一位极其傲慢的君主，经常口无遮拦。

一次，威廉二世公然宣称他会率领他强大的陆军和海军征服欧洲，征服全世界。不仅这样，威廉二世还宣称他是和英国友好的唯一德国人；他要建立一支更强大的海军去对抗日本；他独自一人挽救了英国，使英国免于臣服沙皇俄国和法国的厄运；由于他的策划，才使得英国的罗伯特爵士得以在南非打败波尔人等。

这些狂言震撼了整个欧洲大陆。因为，在历史上从未有过任何一位君主敢如此大放厥词。整个欧洲大陆都愤怒起来了，威廉二世慌了神，万般无奈，他向当时德国的总理大臣——布洛亲王求助。威廉二世向布洛亲王建议，由布洛亲王来承担一切责任，希望布洛亲王宣布这是他建议威廉二世说这些话的。

布洛亲王为人谦逊和善，风度优雅，深得德国人民爱戴。同时，他也对威廉的所作所为极为不满，认为他不能算是一位贤明的君主。所以，当威廉向他提出这些荒谬的请求时，他再也无法忍受了。

"但是，陛下，"布洛亲王极力控制自己的情绪，"这对我来说，几乎不可能。全德国和英国没有人会相信我有能力建议陛下说出这些话。而且，一个人总要为他所做的一切承担责任，不是吗？"

布洛话一出口，就知道自己已经犯了一个大错误，再想改口已经来不及了。

"住口！"威廉大为恼火，"你认为我是一个蠢人吗？难道你自己就没有犯过错误吗？你敢蔑视国王！"

布洛知道自己的方式欠妥，但已经太迟了，他只好改变策略。

"我绝对没有这种意思，"他十分诚恳地回答，"陛下在许多方面皆胜我许多，而且最重要的是自然科学。在陛下解释晴雨计，或是无线电报，或者伦琴射线的时候，我经常是注意倾听的。而且，内心十分佩服，也觉得十分惭愧，对自然科学的每一门我都茫然无知，对物理化学毫无概念，甚至连解释最简单的自然现象的能力也没有。"

"但是，"布洛亲王继续说，"为了补偿这方面的缺点，我学习了某些历史知识，以及一些可能在政治上，特别是外交上有帮助的知识。"

威廉的脸上终于露出了微笑。"我不是经常告诉你，"他热诚地说，"我们两人互补长短，就可闻名于世吗？我们应该团结在一起，我们应该如此！"

他十分激动地握住布洛亲王的双手说："如果任何一个人敢对我说你布洛亲王的坏话，我就一拳打在他的鼻子上。"

对于一个下属来说，布洛亲王的做法值得效仿。如果，你的上司要求你做一件无理的工作时，你在给上司提出建议之后，一定不要忘记立即补上一句安慰或称赞的话语。这样不仅给了上司的面子，而且还能达到拒绝的效果。

一碗莲子羹的背后

一天，妻子下班回来，见丈夫已做好了饭，还熬了她很喜欢喝的莲子粥，非常高兴。

喝粥时，问丈夫："这莲子粥可真好喝啊，莲子是从哪儿买来的？"

丈夫说："不是买的，是乡下姑妈让人捎来的——她知道你很爱喝莲子粥。"

妻子听了有点儿感动，很感慨地说："姑妈想得可真周到啊，年年让人捎莲子来！"

丈夫说："那当然了，姑妈最挂念我们了。我家里人口多，父母无法养活我们，从小就把我放在姑妈家，我小时候几乎天天住在姑妈家里，可以说是姑妈把我抚养大的！那时姑妈家里也很穷。"

妻子感慨地说："她这一辈子可真不容易。"

过了一会儿，丈夫忽然叹了口气，说："听说，姑妈前几天病了，家里没钱，看不起病，我想给她寄点钱。"

"那就寄呗，多寄点儿，多让姑妈买点儿好吃的。"

就这样，丈夫以一碗妻子最爱喝的莲子粥作为说服妻子的条件，最终使妻子高兴地答应了给姑妈寄钱。

这个故事里的丈夫通过吃莲子粥、忆旧情，先让妻子感动，制造一种适宜的氛围，然后再在自己预先设置情境中，循序渐进地说服了妻子。

·第四章·

领导口才

怎样能留住想辞职的优秀员工

"千金易得，一将难求"，优秀员工的跳槽时常困扰着领导。任何公司都避免不了竞争者的袭击，高素质的员工总是会有工作机会找上门来。

当优秀员工递上他的辞呈时，领导们不见得束手无策，但能把多少人留下来，决定于你对他们得到的工作机会作何反应，即你的反应速度有多快、劝人留下来是否有效。下面的一些建议可供借鉴。

1. 即刻作出反应

如果企业十分想留住这位员工，那就没有什么事比立即对离职作出反应更重要了。领导应该马上放下预定的活动，任何延误，例如"开完会我再和你谈"之类的话，都会使辞职不可挽回。带着紧迫感处理问题有两个目的，首先，向员工表明他确实比日常工作更重要；其次，在员工下决心以前，给领导最大的机会去尝试改变他的想法。

2. 保密消息

绝对封锁辞职的消息对双方都很重要。对员工来说，这为他改变主意继续留在公司清除了一个主要障碍，这个障碍有可能使他在重新决定时犹豫不决。如果其他人毫不知情，他就不必面对公开反悔的尴尬处境。而企业在消息公布以前，能有更大的回旋余地。

3. 倾听员工心声

领导要坐下来和想辞职的员工交谈，仔细聆听，找出辞职的确切原因。从员工身上了解到的情况要原封不动地向上级汇报，即使其中有对领导的微词。还要了解员工看中了另一家公司的哪些方面，是环境更好、待遇更优厚、工作节奏有快慢差异，还是对事业看法发生了根本转变。这些显然是说服员工改变主意的关键。

4. 组织方案

一旦收集到准确材料，领导们应该形成一个说服员工留下来的方案。一般而言，员工因为两个并存的原因而辞职：一个是"推力"，即在本企业长期不顺心；另一个是来自另一家公司的"拉力"，即站在这山望着那山高。一个成功的挽留方案，应该针对员工产生离职想法的问题，提出切实的解决意见，还要使员工认识到，他对别家公司的种种看法不切实际。

5. 全力求胜

有了仔细规划的策略，就该着手赢回员工了。领导对辞职快速作出反应，就是要让员工从一开始就感到，他的辞职有误会，公司也知道这是个误会，并将全心全意纠正失误。要是合适，公司可以在工作时间之外和他一起用餐，工作所需的各级领导都应参加。如果员工的配偶是其辞职的重要因素，那就请她（或他）也一起参加。

6. 为员工解决困难，把他争取回来

如果方案制订及时，又确实能纠正造成员工心猿意马的那些问题，员工可能会改变想法，除非辞职员工确实已对企业深恶痛绝。多数情况下，他们只是不满工作中的某些方面，或不喜欢直接上司。当他们能在别的公司找到工作时，这些问题就被放大了，因为粗看之下，那家公司好像挺能满足相应的要求。通过缓和在本企业的矛盾，突出与那家公司的不同之处，员工往往同意留下来是最佳选择。

7. 赶走竞争对手

要让员工同意，给竞争对手打电话，回绝对方提供的工作，他应该坚定不移地表明，不希望再讨价还价或继续商量，他将留在本企业，他的决定是最终决定。让员工用这种方式向竞争对手表明事实，阻止那家公司企图再挖走其他员工。

要不断地肯定和赞扬你的下属

在单位里，大部分人都能兢兢业业地完成本职工作，每个人都非常在乎领导的评价，所以领导的赞扬是下属最需要的奖赏。

首先，领导的赞扬可以使下属意识到自己在群体中的位置和价值、在领导心中的形象。由于在单位，职员或职工的工资和收入都是相对稳定的，人们不必要在这方面费很多心思。因而人们都很在乎自己在领导心目中的形象问题，对领导

对自己的看法和一言一行都非常注意、非常敏感。领导的表扬往往很具有权威性，是确立自己在本单位或本公司同事中的价值和位置的依据。

有的领导善于给自己的下属就某方面的能力排座次，使每个人按不同的标准排列都能名列前茅，可以说是一种皆大欢喜的激励方法。比如，小王是本单位第一位博士生，小李是本单位"舞"林第一高手，小刘是单位计算机专家等，人人都有个第一的头衔，人人的长处都得到肯定，整个集体几乎都是由各方面的优秀分子组成，能不说这是一个生动活泼、奋发向上的集体吗？

其次，领导的赞扬可以满足下属的荣誉感和成就感，使其在精神上受到鼓励。

领导的赞扬是下属工作的精神动力。同样一个下属在不同的领导指挥之下，工作劲头判若两人，这是与领导用赞扬的激励方法分不开的。

魏徵是唐朝很有才能的一个人，原先魏徵侍奉皇太子李建成，因为敢于进谏而不受李建成的欢迎，李建成不仅对他的建议漠然置之，还有时候批评他。李世民掌权后，很器重魏徵，为了鼓励魏徵敢于直言进谏，唐太宗李世民每次都很虚心地听他献策，并经常赞扬他敢说真话说实话。一次唐太宗赞扬魏徵说："夫以铜为镜，可以正衣冠；以古为镜，可以知兴替；以人为镜，可以明得失。我以你这样的良臣为镜，也就不糊涂，少做错事了。"

在唐太宗的赞扬和鼓励之下，魏徵至诚奉国，真是喜逢知己之主，竭尽所能，知无不言，先后共陈言进谏二百多件事。后来，魏徵怕仅凭进谏参政议政招来事端，想借目疾为由辞官修养，唐太宗为挽留这位千载难逢的良臣，极力赞扬了魏徵的敢于进谏，表达了自己的赏识之情，道："您没见山中的金矿石吗？当它为矿石时，一点也不珍贵。只有被能工巧匠冶炼成器物后，才被人视为珍宝。我就好比金矿石，把您当作能工巧匠。您虽有眼疾，但并未衰老，怎么能提出辞职呢？"魏徵见唐太宗如此诚恳，也就不再提辞官的事了。

再次，赞扬下属还能够密切上下级的关系，有利于上下团结。有些下属长期受领导的忽视，领导不批评他也不表扬他，时日一长，下属心里肯定会嘀咕：领导怎么从不表扬我，是对我有偏见还是妒忌我的成就？于是同领导相处不冷不热，注意保持远距离，没有什么友谊和感情可言，最终形成隔阂。

领导的赞扬不仅表明了领导对下属的肯定和赏识，还表明领导很关注下属的事情，对他的一言一行都很关心。有人受到赞美后常常高兴地对朋友讲："瞧我们的头儿既关心我又赏识我，我做的那件连自己都觉得没什么了不起的事也被他大大夸奖了一番。跟着他干气儿顺。"互相都有这么好的看法，能有什么隔阂？能不团结一致拧成一股绳把工作搞好吗？

最后，对下属的成绩和良好品格的肯定和赞扬，实际上就是对另一种与之相对立的倾向的有力的否定和批评。直接指斥某种倾向的危害，明白地提出某种诫令，不失为一种可行的常规办法。但是平心而论，这只能是一种辅助手段，其效力不会更深远。实际上指出"什么不好""不要干什么"，只能解决眼前的问题，因为人的精神和行为不会出现空白，不干这个便会另干那个，而干那个是否正当，可能又是问题。倘若及时向人们说明"什么好""应该干什么""怎样干"，那就从根本上解决了带有过程意义的问题。所以对于规范下属的行为，肯定、赞扬要比否定、批评来得更为直接。

正是从这个意义上说，榜样的力量是无穷的。下属的活动一般来说，都是自觉地指向上级确定的目标，遵循着上级的规定展开的，主观上是希冀成功、得到奖励的。然而，由于受个人的智力、学识、经验以及种种随机因素的制约，其活动结果不尽如人意甚至出现大的差异也是不可避免的。在失误、败绩面前，下属内心惴惴，上级该作何处置？简单的方法当然是论过行罚。然而，更为远虑的处置应该是宽容。当事人由悚惧而看到希望，日后必然会更加努力工作。

说话要注意自己的身份和地位

领导跟员工在一起时，要适当表明自己的身份。在办公室里与员工相处，别人应该一眼就能瞧出，谁是员工，谁是领导。如果你不能表现出这一点，给人的印象就可能正好相反，那么，你这个领导就是失败的。

虽然你不必过于矜持，但要让你的员工起码意识到，你是领导。这样，即使是活泼、轻佻的职员也不至于去拍你的肩膀，或拿你的缺点肆意开玩笑。他在你面前会小心谨慎，会看你的脸色行事，当你们一起离开办公室时，他会恭恭敬敬地把门打开，让你先行。

领导要保持自己的威严，在无形中造成员工对你的尊敬之意，会为你的工作顺利开展创造条件，员工会处处——至少在表面上尊重你的意见，当他们执行任务有困难时，会与你商量，而不会自作主张，自行其是。

领导要注意自己的讲话方式。在办公室里跟员工讲话，要亲切自然，不能让员工过于紧张，以便更好地让员工领会自己的意见。但是在公开场合讲话，譬如面对许多员工演讲、作报告，要威严有力，有震慑力。

但不管在哪种情况下，领导讲话都要一是一，二是二，坚决果断，切忌含糊不清。

跟员工交谈，即使员工处于主动，领导听取员工谈话，也切忌唯唯诺诺，被对方左右。如果员工的意见与自己的意见相左，可以明确给予否定，如果意识到员工意见的确是对公司、对自己有利的，则不要急于表态。

多思考少说话，也可以以"让我仔细考虑一下"或"容我们研究、商量一下"来结束谈话。这样，在回去之后，员工不会沾沾自喜，而会更加谨慎，领导也可以利用时间从容仔细地考虑是取是舍，这在无形中增加了领导的权威，总比草率决定的好。

行为是无声的语言。很多员工与领导直接交谈、交往的机会不是很多，他们了解你往往是远远地看到你的一举一动，或通过其他一些材料，员工们会根据每一个较小的事情来判断你。

当你显示自己的身份时，你是将办公室的门敞开还是紧闭，当你走出办公室时如何与员工打招呼，你如何接听电话，如何回复来信等，每一个细节都会映入员工的脑中，每一个细节都是向员工们传达了你自身的一份信息。

批评下属的时候需要适可而止

但凡为人处世都要有个"度"，批评下属也是如此。在实际生活中，人们习惯于称度为"分寸"，为人处世要适当、适度，要讲究分寸，过与不及都是应当避免的。作为领导，批评下属时也要注意有"度"。

从质的方面来说，上下属的矛盾属于人民内部矛盾，批评大都要本着"团结——批评——团结"的原则进行，在运用语言的过程中就有一个质的差别问题。

首先，下属是同志不是敌人，批评的目的是要把问题谈透，而不是把下属批臭。因此，虽是批评，词语也要有讲究，切不可气势汹汹，一团杀气。即使下属错误较重，或态度不太好，也不必吵吵嚷嚷，搞得四下不安。须知，领导者批评的虽是一个人，但面对的是整个群体，你刚一出口，早已有别的下属在那里窃窃私语、议论纷纷，今日气撒完，明天怎么干？可见，恰当地运用语言，还是一个领导者的气度和修养问题。身为上级的领导者，应该表现出一定的大家风范和君子气派，而不应该鼠肚鸡肠、斤斤计较，必要时可适当选用具有一定模糊度的语言，暂为权宜之策。

其次，下属虽是同志，但毕竟犯了错误，需要批评而不是褒奖，如果批评时语言没有分量，嘻嘻哈哈不了了之，也就失去了批评的意义。这个没批评好，后继者将有恃无恐。本着惩前毖后的原则，要维护制度的威严，不能放弃原则，赏罚不明，使纪律松弛。

从量的方面来说，同是犯错误，轻重可能不同，批评的语言也应相机而变。倘若等量齐观，一视同仁，各打四十大板，就会引出一些不必要的错误。该轻则轻，不能揪着辫子不放；该重则重，切莫姑息迁就。此外，男女性别不同，心理有异，因而在批评异性下属时还要作适当考虑，做到有理有节。

质的把握，即丁是丁，卯是卯，不能混同；量的限制，则指该一说一、该二说二，必须区别对待，而所谓度，也就是质的把握和量的限制的有机统一。在这种统一中，领导者批评的效果应力求达到最佳状态。

批评下属时也要因人而异说话

既然批评的对象是人，那么就要因人而异。身为领导，不能用单一的批评方式去对待不同下属的错误，而应综合考虑批评对象的各种具体情况。

1. 职业情况

工农商学兵，不同行业有不同行业的批评要求；同一行业，不同工种、不同职务级别有不同的否定艺术。对工作能手和初学者，对担任领导工作的下属和一般工作人员的批评也是应该不一样的。一般说来，随着下属工作熟练程度和行政级别的提高，要求应该越来越严格，虽然方式各有不同。

2. 年龄情况

同样的问题，对不同年龄的人的批评是有差别的。对年长的人，一般应用商讨的语言；对年龄相差不多的人，就可以自由一些，毕竟彼此共同的地方多一些；对年少的下属，就应适当增加一些开导的语句，使其印象深刻。并且，批评时的称谓也是有差别的。对年长的人加上谦词，如，以"老"字为前缀（"老王同志"）、以职务为后缀（"李教授""老主任"）等，就显得很郑重、有礼；对同龄人的称谓可以多少随便些，一般可以直呼其名，或用些常用的称呼法，可以显得随和些；对年少的人称谓多以"小"字为前缀，如"小孙""小刘"，显得亲切。假如彼此不太熟悉，可以适当换用郑重一些的称谓。总之，不同年龄的人有不同的特点和要求，运用否定和批评的语言艺术不可等同视之。

3. 知识、阅历情况

不同的下属，知识、阅历等都是不尽相同的。上级在否定和批评下属时，必须根据其知识、阅历的不同施以不同的语言艺术。有几十年工龄的同志，你一声轻叹，就会勾起他对过去的回忆，从而激发其心中的共鸣；受过高等教育的下属，可能因你对某些艰深理论的熟谙而产生由衷的敬意；一句粗话出口，会使还不习惯集体劳作的社会青年感到"来者不善"……知识、阅历深的人需要讲清道理，必要时只需蜻蜓点水，他便心领神会，无须唠唠叨叨。相反，知识、阅历浅的人必须讲清利害关系，我们看重的是结果如何，而不理会其中的奥秘究竟怎样；之乎者也、文绉绉的词句，只能使其如入五里云雾，辨不出东西南北。老同志不喜欢那些开放性的词句，五光十色的世界令他们目不暇接，莫不如对往日的回忆或可增加其些许安慰。年轻人讨厌那些陈腐的说教和诡秘的人际关系，他们需要理解，喜欢直来直去。领导者如何运用语言艺术，使下属既接受了批评，又有正中下怀、如遇知己之感，是完善领导工作的重要课题。

4. 心理特征

这里讲的心理特征主要指下属的气质、性格、对工作的兴趣和自我更正的能力。上级批评和否定下属必须首先在心理上占上风，否则将不会成功。按照心理学的分类，人的气质主要分为胆汁质、多血质、黏液质、抑郁质四种类型。领导者应该根据各种类型的不同特点来决定使用何种批评方式。胆汁质的人情绪外露，一点即爆，所以领导者在批评这种类型的下属时不宜使用带有更多情感色彩的语言，但又不能因怕起"火"而不敢点，而是要摆出事实和道理，不给其以任何发作的借口。多血质的下属较随和，但因其性情体验不深而要特别在逻辑和道理上下功夫。黏液质的人虽然稳重但生气不足，因此要适当给予情感刺激，激发其前进的活力。至于抑郁质的下属，由于心细而内向，所以批评的语言以点到为妥，并尽量消除彼此之间的距离感，增加感情上的认同。诚然，现实中人的气质类型并非如此分明，更多的是混合型。所以领导者在批评下属时可以针对不同状况，综合运用各种语言艺术，以达到批评的目的。

一般说来，下属对于改正错误、改进工作是有浓厚兴趣的。此时领导者的指导性批评无异于一支清醒剂，会使其加倍努力工作。相反，对于那种缺乏兴趣的人，必须多费口舌调动或激发其改进工作的兴趣。对于那些无视批评、屡教不改的人，在严厉批评的同时，也要采取一定的组织行政措施，以儆效尤。

假如下属有很强的自我更正能力，那么领导者只需用中性、平静的语言提醒他注意就可以了；假如下属的自我更正能力差，领导者在批评时就不仅要使之知其然，而且更要使之知其所以然，甚至要身体力行为之做必要的示范。人的能力有高低之分，对于那些能力弱的人，自然要提供更多的帮助，必要时甚至调换其工作。

如何消除员工对你的不满和敌意

做好管理工作真的不容易，有人说做事容易做人难，管得多了不但没有效果，反而会影响彼此的人际关系；管得少了虽然能保住彼此的感情，但是效果又不好。

看看下面两种对话方式：

领导："你最近的表现可不太好啊！"

员工："可是我已尽了最大努力了。"

领导："努力？我怎么看不出来你在努力？"

员工："我难道不是在工作吗？"

领导："你怎么能用这种态度说话？"

员工："那你要我怎么说呢？"

领导："你太自以为是了。这就是你的问题所在。"

领导这样对员工说话，很容易让员工对你产生不满，甚至产生敌意，不利于以后工作的开展和公司的团结。但是如果领导换一种说法方式，效果就会完全不同了。

领导："你最近表现得不太出众啊，这可不像是你的作风。"

员工："我已经尽了力了……"

领导："是不是有什么心事？"

员工："实际上……妻子住院了！"

领导："是吗！你怎么不早说，家里出了事理应当多照顾，要不就先请几天假，好好在家照顾一下病人。"

员工："好在已经没有什么大问题了。"

领导："噢，那就好。如果有什么困难尽管来找我。"

例子中的领导既委婉地提出了批评，又照顾到了下属的心情。下属自然非常愉快，也很感激。与下属沟通时，作为领导者，最忌讳的就是不注意说话方式，倚仗自己的地位，肆意贬低下属。这样不仅解决不了任何问题，反而会使矛盾激化。要注意，千万不可让对方对你产生敌意。

具体方法，可以从以下几点入手：

1. 谈话要客观，不要过于急躁，也不要在谈话之前就对对方怀有不满和厌恶。

2. 要站在员工的角度为员工着想，当员工与你的意见相反时，切忌用权力去压下属。

3. 要尊重员工，不能对其进行人身攻击，或者使用尖酸刻薄的语言，不要伤害员工的感情。

4. 与员工沟通要挑对时机，如果对方情绪过分激动，其是非的判断力、意志的驱动力都会变得模糊，处于抑制状态。此种状况下，任何"强攻"都难奏效。不如暂停说服工作，告诉对方，好好休息，下次再慢慢谈。停一停再谈，这对扭转认识、稳定情绪具有很大作用。

5. 如果员工有错，批评时也要适度、有分寸。

6. 如果员工对你已经产生敌意，可以通过鼓励、安慰等方式消除隔阂。

·第五章·

销售口才

以顾客感兴趣话题开头

推销通常是以商谈的方式来进行，但是如果有机会观察推销员和客户在对话时的情形，就会发现这样的方式太过严肃了。

所以说对话之中如果没有趣味性、共通性是行不通的，而且通常都是由推销员迎合客户。倘若客户对推销员的话题没有一点点兴趣的话，彼此的对话就会变得索然无味。

推销员为了要和客户之间培养良好的人际关系，最好尽早找出共通的话题，在拜访之前先收集有关的情报，尤其是在第一次拜访时，事前的准备工作一定要充分。

打过招呼之后，谈谈客户深感兴趣的话题，可以使气氛缓和一些，接着进入主题，效果往往会比一开始就立刻进入主题来得好。

天气、季节和新闻也都是很好的话题，但是大约 1 分钟左右就谈完了，所以很难成为共通的话题。

关键在于客户感兴趣的东西，推销员多多少少都要懂一些。要做到这一点必须靠长年的积累，而且必须靠不懈地努力来充实自己。

被推销者通常对推销者敬而远之，说得不客气，是深恶痛绝，这是劣质推销文化造成的。经验丰富的人甚至练就了拒绝推销的高招，拟好了各种各样的借口和理由，准备给来犯的推销员当头一棒。聪明的推销员会审时度势，有时候避免正面推销，从对方意想不到的角度切进去。那就是：投其所好。

投其所好，对对方最热心的话题或事物表示真挚的热心，巧妙地引出话题后，多多应和，表示钦佩。

美国超级推销员乔·吉拉德曾因一时分心丢了一笔到手的生意。那一次，一位即将签约的准客户兴致勃勃地说起他上医学院的儿子，而乔·吉拉德心不在焉，侧耳听其他推销员讲的话，准客户突然说他不想买车子了……后来，吉拉德好不容易弄清对方是因为他在说"儿子、儿子、儿子"时，吉拉德却在念叨"车子、车子、车子"，才转而找别人买了车！

19世纪法国作家大仲马有个儿子，人称小仲马。小仲马的《茶花女》获得极大成功后，他向父亲报喜："就像当年您的杰作一样受欢迎！"

大仲马微笑道："我最大的杰作就是你，我的孩子！"

朝鲜有句俗话："喜欢老婆，看到丈人家的木桩都要拜。"

…………

光知道这些道理还不够。

股票、体育、影视、文学、曲艺、商业……人的兴趣多种多样，一个人不可能样样精通。除了对一些重要人物的特殊嗜好下功夫钻研（比如见到一位大人物家中挂着猎枪，就对射击进行一番研究）外，你没有必要什么都学。人的精力是有限的，你了解一些常识就够了。你要做的仅仅是引起特殊话题，多多应和。如果在交谈中，你的知识确实不足以跟上对方的思路，欣赏不了奥妙的境界，那又有什么大不了？你可以说："我一直想学××（或了解××），可就是学不好。你这么精通，真是了不起！"

一个出色的推销员，是利用种种因素积极行动的人。怎么做？一点都不难。难的是你问过的事情一定要记住，不要问好几次同一件事情，却依然记不住，那可就表明你根本没有诚心！

主动承认产品的缺点

俗话说"家丑不可外扬"，对推销员来说，如果把自己产品的缺点讲给客户，无疑是在给自己的脸上抹黑，连王婆都知道自卖自夸，见多识广的优秀推销员怎么能不夸自己的产品呢？

其实，宣扬自己产品的优点固然是推销中必不可少的，但这个原则在实际执行中是有一定灵活性的，就是在某些场合下，对某些特定的客户，只讲优点不一定对推销有利。在有些时候，适当地把产品的缺点暴露给客户，是一种策略，一方面可以赢得客户的信任，另一方面也能淡化产品的弱势而强化优势，适当地讲一点自己产品的缺点，不但不会使顾客退却，反而赢得他的深度信任，从而更乐于购买你的产品。因为每位客户都知道，世上没有完美的产品，就好像没有完美的人，每一件产品都会有缺点，面对顾客的疑问，要坦诚相告。刻意掩饰，顾客不但不相信你的产品，更不会相信你的为人。

而平庸的推销员奉行一个原则，就是永远讲自己产品的优点，从来不讲自己产品的缺点。他认为，那样自曝家丑，怎能卖出去产品呢？而优秀的推销员就懂得这个道理，他知道在什么时候巧用这个规则可以使推销取得成功。下面就是这样一个优秀的推销员的例子。

一个不动产推销员，有一次他负责推销 K 市南区的一块土地，面积有 80 平方米，靠近车站，交通非常方便。但是，由于附近有一座钢材加工厂，铁锤敲打声和大型研磨机的噪音不能不说是个缺点。

尽管如此，他打算向一位住在 K 市工厂区道路附近、在整天不停的噪声中生活的人推荐这块地皮。原因是其位置、条件、价格都符合这位客人的要求，最重要的一点是他原来长期住在噪音大的地区，已经有了某种抵抗力，他对客人如实地说明情况并带他到现场去看。

"实际上这块土地比周围其他地方便宜得多，这主要是由于附近工厂的噪音大，如果您对这一点不在意的话，其他如价格、交通条件等都符合您的愿望，买下来还是合算的。"

"您特意提出噪音问题，我原以为这里的噪音大得惊人呢，其实这点噪音对我家来讲不成问题，这是由于我一直住在 10 吨卡车的发动机不停轰鸣的地方。况且这里一到下午 5 时噪音就停止了，不像我现在的住处，整天震得门窗咔咔响，我看这里不错。其他不动产商人都是光讲好处，像这种缺点都设法隐瞒起来，您把缺点讲得一清二楚，我反而放心了。"

不用说，这次交易成功了，那位客人从 K 市工厂区搬到了 K 市南区。

优秀的推销员为什么讲出自己产品的缺点反而成功了呢？因为这个缺点是显而易见的，即使你不讲出来，对方也一望即知，而你把它讲出来只会显示你的诚实，而这是推销员身上难得的品质，会使顾客对你增加信任，从而相信你向他推荐的产品的优点也是真的。最重要的是他相信了你的人品，那就好办多了。

因此，假如你是汽车推销商，对于那些学历高的客户，在某种程度上既要讲车的优点又要强调它的缺点；对于学历低的人要尽量强调长处；对于那些在某种程度上有独立见解的人，如果光讲长处，说得过于完美，反而会引起他们的疑心，产生完全相反的看法。

有的产品的缺点即使一时看不出来，顾客回去打听也很容易得知，你还不如当时就给他讲清楚。理智型的顾客明白，任何产品都是不可能没有缺点的，你讲出来，他会觉得很正常，他还会觉得其他产品的缺点不过是推销员不告诉他罢了。如果那个缺点不是什么大缺点，无关紧要，而对方又比较懂，那么只会对你的推销有利。

优秀的推销员善于灵活使用这个方法，他会根据商品的不同情况，根据客人的不同情况，清楚地说出商品的缺点和优点，从而取得客户的信任，促成购买。

利用客户重视的人物

有些东西，为之埋单的人可能并不感兴趣，往往是因为他所重视的人需要而将货物买下。就比如说有些东西，一旦你提到孩子，百分之百能让大人心动。孩子就是家长的宝贝，家长总是会欣然为孩子花钱。

连续几个月，推销员李力一直想向某私立大学著名教授推销教育保险。根据以往的经验，这种保单是很好做的，教授和教授夫人应该都是极重视教育的人。可这次不管李力如何说服，他们对保险仍兴致不高。

某天李力又去，只有教授夫人一个人在家，李力又跟她说起教育保险，她仍然没什么兴趣。

李力放眼在屋子里寻找，一眼看见了立柜上的照片，就挺有兴趣地走了过去，一张一张看起来。"噢，这位是……""是我父亲，他可是位了不起的医生。""医生这一行可真了不起，救死扶伤。""是啊。我一直很崇拜的，可惜我丈夫是个文学教授……"

说到这里，李力觉得自己有了点想法，或许可以试一试，就又把话题扯开，聊起了教育保险。当谈话无法进行之时，李力就不无遗憾地对她说："太太，我今天来这里以为会碰上一个真正关心子女的家长，看来是我错了，真遗憾！"

好强的教授夫人，对这一"诱饵"迅速作出反应，说："天下父母哪有不希望儿女成才的。哎，我那个儿子，一点也不像他父亲，头脑不灵光。他父亲也说，这孩子不聪明，无法当学者。"

李力甚表惊讶地说："父母是父母，孩子是孩子，你们随随便便地认定孩子的将来是不对的，父母不能只凭自己的感觉就为孩子定位。"然后，李力诚恳地说："您和您丈夫是想让孩子读文科吧!"

"是啊，他父亲一直想让孩子在文学上有所成就，可这孩子对文学没什么兴趣，倒是对理工科挺感兴趣。这孩子挺喜欢待在外公的诊所里，而且他理工科成绩还不错。"

"这样的话，你们应该让孩子自己来选择自己的专业。"李力由衷地说。教授夫人也接受了李力的观点，并开始计算起孩子的成绩，作了归纳分析，一时显得挺高兴的。

之后，李力就不断地提供意见给教授夫人:如果上医学院，至少要花20万元，还有其他琐碎的开销……

其实，教授夫人一直期盼儿子能青出于蓝而胜于蓝，希望孩子能够上医学院，以证明他的能力不输给父亲。李力看出了这一点，一下子打动了她，不断扩大一个母亲的梦想，于是她当场买下李力推荐的"5年期教育保险"。

观察客户周围的事物，设法找到客户的心结，然后打开它，客户就没有理由拒绝你。一流的推销员一定都是善于利用各种各样的资源为推销铺路的人，他们绝对不会放过客户最重视的人或物这一环节。

以孩子作为突破点，不仅是女性的软肋，男性照样吃这一套。有句话就是：可怜天下父母心。不过如果对方没有子女或者尚未婚娶，就没必要非要从孩子入手，可以尝试发现他别的爱好。比如家里放着吉他，也许是因为吉他有什么来历；家里的椅子非常别致，你可以夸赞他的椅子设计出色，一定价值不菲，等等。

当你推销受阻、无计可施时，别忘了想想客户身边什么最重要，让这些为你的销售开路。

诚实是赢得顾客的根本

"金无足赤，人无完人"是至理名言，而现实中的许多人却一味追求完美，比如，有一些推销人员面对客户经常刻意打造"超人"形象，极力掩饰自身的不足，对客户提出的问题和建议几乎全部应承，很少说"不行"或"不能"的言语。从表象来看，似乎产品的无懈可击将给客户留下值得信任的印象，殊不知，任何人和物毕竟还是现实的，都会有或多或少的毛病，不可能做到面面俱美，你的完美宣言恰恰在宣告你的不真实。

其实，宣扬自己产品的优点固然是推销中必不可少的，但这个原则在实际执行中是有一定灵活性的，就是在某些场合下，对某些特定的客户，只突出优点对推销不一定有利。在某些时候，适当地把产品的缺点暴露给客户也是一种策略，一方面可以赢得客户的信任，另一方面也能淡化产品的弱势而强化优势。适当地讲一点自己产品的缺点，不但不会使顾客退却，反而能赢得他的深度信任，从而对你的产品产生兴趣。

不妨适当夸大自己产品的缺点，当客户检查时，会意外地发现原来不像你所说的那么坏，他的心里就会更加踏实了，同时也加速了交易的成功。切忌胡乱吹嘘。

吹嘘是很愚蠢的，也是非常没有必要的。有一种复印系统的复印质量非常高，如果印量不是很大，那会是很理想的产品。在一般情况下，一次复印 25 页至 30 页之间，它都能维持在高质量的状态，但推销员们决定还是保守一些，对外保证在 25 页内都能有高质量的结果。

现在，如果他们这么对客户说："我们一次可以印出 25 页清晰的复印品，如果你对复印机的加热系统有所了解，而且控制良好，也许可以再多增加几页，但是不能每次都这样，还是以 25 页为标准。"这样很好，客户得到 25 页的良好影印品，偶尔还可得到 30 页，他们会很高兴。

但是，那些"聪明"的推销员却这么说："这是非常了不起的产品，一次可印 30 页以上。"客户买了以后，它的印量虽能维持在 25 ~ 30 页之间，但请注意，这位客户却很生气，因为他被推销员的过度吹嘘欺骗了。

日本某著名企业家出身贫寒，20 岁时在一家机器公司当推销员。有一段时期，他推销机器非常顺利，半个月内就同 43 位顾客做成了生意。一天，他偶然发现他正在卖的这种机器比别家公司生产的同样性能的机器贵一些。他想：假如客户知道了，一定以为我在欺骗他们，会对我的信用产生怀疑。深感不安的他立即带着合约和订单，整整花了五天的时间，逐个拜访客户，如实向客户说明情况，并请客户重新考虑。

这种诚实的做法使每个客户都很感动，结果，43 个客户中没有一个解除合约，反而都成了他更加忠实的客户。

有些商品的缺点是显而易见的，即使你不说，对方也一定能发现，但你先把它说出来，显示出推销员身上诚实的品质，会使顾客对你的信任倍增，从而使他对你所说的产品优点更加深信不疑。

真诚、老实是绝对必要的，千万别说谎，即使只说了一次，也可能使你信誉扫地。如果你自始至终保持真诚的话，成交就离你很近。正如《伊索寓言》的作者所说："说谎了，即使你再说真话，人们也不会相信。"

相反，如果你在客户面前展示了你诚实的品质，也许你不需要太多的说话技巧或者花言巧语，交易很快就达成了。因为客户会认为，你如此诚实，购买你的产品不会被蒙骗。

因此，请记住这样一个真理：不管时代往前推进多少，诚实都是赢得顾客之本。

给客户戴一顶高帽子

恐怕这世上没有人会拒绝被别人抬高，虽然很多人都知道抬高的背后也许会有什么需要掏腰包的事情，可是客户还是想戴"高帽子"，而推销员也继续在推销过程中怀揣若干"高帽子"，适当的时候就给对方扣上一顶。这样下来，事情会比你想象的好办得多。

"高帽"就是对客户的能力和品格进行美化，这是销售成功必备的细节。想想看，谁不愿意听到美化自己的语言呢？谁又不认同美化自己的人呢？找到客户身上的闪光点，将它在合理的范围内合理放大，相信你总是受欢迎的。

有的推销员更是胜人一筹，在推销自己的产品之前先对对方的某个产品大赞一番，人们崇尚礼尚往来，我说你的产品好，再提到我的产品时，你还会给我泼冷水吗？

"我工作时，常用贵公司制造的收音机。那台收音机的品质极佳，我已经用了5年，还完好如新，没发生过故障。真不愧是贵公司生产的，就是有品质保证。"一个纸张推销员在推销本公司产品之前这样对客户说道。

当然，他非常懂得怎样去丰富他的赞美之词，他不仅说出自己对对方公司的商品有兴趣，还具体地说明了他实际使用后，该商品的特征与性能，从而使自己评价的重点有了价值：

"或许大家不知道，我现在仍使用贵公司20年前生产的扩音器。其间，我也买过好几次别的产品，但不是发生故障，就是声音难听，结果还是买贵公司的产品划算。贵公司的产品真是好用，即使用了20年，比起现在的新产品也毫不逊色，真是令人佩服。"

"是的，本公司生产的扩音器都是采用进口技术的，材料把关也相当严格，所以非常耐用。现在市场上这样有质量保障的品牌为数不多，你真是有眼光。我看你们公司的产品也挺不错嘛，能让我试用一下吗……"对方再也忍不住要和他沟通起来。

伊斯曼曾经在曼彻斯特建过一所伊斯曼音乐学校。同时，为了纪念他的母亲，还盖过一所著名戏院。当时，纽约高级座椅公司的总裁亚当森想得到这两座建筑里的大笔座椅订货生意。

亚当森被领进伊斯曼的办公室，伊斯曼正伏案处理一堆文件。

过了一会儿，伊斯曼抬起头来，说道："早上好！先生，有事吗？"

亚当森满脸诚意地说："伊斯曼先生，在恭候您时，我一直欣赏着您的办公室。我很羡慕您的办公室，假如我自己能有这样一间办公室，那么即使工作辛劳一点我也不会在乎的。您知道，我从事的业务是房子内部的木建工作，我一生还没有见过比这更漂亮的办公室呢！"伊斯曼回答说："您提醒我记起了一样差点儿已经遗忘的东西。这间办公室很漂亮，是吧？当初刚建好的时候我对它也是极为欣赏，可如今，我每来这儿时总是盘算着许多别的事情，有时甚至一连几个星期都顾不上好好看上这房间一眼。"

亚当森走过去，用手来回抚摸着一块镶板，那神情就如同抚摸一件心爱之物。"这是用英国的栎木做的，对吗？英国栎木的组织和意大利栎木的组织就是有点儿不一样。"

伊斯曼答道："不错，这是从英国进口的栎木，是一位专门同栎木打交道的朋友为我挑选的。"

接下来，伊斯曼带亚当森参观了那间房子的每一个角落，他把自己参与设计并监造的部分一一指给亚当森看。

这时候，他们的谈话已进行了2小时了。当然，亚当森轻而易举地获得了那两幢楼的座椅生意。

好听的话令人感到开心和快乐，而对于说话的人也没有任何损失。如果你出门多带一些"高帽子"，相信你会比别人少遇到一半的麻烦，它们还会给你带来大量的生意。

当然，给人戴"高帽"也是需要技巧的，不能不分大小地随意戴在客户头上，这样很有可能弄巧成拙。那么，怎样给客户送一顶"高帽子"呢？不妨这样做：对客户自身的能力和品格进行美化，并在合理的范围内进行合理的放大，或者对客户的某个产品大赞一番。

抬着榜样去进行推销

你知道反馈意见的另一个重要意义吗？机敏的推销员把它幻化成了一个榜样，抬到了推销谈判桌上。

"××先生，我很高兴您提出了关于××的问题。这是因为我们在××方面作了调整。因为我们的设计师认为，经过这样的调整之后，更有××作用，虽然××，但它能够在××方面节约您的成本与开支。"

如果客户说："你们的××产品定价太高，我们可负担不了。"这也就是告诉你："我们的要求其实很低，不需要支付这么昂贵的价格。"发生这种事情时，我们没有必要非得强调我们的价格定得多么合理，这样容易发生口角，伤害与客户之间的感情。你可以换一种方法用柔和的语气说：

"我能理解您此时的感受，××先生，在××公司工作的Ｂ先生给我们寄来了感谢信，他说到我们公司产品的一些优点，如果您需要，我可以给您看一看他给我们的来信。"这时，客户也处在犹豫不决的时刻，他也希望有成功应用该产品的案例。

顾客在购买商品之前，会对商品持有一定的怀疑态度，但如果有人使用并认可该物品，顾客就比较放心。推销员如能有效利用这一点，会大大提高业务效率，因为借助于已成交的一批顾客去吸引潜在顾客，无疑增强了推销论证的说服力。尤其是已成交的顾客是非常知名的人物时，你的说服更加有力量了。

乔思转行成为一家珠宝店的推销员。有一次，他到北方一个小城去推销玉镯，当时很多人都笑话他。因为那个地方的人终年都穿着长袖，手臂很少外露，所以，这个地方的人并没有戴玉镯的习惯和喜好，如果有人到这里去卖玉镯、手链之类的装饰品，他的大脑肯定有问题。

刚好当时有一位著名歌手到这个城市演出，他灵机一动通过关系，送了那位著名歌星一对玉镯，唯一的要求就是在演出的时候，一定要戴上。在演出现场，那位歌星白臂玉镯相得益彰，一下子吸引了不少人的兴趣。而且，在演出中，那位歌星更换了多套衣服，有长袖也有短袖，但她一直戴着那对玉镯，而无论她穿什么样的衣服，玉镯的光芒总是忽隐忽现地透露出来。

接下来，他的推销工作开始了，事实上，已经开始一大半了，因为他在推销时说："瞧，那晚××歌星演出时带的就是这对玉镯，相信你带上也能和她一样美丽动人。"

很快，那座城市掀起了一阵佩戴玉镯的风气，乔思的推销工作自然也获得了巨大的成功。

在推销中善用榜样，那种离现实生活不太遥远的榜样更要利用起来，比如顾客认识的人，甚至是他的亲戚、他的邻居。现实生活中的"榜样"太多了，你应该多用心去发掘，必要时就把他们"抬"出来，他们的说服力比你直接费唇舌要强得多。

一位图书公司推销员对客户说："王主任，你认识县商业局的教育科长老李吗？他刚从我这里买去500本书，我想你们县物资局跟他们那儿情况差不多，也迫切需要有关市场经营与企业管理方面的书籍，你说是吗？"

一位推销家用小电表的促销员向顾客介绍产品时，总是这样开头的："我看你邻居家安装的就是这种型号的电表，可省电啦！"无论这笔生意能否谈成，这样的宣传旁证在顾客心目中都会留下很深的印象，自然会对推销的产品产生兴趣。

制造一种旺销的景象

每一个人都懂得时间的重要性，运用这一点制造紧迫感是非常有效的。如果是推销房地产，你有必要这样对顾客说："我相信你明白生意场上'时间就是一切'的含义。我觉得要是你今天放弃购买这套房屋的话，你会感到很后悔，每个人都能看见房价在飞涨。"

你可以随时从报纸及电视广告中看到那种限时报价，商场和超市都在运用这种技巧出售所有商品，不管是弹簧床垫还是冰镇橙汁。例如，一位零售商会说某某报价在某段规定时间内有效，顾客要是错过的话，就会失去获得好交易的机会。限时报价如此有成效，这就不难理解为什么美国公众常常被铺天盖地的鼓动性广告所包围。

几年前，气流公司的董事会主席韦德·汤普森和总裁莱里·哈托共同做了一个电视广告，表示他们将为那些购买了该公司最新款汽车的客户提供 1.5 万美元的储蓄公债，而这笔公债只能在规定时间内领取。这个广告尤其吸引了那些常为买了豪华车回家而感到不安的老年夫妇，当他们了解到公债可以最终转让给他们的子孙时，他们的内疚感减轻了许多。

虽然 1.5 万美元的市政公债要在 10 年到期后才能兑付，但是在顾客中却产生了轰动效应，很多人都赶在报价到期之前急着购买该公司的汽车。

任何人买东西都有一个理由，所以为了推销成功，你必须向你的顾客提供他为什么应当买你的产品的具体理由。如果你的言语中体现不出这一重点，顾客就无法产生立刻购买的动因。你可以说你的产品存货不多，顾客不尽快买的话，很可能遭遇可怕的后果，这样的说法往往能创造出顾客购买的必要性。

当你推销汽车时，你会有一种感觉，那就是顾客本来急于拥有一辆新车，但不知为什么又犹豫不决。这时你可以说："我们的车库里只剩下一辆这种颜色和款式的车了，要是您想要的话，我可以替您准备好，今天下午就可以取货。但是，如果您选择等一等的话，我担心这辆车会很快被别人买走，我们今天上午就已经卖出了两辆这样的车。当然，我们还有另外一个办法，那就是我给别的推销员打电话，让他们替你选一辆，但那样可能需要等上一个星期，而且，我也不敢保证您就能得到您真正喜欢的车。"

对于那些垄断性产品或别人不易得到的东西更容易制造出紧迫感，因为它是独一无二的，如果你告诉他："如此不易获得的珍品，你一旦与它失之交臂，下一秒它将有可能出现在你隔壁邻居家的客厅里，成为他炫耀的资本，你会后悔莫及。"一般对方都会心动，并行动起来。

口才加油站

抽驴

相传，清朝有个富家小姐叫九凤，嘴尖舌薄，常常以愚弄他人来取乐。

一天早晨，九凤站在门口，啃着馒头。这时，一位年过 60 岁的老人骑着毛驴哼哼呀呀地从她面前经过。九凤灵机一动，朝他喊道："喂！吃馒头吧！"

老人连忙从驴背上跳下来，毕恭毕敬地说："谢谢小姐的好意，我已经吃过早饭了。"九凤一本正经地说："我没问你呀，我问的是你的毛驴。"说完，她得意地一笑。

老人听了非常气愤,猛然转过身子,照准毛驴脸上"啪,啪"就是两巴掌,说道:"出门时我问你城里有没有朋友,你斩钉截铁地说没有,没有朋友怎么会有人请你吃馒头呢?"

"啪,啪",老人又在驴屁股上抽了两鞭,说:"看你今后还敢不敢戏弄我!"说完,便骑上驴扬长而去。

九凤本想使用指桑骂槐术愚弄老汉,不想老人以牙还牙,让九凤自取其辱。

在社交中,我们经常会碰到其他人的故意刁难,这时我们不妨采用"指桑骂槐"的方法予以反击,也就是通过骂其他事物而达到骂论敌的目的。

卖药的与卖书的

药剂师走进一个书店,随手从书架上拿起一本书,问书店的领导:

"这本书有趣吗?"

书店的领导认识这位药剂师,他回答道:

"不知道,没读过。"

"天啊!你怎么能卖你自己都没读过的书呢?"

"难道你能把你药铺里的所有药都尝一遍吗?"

书店领导运用"以毒攻毒"的方法制止了对方拿自己寻开心的念头,使对方搬起石头砸到了自己的脚。

·第六章·

谈判口才

看成内行，抬高对方

在谈判的时候，摆出一种把对方当作内行的姿态，会使他产生良好的感觉。对方的感觉虽然好多了，可是现在又觉得有一种压力："这一下可不敢随便讲话喽。"

如果谈判的内容属于自己的专业范围，你有必要向对方提出建议。而对方既然是有工作的人，想必也有自己的专业，水平高低则另当别论，至少他也有内行人的自尊心。这里，将计就计也是谈判的一种技巧。

比如，对手是电脑公司生产厂家的经理，你说："有关电脑方面的问题，经理是内行，我在这里只不过是班门弄斧……"把自己学到的一些有关电脑的知识和信息讲给他听，当然其中也含有对手不知道的信息。如果形成你方在教对手的局面，则有伤对方的自尊心。在这种毫无意义的地方破坏了对方的情绪是不应该的。

如果你想把对方再抬得高一点儿，你就应当对你的同伴说："我们是外行，根本不懂。对于经理来说，这些只不过是常识问题。"这么一来，气氛被烘托起来，就可以提出问题与对方谈判了："我作为广告方面的内行，是这样想的。也希望您给予我们指教。"逼迫对方意识到自己是内行，就不能提出让人耻笑的意见。

给对手戴上了一顶内行的帽子，谈判也就不会在无意义的地方卡壳了。因为内行人往往说话不多，只是在关键问题上把一把关。而外行人往往是东拉西扯，喋喋不休，只顾枝叶而忽视本质，一旦卷入这种讨论之中，话题将越扯越远。在同一个问题上说来说去则是会谈中最该避免的。谈判不可倒退，而应以既定的方针为前提不断前进。

即使对手是个外行，你硬把他当成专家来对待，那种毫无意义的倒退也可以防患于未然。对方既然摆出了不懂装懂的样子，他就要自尊自重，对细节问题的提问和指责也变得十分谨慎，这样你方就可以经常处于主动状态，畅通无阻地展开谈判的内容。

对不同的人，说不同的话

谈判可以说是一场顽强的性格之战。因为我们要接触的谈判中的对手千差万别，无论经验如何丰富，要做到万无一失也很难。因此，对于各种不同的谈判对象，可以视其性格的不同而加以调整，采取不同的策略。

1. 霸道的对手

由于具有自身的优势，这种人常十分注意保护其在对外经济贸易以及所有事情上的垄断权。在拨款、谈判议程和目标上受许多规定性的限制。与这种人打交道，一般应做到：准备工作要面面俱到；要随时准备改变交易形式；要花大量不同于讨价还价的精力，才能压低其价格；最终达成的协议要写得十分详细。

这种人的性格使得他们能直接向对方表示出真挚、热烈的情绪。他们十分自信地步入谈判大厅，不断地发表见解。他们总是兴致勃勃地开始谈判，乐于以这种态度取得经济利益。在磋商阶段，他们能迅速把谈判引向实质阶段。他们十分赞赏那些精于讨价还价，为取得经济利益而施展手法的人。他们自己就很精于使用策略去谋得利益。同时，希望别人也具有这种才能。他们对一揽子交易怀有十足的兴趣。作为卖者，他希望买者按照他的要求做一揽子说明。所谓"一揽子"，意指不仅包括产品本身，而且要介绍销售该产品的一系列办法。

2. 死板的对手

这种人谈判特点是准备工作做得完美无缺。他们直截了当地表明他们希望做成的交易、准确地确定交易的形式、详细规定谈判中的议题，然后准备一份涉及所有议题的报价表，陈述和报价都非常明确和坚定。死板人不太热衷于采取让步的方式，讨价还价的余地大大缩小。与之打交道的最好办法，应该在其报价之前即进行摸底，阐明自己的立场。应尽量提出对方没想到的细节。

3. 好面子的谈判对手

这种人顾面子，希望对方把他看作是大权在握、起关键作用的人物。他喜欢对方的夸奖和赞扬，如果送个礼物给他，即使是一个不太高级的礼物，往往也能取得良好的效果。

4. 犹豫的对手

在这种人看来，信誉第一重要，他们特别重视开端，往往会在交际上花很长时间，其间也穿插一些摸底。经过长时间的、广泛的、友好的会谈，增进了彼此的敬意，也许会出现双方共同接受的成交可能。与这种人做生意，首先要防止对方拖延时间和打断谈判，其次必须把重点放在制造谈判气氛和摸底阶段的工作上。一旦获得了对方的信任，就可以大大缩短报价和磋商阶段的时间，尽快达成协议。

针对以上四种人，我们总结出九条经典应对策略：

1. 对凶悍派特别有效的方式是引起他们的注意，必须把他们吓醒，让他们知道你忍耐的底线在哪里。其目的不是惩罚，而是要让他们知道你忍耐的极限。

2. 指出对方行为的失当，并且建议双方应进行更富建设性的谈话，在这种情况下对方也会收敛火气。这时最重要的是提出进一步谈话的方向，给对方一个可以继续交涉下去的台阶。

3. 对于逃避派或龟缩派，要安抚他们的情绪，了解他们恐惧的原因，然后建议更换时间或地点进行商谈，适时说出他们真正的恐惧，让他们觉得你了解他们而有安全感。这种方法对凶悍派也有效，只要他们产生了安全感，自然也不会失去控制。

4. 坚持一切按规矩办事。凶悍派、高姿态派、两极派都会强迫你接受他们的条件，你应拒绝受压迫，而且坚持公平的待遇。

5. 当对方采取极端立场威胁你时，可以请他解释为什么会产生这样极端的要求，可以说："为了让我更了解如何接受你的要求，我需要更多地了解你为什么会这样想。"

6. 沉默是金。这是最有力的策略之一，尤其是对付两极派，不妨可这样说："我想现在不适合谈判，我们都需要冷静一下。"

7. 改变话题。在对方提出极端要求时，最好假装没听到或听不懂他的要求，然后将话锋转往别处。

8. 不要过分防御，否则就等于落入对方要你认错的圈套。在尽量听完批评的情况下，再将话题转到："那我们针对你的批评如何改进呢？"

9. 避免站在自己的立场上辩解，应多问问题。只有问问题，才能避免对方进一步的攻击。尽量问"什么"，而避免问"为什么"。问"什么"时，答案多半是事实；问"为什么"时，答案多半是意见，就容易有情绪。

轻松言语，软化气氛

作为一个谈判人员，在谈判开始阶段，首先要做好的一项非常重要的工作就是营造洽谈的气氛，它对谈判成败有非常重要的关系。

谈判气氛是谈判的相互态度，它能够影响谈判人员的心理、情绪和感觉，从而引起相应的反应。倘若你经历过一次谈判，你对那次谈判的气氛应该记忆犹新吧？那或许是冷淡的、对立的；或许是松弛的、旷日持久的；或许是积极的、友好的；也可能是严肃的、平静的；甚至还有可能是大吵大闹的……

你也应当清楚，那种积极友好的气氛对一次谈判将有多大帮助，它使谈判者轻松上阵，信心百倍，高兴而来，满意而归。

卡耐基认为，对于任何谈判者，理想的气氛应是严肃、认真、紧张、活泼的。这可以说是总结了历来胜利而有意义的谈判气氛而得出的一个伟大结论。

1. 人可以貌相

打开你的心灵之窗——眼睛；适当的手势语可以化繁为简；放松身体，动作自然得体。

2. 避免谈判开头的慌张和混乱

宁肯站着谈判，因为那样会更轻松、更自由、更灵活；做好充分的准备，战略上藐视敌人，战术上重视敌人；凝神、坦然直视对方；轻快入题。

3. 调整、确定合适的语速

谈判中切忌滔滔不绝，那会给人慌慌张张的感觉；也不可慢条斯理，倒人胃口；更不要让自己无话可说；你应该在说的过程中察言观色，捕捉信息。

卡普尔任美国电报电话公司负责人时，在一次董事会上，众位董事对他的领导方式提出质疑，会议充满了紧张的气氛。人们似乎都已无法控制自己的情绪了。

一位女董事发难："公司去年的福利你支出了多少？"

"九百万。"

"噢，你疯了，我真受不了！我要发昏了！"

听到如此尖刻的发难，卡普尔轻松地用了一句："我看那样倒好！"

会场意外地爆发了一阵难得的笑声，连那位女董事也忍俊不禁，紧张的气氛随之缓和下来了。

谈判气氛多数情况下是人为营造的。不同的谈判气氛任何谈判者都能遇到。

能运用谈判气氛影响谈判过程的谈判者，自是精明之人，他们知道，谈判气氛对谈判的成败影响很大。

谈判桌上，需要装傻

大多数人认为，一个优秀的谈判家应该是一个风度翩翩、伶牙俐齿、反应敏捷和精明干练的强者。其实，在实际的谈判场合中，往往表面上弱势的人，比如口才笨拙、个性愚钝的人，反倒容易达到目标，在别人看来很明显的缺陷反而转变成了有利条件。

很多著名的谈判专家都谈到过和那些犹豫不决、愚笨无知或固执一端的人打交道时所产生的挫折感。如果一个人听不进另一个人的解说，就如同让野兽去享受贵重祭品，让飞鸟欣赏高雅的音乐。的确，在一个根本听不懂你在说什么的人面前，再精辟的见解、再高深的理论、再高明的技巧，又能起什么作用呢？没有了对手，你还有什么精神去冲锋陷阵呢？

所以，在适当的时候，你可以收敛自己的锋芒，向对方示弱，以消除对方的排斥感和敌对心理；松懈他的警惕性，助长他的同情心，使谈判朝着有利于你的方向发展。你不妨常常把"对不起""我不太理解""你能再说一遍吗"或者"我全都指望你帮我了"之类的话挂在嘴边。直到对方兴致全无，一筹莫展，完全丧失毅力和耐心。

日本某航空公司和美国一家公司谈判。谈判从早8点开始，美国人完全控制了局面，他们利用手中充足的资料向日本人展开攻势。他们通过屏幕向日本人详细地介绍、演示各式图表和计算结果。而日本人只是静静地坐在那里，一言不发。两个半小时之后，美国人关掉放映机，扭亮电灯，满怀信心地询问日方代表的意见。

一位日方代表面带微笑、彬彬有礼地答道："我们不明白。"

"不明白？什么地方不明白？"

另一位代表回答："都不明白。"

美国人再也沉不住气了："从哪里开始不明白？"

第三位代表慢条斯理地说："从你将会议室的灯关了之后开始。"

美国人傻了眼："你们要怎么办？"

三个日本商人异口同声说："请你再说一遍。"

美方代表彻底泄了气。他们再也没有勇气和兴致重复那两个半小时的场面。

他们只得放低要求，不计代价，只求达成协议。

美方代表是有备而来的，日方代表如果和他们正面交谈，肯定很难占到便宜，日方代表索性收敛锋芒，宣称自己什么也不懂，反倒打乱了对方的阵脚，获得了成功。

在谈判中，我们有时会遇到攻击型的对手，他们咄咄逼人、气势汹汹。对这种人，采用"装傻"示弱的方法，往往能收到很好的效果。

一般说来，攻击型的人都认定对方会激烈抵抗自己的攻击，所以，一旦对方不加反驳，反而坦白承认自己的错处时，这就会狠狠地挫败攻击者的气势，令他不知如何是好。这就好像一个人运足了全身的力气挥拳向你击来，你不但不还手，反而后退走开，对方那种尴尬的感觉恐怕比挨一顿揍还要难以忍受。

软硬兼施，破除坚冰

在谈判中，一味地用和气、温柔的语调讲话，一个劲地谦虚、客气、退让，有时并不能让对方信赖、尊敬及让步，反而会使一些人误认为你必须依附于他，或认为你是个软弱的谈判对手，可以在你身上获得更多更大的利益。

相反，如果你一开始就以较强硬的态度出现，从面部表情到言谈举止，都表现高傲、不可战胜、一步也不退让，那么留给对方的将是极不好的印象。这样，会使对方对你的谈判诚意持有异议，从而导致失去对你的信赖和尊敬。

正确的做法应当是"软硬兼施"。须知，强硬与温柔相结合，能使人的心态发生很大的变化。强硬会使对方看到你的决心和力量，温柔则可使对方看到你的诚意，从而可以增强信任和友谊。在商务谈判中，软硬兼施的策略被谈判者普遍采用。凭软的方法，以柔克刚；又用硬的手段，以强取胜。

有这样一个生动的例子：

1923 年，苏联国内食品短缺，苏联驻挪威全权贸易代表柯伦泰奉命与挪威商人洽谈购买鲱鱼。

当时，挪威商人非常了解苏联的情况，想借此机会大捞一把，他们提出了一个高得惊人的价格。柯伦泰竭力进行讨价还价，但双方的差距还是很大，谈判一时陷入了僵局。柯伦泰心急如焚，怎样才能打破僵局，以较低的价格成交呢？低三下四是没有用的，而态度强硬更会使谈判破裂。她冥思苦想终于想出了一个办法。

当她再一次与挪威商人谈判时，柯伦泰十分痛快地说："目前我们国家非常需要这些食品，好吧，就按你们提出的价格成交。如果我们政府不批准这个价格的话，我就用自己的薪金来补偿。"挪威商人一时竟呆住了。

柯伦泰又说："不过，我的薪金有限，这笔差额要分期支付，可能要一辈子。如果你们同意的话，就签约吧！"

挪威商人们被感动了，经过一番商议后，他们同意降低鲱鱼的价格，按柯伦泰的出价签订了协议。

在商务谈判中，当谈判一方处于被动或劣势的时候，可以先软后硬，硬了再软，或一波三折、软硬交叉，来促使谈判成功。

谈判中有一种"红白脸"策略经常被使用，这种策略可以说是软硬兼施的最佳表现。所谓红白脸策略，是指在商务谈判过程中，以两个人分别扮演"红脸"和"白脸"的角色，或者由一个人同时扮演这两种角色，软硬兼施，使谈判的效果更好。

这种策略的基本做法是，在谈判过程中，由小组的一个成员扮演强硬派即"白脸"的角色，在谈判开始时果断地提出较高的要求，以后又必须坚定不移地捍卫这个目标，在谈判中态度坚决、寸步不让，几乎没有任何商量的余地。此时，由小组的另一个成员扮演温和派即"红脸"，寻求解决问题的办法，然后在以不损害"白脸"的"面子"的前提下建议作出让步。

采取这种策略要求本方的谈判者必须配合默契，在重大问题的处理上事先要有共识和约定，能进退自如。什么时候应当坚持强硬立场，什么时候持合作态度，什么问题必须达到本方要求，什么问题可以满足对方，在时机与火候上都应把握好。初涉谈判或经验并不丰富的谈判者，要谨慎地运用这种策略，否则可能会适得其反。

三十六计"走"为上

商务谈判过程大都紧张而激烈，需要谈判者付出大量的精力，谈判者因而也极易产生情绪，使双方争执不下，互不相让，致使谈判出现僵局。适时地暂停谈判，采取"走为上"的谈判策略，可以使双方冷静地考虑自己的处境和对方的情势。实践证明，"走为上"的谈判策略，确实能为运用者带来利益。

1984 年，我国与突尼斯 SIAP 公司的商务代表、技术代表就在我国建化肥厂的有关事项进行谈判。中突双方对该建设项目都非常重视，动用了 10 多名专家，历时 3 个多月，耗资 20 多万美元，完成了可行性研究报告，经有关人员反复论证，选择了秦皇岛市作为建厂地点。可行性研究报告刚一完成，科威特石油化学公司便立即表态，愿意参与此项目，与我方合资办厂。这样，谈判由两方变成了三方，形势也复杂起来。

第一次谈判，科威特一方派出了国际化肥组织主席、声威显赫的公司董事长做主谈。他在科威特的地位仅次于石油大臣，他的公司在突尼斯的不少企业中拥有大笔的股票。该董事长精明干练，极具谈判经验。当我方代表刚介绍完中突双方所进行项目的前期工作时，他就断言："厂址选在秦皇岛不合适。你们所做的一切工作都是毫无用处的，再从头开始。"一席话震惊了中突双方的代表：前期工作耗费了相当多的人力、物力、财力！而对赫赫有名的董事长，中突双方代表都难以提出反驳意见，谈判陷入了僵局，气氛也十分紧张。就在这时，我方一位秦皇岛市的政府代表起身发言，他说："我代表地方政府声明，为了建设这个化肥厂，我们安置了一处靠近港口、地理位置优越的场地；为了增进我们的友谊，在许多合资企业希望得到这块土地的使用权时，我们都拒绝了。如果按董事长的提议，这个建设项目要无限期地拖延下去了，那我们也只好把这块地让出去！对不起，我还有别的事情需要处理，我宣布退出谈判。今天下午我等候你们最后的决定。"说完，拎起皮包走出了谈判室。

30 分钟后，我方工作人员高兴地向秦皇岛市政府代表报告消息说，这一招真灵，这一炮放出去，形势急转直下，那位董事长表态，他们强烈要求马上得到那块场地。以后的谈判进展顺利，在厂址选择的问题上，中方的要求得到了满足，从而避免了双方的大量准备工作付诸东流。

三十六计，走为上计，说穿了，这就是一种以退为进的策略。

"以退为进"是军事上的用语，暂时退让输赢未定；伺机而进，争取成功。谈判也如打仗一样，亦是互相交锋，争斗激烈。有时要继续谈下去，有时则要暂时休会；有时要据理力争、讨价还价。

有时候，即使双方都作了许多让步，但双方的谈判立场仍有很大差距，似乎谈判已钻进了死胡同。在确信谈判双方有许多共识，并且主动权在我方手里时，便可采用以退为进的方法，逼迫对方答应我方条件。当然，这需要谈判者娴熟口才技法的运用，以免对方识破。

日本松下公司早在 1937 年就与荷兰飞利浦公司有业务往来，后来因第二次世界大战而中断联系。1951 年，松下公司为了发展电子事业，积极与飞利浦公司洽谈合作事宜。开始，飞利浦公司开出的条件是认购 30％的股份，再由松下公司付技术报酬 6％。松下公司认为，接受对方的技术指导，付给报酬是应该的，但合资公司成立后，经营管理方面的事务工作全部由日方承担，那么，松下公司也应收取"经营指导酬金"。

松下公司的条件提出后，飞利浦公司大为惊讶，因为二战后，日本是战败国，当时处于国力十分虚弱的非常时期，松下公司正急切地寻找合作伙伴，而在这种情况下，松下公司竟在谈判中将自己置于与飞利浦公司的对等地位，这是飞利浦方面所不能容忍的。

谈判从一开始就陷入了僵局。

松下公司的谈判代表高桥君在飞利浦公司的强硬态度面前，毫不让步，严正表明了松下公司的立场。这样，谈判再也进行不下去了。

这时，高桥毫不妥协，在高压下撤身而退，以表示松下公司"宁为玉碎，不为瓦全"的态度。这一来，飞利浦公司反而软下来了，因为与松下公司合作，他们可以得到很多好处，他们担心松下公司会去找别的合作伙伴。

飞利浦公司作了让步，谈判最终取得了成功。

当我方遭遇对方无理需求，对方又咄咄逼人的时候，我们可以采取"佯退"。当然在语言运用上要掌握好尺度，讲求技法，一方面要坚决、果断，不要留余地，使对方看不出我方的真正意图；另一方面又要给对方再次谈判的希望，不能让对方认为谈判彻底无望了，然后另觅他途，这样只会陷我方于绝境。

吹毛求疵，偶一为之

在商务谈判中，谈判者如能巧妙地运用吹毛求疵策略，会迫使对方降低要求，作出让步。买方先是挑剔个没完，提出一大堆意见和要求，这些意见和要求有的是真实的，有的只是出于策略需要的吹毛求疵。

有一次，某百货商场的采购员到一家服装厂采购一批冬季服装。采购员看中一种皮夹克，问服装厂经理："多少钱一件？""500 元一件。""400 元行不行？""不行，我们这是最低售价了，再也不能少了。"咱们商量商量，总不能要什么价就什么价，一点儿也不能降吧？"服装厂经理感到，冬季马上到来，正是皮夹克的销售旺季，不能轻易让步，所以，很干脆地说："不能让价，没什么好商量的。"采购员见话已说到这个地步，没什么希望了，扭头就走了。

过了两天，另一家百货商场的采购员又来了。他问服装厂经理："多少钱一件？"回答依然是500元。采购员又说："我们会多要你的，采购一批，最低可多少钱一件？""我们只批发，不零卖。今年全市批发价都是500元一件。"这时，采购员不急于还价，而是不慌不忙地检查产品。过了一会儿，采购员讲："你们的厂子是个老厂，信得过，所以我到你们厂来采购。不过，你的这批皮夹克式样有些过时了，去年这个式样还可以，今年已经不行了。而且颜色也单调。你们只有黑色的，而今年皮夹克的流行色是棕色和天蓝色。"他边说边看其他的产品，突然看到有一件衣服，口袋有裂缝，马上对经理说："你看，你们的做工也不如其他厂精细。"他仍边说边检查，又发现有件衣服后背的皮子不好，便说："你看，你们这衣服的皮子质量也不好。现在顾客对皮子的质量要求特别讲究。这样的皮子质量怎么能卖这么高的价钱呢？"这时，经理沉不住气了，并且自己也对产品的质量产生了怀疑，于是用商量的口气说："你要真想买，而且要得多的话，价钱可以商量。你给个价吧！""这样吧，我们也不能让你们吃亏，我们购50件，400元一件，怎么样？""价钱太低，而且你们买的也不多。""那好吧，我们再多买点，买100件，每件再多30元，行了吧？""好，我看你也是个痛快人，就依你的意见办！"于是，双方在微笑中达成了协议。

同样是采购，为什么一个空手而回，一个却满载而归？原因很简单，后者采用了吹毛求疵策略，他让顾主变得理亏，同时又让顾主觉得他很精明，是内行，绝不是那种轻易被蒙骗的采购，从而只好选择妥协。

再来看看谈判专家库恩先生是怎样将他的花招带入日常生活中的，他可谓将吹毛求疵演绎到了极点。

有一次，库恩到一家商店买冰箱，营业员走上前来询问他需要的冰箱规格，并告诉他该冰箱每台售价为485.95美元。库恩先生走近冰箱左看右看，然后对营业员说："这冰箱外表不够光滑，还有小瑕疵。你看这儿，这点小瑕疵好像还是个小划痕，有瑕疵的东西一般来说都是要降价的呀！"接着，库恩先生又问营业员："你们店里这种型号的冰箱共有几种颜色？可以看看样品吗？"营业员马上带他看了样品。库恩看完后选择了现在店里没有的颜色。他解释说："这种颜色与我家厨房里的颜色很相配，而其他颜色则会令人感到不协调。颜色不好，价钱还那么高，如果不重新调整一下价格，我只好另选购买商店了，我想别的商店可能有我需要的颜色。"库恩先生打开冰箱门看过后问营业员："这冰箱附有制冰器吗？"营业员回答说："是的，这冰箱一天 24 小时都可为你制造冰块，而每小时只需 2 分钱电费。"库恩先生听后大声地说："这太不好了！我的孙子有慢性喉头炎，医生说绝对不能吃冰，绝对不可以的。你可以帮我把这个制冰器拆下来吗？"营业员回答说："制冰器无法为您拆下来，这是冰箱的一个重要组成部分。"库恩先生接着说："我知道了，但是这个制冰器对我来说毫无用处，却要我为此付钱，这太不合理了。价格不能再便宜点吗？"

经过他的百般挑剔，冰箱的价格只得一降再降。

吹毛求疵谈判方法在商贸交易中已被无数事实证明，不但是行得通，而且卓有成效。有人曾做过试验，证明双方在谈判开始时，倘若要求越高，则所能得到的也就越多。因此，许多买主总是一而再、再而三地运用这种战术，把它当作一种"常规武器"。

总的来说，如果你能巧妙地运用吹毛求疵策略，无疑会为你增益不少。吹毛求疵并不难，但注意一定要把话说到位。

最后通牒，原是陷阱

在谈判中，有些谈判者支出架子准备进行艰难的拉锯战，而且他们也完全抛开了谈判的截止期。此时，你的最佳防守兼进攻策略就是出其不意，发出最后通牒并提出时间限制。这一策略的主要内容是，在谈判桌上给对方一个突然袭击，改变态度，使对手在毫无准备且无法预料的形势下不知所措。对方本来认为时间挺宽裕，但突然听到一个要终止谈判的最后期限，而这个谈判成功与否又与自己关系重大，不可能不感到手足无措。由于他们很可能在资料、条件、精力、思想、时间上都没有充分准备，在经济利益和时间限制的双重驱动下，会不得不屈服，在协议上签字。

美国汽车王亚科卡在接管濒临倒闭的克莱斯勒公司后，觉得第一步必须先压低工人工资。他首先将高级职员的工资降低了 10%，自己也从年薪 36 万美元减为 10 万美元。随后他对工会领导人说："17 元一小时的活有的是，20 元一小时的活一件也没有。"

这种强制威吓且毫无策略的话语当然不会奏效，工会当即拒绝了他的要求。双方僵持了一年，始终没有进展。后来亚科卡心生一计，一日他突然对工会代表们说："你们这种间断性罢工，使公司无法正常运转。我已跟劳工输出中心通过电话，如果明天上午 8 点你们还未开工的话，将会有一批人顶替你们的工作。"

工会谈判代表一下傻眼了，他们本想通过再次谈判，从而在工薪问题上取得新的进展，因此他们也只在这方面做了资料和思想上的准备。没曾料到，亚科卡竟会来这么一招！被解聘，意味着他们将失业，这可不是闹着玩的。工会经过短暂的讨论之后，基本上完全接受了亚科卡的要求。

亚科卡经过一年旷日持久的拖延战都未打赢工会，而出其不意的一招竟然奏效了，而且解决得干净利落。

所谓"最后通牒"，常常是在谈判双方争执不下、陷入僵持阶段，对方不愿作出让步以接受交易条件时所采用的一种策略。事实证明，如果一方根据谈判内容限定了时间，发出了最后通牒，另一方就必须考虑是否准备放弃机会，牺牲前面已投入的巨大谈判成本。

美国底特律汽车制造公司与德国谈判汽车生意时，就是运用了最后通牒策略而达到了谈判目标。

当时，由于双方意见不一致，谈判近一个多月没有结果，同时，别国的订货单又源源不断。这时，美国底特律汽车制造公司总经理下了最后通牒，他说："如果你还迟迟不下定决心的话，5 天之后就没有这批货了。"眼看所需之物抢购殆尽，德方不由得焦急起来，立刻就接受了谈判条件，于是，一场持久的谈判才告结束。美国这家公司使用的就是最后通牒法，迫使对方最后做了让步。

可见，在某些关键时刻，最后通牒法还是大有裨益的。但是，该方法并非屡试不爽，一旦被对方识破机关，最后通牒的威力可能会反作用到自己身上来。这里有一个范例：

美国通用电器公司与工会的谈判中采用"提出时间限制"的谈判术长达 20 年。这家大公司在谈判开始的时候，使用这一方法屡屡奏效。但到 1969 年，电气工人的挫败感终于爆发。他们料到谈判的最后结果肯定又是故伎重演，提出时间限制相要挟，在做了应变准备之后，他们放弃了妥协，促成了一场超越经济利益的罢工。

发通牒一定要注意一些语言上的技巧，要把话说到点子上。

1. 出其不意，提出最后期限，要求谈判者时必须语气坚定，不容通融

运用此道，在谈判中首先要语气舒缓，不露声色，在提出最后通牒时要语气坚定，不可使用模棱两可的话语，使对方存有希望，以致不愿签约。因为谈判者一旦对未来存有希望，想象将来可能会给自己带来更大的利益时，就不肯最后签约。故而，坚定有力、不容通融的语气会替他们下定最后的决心。

2. 提出时间限制时，时间一定要明确、具体

在关键时刻，不可说"明天上午"或"后天下午"之类的话，而应是"明天上午8点钟"或"后天晚上9点钟"等更具体的时间。这样的话会使对方有一种时间逼近的感觉，使之没有心存侥幸的余地。

3. 发出最后通牒言辞要委婉

必须尽可能委婉地发出最后通牒。最后通牒本身就具有很强的攻击性，如果谈判者再言辞激烈，极度伤害了对方的感情，对方很可能由于一时冲动铤而走险，一下子退出谈判，这对双方均不利。

循序渐进，提出要求

在谈判的时候，谈判双方都想争取最大利益，这也正是谈判产生的主要原因。但是如何为自己争取最大利益呢？如果一下子就把自己的终极要求提出来，对方一看你胃口如此之大，肯定非常生气，也会对你这个谈判对象产生不信任。其实想要尽量得到自身最大利益的同时又不得罪对方，有一个很好的方法，就是用"切香肠"的方式一点一点地提出要求。

这就好像蚕吃桑叶一样，一点一点、一片一片地统统吃光的谈判策略，就是传统的"蚕食"谈判策略，又被称为"切香肠"策略。该策略的具体内容是：要想获得一尺的利益，则每次谋取毫厘的利益，就像切香肠一样，一片一片地把最大利益切到手。"切香肠"谈判策略出自这样一个典故：在意大利，一个乞讨者想得到某人手中的一根香肠，但对方不给，这位乞讨者乞求对方可怜他，给他切一薄片，对方认为这个要求可以，于是答应了。第二天，乞讨者又去乞求他切一片，第三天又是如此，最后整根香肠全被乞讨者得到了。

一般来说，人们对对方比较小的要求容易答应，而对较高的要求就会感到比较为难。因此，有经验的谈判者绝不会一开始就提出自己的所有要求，而是在谈判的过程中把自己所需要的条件一点一点地提出，这样累计起来，就得到了比较优惠的条件。该策略在商务谈判中运用得十分广泛。谈判桌上常常听到"不就是一角钱吗？""不就多运一站路吗？""不就是耽误一天吗？"等等，当你碰到这种情况，应当警觉，也许对方正在使用"蚕食计"。特别是在谈判双方讨价还价的阶段，有的谈判者总是试探着前进，不断地巩固阵地，不动声色地推行自己的方案，让人难以觉察，最终产生"得寸进尺"的效果。

如果你在谈判中想要得到更多，那就不要一下子提出所有要求，应该像切香肠一样，把自己的要求切成小片，切得越薄越好，而且提出一点点要求，都要给对方相应的回报。这种办法给人以一种假象，好像很"公平"，让双方都感到满意，其实你在无形中已经占了对方很大的便宜。

房屋抵押贷款保险的服务对象为向银行申请分期贷款购买住宅的客户。客户一旦参加了这种保险，当遇到不可抗拒的因素而导致贷款人死亡，或者遭遇不测而不能偿还银行的分期贷款时，保险公司则代为缴纳，以分担银行和贷款人双方的风险。一家刚刚成立的保险公司想要开展这方面的业务，但又比其他同行慢了一步。

于是，他们决定采用新战术打开门路，以便在这一市场上占有一席之地。经过一番周密的策划，公司派出业务员与银行洽谈："我们公司正计划推行一种崭新的服务办法，我们绝不会像贵银行所指定的那家保险公司那样向客户叩头拜托，也不会像现在一些保险公司那样，客户一到银行办完贷款手续就马上登门推销。我们的办法完全两样，我们要用邮寄广告的方式来扩展业务，所以请贵银行把尚未加入保险的客户名单抄一份给我们。如果你们的贷款由我们的保险来做加倍保障的话，你们也可以放心了。"对于这家保险公司的这种要求，银行方面没有理由拒绝接受，加之邮寄宣传的配合，经过一番努力之后，新的服务方式获得了极大的成功，占据了房屋抵押贷款保险业80%的份额。第一步取得了成功之后，这家保险公司又派出代表到各大银行游说："目前我们公司已经争取到了整个市场80%的份额，你看我们该不该争取到100%？"就这样，该公司成了当地唯一被银行指定的保险公司。

在这里，保险公司成功地运用了"切香肠"策略，取得了与银行谈判的成功。在蚕食的过程中，首先，从银行那里得到尚未参加保险的客户名单，用新的服务方式招徕越来越多的客户投保。其次，以初步的成功再向银行提出新的要求，进而争取到 100% 的当地市场份额。最后，以取得的成功为基础，采取同样的策略向全国出击，最终在同行业中遥遥领先，从而实现了自己的最高目标。

口才加油站

投人所好，得自己所求

美国纽约的迪巴诺面包公司生产的面包质量好，信誉也好，价格适中，深受各地顾客的欢迎，可以说是远近闻名。

可奇怪的是，该面包公司附近的一家大饭店始终没有向这家公司买过一次面包。面包公司的经理迪巴诺为了让自己的产品打入这家大饭店，使用了各种促销手段，诸如每天给饭店经理打电话介绍自己生产的面包的特色及种类，每周都前往饭店拜访经理，参加饭店组织的各种活动，甚至在这家饭店包了个房间，住在那里谈生意。

这样一直坚持了 4 年多都无济于事，真是费尽周折，然而一次次的推销面包的谈判都以失败告终。迪巴诺发誓一定要把自己的面包打入这家大饭店。他意识到问题的关键是要找到实现谈判目标的技巧。

于是，他一改以前的做法，开始对饭店经理本人关注起来。通过多方面的调查了解，他知道了饭店经理的个人爱好和所热衷的事物：饭店经理是美国某一饭店协会的会长，非常热衷于自己的事业，不管协会在什么地点、什么时间开会，一定前往。迪巴诺了解了这一情况后，又下功夫对该协会做了较彻底的研究。当他再去拜访饭店经理时，只字不提推销面包的事，而是以饭店协会为话题大谈特谈。

这一招很灵验，果然引起了饭店经理的极大兴趣，双方的心理距离一下子拉近了。饭店经理神采飞扬、兴趣浓厚，和迪巴诺谈了 35 分钟有关协会的事，还热忱地请迪巴诺也加入该协会。几天以后，迪巴诺面包公司就接到了这家大饭店采购部门打来的电话，请他把面包的样品和价格表送过去，饭店准备订购该公司的面包。这个消息着实让迪巴诺惊喜万分，4 年多的努力终于没有白费。饭店的采购人员也好奇地问迪巴诺："我真猜不透你使出什么绝招，让我的领导如此赏识你呢？"迪巴诺也暗自庆幸自己明智地找到了打动饭店经理的策略，否则，怎能赢得谈判的成功呢！

·第七章·

办事口才

求人必备的说话技巧

在求人办事时，往往会出现这样的情况，同样的请求内容，不同的人，用不同的方法和语言表达出来，得到的结果常常是不一样的。那么，怎样才能使被求者乐意答应自己的请求呢？

掌握几种求人的语言技巧是非常有必要的。下面介绍几种运用求人语言的具体技巧，也许有助于你的请求得到最理想的答复。

1. 以情动人

这一般用于比较大的或较为重要的事情上。把对人的请求融入动情的叙述中，或申述自己的处境，以表示求助于人是不得已之举；或充分阐明自己所请求之事并非与被请求者无关，以使对方不忍无动于衷、袖手旁观。

2. 先"捧"后求

所谓"捧"在这里是指对所求的人的恰到好处、实事求是的称赞，并不包括那种漫无边际、肉麻的吹捧。任何人都不会拒绝别人的赞美，所以求人时说点对方乐意听的话，也不失为一种求人的好办法。

3. "互利"承诺

天底下没有免费的午餐，求人时也要注意互利原则。在求人时不忘表示愿意给对方以某种回报，或将牢记对方所提供的好处，即使不能马上回报对方，也一定会在对方用得着自己的时候鼎力相助。配以"互利"的承诺，让对方觉得他的付出值得，同时也会对求助者多一分好感。

4. 寻找"过渡"

倘若向特别要好和熟悉的人求助，可以直截了当、随便一点。但有时求助于关系一般的人、生人或社会地位较高的人时，则常常需要一个导入的过程。这个导入过程可长可短，需视情况而定。

除此之外，还要尽量防止自己的话无意间冒犯了对方。所以，在有求于人时应事先对对方有所了解，以避免无意间冲撞了对方。

求别人帮忙时怎么说

每个人都有求别人帮忙的时候，为什么有的人求别人办事，对方能心甘情愿地应允；但是有的人虽费尽九牛二虎之力，却总是失望而归。其实，关键在于说话的技巧和分寸，在请求别人帮助时，可从以下几个方面入手：

1. 从对方的兴趣入手

以对方感兴趣或引以为自豪的话题展开交谈，在满足对方心理需要的基础上提出自己的请求。

一个村办小厂的厂长，希望与一家大集团公司建立协作关系，遭到该公司副经理的拒绝。第二天，他又找上门，要直接面见总经理，他被告知，谈话时间不得超过五分钟。

他被引见给总经理时，发现总经理正在小心翼翼地掸去一幅书法立轴上的灰尘。他仔细一看，是篆书，便说："总经理，看来您对书法一定很有研究。唔，这幅篆书写得多好，看这里悬针垂露之法的用笔，就具有一种多样的变化美……"总经理一听，啊，此人谈吐不凡，一定是书法同行，于是说："请坐，请坐下细谈。"

他们从书法谈到经历，总经理还讲述了自己的奋斗史，小厂厂长很懂说话艺术，谈话时适时提问，使总经理得以最大范围地展开叙述。最后，总经理很痛快地就和那家小厂合作了。

2. 先达共识，再提请求

强调某一问题的重要性和迫切性，与对方达成共识，然后顺势就解决此问题提出请求，使对方不好推却。

有一次，某小学针对学生流失严重的现象，计划召开家长大会。会议主持者想请镇委书记出面壮壮声色。校长找到了书记，说："×书记，我现将学校工作向您汇报一下……其中我校一个最突出的问题，就是学生流失严重，这对完成九年制义务教育势必带来不良影响。"书记接着说："是啊，这个问题不可忽视，应该很好地抓一抓。"老师趁势说："所以，我们学校打算马上召开家长会，想请您在会上作作指示。"

书记考虑片刻，便答应了。后来据他透露，他早已有约在先，只是这事不好推却，只得舍彼求此了。

这里，小学校长成功地使用了"先达共识，再提请求"的求助技巧，很容易地让书记出席了家长会。

3. 争取获得理解

当我们向别人求助遭到拒绝时，往往会发现对方其实并没有经过深思熟虑，只是因为意气用事或其他一些细小的原因而作出了拒绝的决定，这时候，我们就应当站在第三者的立场上，帮助对方分析其决定，然后再促使其答应我方的请求。

20世纪80年代初，引滦入津工程时，担负隧洞施工任务的部队因炸药供应不上，面临停工和延误工期。部队领导心急如焚，派李连长带车到东北某化工厂求援。李连长昼夜兼程，赶到该厂供销科，可是得到的答复只有一句话："眼下没货！"他找厂长，厂长推说自己很忙，没时间听他解释陈述，他就跟进跟出，有机会就讲几句，但厂长不为所动，冷冷地说："眼下没货，我也无能为力。"厂长给他倒了杯茶水劝他另想办法。

李连长并不死心，他喝了口茶，瞥见厂长戴的是天津产的手表，就接着说："您也是戴的天津表？听说现在全国每10块表中就有1块是天津的，每10台拖拉机就有1台是天津的，每4个人里就有1个人用的是天津的碱。您是办工业的行家，最懂得水与工业的关系。造1辆自行车要用1吨水，造1吨碱要160吨水，造1吨纸要200吨水……引滦入津，解燃眉之急啊！没有炸药，工程就得延期……"

厂长一听，心中受到触动，就问："你是天津人？"

"不，我是河南人，也许通水时，我也喝不上那滦河水！"

厂长彻底折服了，抓起电话下达命令："全厂加班3天！"3天后，李连长带着一卡车炸药返程了。

生活对我们说"你必须求人"。求人不是丧失原则，卑躬屈膝，而是人与人互相帮助的一种过程。

所以求别人帮忙，一定要掌握好求别人帮助时的分寸，以求达到最好的求人效果。

要注意的是，求人帮忙，一定要将自己放到合适的位置，而不是低级的位置，如果这样的话，就失去了运用语言的基础。千万不可虚张声势、空话连篇，也不必装得灰溜溜的、忍受着任人奚落，要抱着一个平常心，本着有曲有直的原则去看待。

怎样开口提一些要求

俗话说：万事开头难。向别人提要求，通常都很难开口。不仅是你，对方也会感到有一定的麻烦存在。所以，有效的语言手段非常必要。彬彬有礼的语言是最好的敲门砖，讲究分寸就会让人难以拒绝。

下面通过一些实例，手把手地教你这些具体用法：

1. 间接请求

通过间接的表达方式（例如，使用能愿动词、疑问句等）以商量的口气把有关请求提出来，显得比较婉转一些，令人比较容易接受。例如：

"你能否尽快替我把这事办一下？"

（比较："尽快替我把这事办一下！"）

通过比较，我们不难看出，间接的表达方式要比直接的表达方式礼貌得多，因而更容易得到对方的帮助或认可。

2. 借机请求

借助插入语、附加问句、程度副词、状语从句及有关句型等来减轻话语的压力，避免唐突，充分维护对方的面子。例如：

"不知你可不可以把这封信带给他？"

（比较："把这封信带给他！"）

我们可以发现，语言中有很多缓冲词语，只要使用得当，就会大大缓和说话的语气。

3. 激将请求

激将请求的奇特之处就在于求人者从某种意义上贬低了被求者的能力，这样容易激发被求者的热情，也给对方和自己留下充分的退路。例如：

"如果你真的怕他，我就不麻烦你去办了。"

在请别人帮忙或者向别人提出建议时，如果在话语中表示人家可能不具备有关条件或意愿，就不会强人所难，自己也显得很有分寸。

4. 缩小请求

尽量把自己的要求说得很小，以便对方顺利接受，满足自己的愿望和要求。

例如：

"你帮我解决这一步就可以了，其余的我自己想办法。"

我们确实经常发现，人们在提出某些请求时往往会把大事说小，这并不是变着法儿使唤人，而是适当减轻给别人带来的心理压力，同时也使自己便于启齿。

5. 谦恭请求

通过抬高对方、贬低自己的方法把有关请求等表达出来，显得彬彬有礼、十分恭敬。例如：

"您老就不要推辞了，弟子们都在恭候呢！"

请求别人帮助，最传统有效的做法是尽量表示虔敬，使人家感到备受尊重，乐于从命。

6. 自责请求

首先讲明自己知道不该提出某个请求，然后说明为实情所迫不得不讲出来，令人感到实出无奈。例如：

"真不该在这个时候打搅您，但是实在没有办法，只好麻烦您一下。"

求人的过程中，要知道在有的时候和有些场合打搅别人是不合适、不礼貌的，但有时又不得不麻烦人家，这就应该表示出你知道不妥，但想求得人家谅解，以免显得冒失。

7. 体谅请求

首先说明自己了解并体谅对方的心情，再把自己的要求或想法表达出来。例如：

"我知道你手头也不宽裕，不过实在没办法，只好向你借100元钱。"

求人的重要原则就是充分体谅别人，这不仅要在行动上体现出来，而且要在言语当中表示出来。

8. 迟疑请求

首先讲明自己本不情愿打扰对方，然后再把有关要求等讲出来，以缓和讲话语气。例如：

"这件事我实在不想多提，可你一直忘了替我办。"

在提出要求时，如果在话语中表示出自己本不愿意说，这样就会显得自己比较有涵养。

9. 述因请求

在提出请求时把具体原因讲出来，使对方感到很有道理，应该给予帮助。例如：

"隔行如隔山，我一点儿也不知道人家那边的规矩。你是内行，就替我办了吧！"

在提出请求时，如果把有关理由讲清楚，就会显得合乎情理，令人欣然接受。

看对方是什么人再说话

求人办事，求的是人，所以事先一定要了解对方是什么样的人。可以收集信息，因人而异，运用恰当的技巧，对症下药。千万不可意气用事，一言不合，怒发冲冠，引起被求对象的反感，这绝不是解决问题的正确方法。

《三国演义》中有这样一个例子：马超率兵攻打葭萌关的时候，诸葛亮对刘备说："只有张飞、赵云二位将军，方可对敌马超。"

这时，张飞听说马超前来攻关，主动请求出战。

诸葛亮佯装没听见，对刘备说："马超智勇双全，无人可敌，除非往荆州唤云长来，方能对敌。"

张飞说："军师为什么小瞧我？我曾单独抗拒曹操百万大军，难道还怕马超这个匹夫？"

诸葛亮说："你在当阳拒水桥，是因为曹操不知道虚实，若知虚实，你怎能安然无事？马超英勇无比，天下的人都知道，他渭桥六战，把曹操杀得割须弃袍，差一点丧命，绝非等闲之辈，就是云长来也未必能战胜他。"

张飞说："我今天就去，如战胜不了马超，甘当军令！"

诸葛亮看"激将法"起了作用，便顺水推舟地说："既然你肯立军令状，便可以为先锋！"

在《三国演义》中，诸葛亮针对张飞脾气暴躁的性格，常常采用"激将法"来说服他。每当遇到重要战事，先说他担当不了此任，或说怕他贪杯酒后误事，激他立下军令状，增强他的责任感和紧迫感，激发他的斗志和勇气，清除轻敌的思想。

求别人办事的时候，倘若能够明白对方属于哪种类型的人，说起话来就比较容易了。现列举六类人供参考：

1. 死板的人

这种类型的人比较木讷，就算你很客气地和他打招呼、寒暄，他也不会作出你所预期的反应来。他通常不会注意你在说些什么，甚至你会怀疑他是否听得进去。

求这种人的时候，刚开始多多少少会感觉不安，但这实在也是没办法的事。

举个例子，当你遇到某先生时，直觉马上告诉你："这是一个死板的人。"此人体格健壮，说话带有家乡口音，至于他是怎样的一个人，你却不太清楚。除了从他的表情中可以察觉出些许紧张之外，其他的，一点也看不出来。

遇到这种情况，你就要花些工夫注意他的一举一动，从他的言行中寻找出他所真正关心的事来。你可以随便和他闲聊一些中性话题，只要能够使他回答或产生一些反应，那么事情也就好办了，接下去，你要好好利用此类话题，让他充分表达自己的意见。

每一个人都有他感兴趣、关心的事，只要你稍一触及，他就会滔滔不绝地说，此乃人之常情。

2. 傲慢无礼的人

有些人自视清高、目中无人，时常表现出一副"唯我独尊"的样子。像这种举止无礼、态度傲慢的人，实在让人看了生气，是最不受欢迎的类型。但是，当你有事需求他帮忙的时候，你应该如何对付他呢？

某企业的一位副科长，说话虽然客气，眼神里却有些许傲慢，并且不带一丝笑意，这种人实在是非常不好对付，让人一见到他，就感觉有一种"威胁"存在。

对付这种类型的人，说话应该简洁有力才行，最好少和他啰唆，所谓"多说无益"正是如此。因此，你要尽量小心，以免掉进他的圈套里。

不要认为对方"客气"，你也礼尚往来地待他，其实，他多半是缺乏真心诚意的。你最好在不得罪对方的情况下，言辞尽可能"简省"。

当然，每个人都有自己的立场和苦衷，这位副科长可能自觉怀才不遇或怨恨自己运气不好，无法早日出头；又由于其在社会上打拼甚久，城府颇深，所以尽管不受上司眷顾，也会在"保卫自己"的情况下，与人客气寒暄。因此，我们只要同情他，而不必理会他的傲慢，尽量简单扼要地说话就行了。

3. 深藏不露的人

我们周围有许多深藏不露的人，他们不肯轻易让人了解其心思，或让人知道他们在想些什么。有时甚至说话不着边际，一谈到正题就顾左右而言他，自我防范心理极强。

求这样的人更是难上加难，往往搞得人们无所适从。

当你遇到这么一个深藏不露的人时，你只有把自己预先准备好的资料拿给他看，让他根据你所提供的资料作出最后决断。

人们多半不愿将自己的弱点暴露出来，即使在你要求他作出回答或进行判断时，他也故意装傻，或者故意言不及义地闪烁其词，使你有一种"莫测高深"的感觉。其实这只是对方伪装自己的手段罢了。

4. 草率决断的人

这种类型的人，乍看好像反应很快，你求他时，他甚至还没听明白你到底要干什么的时候，忽然作出决断，给人一种迅雷不及掩耳的感觉。由于这种人多半是性子太急了，因此有的时候为了表现自己的"果断"，就会显得随便而草率。

倘若你遇见这种人，最好把谈话分成若干段，说完一段之后，马上征求他的意见，没问题了再继续进行下去，如此才不会发生错误，也可避免发生因自己话题设计不周到而引出的不必要的麻烦。

5. 过分糊涂的人

这种人一开头就没弄懂你的意思．你就是和他长时间频繁地接触，结果也是枉然。

小王经常光顾一个书店，那里的一位女店员常常在小王讲明购买的书名时，还会稀里糊涂地弄错。像这种错误，一般人难免犯一两次，但像她那样经常犯，也就有点不可原谅了。因为小王是这家书店的常客，老是遇到这种事情，心里总感觉不太舒服。终于，有一次小王把这种情形告诉了书店经理，不多久，那个女店员就被辞退了。

经常犯错的人不外乎两种：一种人是自己从来不知反省；另一种人则是理解能力差，完全没听懂别人的谈话。对于这类人，你如果实在找不到合适的人，再去求他吧。

6. 行动迟缓的人

对于行动比较迟缓的人，交涉时最需要耐心。

有一位年轻而稍显肥胖的女士，也许因为体型的关系，她做起事来，总是比别人慢半拍，感觉上，工作效率总比别人差一点。严格说起来，倒不是她的办事能力不如其他同事，只不过她做起事来太过慢吞吞而已。

求人时，可能也经常会碰到这种人，此时你绝对不能着急，因为他的步调总是无法跟上你的进度，换句话说，他是很难达到你的办事标准的。所以，你最好按捺住性子，拿出耐心，言谈上永远别透出恼火的意思，并且尽可能配合他的情况去做。

由此可见，学会遇到什么样的人说什么样的话，对提高办事效率大有益处。

"心理共鸣"求人法

人与人之间，本来有许多地方是相同的，但是要使彼此真正共鸣起来，得有相当的说话技巧。

在你对另一个人有所求的时候，这样的论点也同样适用。最好先避开对方的忌讳，从对方感兴趣的话题谈起，不要太早暴露自己的意图，让对方一步步地赞同你的想法，当对方跟着你走完一段路程时，便会不自觉地认同你的观点。

伽利略年轻时就立下雄心壮志，要在科学研究方面有所成就，他希望得到父亲的支持和帮助。

一天，他对父亲说："父亲，我想问您一件事，是什么促成了您同母亲的婚事？"

"我看上她了。"父亲答道。

伽利略又问："那您有没有娶过别的女人？"

"没有，孩子。家里的人要我娶一位富有的女士，可我只钟情于你的母亲，她从前可是一位风姿绰约的姑娘。"

伽利略说："您说得一点也没错，她现在依然风韵犹存。您不曾娶过别的女人，因为您爱的是她。您知道，我现在也面临着同样的处境，除了科学以外，我不可能选择别的职业，因为我喜爱的正是科学。别的对我而言毫无用途，也毫无吸引力！难道要我去追求财富、追求荣誉？科学是我唯一的需要，我对它的爱有如对一位美貌女子的倾慕。"

父亲说："像倾慕女子那样？你怎么会这样说呢？"

伽利略说："一点也没错，亲爱的父亲，我已经18岁了。别的学生，哪怕是最穷的学生，都已想到自己的婚事，可是我从没想过那方面的事。我不曾与人相爱，我想今后也不会。别的人都想寻求一位标致的姑娘作为终身伴侣，而我只愿与科学为伴。"

父亲似乎有所感悟，但始终没有说话，仔细地听着。

伽利略继续说："亲爱的父亲，您有才干，但没有力量，而我却能兼而有之。为什么您不能帮助我实现自己的愿望呢？我一定会成为一位杰出的学者，获得教授身份。我能够以此为生，而且比别人生活得更好。"

说到这，父亲为难地说："可我没有钱供你上学。"

"父亲，您听我说，很多穷学生都可以领取奖学金，这钱是公爵宫廷给的。

我为什么不能去领一份奖学金呢？您在佛罗伦萨有那么多朋友，您和他们的交情都不错，他们一定会尽力帮忙的。他们只需去问一问公爵的老师奥斯蒂罗·利希就行了，他了解我，知道我的能力……"

父亲被说动了："嗯，你说的有道理，这是个好主意。"

伽利略抓住父亲的手，激动地说："我求求您，父亲，求您想个法子，尽力而为。我向您表示感激之情的唯一方式，就是……就是保证成为一个伟大的科学家……"

伽利略最终说动了父亲，他实现了自己的理想，成为一位闻名遐迩的科学家。

这里，伽利略采用的是"心理共鸣"的说服方法。这种说服法一般可分为以下四个阶段：

第一，导入阶段。先顾左右而言他，以对方当时的心情来体会现在的心情。伽利略先请父亲回忆和母亲恋爱时的情形，引起了父亲的兴趣。

第二，转接阶段。逐渐转移话题，引入正题。伽利略巧妙地通过这句话把话题转到自己身上："我现在也面临着同样的处境。"

第三，正题阶段。提出自己的建议和想法。伽利略提出"我只愿与科学为伴"，这正是他要说服父亲的主题。

第四，结束阶段。明确提出要求。为了使对方容易接受，还可以指出对方这样做的好处。

就这样，伽利略终于达到了自己的目的，为最终实现自己的理想奠定了基础。

善于利用逆反心理

"请不要阅读第七章第七节的内容。"这是一个作家写在其著作扉页上的一句饶有趣味的话。后来，这个作家做了一个调查，不由得笑了，因为他发现绝大部分的读者都是从第七章第七节开始读他的著作的，而这就是他写那句话的真正目的。

当别人告诉你"不准看"时，你却偏偏要看，这就是一种逆反心理。这种欲望被禁止的程度愈强烈，它所产生的抗拒心理也就愈大。所以，如果能善于利用这种心理倾向，就可以将顽固的反对者软化，使其固执的态度发生一百八十度的大转变。

某建筑公司的李工程师，有一次说服了一个刚愎自用的人——一个工头，他常常坚持反对一切改进的计划。

李工程师想换装一个新式的指数表，但他想到那个工头必定要反对，于是李工程师去找那个工头，腋下挟着一个新式的指数表，手里拿着一些要征求工头的意见的文件。当大家讨论着关于这些文件中的事情的时候，李工程师把那指数表从左腋下移动了好几次，工头终于先开口了："你拿着什么东西？"

李工程师漠然地说："哦！这个吗？这不过是一个指数表。"

工头说："让我看一看。"

李工程师说"哦！你不要看了"并假装要走的样子，嘴上说："这是给别的部门用的，你们部门用不到这东西。"

但是工头不死心，又说："我很想看一看。"

当工头审视指数表的时候，李工程师就随便但又非常详尽地把这东西的效用讲给他听。他终于喊起来："我们部门用不到这东西吗？它正是我想要的东西呢！"

李工程师故意这样做，果然很巧妙地把工头说动了。其实，逆反心理并不是顽固的人身上才有，每个人身上都长着一根"反骨"。

某报曾连载过一篇以父子关系为主题的纪事文章《我家的教育法》，叙述某社会名人的孩子在学校挨了顿骂后便非常怨恨他的老师，甚至想"给他一点颜色瞧瞧"，他父亲听了也附和道：

"既然如此，不妨就给他点颜色看。"但父亲接着又说，"不过，纵使你达到报复的目的，你却因此而触犯了法律，还是得三思才是。"听父亲这样一说，儿子便取消了报复的念头。

据说明朝时，四川的杨升庵才学出众，中过状元。因嘲讽了皇帝，所以皇帝要把他充军到很远的地方去。朝中的那些奸臣更是趁机公报私仇，向皇帝说，把杨升庵充军海外，或是玉门关外。

杨升庵想，充军还是离家乡近一些好，于是对皇帝说："皇上要把我充军，我也没话说。不过，我有一个要求。"

"什么要求？"

"宁去国外三千里，不去云南碧鸡关。"

"为什么？"

"皇上不知，碧鸡关呀，蚊子有四两，跳蚤有半斤！切莫把我充军到碧鸡关呀！"

"唔……"皇帝不再说话，心想：哼！你怕到碧鸡关，我偏要叫你去碧鸡关！杨升庵刚出皇宫，皇上马上下旨：杨升庵充军云南！

杨升庵利用"对着干"的心理，打破了奸臣的奸计，达到了自己要去云南的目的。

可见，无论男性女性、长者幼小，内心多多少少都带有一些逆反心理，只要善于抓住那一根"反骨"，轻轻一扭，就连皇帝也难免上当。

逆反心理是人们内心中普遍存在的一种心理状态，利用好这种心理，将会给你带来无情的妙处。

以利害打动他人内心

说服他人时，从对方的利益出发，是最容易达到说服目的的。

肿瘤患者放疗时，每周测一次血常规，有的患者拒绝检查，主要是因为他们没意识到这种监测的目的是保护自己。

一次，护士小王走进病房，说："王大嫂，该抽血了！"

患者拒绝说："不抽，我太瘦了，没有血，我不抽了！"

小王耐心地解释："抽血是因为要检查骨髓的造血功能是否正常，例如，白细胞、红细胞、血小板，等等，血象太低了，就不能继续做放疗，人会很难受，治疗也会中断，对身体也不好。"

患者更好奇地说："降低了，又会怎样？"

小王说："降低了，医生就会用药物使它上升，就可以继续放疗！你看，别的病友都抽了！一点点血，对你不会有什么影响的。再说还可以补充过来呀。"

患者被说服了："好吧！"

是的，通常我们行动的目的就是为自己，而非为别人。如果能够充分理解这一点，那么想要说服他人就有如探囊取物般容易了。只要了解对方真正追求的利益何在，进而满足他的欲望，便可达到目的。

相对应的，我们在劝阻对方放弃固执、愚蠢、鲁莽、不明智的举动时，也可以摆出利害关系，使对方心服口服。

有时候，我们的真诚劝阻之所以没有成功，是因为我们没有抓住对方固执的行动给他自己造成的危害。"打蛇打七寸"，抓住对方切身利益的损失，会使他的心弦受到颤动，促使他进行深入思考，从而放弃自己消极的、错误的行动。

某剧场门前不许卖瓜子、花生之类的小食品，怕的是污染环境，影响市容。唯有一位年近六旬的老太太例外。用剧场管理员的话说就是："这老太婆年岁大，嘴皮尖，人家叫她铁嘴，不好对付，只好睁只眼闭只眼。"

某日，市里要检查卫生，剧场管理员小王要老太婆回避一下，说："老太太，快把摊子挪走，今天这里不许卖东西。"

"以前许卖，今天又不许卖，世道又变了吗？"

"世道没有变，检查团要来了。"

"检查团来了就不许卖东西？检查团来了还许不许吃饭？"

"检查团来了，地皮不干净要罚款的。"小王加重了语气。

"地皮不干净不关我的事，他肥肉吃多了拉肚子，能去罚卖肉的款么？"小王无言以对，悻悻而退。

管理自行车的老刘师傅随后走了过来，说道："老嫂子，你这么一把年纪，没早没晚的，又能挣几个钱呢？检查团来了，真要罚你一笔，你还能打场官司不成？再说，检查团不会天天来，饭可是要天天吃，生意可是要天天做的呐。"

"嗯！姜还是老的辣。好，我走，我走。"老太太边说边笑地把摊子挪走了。

本例中，两种劝阻方式，一个失败了，另一个却成功了，这其中很有学问。管理员小王之所以劝阻不成反自讨没趣，就因为他只是一味地讲抽象的大道理，却没有站在老太太的角度上耐心地帮助她分析利弊。而老刘师傅就懂得这一点，他从老太太的切身利益出发，向她指出了只考虑眼前的小利而不顾长远利益的不良后果，使她真正认识到了自己固执行为的不明智，于是心服口服地接受了规劝。

利己是多数人的通病，只要能将这种心理利用起来，多半的说服都是会成功的。

口才加油站

"您的功劳"

春秋时期，韩国修筑新城的城墙，规定15天完工。大臣段乔负责主管此事。有一个县拖延了两天，段乔就逮捕了这个县的主管员，将其囚禁起来。这个官员的儿子想设法解救父亲，就找到管理疆界的官员子高，让子高去替父亲求情。子高答应了这件事。

一天，见了段乔后，子高并不直接提及放人的事，而是和段乔共同登上城墙，故意左右张望，然后说："这墙修得太漂亮了，真算得上是一件了不起的工程。功劳这样大，并且整个工程结束后又未曾处罚过一个人，这确实让人敬佩不已。不过，我听说大人将一个县里主管工程的官员叫来审查，我看大可不必，整个工程修建得这样好，出现一点儿小小的纰漏是不足为奇的，又何必为一点儿小事影响您的功劳呢。"

段乔见子高如此评价他的工作，心中甚是高兴，然后又听子高的见解也在情理之中，于是便把那个官员放了。

我们都知道，人性的弱点决定了人是最禁不住溜须的动物。因此，你要想让他们给自己办事，那么适当地奉承几句，或送个高帽也是理所应当的。

·第八章·

恋爱口才

向心上人如何表爱意

生活中有不少青年朋友，当爱情叩响心扉之时，虽然不乏兴趣和激动，但更多的是不知所措，想让心中的她（他）知道，却又害怕让她（他）知道，最后致使美好姻缘失之交臂，留下深深的遗憾。

狄更斯的《大卫·科波菲尔》中有个故事：大卫爱上了朵萝，却不敢表白，朵萝的好友密尔小姐看出了他的心思，对他说："泉水不能掩住，要让它喷射；土壤不能闲着，必须耕耘；春天的花得及时攀折。"

聪明的青年朋友或许已经领悟了其中的奥秘：爱就要行动。也就是说，当你爱上一个人时，就应该不失时机地向对方表明自己的爱。

其实表达爱意是每个人的权利，鼓起勇气，大胆地说出自己的心意，才有可能获得对方的爱情。

1866 年，对陀思妥耶夫斯基来说是十分困难的一年，他的妻子玛丽亚和他的哥哥都在这一年相继病逝。为了还债，他为出版商赶写小说《赌徒》，请了速记员，她叫安娜·格利戈里耶夫娜，一个年仅 20 岁、性情异常善良和聪明活泼的少女。

安娜非常崇拜陀思妥耶夫斯基，工作认真，一丝不苟。书稿《赌徒》完成后，陀思妥耶夫斯基已经爱上了他的速记员，但不知道安娜是否愿意做他的妻子，于是，他便把安娜请到他的工作室，对安娜说："我又在构思一部小说。""是一部有趣的小说吗？"她问。"是的。只是小说的结尾部分还没有安排好，一个年轻姑娘的心理活动我把握不住，现在只有求助于你了。"他见安娜在谛听，继续说："小说的主人公是个艺术家，已经不年轻了……"

安娜忍不住打断他的话："你干吗折磨你的主人公呢？""看来你好像同情他？"作家问安娜。

"我非常同情，他有一颗善良的、充满爱的心。他遭受不幸，依然渴望爱情，热切期望获得幸福。"陀思妥耶夫斯基有些激动。陀思妥耶夫斯基接着说："用作者的话说，主人公遇到的姑娘，温柔、聪明、善良，通达人情，算不上美人，但也相当不错。我很喜欢她。"

"但很难结合，因为两人性格、年龄悬殊。年轻的姑娘会爱上艺术家吗？这是不是心理上的失真？我请你帮忙，听听你的意见。"作家征求安娜的意见。

"怎么不可能！如果两人情投意合，她为什么不能爱艺术家？难道只有相貌和财富才值得去爱吗？只要她真正爱他，她就是幸福的人，而且永远不会后悔。"

"你真的相信，她会爱他？而且爱一辈子？"作家有些激动，又有点犹豫不决，声音颤抖着，显得既窘迫又痛苦。

安娜怔住了，终于明白他们不仅仅是在谈文学，而且是在构思一个爱情绝唱的序曲。安娜小姐的真实心理正如她自己所言，她非常同情主人公，即作家陀思妥耶夫斯基的遭遇，且从内心里爱慕这位伟大的作家，如果模棱两可地回答他的话，对他的自尊和高傲将是可怕的打击。于是安娜激动地告诉他："我将回答，我爱你，并且，会爱一辈子。"

后来，他们结为伉俪。在安娜的帮助下，陀思妥耶夫斯基还清了压在身上的全部债务，并在后半生写出了许多不朽之作。陀思妥耶夫斯基向安娜求爱的妙计，后来被世人传为爱情佳话。

像陀思妥耶夫斯基那样，在不敢肯定对方是否也有意于自己时，可以实话虚说，既能摸清楚对方的心理，又能避免在遭受拒绝时的尴尬。当你有了喜爱的人，一定抓住时机，表白你的爱意，否则很有可能与心爱的人失之交臂。以下几点需要注意：

1. 说出心中的"我爱你"，一定要根据双方的性格特征、文化素养、感情发展程度以及社会风尚等情况，选择适当的方式。

2. 如果你对自己并没有十分的把握，最好不要唐突地去表白。可以借助对方的兴趣和爱好，制造彼此相处的机会，抓住时机表现自己，循序渐进地让对方爱上你。

3. 如果你能确定对方的心里也有你，可以开门见山地表白你的心迹。

4. 可以巧用物体为媒介，借用这种媒介表达自己的感情。

5. 可以旁敲侧击地表白你的爱意，利用一些潜台词来试探对方的心思。

想要约会怎么提出来

一见钟情的双方向对方提出约会是件令人高兴的事，但如果双方是第一次会面，而又是通过第三者介绍才知道对方并愿意接触的话，那么，这样的约会，可以由介绍人分别征求双方的意见后，确定时间、地点，双方按时按址赴约即可。

在有些人观念中，认为主动约会的一方，会有失身价，今后在恋爱过程中会被动。这样的想法是既幼稚而又有害的。男女双方，都可以主动提出约会。尤其是男方，在这方面更应表现出一种主动的精神和姿态。

不过，提出约会时，应注意：

1. 无论是用电话、书信，还是口头等方式提出会面，都不能以命令或生硬的口吻和态度，逼使对方同意，而应以温和的商量的口气，协商行事。

2. 选择时间地点，要充分考虑对方的赴约是否方便，最好是在商量时，让女方提出意见，以她的方案为主。如果女方提不出具体意见，则可以提出自己的想法，经对方同意后再做决定。

3. 约会的时间地点一经确定，没有十分特殊的情况，双方都不能失约，不能迟到，更不可事先不通知对方，便单方面改变时间、地点。这样做既不礼貌，也会使对方久等失望而产生情绪和误会。

4. 因交通不便或交通工具出了故障，或其他客观原因而迟到的一方，应主动向对方表示歉意，并说明原因，请对方谅解。同时，先到的一方，对于对方因无法解决的困难而失约或迟到，也应予以充分地体谅和安慰。不可表示怒意，更不可使性子，一句话不说便丢下对方扬长而去，这样做的结果，即使不是吹灯散伙，也会在双方心中留下阴影。最好预先把困难想得周全一些，并在时间上留有余地，不可限得过死，以免因意外情况而无法准点赴约。如果约会是去看电影或戏剧、体育比赛等，则双方都应提前到达，不可延误。一方延误，即使对方等得焦急不安，又会因进场较晚而影响他人，显得缺少礼貌。

第一次提出约会，态度和所说的内容，也应注意。一般来讲，有些原则必须遵守：

1. 真诚、坦率。对对方在约会前希望了解的情况和提出的几点问题，如实地介绍和回答。有一说一，有二说二，既不能有意隐瞒，更不能说谎欺骗。

2. 无论是谁主动提出约会，无论是谁在追求谁，在提出约会时，都不可表现出洋洋得意之态，或以开玩笑的方式贬人褒己。要尊重对方，谦虚礼貌。

3. 预约时的谈话内容尽可能广泛些，除了解对方的一些基本情况，还可找一些题目，交换看法，从中试探对方的观念、水平、兴趣以及对生活、对人生、对艺术等的态度与鉴赏能力。最好不直接问及对方的家庭财产以及对方以往的恋爱史等。

4. 考虑到各人性格上的差异，不可要求对方立刻欣然同意，同时，自己也不可毫不观察对方的反应，而大唱独角戏。要善于掌握分寸，善于寻找题目，善于诱发对方会面的兴趣。

恋爱中也需要谎言

爱人之间理应真诚相待，来不得虚伪和欺骗，但如果每件事都得实言相告，每一句话都不得掺半点假，则不仅不能为爱情增添欢乐，反而还会使原本和睦温馨的关系出现裂痕。

有些不太聪明的男人，在遇到某些与前女友交扯上关系的事情时，会情不自禁想起她的坏，同时还直言不讳地讲给现任女友听，这无疑会给现任女友造成心理阴影。

他说旧恋人的好，则现任女友的心理反应是："为什么你又爱我？"同时，在这心理发展之下，此男人将会碰到许多的麻烦，日后也不会安宁。

过去的恋情最好不告诉你的恋人，属于过去恋情的痕迹也不应该出现于恋人的眼前。该隐瞒的时候就要隐瞒。

不管对于恋人信任到多么可靠的程度，有好些事情，如果没有说的必要，最好让它永远成为秘密，这当然是为着彼此安静的缘故。

有必要的时候，我们不仅要隐瞒，更要为爱情而编织谎言，这往往能收到很好的效果。恋爱中的男女之间，谎言的作用更是好比润滑剂一般。

"每次和你约会时，总是在衣柜里翻半天，老觉得每件衣服都不好看，真觉得自己有点发神经了……"这种谎言，是一种俏皮、可爱的谎言，更深远的意思，已经在无言中流露出来了，对方必定会为你所动。

有的女性会为自己的男友着想，担心对方的经济能力不够，因此，在约会的时候说："不知道怎么回事，我对出租车有畏惧感。"或"每次坐在高级餐厅或咖啡厅时，我总觉得浑身不自在，似乎那种地方太过于庄严，不适合我这个土包子。说起来，我还是喜欢坐在阳台上欣赏夜色，吃自己煮的面，这样比较没有拘束感。"若对方真的没有充裕的经济能力，听到这些话，一定会为女方的温存体贴而感动。

和恋人在一起谈话时，为了留给对方好印象，应想办法修饰自己。例如，在讨论学术方面，谈到了某先生的书，事实上你只读过他写的两本书，可是知道这位先生出了五本书，这时，你不妨说："我曾看过他写的五本书，每本都写得很精彩。"那你在对方心目中的地位，无形中就提高了。不过，要注意的一点是，在你讲过这句话之后，应尽快利用时间，到书店将其他三本书买回去，仔细阅读。如此，才不会露出马脚，同时也可以增加知识。

因而，在不涉及大局的一些琐事上，有时不妨以谎言来营造一种温情脉脉的氛围。

这样邀女孩最易成功

初次接触后，想要约女孩出游，不是一件很容易的事，因为大多数女孩都会出于害羞和矜持而拒绝邀请，而男孩也会因为害怕被拒绝，颜面扫地，通常不肯死皮赖脸地去邀请女孩。其实恰恰相反，只要男孩主动一些，在言语上略施小计，约女孩出游并非难事。

不管一个女人的内心多么软弱，她也不会表露在外，而且"谨慎""谦恭""有风度"是妇女的传统美德和本能表现。换句话说，在女性的心中，对于男人的诱惑、邀约等，与其不停地去思索，还不如以社会大众的习惯来顺从。

所以，当你要去邀请她时，不要用商量的口气问她："愿不愿意……"之类的话，而最好直接说："咱们一道去……"

如果用"愿意不愿意……"这种问法，乍看起来好像非常"绅士"，但事实上却给了对方说"好"或"不"的两种机会。警戒度高的女人，为了不节外生枝，干脆就摇头对你说"不"了。相反，如果你用单刀直入的问法那就大不一样了。

如果能在你的言辞中加入更多的肯定语气，勾勒出更多的美好画面，那对方肯定会怦然心动，最终答应你的恳求。

下面这一段，是一位小伙子煞费苦心地劝说女朋友答应邀约的对话：

"你今天真漂亮，晚上6点钟我们出去吃顿饭，聊聊天，好吗？"

"不行。"

"我们应该彼此多了解一点。就在 6 点钟好了，到时我来接你。"

"不行。"

"说不定我们可以遇到一个我们喜欢的人，或是一件有趣的事呢！就今晚 6 点钟吧！"

"不行。"

"6 点钟见面以后，我们可以吃顿饭，看场电影，然后到咖啡厅去坐坐，我们会有一个非常美妙的夜晚，还是去吧！"

"是吗？"

"我发觉我越来越喜欢你，今天晚上一定要见到你，就 6 点钟，我来接你。"

"那好吧，6 点钟见。"

可以看得出来，这个小伙子很聪明，肯定加引诱，在这段邀请词中，他表现出了极大的信心，他确信"会有一个非常美妙的夜晚"，所描述的美丽场景已经钻进了女朋友的脑海里，她不得不最后"束手就擒"。

不要害怕太过主动，女生其实恰恰希望你能再多敲几次门，多听几次邀请她的话。只要做到情真意切，百折不挠，一般女生都是不会拒绝你的邀请的。

面对刁难你该怎么办

青年男女双双坠入爱河之中时，情侣之间常常碰到一些难以回答的问题，有时对方就是在故意刁难，这时你一定要沉着应对，切不可顺口就说，但也不要思考许久，这样反而使对方生疑。既要回答干脆利索，又要使对方相信，这的确要求一个人具有好的应变口才。

1. 当对方问你："你和别人也是这样的吗？"

这的确是一个令人头痛的问题，通常是在情侣们一番亲热之后有一方提出。这时，你只能说："啊，不，亲爱的，没有人能和我们的关系作比较。"或许这只是谎话，但反过来，任何正面作出比较回答，都是有害的，不是破坏了你们之间所建立的那种默契，就是损害了你以前情人的形象与精神。

2. 当对方问你："你真的喜欢我的家人吗？"

这也是一个严重的问题。当你爱上一个人，你自然只能与他结婚，而不是与他的家人结婚。但是，那些结婚多年的人会告诉你，有时你简直也像是和他（她）

的家人结了婚。所以，如果男友（女友）问你这个问题，你可以这样回答说："啊，他们真有趣。"这不一定是说谎。也许你可以补充："我觉得你爸爸很不错，只是，你能否叫他让我们自己决定度蜜月的地方？"

3. 当女友问你："我需要减肥吗？"

如果你被迫回答这个问题，你就要仔细推敲答案。对方是真的想知道你的建议吗？多半不是的。她想知道的，是不论她多重，你依然关怀她。所以，你最好这样答："我以为你身材挺棒。啊，我想起来了，可惜你不再穿那套蓝色裙子！它本来多么适合你！"这样一来，你虽有点说谎，但其实也暗示了一点真话。

4. 当女友问你："你以前有过女朋友吗？"

在一对情人的恋爱初期，女的往往喜欢问男的这类问题。她们想知道对方的底细。但如果你以往一直颇为花心，或者一直爱纸醉金迷的生活，即使现在已经痛改前非，也不宜立即就和盘托出。现在，还是先答道："啊，实在没有。我一向是不大外出的。"

5. 当女友问你："你目不转睛地看着那女子，是不是喜欢上她了？"

两个人相爱和结婚，并不就表示他们不会为俊男或美女所吸引，这样也丝毫不表示你不再爱对方。但不幸的是，当你发觉对方正在以欣赏的眼光看着俊男或美女，便自然醋意大发。所以，如果他或她问到你时，你最好还是这样回答："什么？我看什么？不，我什么也没看，我只是在动脑筋，动得眼睛发呆了吧。"

6. 当女友问你："这款衣服适合我吗？"

要回答这个问题一定要看清女友意图。如果在她还未买下衣服的情况下，你可以这样答道："亲爱的，你穿起来就像一袋土豆，只是中间用绳子扎起来罢了。"不幸的是，女孩子总是在米已成炊之时才向你提出问题。你这时只好答："啊，穿着真好看！"你这个谎话其实也不全是胡扯，因为心理学家说：即使本来穿得不好看，但是，只要穿着者蛮有自信，以为穿得好看，便有可能真的变成好看。

不失时机表达真感情

耍小性子可以说是女孩子的天性，恋爱中的女孩子更是如此。她们常为男友的言行不符合自己的心意而耍性赌气，挤眼抹泪。其实，她心里并不是真的生男友的气，而是故意生气，看男友是不是会过来哄她，这时候的男孩子就要耍耍嘴皮子了。

　　说到真情流露，孙犁所描绘的水生夫妇的生活场景，为我们提供了一个美好的范本。

　　孙犁的名作《荷花淀》，如一幅富有诗意的爱情风俗画。水生夫妻的对话仿佛是一首回味无穷的爱情诗篇，其中洋溢着深厚的真诚和关切之情。

　　月亮升起来了，院子里凉爽得很，干净得很！水生嫂手指上缠绞着柔润修长的苇眉子，坐在院子里，等候着丈夫。身边是一片洁白，淀里是一片洁白，透明的雾，柔和的风，荷叶荷花香飘了过来。在这朴素干净的农家院中，一片安宁，一片温馨，一片思念牵挂的温情。辛劳了一天的公公熟睡了，玩耍了一天的儿子也进入了梦乡。水生嫂在月光下，一天的担心，一天的思念，不正是可以在这种静寂的夜景中，轻柔地同丈夫叙说吗？宁静之夜是夫妻对话的一个充满诗意的极好环境，美妙的夜会给爱情增添甜蜜温柔。

　　水生嫂以温柔体贴的话语表达出了对丈夫的深情，她了解丈夫——朴实勤劳、积极能干，小苇庄的游击组长、党支书记，她怎能不爱他呢？所以，当水生从区上回来时，她首先要问的便是："今天怎么回来得这么晚？"语气温柔，充满了体贴和关切的感情。轻轻的一句话，却包含了这样的意思：今天你在外面怎么样？这么晚怎不叫人心急？你吃饭了吗？话语中充满了宽厚贤淑和温柔之情。这柔柔的一声仿佛是荷花淀飘来的温馨的荷香，让水生顿觉轻松，一天的疲劳也消失了。当水生询问儿子的情况时，她又轻言细语地说："和爷爷收了半天虾篓，早就睡了。"言语不多，却有许多信息。她讲了儿子和公公的一天活动，她以"儿子早睡了"含蓄地露出了那种嗔怪丈夫回来太晚的心情，但这种嗔怪却是一种关心、一种疼爱。

　　水生是个男子汉，虽豪爽刚毅，却胸怀博大，粗中有细。他懂得在怎样的时机用细腻体贴的语言安慰妻子，使她更支持自己的工作。所以他的话从整体上说就表现出一种情与理结合的特点。道理简单，却情真意切。"我是游击组长，是干部，自然要站在头里。"这是对妻子温情的叙说。"他们全觉得你还开明一些"，则又是对妻子的由衷赞扬；"家里的事你就多做些"，则更是对离别后妻子独自担当家庭生活重担的处境的深情体谅；"千斤担子你先担着吧，打走鬼子，我回来谢你"，却更体现了丈夫对妻子给予的理解和支持的深深感谢与崇高敬意。还需要说什么呢？做妻子的足以能感受到心灵的温暖和慰藉了。

　　在水生和水生嫂这样一对仅仅是粗通文墨的青年农民夫妻的对话里面，我们丝毫看不到语言修辞的炫弄。这里有的只是夫妻间倾心商谈的语句，有的只是夫妻间倾注了深厚情爱的言辞。正因为此，他们的语言才显得他们的感情朴实无华，简洁明了。

一对恋人相处，并不需要什么豪言壮语，需要的只是一种情真意切，只要平时多表现些，平淡如水的话语也能打动对方的心。这也是种说话说到位的表现。

见家长如何说话才对

对于男孩来说，首次拜见女方父母可以毫不夸张地说，影响到自己的一生幸福，一句话说好了，可以立刻让女方父母喜欢自己，这桩婚事问题就不大了；而一句话说错了，很有可能你与爱人的这段感情就告吹了。因此，首次拜见女方父母如何说话，是至关重要，也是需要讲究技巧的。

有的父母或许对未来女婿的外貌、家庭背景不做过高的要求和挑剔，却对学历及事业上有没有发展前途比较关注，因此他们考察你的时候，希望你能不断学习提高，达到更高学历；或者在事业上有所追求并渴望有所建树。如果你恰恰在这两方面立有雄心壮志并确实在努力着，那么他们就会认定你是可造之材，对你未来的前途充满信心，把女儿托付给你，他们也就大放其心。

"伯父、伯母，身体还好吧？前一阵子，白天上班，晚上准备考研，实在太忙，这两天考完试才得以抽空专程来拜访你们，你们不会见怪吧？我们科学院正在进行一项重大的技术研究，我报了名，等我研究生毕业，取得研究生文凭就可加入技术攻关小组。这个攻关小组的组成人员都是科学院里最有经验的专家及技术人员，我想一定能从他们身上学到许多有益的知识和经验。伯父、伯母，你们认为呢？"

有些父母本身就是好好先生，肯定会点头称好。他们知足常乐，对什么都不刻意要求，对女婿也一样，只要他有健康的身体、纯正的心地就行了。把女儿嫁给他，但愿他能细心、体贴，做个好丈夫就可以使这样的父母满意。对于这样心理类型的父母，只要你能在初次拜访时有足够的语言表达你如何爱他们的女儿，将来也一定会好好爱护、照顾他们的女儿，使他们无后顾之忧就足够了。

"伯父、伯母，你们好！

"虽然我和萍萍认识不足一月，现在来拜访你们显得有些冒昧，但我觉得萍萍是非常好的女孩，想必她的父母也是很好，所以忍不住来看望你们，你们不会怪我不懂事吧？再过六天，就是萍萍24岁的生日，今年是她的本命年，一定要好好庆祝的。我和父母商议，准备在萍萍生日那天，邀请你们全家在美食城吃顿便饭，一则为萍萍庆祝生日，二来也和你们二老聚一聚，以便今后常来常往，互相照应，就当多了门亲戚，不知你们意下如何？"

以上的表白在相恋不足一月的时间里，就主动邀请女方父母和自己的父母相见似乎显得过于轻率，但在他们看来，真难为你一片痴心。虽然在他们眼里，你或许还有点孩子气，但你的赤诚和负责任的心态会让他们欢喜，同时你还表现出了你的细心和周到，他们一般都不会太为难你。

对于只有一个独女或有女儿没儿子的父母来说，他们一般不太愿意女儿嫁出去成为别人家的人，他们指望着女儿给他们养老，所以自然希望女婿能成为自己的半子。再加上平日里一向没有重劳力，所以希望女婿勤快、有眼力、肯吃苦，如果没有条件同住，最好也能常来常往，不使二老寂寞、无依无靠，所以他们在挑选女婿时就往往较注重这些方面。你如果看中了这样人家的女儿，就必须有这方面的心理准备，同时还要努力给他们留下手脚勤快、憨厚朴实、心平气和的印象。如果你能讨得他们欢心，你自己也会受益无穷，因为他们会把你当亲生儿子一样看待。虽然你付出了一些心力、体力，可你得到的将远远超出你付出的，你会是这样家庭的真正的主人。所以初次到这样的人家去拜访，你最好少说多做，察言观色，尽力施展出做家务、体力活的本领。让他们充分感受到有你和没你就是不一样。

"伯父、伯母，你们好！我听娜娜说伯母近来身体不大舒服，所以随娜娜一道回来看看你。像你们这把年纪的人，有什么病痛之类的，最好还是去医院好好检查治疗，不能老抗着。我妈妈认识一个好大夫，什么时候我带你去好好检查一下，这样也好放心。

"冬天快到了，还不如趁今天没事，我帮你们买些煤。"

从以上例子看出，到这样的人家去拜访，首先自己不要见外，诚恳、实在地把自己当成她家的一员，他们一定会欢迎你的。

有些父母比较爱慕虚荣，他们对未来的女婿有没有才华不太苛求，只对有无钱财非常关心，在他们的潜意识里希望通过女儿这颗"摇钱树"为他们自己招财进宝，以好在左右邻里面前炫耀。对这样的父母，如果你确有经济实力，不妨满足一下他们的虚荣心。若你没有雄厚的财力，那么在初次拜访时可大方一些，买一些礼物。同时在言谈上旁敲侧击地进行规劝，并暗示你现在虽没有钱财但日后说不定会财源滚滚，让他们对你未来的经济实力充满憧憬，再加上你很年轻，说不定还真会致富有门，而不至于因为你是穷小子，而断然拒绝女儿与你的交往，因此你必须在这一方面有所表白。

"伯父、伯母，你们好！请收下我的一点小小的心意，不知你们是否喜欢？小敏是一个非常好的女孩子，我很喜欢她。她不像别的女孩那样不重视男友的人品，只注重钱财。我刚刚大学毕业，现在很穷，但我这只是暂时的，我会努力改变这一切的。"

你如果这样处置应付，你的女朋友一定觉得你很了不起，一定会为你骄傲的。她一直提心吊胆，现在总算放下了心。

在你拜见女友父母之前，可事先让你的女友为你提供一些内部消息，比如她的父母属于什么性格的人，有什么兴趣爱好或特长，尤其是有没有什么嗜好。然后根据不同的情况选择一个主要话题，并围绕这个话题多做些准备，掌握和了解此方面的知识内容，便于随机应变、投其所好。

"丑媳妇"总要见公婆

男女交往到一定的阶段，总是会有要见对方父母的那一天。许多女孩子都为此感到紧张，总是担心自己表现得不好或者自己不是他们理想中的儿媳。其实这些担心都是不必的，俗话说"丑媳妇总要见公婆"，只要自己好好表现，要讨他们的欢心还是很容易的。

现代母亲对儿媳妇的选择标准已经宽松多了，一般男方的家长对女方的人品比较关心。他们大都希望自己未来的儿媳妇温柔、善良、勤快和能干，具有传统女性的美德。

有些男方家长本身不善言谈，对什么事情都不会喜怒形于色，就算是未来的儿媳妇上门拜访，他们表面上也不过是来了个客人而已，但在心里面，却在细细地对你评头论足，所以你要做好充分的思想准备来抵挡他们那看似淡漠实则探寻究竟的目光。在言谈举止方面要表现得既传统又现代。所谓传统是指：他们在做饭、端菜时要主动抬手帮忙，尽量避免放声大笑或当着他们的面跟男友亲热等。所谓现代是指：你要有你这个年龄应有的活泼和开朗，能让他们感受到你的青春气息和色彩，既端庄大方又活泼快乐。

有的男方家长爱子心切，急于尽快给儿子找媳妇，好传宗接代，因此他们不会太挑剔媳妇什么，只要儿子喜欢，肯带回家来，那他们简直把你跟神仙似的捧着。对于这样的家庭，你要以好换好，以诚换诚，能进入这样的家庭，便绝对是进了福门。虽然是初次探访，但他们的热情有时候却也令人消受不起，所以说话时不妨活泼、有趣一些。

如果你找了一位年龄跟你相差较大的男子做你的恋人，那么当你去拜见他的老父老母时，或许他们会因为缺乏信任而冷淡你。那你一定不要沮丧、气馁和委屈，因为这是很正常的心理状态，你完全可以用你的言行让他们感受到你的诚恳和可信。

一个女性最优秀的品德就是宽容大度、和颜悦色、端庄开朗，如果你具备这些优点，那么任凭什么样的家门你都能叩开，任凭什么个性的父母的心你都能打动。

常言道，女人是水做的。那么就请你拿出水一样温柔的感情来，去感化你周围的人，包括你未来的公公、婆婆、小姑和小叔，让他们为拥有你这样一个家庭成员而感到骄傲和快乐。

第一次见男方父母时，不要紧张，自己不要见外，诚恳、实在地把自己当成他家的一员，他们一定会欢迎你的。要勤快，不要以为自己是客，就理所当然地什么都不做，能帮忙时尽量帮着做，这样才能讨男方父母的欢心。说话要得体，不要嗓门过高或者过低，口齿要清晰，表情要温柔，可以略显羞涩。不要当众训斥男友或者耍性子、任性、撒娇、生气。不要过多谈论自己的现代话题，也不要在长辈面前炫耀学问。轻松自然地与他们交流，表现出对长辈的尊重。不能故作清高，冷淡或伤害别人的真心诚意。

口才加油站

示爱名人如是说

当你爱上一个人时，可能久久把"爱"字藏于心里，不敢向他（她）袒露，因为害怕落花有意、流水无情，倘若说出来，连朋友都做不成了，只落得一场尴尬自己来收拾。然而你的内心又十分挣扎，总是躁动不安。与其这样，还不如向名人们学学，他们都是怎样巧妙示爱来赢得爱人心的。

1. 双关修辞法

梁实秋垂暮之年花开二度，爱上了比他小 30 岁的韩菁清。一天，他们在餐厅共餐，梁实秋点了"当归蒸鳗鱼"，韩小姐关切地说："当归味苦啊！"梁先生若有所思地说："我这是自讨苦吃。"韩小姐笑道："那我就是自投罗网！"两人相视哈哈大笑，心有灵犀一点通。

梁先生和韩小姐不愧是才子和才女，他们在道明爱意时，使用了修辞法中的双关法，使爱情充满了甜蜜和幸福。

2. 以物为媒巧设"圈套"

马克思与燕妮一直互相爱慕着对方，但谁也没有表白。进入了青年时代的马克思，有一天对燕妮说：

"我已经爱上了一个人，决定向她求婚。"

燕妮愣了半天，问马克思："你能告诉我你所选择的姑娘是谁吗？"

马克思答道："可以呀。"边说边将一个小方盒递给燕妮，还说道："在里面，打开它，你便会知道了，不过，只能当我离开以后……"

等马克思走后，燕妮的心里七上八下，她终于开启了盒盖，里面只有一面镜子，别无他物。燕妮恍然大悟，幸福地笑了，镜子里照出了她美丽的容颜，照出的正是被马克思深爱的燕妮自己。

聪明的马克思巧妙地借用一面镜子表达了自己的心意。虽然没有"我爱你"三个字，但是让燕妮明白了他的心思。在中国古代戏剧中也有《花为媒》《柜中缘》等，都是以某种物体为媒介，使有情人终成眷属。

· 第九章 ·

友情口才

如何从闲聊中加深感情

有人认为聊天是极为浪费时间的事，岂知一般朋友间的交情多半是从闲谈开始的。实际上，之所以有些人能说会道、关系广泛，就是因为他们闲谈的功夫很棒。但有些人就是不喜欢闲谈，他们觉得"今天天气怎么样"和"吃过早饭了吗"这一类的话，都是无聊的废话，他们不喜欢谈，也不屑于谈，他们不知道像这一类看起来好像没有意义的话，却还是有一定作用的。什么作用呢？就是加深朋友间感情的准备作用，就像在踢足球之前，蹦蹦跳跳、伸手踢脚，做一些热身运动一样。

一般的交谈总是由闲谈开始的，说些看起来好像没有什么意义的话，其实就是先使大家轻松一下、熟悉一点，造成一种有利于交谈的气氛。

交谈都是由闲扯开始，比如说天气，而天气几乎是中外人士最常用的最普遍的话题。天气对于人生活的影响太大了，天气很好，不妨同声赞美；天气太热，也不妨交换一下彼此的苦恼；如果有什么台风、暴雨或是季节性流行病的消息，更值得拿出来谈谈，因为那是人人都关心的话题。

什么时候都有一个良好而又艰难的开端，就是交谈这样看似简单的事情也不例外。开始交谈，的确是需要相当的经验，当你面对着各式各样的场合，面对着各式各样的人物，要能做到通过言谈拉近彼此的距离，实在不是一件容易的事。倘若交谈开始得不好，就不能继续发展双方之间的交往，而且还会使得对方感到不快，给对方留下不好的印象。

谈话也是对自身资源的一次挖掘，很考验一个人的知识水平和文化层次，平时除了你所最关心、最感兴趣的问题之外，你要多储备一些和别人闲谈的资料。这些资料应轻松、有趣，容易引起别人的注意。

除了天气之外，还有些常用的闲谈资料。

1.自己闹过的有些无伤大雅的笑话

像买东西上当、语言上的误会等，这一类的笑话，多数人都爱听。如果把别人闹的笑话拿来讲，固然也可以得到同样的效果，但对于那个闹笑话的人，就未免有点不敬，当然，只要你不指名道姓就可以。讲自己闹过的笑话，开开自己的玩笑，除去能够博人一笑之外，还会使人觉得你为人很随和，很容易相处。

2.惊险故事

特别是自己或朋友亲身经历的惊险故事，最能引起别人的注意。人们的生活常常不是一帆风顺的，每天大家照常吃饭、照常睡觉，可是忽然大祸临头了，或者是被迫到一个很远的地方，路上可能遭遇到很多危险……怎样应付这些不平常的局面，怎样机智地或是幸运地在危难时刻死里逃生，都是让人永远不会漠视的话题。

3.健康与医药，也是人人都感兴趣的话题

新发明的药品，著名的医生，对流行病的医疗护理，自己或亲友养病的经验，怎样可以延年益寿，怎样可以增加体重，怎样可以减肥……这一类的话题，也许纯粹就是一家之言，但它能吸引人的注意力，而且也没有什么不好。特别在遇到朋友或其家人健康有问题的时候，假如你能向他提供有价值的意见，那他更是会对你非常感激的。事实上，有哪一个人、哪一个家庭没有这方面的问题呢？

4.家庭问题

关于每个家庭里需要知道的各方面的知识，例如，儿童教育、购物经验、夫妇之间怎样相处、亲友之间的交际应酬、家庭布置……这一切，也会使大多数人产生兴趣，家庭主妇们尤其关心这些问题。

5.运动与娱乐

夏天谈游泳，冬天谈溜冰，其他如足球、羽毛球、篮球、乒乓球，都能引起人们普遍的兴趣。娱乐方面像盆栽、集邮、钓鱼、听唱片、看戏，什么地方可以吃到著名的食品，怎样安排假期的节目……这些都是一般人饶有兴趣的话题。特别是有世界著名的音乐家、乐团前来表演的时候，或是有特别卖座的好戏、好影片上演的时候，这些更是惹人关注的闲谈资料。

6.轰动一时的社会新闻也是热闹的闲谈资料

假使你有一些特有的新闻或特殊的意见和看法，那足可以把一批听众吸引在你的周围。

7.政治和宗教

倘若与你遇到的人，大家在政治上的见解颇为接近，或是具有共同的宗教信

仰，那这方面的话题，就变成最生动、最热烈、最引人入胜的了。

8. 笑话

当然，人人都喜欢听笑话，假如你构思了大量的笑话，而又富有说笑话的经验的话，那你恐怕是最受人欢迎的人了。

与人闲谈是人际交流中必要的环节，但是需要注意的是，很多人在闲谈中往往把握不好分寸，甚至说一些不负责任的闲话，而这些闲话中难免会涉及别人的是非，如果说得多了，难免会伤害到一些人。

常听到这样一句评价人的话："这个人说话不经过大脑。"就是指有的人在闲谈中不注意分寸，有的话没经过思考就说出来了，完全没有顾及听者的反应。

小夏是个大学生，因为长相可爱，性格开朗，所以结交了不少的朋友。但是很快，小夏就发现了一个问题：那些朋友和她交流过几次之后，就不再与她来往了。小夏也弄不清楚到底是什么原因造成的。

后来有一次，一个和小夏关系还不错的朋友告诉了她问题的所在。

"小夏，你有的时候说话太伤人了。"这个朋友说，"你说的话可能不是有心的，也不是故意想伤害别人，可是你的话还是伤了别人。"

"是这样吗？我怎么不知道？"

"就说参加同学聚会那次吧，当时有个挺胖的女孩子，你还记得吧？"

"记得。"

"你在吃饭的时候不停地说什么胖的人容易得病，性格不好等，虽然我们都知道你不过是闲谈而已，但是你说的时候完全没有考虑到那个女孩的感受。那个女孩当时几乎什么东西都没敢吃，回去的路上她还哭了呢，说她也不想那么胖。"

"但是，我并没有说她，只是因为说到时下减肥的话题时才说起来的。"小夏为自己辩解。

"是这样没错，可是你的话毕竟是伤到别人了，虽然你是无心的。"朋友严肃地对小夏说，"不管和什么人在一起，都要注意自己的言行，否则你的一句无心的话，可能会伤害到别人，就会被人疏远。"

《智慧书》的作者、哲学家葛莱西安在书中就说过这样的话："人类没有一个活动像说话一样需要小心翼翼，因为没有一种活动比说话更频繁、更普通的了，甚至我们的成败输赢都取决于说的话。"

在人际交往中，人们主要是从交谈中了解一个人思想和修养的，即使是非正式场合下的闲谈，你的言行也都在透露出你的品德。人们就是根据一个人的言语对其表示喜欢或者排斥。因为不论你的学历有多高，你的财富有多少，你的言语都像画笔一样勾画着你的形象，尤其是在闲谈中的言语，更能很好地反映出一个人的修养。没有人愿意和一个缺乏修养的人建立什么感情的。

艾琳决定和她的朋友苏珊断绝来往了，因为她实在受不了苏珊的毛病。

"我和苏珊经常在一起闲谈，本来女人之间聊天闲谈也没什么，可是苏珊总喜欢在我面前说别人的是非，而且还都是一些鸡毛蒜皮的小事，令人难以忍受。

"有一次，她在我面前大谈婚姻问题，还提到现在的女孩喜欢和比自己大很多的男人恋爱，她觉得那样的婚姻没有互相理解的基础，有隔代的差距，是不会幸福的。虽然我知道苏珊的话并没有针对任何人，但是当时我妹妹就在和比她大很多的男人恋爱，这苏珊也知道，她的话让我非常不舒服。

"所以我不打算和她继续做朋友了，与其把时间浪费在听她闲谈别人的是非上，不如和别的朋友在一起聊一些有意义的话题呢。"

在闲谈中，一定要掌握一些技巧，不要随意地评价某人，即使这个人并不在现场也一样。谈一些大家共同感兴趣的话题，避免说一些容易让大家感到消极的、不愿意谈及的话题，更不要把自己或别人的隐私当作公共话题来议论。特别是要注意在说笑话或者调侃的时候，不要让别人感觉你是一个不够稳重和没有教养的人。

最好的办法就是在别人闲谈中留心大家感兴趣的话题，然后加入进去。或者干脆谈一些诸如经济、体育、娱乐、天气等比较不容易得罪人的话题。还要注意的是，在说话的时候留意对方的反应，以判断你的话题是否合适，方便做适时的调整。还有就是要避免在说话的时候与人发生争论，即使有也要想办法避开。

千万要记住，不要因为闲谈中的无心之举而失去了朋友。

说话注意维护朋友面子

一般来说，人们对于自尊往往存有不容侵犯的保护意识，因此，一旦个人的自尊遭受侵犯或攻击时，即使对方过后表示歉意，恐怕也已无法弥补双方已损伤的关系。

相反的，如果你能顾及对方的自尊，处处为对方的自尊着想，那么，对方必然会因此对你表示友好与感谢。

举例来说，当大伙正在围桌谈笑时，有一个人讲了一个笑话，结果使得全场捧腹大笑，气氛十分欢乐。然而，在这些笑声还未平息之际，突然有另一个人说道："这的确是一则有趣的笑话，不过我在上个月的某本杂志中早就看过了。"或许这人的目的在于表现其优越的意识感，但他所获得的真正评价是什么呢？而那个当初说笑话的人，此时的感受又如何呢？你可以体会得到。

俄国作家屠格涅夫有一次在街上散步，一个穷人走过来向他乞讨。他伸手到口袋里摸了好一会儿，抱歉地说："兄弟啊，对不起，实在对不起，我没带吃的东西出来，钱袋也丢在家里了。"那人突然紧紧地拉住了他的手，连声说："谢谢您，谢谢您！"屠格涅夫既惭愧又惊异地问："你谢我什么呢？"那人回答："我原来只是想找点东西吃了以后就去自杀，没想到你称我为兄弟，给了我活下去的勇气！"

一声"兄弟"竟然唤起了一个绝望的人求生的勇气，屠格涅夫的言行何以有这么大的力量呢？这是因为他的言行之中包含了任何一个正常人都需要的东西——自尊。

自尊在中国人的字典里被解释为"面子"。诸葛亮之所以一生追随刘备，鞠躬尽瘁，死而后已，就是因为刘备给了他太大的面子。刘备第一次屈身去请，诸葛亮适逢外出。第二次去请，诸葛亮又恰巧不在。一直到第三次，诸葛亮才与他交谈。如此大的面子，诸葛亮怎能不尽心相报。这位历史上最出名的谋士，被请出山时还是满头青丝，等去世的时候，已是白发渐长的老者了。诸葛亮不仅全心回报了刘备，也回报了其儿子刘禅的面子，最后，终以生命相报，不得不让人感慨面子的重要。

陈文进公司不到两年就坐上了部门经理的位置，但是有个别下属不服他，有的甚至公开和他作对，钱诚就是其中的一位，他们本来还是好朋友。自从陈文做了部门经理之后，钱诚就经常迟到，一周五天工作日，他甚至四天迟到。

按公司规定，迟到半小时就按旷工一天算，是要扣工资的。问题是，钱诚每次迟到都在半小时之内，所以无法按公司的规定进行处罚。陈文知道自己必须采取办法制止钱诚的这种行为，但又不能让矛盾加深。

陈文把钱诚叫到办公室："你最近总是来的比较迟，是不是有什么困难？"

"没有，堵车又不是我能控制的事情，再说我并没有违反公司的规定呀。"

"我没别的意思，你不要多心。"陈文明显感觉到了对方的敌意。

"如果经理没什么事，我就出去做事了。"

"等等，钱诚你家住在体育馆附近吧。"

"是啊。"钱诚疑惑地看着对方。

"那正好，我家也在那个方向，以后你早上在体育馆东门等我，我开车上班可以顺便带你一起来公司。"

没想到陈文说的是这事，钱诚反而有些不好意思，喃喃地说："不，不用了……你是经理，这样做不太合适。"

"没关系，我们是同事，帮这个忙是应该的。"

陈文的话让钱诚脸上突然觉得发烧，人家陈文虽然当了经理，还能平等地看待自己，而自己这种消极的行为，实在是不应该。事后，他们的朋友关系又正常化了。

学会维护他人的自尊心，你会得到越来越多的新朋友，老朋友对你的感情也会越来越深。这样你的友情网络会更加牢固。

与其伤朋友的面子，不如给他面子，让他欠你的情，那么他日后回报的面子一定大于你给他的。

有时候你知道你朋友的做法是错误的，直接提建议可能会伤害到彼此的感情，不如就采取迂回的方式对他说："虽然你有你的生活方式，可是我觉得如果你这样做，会更好。"或者"这件事那样做是不对的，我相信你是不会那样做的，对不对？"

对小人物多说体贴的话

在这个社会里，一个人要想工作顺利，事业有所发展，必须广交各方面的朋友。

在你为了业务奔波忙碌时，必然会遇见许多与你生活或工作有关的人。这些人中，有的你连姓名都不知道，你跟他见面时，也不过说两三句有关业务的话，甚至于有时你只是跟他点一点头。例如，你经常到某大厦去接洽业务，经常遇见那个大厦的电梯司机，或是你到货仓去提货，经常遇见那个货仓的守门人，或是你经常到某银行存款，经常遇见那个柜台后面的出纳员等诸如此类人员，你不知他姓甚名谁，何方人氏，但他们或多或少地都与你的工作或生活有点关系。

你怎样对待这些人呢？你会不会连声招呼都不和他打？这是一个很微妙的也是一个很实际的问题。你是把他们当作陌生人，不屑一顾，大摆你的架子呢？还是对他们谦恭有礼，和蔼亲切，把他们当作你的朋友？

不要小看工作上的这些不起眼的朋友，在平时不仅能给你带来不少便利，节省大把的时间，而且说不定在那些不起眼的小人物当中隐藏着有才干的人，能帮你更大的忙。一句话，任何身边的人都不能忽视，尤其是哪些不起眼的小人物，平时对他们多说几句关心、安慰的话，结识到他们中间能人志士的概率就越大。

俗话说得好："人不可貌相，海水不可斗量。"在偌大的社交圈中，我们往往会接触到一些语不出众、貌不惊人的人。不要瞧不起这些人，你身边不起眼的人，将来也许会成为你的朋友，甚至会在关键时刻帮你一把，最终决定你的命运。

商界有一位公司老总胆识过人，很有谋略和眼光，在多次的市场竞争中战无不胜，攻无不克，使公司的效益不断提高，规模空前扩大。一次公司有一桩金额巨大的交易，经过一段时期的酝酿和深思熟虑之后，该公司老总自认为他的方略万无一失，可此时，一位刚刚进公司的年轻属下却提出了异议，认为情况分析不够，投资风险过大，几次提醒老总三思而后行。毕竟，该年轻人刚进公司，人微言轻，他的话没有引起决策者的注意，反而招来人们的种种讥讽和嘲笑。有人说他太嫩，有人说他不知天高地厚，有人说他不自量力，如此等等，不一而足。结果，这家公司果然在交易中吃了亏，损失了上百万元，不得不宣告破产。

由以上案例可以看出，小人物是不容忽视的。自古以来，许多有作为的大人物都是由小人物脱颖而出的，自古名人多寒士。而且就所谓"大人物"来说，智者千虑，必有一失；而对地位卑微者说来，愚者千虑，尚有一得。大人物在许多方面都很优秀，都有过人之处，但金无足赤，人无完人，大人物身上肯定有自己的缺陷和不足；而小人物身上也有自己的长处和优势，或许还是大人物所不能及的，由此可以弥补大人物的缺陷。

战国时期的孟尝君，他手下的三千多门客，大多数是地位卑微而没有什么才干的小人物。那么，为何孟尝君要这么做？他是施舍天下士人吗？当然不是，他是以自己独到的眼光为自己储备人才，包括一些不起眼的小人物，他深信，乱世之时，人人皆有所用。

一次，孟尝君出使秦国被扣留。为了逃生而贿赂某权贵，一位擅学狗叫的门客自告奋勇，混进秦宫，偷回了那件给一位秦王妃子的白貂皮大衣，再把大衣送给了秦国的权贵后，他才得以释放。接着，他连夜逃走，到函谷关口，看到关门紧闭着。按照秦国的规定：必须待到鸡鸣之后，关门才可开启。正好他的门客中，有一个人擅学鸡叫，而他的叫声又带动许多鸡鸣叫起来。孟尝君由此得以脱险。

有许多人为了谋生出来工作，待遇很差，工作既辛苦，又单调、繁重，平常已经是受累受气，心烦意乱，如果你对他们神气活现，或是不理不睬，他们对你也不会有什么好感，办起事来，也只顾他们自己的方便，不考虑你的方便。但是如果你把他们当作朋友看待，平时有事没事多与他们打打招呼，对他们有适当的尊敬与关怀，说些体贴的话，他们即使不知道你的姓名，但一看见你的面容，听到你的声调就已经有了好感。这时，他们就像吸进一股清风，精神为之一振。既然他们对你印象很好，那么，他们除了自己的方便之外，也会兼顾到你的方便：电梯司机会多等你几秒钟，货仓的守门人会替你找搬运工，银行、保险公司、邮局、物业公司的职员们也都会在你需要的时候给你或大或小的方便。

其实，真正的社交需四面出击，结交三教九流，只有如此，你的社交圈子才有深度和广度。能够获得各种不同类型的社交对象青睐的人，才能达到人际关系的理想境界。相反，许多人由于忽视小人物，其社交圈不免存在着严重的缺陷，甚至有时会使他们自己大江大海蹚得过，小河沟里却翻了船。

要给朋友"同感"理解

朋友之间应该互相帮助，一对好朋友彼此坦诚相待，真诚相帮，双方都有"不是亲人，胜似亲人"的感觉。当自己有不懂的地方向对方请教后，终于解开了疑惑，自己也由此获得知识，你对对方的尊重更会加深。若不然，你既向别人求教，又对别人持轻视态度，谁会买你的账呢？当你将自己的欢悦与困惑向朋友倾诉时，如果你的朋友对你的倾诉不屑一顾，试问，这样的友情还有必要存在吗？

因此，我们应该学会多给朋友帮助和鼓励，同时，你也会在朋友的帮助和鼓励中达到双方感情上的沟通。

人与人之间情感的沟通，是交往得以维持并向更为密切方向发展的重要条件，是人对客观事物所持态度的内心体验。情感沟通是由两部分组成：一是"共鸣"，即对同一事物或同类事物具有相仿的态度及相仿的内心体验；二是"振荡"，即由于共鸣而双方情绪相互影响，以致达到一种比较强烈的程度。前者是找到共同语言，后者是掏出心来，心心相印。

所谓"同感"，就是对于对方所述，表示自己有同样的想法和经历。

吴倩以十分认真的语气告诉她的好朋友李蓉，她想自杀。李蓉不是去问她为什么，也不板起脸孔说教一番，而是说："是啊，我曾经也有过同样的想法，记得是那天发生的一件事，使我看到了人为什么要勇敢地活下去……"结果吴倩就轻松地谈起了她的烦恼与苦闷。李蓉边听边点头，表示理解和关注。后来吴倩不但勇敢地活下去，并且做出了成绩。她和那位善解人意的李蓉的友谊愈来愈深了。

情感沟通的程度，以每当回忆起这段交往时，所导致的兴奋程度为标准。比如，当你读到友人来信中的下面这段话，你俩的感情就绝不会变得冷漠。"不知怎的，你在上次谈论中的一举一动、一言一语都给我留下深刻的记忆，竟是那么清晰动人。真的，我很高兴与你一起度过了那个下午……"当对方常常联想到这段交往时，就伴着愉悦的心境，则这种沟通也就达到了。这就是心灵的沟通。

和朋友进行直率的交谈

直率诚笃的交谈是朋友间真诚相待、关系融洽的表现。不能做到这一点，友情便会淡化。维也纳著名心理学家阿尔弗列德·阿德勒在《生活对你意味着什么》一书中写道："谁不对自己的友人真诚，谁就会在生活中遇到最大的困难，就最容易伤害别人。人类的一切败事都出于此。"事实的确如此。

设想一下，假若你有甲乙两位朋友，甲朋友与你谈话经常拐弯抹角、闪烁其词；而乙朋友说话却不加粉饰雕琢，而是心诚意笃、直抒胸臆。其结果必然是你与乙朋友的友情与日俱增。所以，当你不能满足朋友要求时，直截了当地向他说明原因，将能获得谅解；当你求助于友人时，开诚布公地提出来，友人会鼎力相助；当朋友言行出了毛病时，你不妨直抒己见，给予帮助。

总之，直率诚笃是指朋友间交谈不隐瞒自己的想法，不讲客套话，不采用外交辞令。相互信任，肝胆相照，这样才能深化友谊。

虽然各奔东西，陈玉怎么也不会忘记大学中与自己同居一室的梅姐。梅姐很具长者风范，很会照顾陈玉及别的姐妹，但对于姐妹的缺点也绝不姑息。陈玉有乱放东西的习惯，梅姐就对其屡犯屡说，每次，陈玉都觉得十分尴尬，很生气，可终于改正了这个习惯。气归气，但终能理解梅姐的苦心，心里很是感激，那是一种真爱。

应该指出的是，直率诚笃的谈话并不等于赤膊上阵，它同样应讲究语言的技巧。我们不妨看看宋代大文学家欧阳修直言帮助友人宋祁的一段有趣的故事。

宋祁写文章有个爱用别人看不懂的冷僻字的毛病，以此显示自己博学多才。欧阳修同他一起修《新唐书》时，很想找个机会指出他这一毛病。一次，欧阳修去探望宋祁，宋祁不在，他便在门上写上一句话："宵寐匪贞，札闼洪休。"宋祁回家看后感到莫名其妙，只好去问欧阳修。欧阳修说："你忘了，这八个字是'夜梦不详，题门大吉'啊！"宋祁埋怨欧阳修不该用冷僻字眼，欧阳修大笑道："这就是您修书的手法呀！'迅雷不及掩耳'，多明白，您偏编写成'震雷无暇掩聪'，这样写出的史书谁能读懂呢？"听了欧阳修的话，宋祁深感惭愧，表示以后要改掉这个毛病。欧阳修以诚笃之心、直率之言给了宋祁帮助，增进了友谊。

朋友之间肯定存在着许多共同点，若不然，就不会成为朋友。但在具体问题上，仍然免不了产生分歧，甚至发生你争我论的事情。出现了这样的争论怎么办呢？

首先要注意的是在语言上把握分寸，不伤害对方，不损害友谊；在原则问题上，在对某个学术问题的探讨上发生争论是必要的，但是，为一些鸡毛蒜皮的小事争得面红耳赤，就有些太过分了。

朋友间的争论有可能成为斩断友谊的利剑，也有可能成为增进友谊的桥梁。关键在于争论不但要有意义，而且要有气量。

论战的双方可以各抒己见，各不相让，但绝不可以不尊重人格，绝不可以为了个人意气和私利而争论不休。

假如朋友间真有什么大事躲不过争论，那也应该注意分寸。

说话要低调才有好结果

所谓低调，简单来说，就是不要留给别人张狂的印象。

自满自得、自高自大地炫耀自己往往是愚蠢无知的表现。过分的自我感觉良好实际上是一种无知，让人得一时之快，但实际上常常有损于自己的名声。这不是一种会说话的表现。

富兰克林早年为自己的成功而自鸣得意，他那种过分自负的态度，使别人看不顺眼。有一天，一位好友把他叫到一旁，劝告了他一番，这一番劝告改变了他的一生。

"富兰克林，像你这样是不行的，"那位好友说，"凡是别人与你的意见不同时，你总是表现出一副强硬而自以为是的样子。你这种态度令人觉得如此难堪，以致别人懒得再听你的意见了。你的朋友们不同你在一处时，还觉得自在些。你好像无所不知无所不晓，别人对你无话可讲了。的确，人人都懒得来和你谈话，因为他们费了许多力气，反而觉得不愉快。你以这种态度来和别人交往，不去虚心听取别人的见解，这样对你自己根本没有任何好处。你从别人那儿根本学不到一点东西，但是实际上你现在所知道的确很有限。"

富兰克林听了，觉得很惭愧，下决心把一切骄傲心都抛在地下，重新审视自己的交友态度。

如果那位好友不给他这一番严厉的说教，促使他变得谦卑起来，那么他后来的结果怎样，我们不得而知。不过从那次以后，他完全改变为另一个人了。以前他总是骄傲，总是炫耀他过去的才能；后来他开始低调、谦虚，获得了许多良师益友为他的事业出谋划策，最终他成为一个有用的人。

想要让自己低调一点，根本在于浇灭内心深处的骄傲之火，以一种平静、谦虚的心态来赢得别人的心。

某单位小刘，工作认真、踏实，技术全面，成绩不错。周围的年轻人很嫉妒他，可小刘在他们面前从不夸耀自己的技术和才华，也从不计较他们的嫉妒。遇到自己不懂的问题时，他总是积极、主动地向他们几个求教、学习。这样，天长日久，对方被他的胸怀感动了，没有理由拒绝他的请求。后来他们彼此尊重，成了志同道合的好朋友。

以低姿态出现在他人面前，往往能赢得别人的信赖，与别人建立良好的关系。假如我们有一点小小的成就，我们应该以轻描淡写的态度来对待它，唯有如此，我们才能永远受到他人的拥戴，让友谊之花常开不败。

真诚才最受朋友的欢迎

有这样一个感人的故事：

在美国西部的一个小镇，少女安妮由于受到严重碰撞，成了植物人，现代化的医疗手段也无能为力，安妮醒来的希望极为渺小，她的父母悲恸欲绝，而安妮的朋友东妮每天都来到她的床前，抓住安妮的手，轻轻呼唤她的名字，仿佛在同一个正常的人娓娓而谈，日复一日，年复一年，奇迹终于出现了，真诚战胜了死神，东妮的呼唤居然使安妮苏醒过来了。

这是朋友之间的真诚而产生的奇妙的力量。茫茫人海，芸芸众生，我们在生活中与朋友相处怎能缺少真诚呢？

美国心理学家诺尔曼·安德林在 1968 年曾设计过一张表格，他列出 555 个描写人的形容词，让人们指出其中哪些人品最为人喜爱。结果表明，被人喜欢选项中，位居前几位的竟有 6 个是与真诚有关的，而在评价最低的人品中，虚伪居首位。这说明了真诚的人能让人产生一种安全感，从而受人欢迎；虚伪的人为人讨厌，难结良友。要以诚待友，主要应做到：

1. 对朋友要讲真话

真正的朋友之间必定会有思想交流，自己对人对事的看法，即使与朋友的看法相悖，也不应隐瞒。有的人从不对朋友说出心里话，该让朋友知道的事情也从不说出口，或者习惯兜着圈子说话，甚至自己有求于朋友时，也隐瞒真实情况，使朋友在帮助的过程中，因情况不明而陷入尴尬境地。这种交友态度，肯定是交不到真正的朋友的。

2. 赞美朋友要诚心

朋友在工作中取得了成绩，事业上获得了进展，我们应该为之高兴，诚心诚意地给予赞美，和朋友一起分享快乐，这是友谊的表现。但是，要带着诚心去赞美朋友，不要过于吹捧、阿谀奉承，这样对朋友是不利的。

3. 要诚恳指出朋友的缺点

奥斯特洛夫斯基说："友谊间的首要真诚，就是对朋友过失的批评。"对朋友的缺点能诚恳地提出批评，这对形成双方的友谊是十分宝贵的。

对朋友的秘密守口如瓶

古时候，有个小国的使者到相邻的大国朝见，进贡了三个一模一样的金人，价值连城，让皇帝高兴极了。

可是这小国的使者同时出了一道题目"这三个金人哪个最有价值"，征求答案以证明大国人才济济。

皇帝想了许多的办法，请来珠宝匠检查，称重量，看做工，没看出任何区别，三个金人都是一模一样的。怎么办？使者还等着回禀呢。最后，有一位老大臣说他有办法。

皇帝将使者请回大殿，老臣胸有成竹地拿着三根稻草，插入第一个金人的耳朵里，稻草从另一边耳朵出来了，第二个金人的稻草从嘴巴里直接掉了出来，而第三个金人，稻草进去后掉进了肚子，什么响动也没有。老臣说："第三个金人最有价值！"使者回答："答案正确。"

稻草从第一个金人另一边耳朵掉出来，这是指这个金人听事却不记事；第二个金人的稻草从嘴巴里出来，就是说这个金人听事后就随意传播出去；而最后那个金人的稻草却掉进了肚子里，说明他把事情保守得很好，不会轻易向他人宣扬。我们做人也应该是这样，只有能保守秘密不传闲话的人才最有人缘。

美国人交朋友有不少准则，而其中，交友的第一条准则是"为朋友保守秘密"。乍一听，令人感到有些奇怪，为什么不是别的，偏偏把"为朋友保守秘密"定为第一准则呢？

隐私权在西方社会是一种很普遍的公民权利，是最基本的人权之一。比如，自己的私生活，一般不会让朋友过问；自己的财产，也不会轻易向朋友公开；除非受到邀请，是不会随便去朋友家中串门儿的；除非相约，是不会与朋友一起吃一顿的……

事实上，对隐私权的保护，我国早已有之，古代圣贤大儒均视其为人性的基本部分，对其极为尊重。从我国的建筑风格看，无论王侯豪宅，还是百姓草堂，外皆有高墙围护，内设院落分隔，既有曲径相通，又有门窗相隔，无非是为保证自己有一个相对幽静、自由的空间，免受烦扰，放松身心，这不就是在保护隐私吗？

汉朝的张敞，是一个高官，更是一个情种。他与妻子恩爱非常，还常常为妻子画眉，一时，在京师长安传为佳话。但有伪道学先生以此为"有伤风化"，竟向皇帝告了御状，想让皇帝摘下"道德败坏"的张敞的乌纱帽，以"匡正世风"。但皇帝并不听伪道学先生的使唤，他不仅未责怪张敞，反而当着文武百官的面说："画眉是夫妻间的事，我管不着。夫妻间还有比画眉更亲密的事儿，我也去管吗？"显然，这是在保护张敞夫妻的隐私。

有的人每当遇上些伤心事，譬如涉及家庭纠纷、生理缺陷和个人安危之类的个人隐私，一个人闷在心里实在很不舒服，往往希望能在挚友面前倾诉，但在朋友面前倾吐的秘密不希望让其他人知道。

秘密，是任何人都有的。一个孩子，长到一定的年岁，自我意识增强了，他就开始在一定的范围内向别人保密，即使是对最亲近的父母，也不例外。可是，对自己的好朋友，他却可以敞开胸怀，交出自己的秘密。

但是，有一个条件，他把自己的秘密告诉了你以后，你得为他保密，不然，以后他就再也不会把秘密告诉你了。这种要求朋友保密的愿望，会随着年岁的增长而越来越强烈。

只有为朋友保守秘密、守口如瓶，才能得到朋友的信赖，友谊才能不断加深。

口才加油站

用说笑为友谊增添作料

萧伯纳和丘吉尔两人，虽然一个在文坛，一个在政界，但却是相知的好朋友。两个人的关系，由他们之间信函往来的内容就看得出来。

萧伯纳有一场新剧要在伦敦首演。他特别送了两张入场券给丘吉尔，还附上一张写着寥寥数语的便信：

"附上拙作演出入场券两张，一张给你，一张给你的朋友——如果你还有朋友的话。"

在政界一向饱受竞争者攻击的丘吉尔看了哈哈大笑，随即回了一封也只写了几句话的便条：

"很抱歉，我今晚没空，但是我会和朋友明晚去观赏——如果你那场戏明晚还能继续上演的话。"

新剧上演前，萧伯纳一位要好的在银行工作的朋友也写了一封信给他：

"听说你的新剧就要上演了，送给我前排的入场券10张，以便分送朋友观赏如何？"

这位朋友也收到了萧伯纳回信：

"听说贵行的新钞票已经出笼了，送给我大额票面的钞票10张，以便分送亲朋好友花用如何？"

·第十章·

演讲口才

演讲开头吸引人的技巧

万事开头难，而良好的开头是成功的一半。所以演讲者要殚精竭虑，全力以赴对付好开头，力求一开口就拨动听众的兴奋神经。如果能在开始就让听众产生一种肯定的心理定式，再好不过。

良好的开头应如瑞士作家温克勒说的有两项任务：一是建立演说者与听者的同感；二是如字意所释，打开场面，引入正题。具体方法是语言新鲜，忌套话、空话；忌那些磨光了棱角的、听众不爱听的老话、旧话；语言准确，忌大话、假话；语言简练，忌空话、抽象话。下面我们看一个实例。

文章开头最难写，同样道理，演讲开场白最不易把握，要想三言两语抓住听众的心，并非易事。如果在演讲的开始听众对你的话就不感兴趣，注意力一旦被分散了，那后面再精彩的言论也将黯然失色。因此只有匠心独运的开场白，以其新颖、奇趣、敏慧之美，才能给听众留下深刻印象，才能立即控制场上气氛，在瞬间里集中听众注意力，从而为接下来的演讲内容顺利地搭梯架桥。

奇论妙语，石破天惊，听众对平庸普通的论调都不屑一顾，置若罔闻；倘若发人未见，用别人意想不到的见解引出话题，造成"此言一出，举座皆惊"的艺术效果，会立即震撼听众，使他们急不可耐地听下去，这样就能达到吸引听众的目的。平常多用的形式主要有这样几种：

1. 以故事开头

在开头讲一个与你所讲内容有密切联系的故事从而引出你的演讲主题。1940年12月17日，罗斯福总统终于在美国白宫记者招待会上露面了。

此时，正当美、英、苏等国家共同抗击纳粹德国的关键时刻。英国处在欧洲反法西斯侵略的最前线，由于黄金外汇已经枯竭，根本无力按照"现购自运"原则从美国手中获取军事装备。作为英国的重要盟友，罗斯福深知唇齿相依的道理。在反法西斯战争旷日持久的情况下，英国一旦被纳粹击溃，希特勒一朝得势，势必严重威胁到美国的全球利益。美国全力支持英国，是理所当然的事情。

但是，美国国会一些目光短浅的议员们只盯着眼前利益，丝毫不关心反法西斯盟友和欧洲糟糕的战局。而罗斯福却认为必须说服他们，要使《租借法》顺利通过以全力支持英国，他特别举行这个意义重大的招待会。

"尊敬的女士、先生们！"罗斯福在简要地介绍了《租借法》以后，紧接着就来说明他的设想了。"假如我的邻居失火，在数百英尺处，我拥有一条浇花的水管，要是赶紧借给邻居拿去接上水龙头，就可能帮他灭火，以免火势蔓延到我家。但是，在救火前要不要对他讨价还价？喂，朋友，十万火急，邻居到哪里去找钱。我想，还是不要他十五元为好，只要他灭火之后原物奉还。如果灭火后水管还好好的，他会连声道谢；如果他把东西弄坏了，他得照赔不误，我也不会吃亏。"

记者们紧追不舍，问罗斯福总统："请问，总统阁下所说的水管一定是指武器了！"

"当然，"罗斯福毫不掩饰："我只不过以此来阐述《租借法》原则而已。也就是说，如果你借出一批武器，在战后得到归还，而且没有损坏的话，你就不吃亏；即使军火损坏，或者陈旧了，干脆丢弃，只要别人不愿意理赔，我想，你依然没吃亏，不是吗？"

这一番回答之后，再也没有人再对此提出任何质疑与反驳了。

这种方式的开场白很能引起听众的兴趣，而且在语言操作上也比较容易，这适合那些初学演讲的朋友使用。总之，你要注意的是故事型的开场白一定要摒弃复杂的情节和冗长的语言。

2. 开门见山

打开门映入眼帘的就是山，也就是一开始就用高度凝练的语言把演讲的基本目的和主题告诉朋友，引起他们想听下文的欲望，接着在主体部分加以详细说明和论述。这便是开门见山型，如《在马克思墓前的讲话》：

3月14日下午两点三刻，当代最伟大的思想家停止了思想。让他一个人在屋里总共不过两分钟，等我们再进去的时候，便发现他在安乐椅上静静地睡着了，但已经是永远地睡着了。这个人的逝世对欧美战斗着的无产阶级、对于历史科学，都是不可估量的损失。这位巨人逝世以后形成的空白，在不久的将来就会使人感觉到。

在这里恩格斯以极为简略、精当的话语明确道出了他这次演讲的主题。

开门见山型的开场白适合于比较庄重的演讲场合。因此，它要求必须具备高度的总结概括能力。

（1）幽默的开篇

幽默型即是以幽默或诙谐的语言及事例作开场白。这样的开场可以使听众在演讲者的幽默启发下集中精力进入角色，接受演讲。演讲时如何巧用笑话开篇？

笑话人物鲜明，情节离奇，意义深远，俏皮幽默。在演讲开始讲一个笑话会令听众开心解颐，得到启示。在轻松气氛中领悟演讲观点。

运用笑话开始演讲要轻松地去体现，要配合以微笑，点头等态势语，表现出真实感；要用清楚而贴切的语言，不装腔作势；要正视听众，求得共鸣，讲之前不要急着做言过其实的应允或过分的谦卑，过高或过低的估计都会使听众反感。

（2）引用的开篇

演讲的开场白也有直接引用他人话语的（大多是名人的富有哲理的名言），它为演讲主旨作事前的铺垫和烘托，概括了演讲的主旨。

（3）抒情的开篇

这种开场白主要借助诗歌。散文等抒情文学的形式，通过华丽的辞藻和汹涌澎湃的激情，感染听众，把听众带入诗一般的境界。多数参加演讲比赛的朋友都喜欢运用这种类型的开场白。

林肯在为独立战争时期一位烈士的遗孀辩护时说：

现在，1776年的英雄早已长眠于黄泉，可是，他那衰老而可怜的遗孀，还在我们面前，要求我们代她申诉。这位老妇人从前也是一位美丽的少女，曾经也有过幸福愉快的家庭生活，然而，她为美国人民牺牲了一切，到头来却变得贫困无依，不得不向享受着革命先烈争取来的自由的我们请求一些援助和保护。试问，我们能视若无睹吗？

3.演讲注意承上启下

演讲，尤其是赛事演讲，选手都对演讲的开头、中间、结尾进行了全面完整的设计。不可能也不太好做过多的临场更改，这似乎没有什么不好的。但如果你能独辟蹊径，逆向求新，巧妙地承接上一位或前面几位选手的演讲话题，或是他们演讲中的观点、动作等进行引发，效果将非同凡响。这种临场性的引发会给听众留下良好的印象。

如何制造演讲悬念

有人曾强调演讲应有"戏剧般的冲突"。这就要求演讲要巧设悬念，变化有致，高潮迭出。恰当地使用悬念技法可以极大地调动听众的情绪，使演讲产生高潮。

设置悬念的方法很多。可以运用与演讲内容相联系的实物；可以运用突然发出、与内容反差较大的情感；可以运用听众一时难以回答上来的串问；可以运用带有夸张色彩的动作；可以运用录音、幻灯、录像等设备等。

悬念的设置要注意的是：新奇，产生出人意料的结果；形象，处在听众情理之中；到位，表达圆满自然。

一般说来，悬念设置在演讲的开头，这利于它贯穿整个演讲。也可运用在中间和结尾处。

演讲案例：汶川地震哀悼演讲

2008 年 5 月 12 日 14 时 28 分，四川汶川地区发生 8 级大地震，迄今已有 32447 名同胞遇难。苍生泣血，泪眼横陈，山河变色，草木同悲。

昨天（18 日），国务院发布公告，为表达全国各族人民对四川汶川大地震遇难同胞的深切哀悼，国务院决定，2008 年 5 月 19 日至 21 日为全国哀悼日。在此期间，全国和各驻外机构下半旗致哀，停止公共娱乐活动，外交部和我国驻外使领馆设立吊唁簿。5 月 19 日 14 时 28 分起，全国默哀 3 分钟，届时汽车、火车、舰船鸣笛，防空警报鸣响。在哀悼日里，奥运圣火境内传递也将同时暂停。

这是自中华人民共和国成立以来，第一次就大规模自然灾害举行的全国性哀悼活动，也是第一次从制度上为自然灾害死难的普通百姓降半旗致哀。同时，5 月 19 日 14 时 28 分，也是 5·12 汶川大地震中遇难者的"头七"。在中华民族传统的哀悼氛围中，举国降半旗致哀，我们用全民族的眼泪，悼念这次地震灾害中的罹难者、在救灾中的牺牲者，更用全民族的意志，昭示中国对每一个普通生命的极大尊重。

为此，我们举国致哀。

哀悼日是对民族情感的凝聚。在灾难发生后，各地民众自发捐款、献血，许多国人甘当志愿者，主动表示收养地震孤儿。当民众自发地用烛光哀悼死者，当民众自发地将赈灾物资运往灾区时，中华民族从来没有像现在这样，团结如一人。多难兴邦，作为一个有传统、也有担当的民族国家，我们需要一种国家行为，来重申全民族在这次灾难中的共同情感。

为此，我们举国致哀。

哀悼日也是对国家责任的重申。国家有为生民立命之任，有解民于倒悬之责。当自然灾害来袭时，一切生与死之间的选择，其实是每一个中国人的基本责任担当，更是国家作为民族集合体的承诺。国家有哀民生之不幸的义务，尤其是这场改革后死难人数最多的自然灾害，已经成为民族记忆中的一道伤口。许多公民失去了亲人，失去了家园，失去了他们所有美好的回忆。

为此，我们举国致哀。

哀悼日还是对民众呼声的响应。灾难发生后，不少民众通过各种渠道表达呼声，希望能够通过国事行为，确定国家哀悼日，下半旗致哀。这既是许多国家的通行做法，也是民族国家认同、成熟和发展的标志，更代表了公民和国家荣辱与共的信念。国家现在响应他们的要求，就是保护公民生命的基本尊严，肯定公民爱的权利。

为此，我们举国致哀。

在哀悼日中，我们更不应该忘记，瓦砾废墟下可能还会有奄奄一息的灾民。我们的眼泪是为死难者流，我们的汗水和决心，为那些生命奇迹流淌。在这个持续三天的哀悼日中，我们还要尽最大的努力，去换取哪怕只有一个生命奇迹的出现。与地震后的空间坍塌争夺生命、与地震后的时间争夺生命。这也是哀悼日的沉默里，我们真正需要戮力同心的最重要事情。

往者灾犹降，苍生喘未苏。在这个苍生泣血的日子里，整个民族用哀悼日的方式，树立我们拯救生命的决心，伸张我们的爱和信仰，书写我们生命的荣耀。此刻，我们已经打通了通往灾区中心的道路，生命的孤岛不复存在，而当整个中国降下半旗，鸣响警报和汽笛时，爱的孤岛也不复存在。

因此，为苍生泣血，让我们举国致哀。

交谈讲远的不如讲近的

听演讲有时候就像听故事一样，老百姓爱听的一般都是离自己最近的、最生动、最直观的故事。如果演讲者开始的时候说："昨天夜里，本市发生了一件不寻常的事件，一只老虎在大街上引颈长啸，警局出动了……"听众会马上表示出极大的兴趣。因为这件事就发生在他们的周围，并不是遥不可及的空谈事件。有一位牧师恩莱卡在传道演说中这样说道：

"兄弟姐妹们，请大家把头抬起来，看看上边，看看天窗，看看上面的玻璃，是否明亮，是否像在室外一样能看到蓝天和太阳；请兄弟姐妹们把头低下来，看看下边，看看地板上，是否干净，是否有一片纸屑、一口痰迹；请兄弟姐妹们把手伸出来，把双手都伸出来，摸摸凳上面再摸摸扶手，看看你们的手掌，是否有一星尘埃、一点污迹；你们看看左边再看看右边，看看每一个窗台，看看窗台上的每一盆花，一盆一盆看过去，有没有发现一片黄叶？是不是每一盆花、每一朵花都开得正好？一切都做得很好，好得不能再好，是不是呢？然而我们却不知道是谁做了这些事。当然，一定有人做了这样的事。兄弟姐妹们，是谁做了这样的好事？是张三还是李四？我们不想把做了好事的人一个个指给大家看，也不应该把这样的好人一个个指给大家看。兄弟姐妹们，看看你们的左边，看看你们的右边，看看你们的前面或是后面，做了好事的人就在你的身边。你们相互看一眼，笑一笑，就这样好了，也就足够了。有心做好事的人，不愿意人们知道他，但做了好事的人，你是一眼就可以看得出来的，做了好事心里就满足，就愉快，他的神情就温暖，就慈爱。做了好事的人心里很清楚，是谁来得最早，谁是第一，谁是第二，谁带的抹布，谁带的扫把，谁送的鲜花……"

这里，说话者从刚刚发生在人们身边真实的事情说起，平稳自然地把一些做事和做人的道理寓于其中，让人们体会到身边的小事都需要每一个充满爱心的人去做。

从生活中存在的事情说起，这样做更能增加你语言的感染力和说服力。对于演讲者本人来说，在选择事例的时候，同样要坚持讲远的不如讲近的、讲别人的不如讲自己亲身经历的原则，这样的演讲才是最有效的。演讲者以自己的经验故事开始，必立于不败之地。因为他叙述的是自己的经验，是他部分生命的再造，是他自身筋、脉的一部分。那自信闲适的神态就能助他与听众建立起友好的关系，从而赢得听众的信服。统一起来说，演讲者在叙事时最好采用一些离听众很近的，同时自己也非常熟悉的事例，如果是自己亲身经历过的，而听众又非常了解的事情应该是最佳选择。

演讲案例：国庆节演讲（2009 年）

永远的爱人啊，看，全中国正以春天般明媚的心态为您庆祝60周岁寿诞呢。在这里，我要以满腔真诚为您献上火红的玫瑰。

俯首沉思，坎坷几多。

曾经，您好似一头睡狮。在被欺侮的岁月里，沉默了多少年。您听任了岁月的磨砺，但又不为之低下身躯。您经历了太多太多，经历了痛苦的洗礼，也经历了奋斗的欣慰；经历了成功的喜悦，也经历了等待的寂寞。但不管怎样，您是英雄。"雷霆之所击，您无摧折，万钧之所压，您无泯灭"！

因而，在您60岁诞辰上，我要为您献上60朵玫瑰，让每一朵玫瑰承载您的历史与记忆。

手起琴响，春雷轰鸣。

听，您的一颦一笑，就是一首《义勇军进行曲》，"起来——不愿做奴隶的人们——用我们的鲜血筑成我们新的长城——"

再听，一声春雷，为您展开了新篇章。以前的一切悲哀被击得遍体鳞伤。您终于醒了，这一醒便注定了千年的美丽！

您的鲜血使荆棘开花，您的激情就像向日葵永远朝着太阳生长……

今天，您是快乐的，我们是幸福的！

因而，在您60岁华诞上，我要为您献上60朵玫瑰，让每一朵玫瑰珍藏您的美丽与笑容。

风华正茂，挥出大手笔。

三叠九折，岁月无痕。历史永远是历史。

我们与您一起靠着传统农业走了2000年，20世纪的最后20年里，我们与您终于开始了现代化的历程。20与2000无法比拟的速度。您的巨变让世人刮目相看，世界银行《2020年的中国——新世纪的发展挑战》研究报告中这样夸您说："中国只用了一代人的时间，就取得了其他国家用几个世纪才能取得的成就！"

历史的今天，全世界人民亲眼看见了您的成功、自豪与自信。港、澳的回归，标志了西方对亚洲殖民统治的彻底结束。2008年的"绿色奥运"，更是体现了您的经济实力与国际地位。

21世纪里，我们在党中央的领导下，为您"研墨""蘸笔"，您泼墨而下，乘兴而起，在天地间笔如行云，锋似蛟龙，挥写着永远的明天。

因而，在您60岁生日的宴会上，我要为您献上60朵玫瑰，让每一朵玫瑰呼唤您的未来与希望。

永远的爱人，永远的玫瑰。

"碧海青天夜夜心"，我要为国庆献礼，献上永远的玫瑰。我要与亲爱的祖国一起去追溯，追溯"我们的未来不是梦"！

抓住听众最想听的部分

演讲者站在演讲台上，不是只讲自己想讲的，更多的是要讲听众想听的，只有这样，你的演讲才具有生命力。否则，听众就会渐渐离你而去，你的演讲也就变成独角戏了。

法国总理孟杰斯·法朗士很聪明，他知道怎样让听众的耳朵竖起来。

1954年8月7日，他在一次电台广播讲话时，用了一段简短的楔子："8月中旬正是你们中间很多人休假的时候，我想如果打断你们片刻的休息时间，跟你们说几个关系重大的问题，你们是不会对我反感的，因为这些问题事实上与大家都是休戚相关的。"听众一听是"与自己休戚相关的"，都打起十二分的精神，集中全部的注意力把耳朵凑到收音机旁。

这个简单的例子说明了听众很在意高高站在讲台上的那个人说的话与自己有多大的联系。

演讲想获得完全成功，首先必须使听者觉得，你所要说的对他们很重要。你不只是要对自己的话题热烈，还得把这种热烈传给听众。历史上著名的雄辩家，都具有这样的王婆卖瓜术，或是传播福音术。高明的演讲者热切地希望听众感觉到他所感觉的，同意他的观点，分享他的快乐，分担他的忧苦。你必须以听众为中心，而不是以自我为中心，明白自己演讲的成败不是由你来决定——它要由听众的脑袋和心灵去决定。

我们应该寻找共同语言，使听众和我们产生共鸣。共同语言必须考虑到听众、场合等因素，可以寻找大家可能的共同经历和遭遇、目前面临的共同问题、共同的需要等，作为演讲的基调。

有人在讲到一位演说家的演说时，曾这样描述：

"我们曾同他围坐在一张午餐桌旁。我们素闻此人大名，听说他是个雷霆万钧的演说者。他起立讲话时，人人都目不转睛地注视着他。

"他安详地开始演说了，他首先感谢我们对他的邀请。他说他想谈一件严肃的事，如果打扰了我们，要请我们原谅。

"接着，他倾身向前，双眼将我们牢牢地盯住，他并未提高声音，但我却似乎觉得像一只铜锣轰然爆裂。

"他说：'往你们四周瞧瞧，彼此互瞧一下。你们可知道，现在坐在这房间里的人，有多少将死于癌症？ 55 岁以上的人 4 人中就有 1 人。'

"他停了一下又说：'这是个平常却严酷的事实，但不会长久，我们可以想出办法。这个办法即是谋求先进的癌症治疗方法。你们愿意协助我们朝这个方向努力吗？'在我们的脑海中，这时除了'愿意'之外，还会有别的回答吗？

"一分钟不到，他就赢得了我们的心。他已经把我们每个人都拉进他的话题里，他已经使我们站在了他的那一边，投入了他为人类福利而进行的行动。"

许多人无法成为一名演讲高手，主要的原因是他们只会谈些他们自己感兴趣的事情，而这些事情却令其他人感到无聊透顶。把这种过程倒转过来吧：引导其他人谈谈他的兴趣、他的高尔夫成绩、他的成就……或者，如果对方是位母亲的话，谈谈她的孩子。这样做，你将给予对方乐趣；最后，你将被认为是一位很好的演讲者——即使你的演讲时间很短。因此，必须依着听众的兴趣而演讲。

演讲者若不能考虑到听众自我中心的必然倾向，便会发现自己面对的是烦躁不安的听众。他们局促、厌腻，不时瞥手表，并且充满希望地看着出口，这无疑是对你演讲自信的打击。

抓住听众最想听的，让他们知道你的说话内容与他们有关，与他们的兴趣有关，与他们的问题有关。这种与听众的联系，就是与听众本身的联系，可以稳获听众的注意，保证你与听众沟通的道路畅通无阻。

演讲案例：杨振宁演讲（1983 年）

今天我准备和大家谈谈我个人读书、教学四十年的经验。我是 1922 年在安徽省合肥县出生的。合肥那时候是一个很破旧的城市。我头六年在合肥的生活，现在只依稀记得很少的一些情景。印象最深的是那时军阀混战，常常打到合肥来。我们经常要"跑反"，跑到乡下或医院里去躲避。因为医院是外国教会办的，在那里面比较保险。我印象中最深的第一个记忆，是 3 岁那年在一次"跑反"后回到"四古巷"家里，在房子角落里看到的一个子弹洞。

我的家那时是一个大家庭，有好多堂兄弟姐妹。从我 5 岁那年起，请了一位老先生到家里来教我们"读书"。我记得很清楚，念的头一本书是《龙文鞭影》，我背得非常之熟。1928年我6岁的时候，父亲从美国回来，母亲带我到上海去接他。然后三个人一块去厦门，因为父亲受聘做厦门大学数学教授。我这次看见父亲，事实上是等于看到了一个陌生的人。他问我念过书没有？我说念过。念过什么书？念过《龙文鞭影》。叫我背，我就都背出来了。父亲接着问我书上讲的是什么意思。我完全不能解释。不过，我记得他还是送了我一支钢笔，是我从来没有见过的东西。

今天的清华大学是大大扩展了。校园的东面从前是平绥铁路。为了清华的扩大，平绥铁路向东转了半个大圈。清华在50年代、60年代初以及"文革"以后，为中国造就了很多的理工科技人才。

王竹溪先生于今年1月底在北京逝世，逝世时71岁，是北京大学副校长、物理系教授。我在1942年西南联大毕业以后，进了西南联大的研究院，又念了两年，得到了硕士学位。为了写硕士论文，我去找王竹溪先生。那时他是很年轻的教授，刚从英国回来不久。在王先生的指导之下，我写了一篇论文，是关于统计力学的。这篇论文把我引导到统计力学的领域。以后四十年间，吴先生和王先生引导我走的两个方向——对称原理和统计力学——一直是我的主要研究方向。

1944年至1945年之间，我在联大附中教了一年书。1945年的夏天，动身到美国去。那时候中国和美国之间没有商船或航线来往。所以我乘飞机先到加尔各答。在加尔各答等了3个月，等到了U.S.S.General SteWart上的空位。这种船叫Liberty Ship（自由船），每艘载几千个在中、印、缅地区的美国兵回国去。船上留一二百个床位给非美国军队的人乘坐。我和一组清华留美同学，一共二十几个人，一同坐上了这样一艘运兵船。船舱非常挤。睡的床共有四层。每层只有两尺高。在床上不能坐起来。我们住在船最底下的"统舱"，里面有好几百人。周围都是美国兵。他们看见来了些年轻的中国学生，以为可以赚一点钱，于是拿出牌来要和我们打扑克。幸亏我们没有人同意。

那时我们都是第一次接触整天说英语的人。我还清楚地记得，很多话我都听不懂，到了美国后也没听见人讲过。到60年代美国讲"脏话"运动发生以后，我才懂得从前听见的是些什么话。

我在联大读书的时候，尤其是后来两年念研究院的时候，渐渐能欣赏一些物理学家的研究风格。我特别佩服的三位是爱因斯坦、费密和狄拉克。他们都是20世纪的大物理学家。他们三个人的风格是不一样的。可是他们的风格有一个共同点，就是都能在非常复杂的物理现象之中提出其精神，然后把这精神通过很简单但深入的想法，用算学方式表示出来。他们的文章是单刀直入，正中要害的。我比较不能欣赏海森堡的风格。海森堡是 20 世纪的一位大物理学家。他的测不准原理是量子力学的基础。可是他的研究方法不能引起我的共鸣。

一般念文史的人，可能没有了解科学研究也有"风格"。大家知道每一个画家、音乐家、作家都有他自己独特的风格。也许有人会以为科学与文艺不同，科学是研究事实的。事实就是事实。什么叫作风格？要讨论这一点让我们拿物理学来讲吧。物理学的原理有它的结构。这个结构有它的美和妙的地方。而各个物理学工作者，对于这个结构的不同的美和妙的地方，有不同的感受。因为大家有不同的感受，所以每位工作者就会发展他自己独特的研究方向和研究方法。也就是说他曾形成他自己的风格。

1945 年 11 月我到美国。在纽约上岸。花了两天买了西服、大衣以后，第一件事情就是到哥伦比亚大学去找费密。费密不但在基本物理上有重大的贡献，而且是主持造世界第一个原子堆的人。因为这是战时工作，所以他的行踪是保密的。我在中国的时候就听说费密"失踪"了。可是我知道他失踪之前是哥伦比亚大学的教授。所以我到该校去问费密教授什么时候上课。使我非常惊讶而且非常失望的是，哥大物理系秘书竟未听说过有一个叫作费密的人。

后来我到普林斯顿去看我的一位教师张文裕教授。他现在是中国科学院高能物理研究所所长；那时正在美国访问。张先生告诉我，费密打仗期间曾在洛斯阿拉谟斯，听说他已经决定要到芝加哥去当教授。这就是我成为芝加哥大学研究生的道理。

在芝加哥，我跟费密有很密切的关系。他在教授普通的课以外，还开了一门特别的课，讲授特别选出来的题目。我受他的影响很深。我接触很多的另一位是泰勒教授。大家知道，他后来被称为"氢气弹之父"。泰勒的物理学的一个特点，是他有许多直觉的见解。这些见解不一定都是对的，恐怕百分之九十是错的。不过没有关系，只需要百分之十对的就行了。而且他不怕他讲的见解可能是错的。这给了我很深的印象。

刚才我和大家提过，我跟吴大猷先生学了分子光谱学跟群论之间的关系。学的方法，主体是推演法：是从数学推演到物理的方法。泰勒所注意的是倒过来的方法。他要从物理的现象引导出数学的表示。换句话说，他着重的归纳法。我跟他接触多了后，渐渐了解到他的思考方法的好处。因为归纳法的起点是物理现象。从这个方向出发，不易陷入形式化的泥坑。

我在芝加哥大学念了两年半，得到了博士学位，回想起来，确实学到了很多东西：不仅是一般书本上的知识，尤其重要的是方法与方向。刚才已经提到过方法了：归纳法。方向呢？通过当时芝加哥大学研究的气氛，我接触到一些最能有发展的研究方向。我常常想，我是很幸运的。在联大我有了一个扎实的根基，学了推演法。到了芝加哥受到新的启发，学了归纳法，掌握了一些新的研究方向。两个地方的教育都对我以后的工作有决定性的作用。

我最近这些年常常到中国访问，发现中国的大学所教的课程往往是非常之深的。有所谓"四大力学"。每一个大学物理系的学生都要花很长的时间去念这四门很深的理论课。"四大力学"是不是重要的呢？当然是重要的。

没有人能否认"四大力学"是物理学的骨干。不过，物理学不单只是骨干。只有骨干的物理学是一个骷髅，不是活的。物理学需要有骨头，还需要有血、有肉。有骨头又有血肉的物理学，才是活的物理学。我很高兴的是，今天中国物理学教学的体制正在更改。我想，多增加一些不绝对严密的、注重归纳法的课程，对于学生会有很多的好处。

在普林斯顿的时候，有一天，《生活》杂志要访问我，派了一位摄影师来照相。就在我的办公室里照了一张照片。当时我的桌子上堆了一大堆"预印本"。我说搬掉再照，他说不要不要，就这样很好。结果照出来后，我才知道为什么他是摄影师而我不是。

去年9月我60岁了。古人叫耳顺之年。有机会回想了一下我念物理、做研究工作、做教师的经验，我觉得我是非常非常幸运的。在绝大多数和我同岁的人都有着种种困难的遭遇的时候，我却有很好的教师，很好的合作者，很好的学生。而且在物理学界以外有很多很多的朋友。很幸运的，我的读书经验大部分在中国，研究经验大部分在美国，吸取了两种不同教育方式的好的地方。又很幸运的，我能够有机会在象牙之塔内工作了十七年，现在在象牙之塔外也工作了十七年。回想一下，我给我自己一个勉励：应该继续努力。

运用排比表达情感

排比是由三个或三个以上的结构相同或相似、语气一致的语句成串地表达相关或相连的内容的一种句式。无论在叙事演讲、政论演讲还是抒情演讲中都被广泛运用。

另外，一些特别要强调的字词，一些特别要加固的感情可以采用重复的方法去表现。如罗斯福 1941 年 12 月 9 日在对日宣战后向全国广播的"炉边谈话"：

十年前，在 1931 年，日本入侵中国——未加警告；

在 1935 年，意大利入侵埃塞俄比亚——未加警告；

在 1938 年，希特勒侵占奥地利——未加警告；

在 1939 年，希特勒入侵捷克斯洛伐克——未加警告；

在 1939 年，希特勒入侵波兰——未加警告；

在 1940 年，希特勒入侵挪威、丹麦、荷兰、比利时和卢森堡——未加警告；

在 1940 年，意大利先后进攻法国和希腊——未加警告；

而今年,1941 年,轴心国家进攻南斯拉夫和希腊,控制了巴尔干——未加警告；

还是 1941 年，希特勒入侵苏联——未加警告；

而现在日本进攻了马来西亚和泰国——以及合众国——未加警告。

这里罗斯福多次反复使用"未加警告"强烈地呼吁和唤醒人们，如果让法西斯继续放任，他们将更猖狂地践踏人类。这里运用的是同一重复的方法。

演讲中为了防止格式的雷同，可以采取详略变化的方式重复。如"我是一棵小草，一棵秋冬以后枯萎在路边的小草"。

所谓重复，就是用相同的言词复述某一观点或某一句话，分为重复语词和重复叙述两种。前者是对相同语词的重复，后者是运用不同语词表达同一重复的观点或内容。使用重复手法，可以加深感情的程度，加大语言的力度，强化演讲的节奏。

演讲案例：杜鲁门在日本投降时的广播演说

全美国的心思和希望——事实上整个文明世界的心思和希望——今天晚上都集中在"密苏里号"军舰上。在这停泊于东京港口的一小块美国领土上，日本人刚刚正式放下武器，无条件投降。

四年前，整个文明世界的心思与恐惧集中在美国另一块土地上——珍珠港。那里曾发生的对文明的巨大威胁，现在已经解除了。从那里通往东京的是一条漫长的、洒满鲜血的道路。

我们不会忘记珍珠港。

日本军国主义者也不会忘记美国军舰"密苏里号"。

日本军阀犯下的罪行是无法弥补，也无法忘却的。但是他们的破坏和屠杀力量已经被剥夺了。现在他们的陆军以及剩下的海军已经毫不足惧了。

………………

当然，我们首先怀着深深感激之情想到的，是在这场可怕的战争中牺牲或受到伤害的亲人们。在陆地、海洋和天空，无数美国男、女公民奉献出他们的生命，换来今日的最后胜利，使世界文明得以保存。但是，无论多么巨大的胜利都无法弥补他们的损失。

我们想到那些在战争中忍受亲人死亡的悲痛的人们，死亡夺去了他们挚爱的丈夫、儿子、兄弟和姐妹。无论多么巨大的胜利也不能使他们和亲人重聚了。

只有当他们知道亲人流血牺牲换来的胜利会被明智地运用时，他们才会稍感安慰。我们活着的人们，有责任保证使这次胜利成为一座纪念碑，以纪念那些为此牺牲的烈士。

………………

这次胜利不仅是军事上的胜利。这是自由对暴政的胜利。

我们的兵工厂源源生产出坦克、飞机，直捣敌人的心脏；我们的船坞源源制造出战舰、沟通世界各大洋，供应武器与装备；我们的农场生产出食物、纤维，供应我们的海、陆军以及世界各地的盟国；我们的矿山与工厂生产出各种原料与成品，装备我们，战胜敌人。

然而，这一切的后盾是一个自由民族的意志、精神与决心。这个民族知道自由意味着什么，他们知道为了保持自由，值得付出任何代价。

正是这种自由精神给予我们以武装力量，使士兵在战场上战无不胜。现在，我们知道，这种自由的精神、个人的自由以及人类的个人尊严是世界上最强大、最坚韧、最持久的力量。

………………

胜利是值得欢庆的，同时有其负担和责任。

但是，我们以极大的信心与希望面对未来及其一切艰险。美国能够为自己造就一个得到充分就业与安全的未来。同联合国一起，美国能够建立一个以正义、公平交往与忍让为基础的和平世界。

我以美国总统的身份宣布1945年9月2日星期日——日本正式投降的日子——为太平洋战场胜利纪念日。这一天还不是正式停战和停止敌对行为的日子，但是我们美国人将永远记住，这是报仇雪耻的一天，正如我们将永远记住另一天是国耻日一样。

从这一天开始，我们将走向一个国内安全的新时期，我们将和其他国家一同走向一个国与国之间和平、友善和合作的更美好的新世界。

上帝帮助我们取得了今天的胜利。在未来的年月，我们仍将在上帝的帮助下得到我们以及全世界的和平与繁荣。

怎样增强情感力度

反问是指用疑问形式表达确定的思想内容的一种形式。反问寓答案于问句之中，思想内容恰与字面意义相反。在演讲中用好反问句能加强语势，把意思表达得更加鲜明。由于反问句带有感叹语气或疑问语气，比正面陈述更有激发鼓动力量，更能唤起听众的思想和激情，所以具有很强的感染力和鼓动性。

佩特瑞克在演讲时很喜欢运用排比，把听众的情绪推向高潮：

战争实际上已经爆发。兵器的轰鸣即将随着阵阵的北风而不绝于耳！我们的兄弟们此刻已开赴战场！我们岂可以在这里袖手旁观，坐视不动！请问一下先生们到底心怀什么目的？他们到底希望得到什么？难道无限宝贵的生命，无限美好的和平，最后只能以戴镣铐和受奴役为代价来换取吗？

演讲中，设问与反问经常连用，设问、反问与排比、递进、感叹经常套用。如古罗马演讲家西塞罗《第一篇控告卡提利那辞》的开场白：

卡提利那，你恣意地滥用我们的耐心还要多久？你疯狂地嘲笑我们何时才了？你肆无忌惮地炫耀自己的无耻行为有无止境？难道无论是帕拉提乌姆山冈的夜间警戒，无论是罗马城里的夜间巡逻，无论是全体人民的惊恐，无论是所有的高尚人的集会，无论是选择这一受到严密保卫的地方做元老会场，无论是元老们的脸色或表情，都未能使你有所触动？你难道看不出你的阴谋已被在座的人们识破而难以施展？你以为我们当中谁都不知道你昨天夜里干了什么？前天夜里干了什么？这两夜你待在哪里了？

这段演讲词开头是设问，问而不答；中间部分是反问；后面是设问。演讲者将设问、反问、排比、感叹、陈述诸种句式融为一体，使感情更加强烈，气势更加宏大。

在演讲中，巧妙地用好双重否定也可收到强调的效果，如："我们并非是不求上进、不思进取的一代。"运用双重否定把握好否定词，用得不好则适得其反，如："大家在论辩时，没有一个人不认为论辩的超水平发挥，不是知识丰富的结果。"这里连用了"没有""不认为""不是"三个否定词，使表达出来的意思与本义恰恰相反。

演讲案例：北大百年校庆演讲稿

记得《北大往事》里有这样一句话："什么是文科生和理科生的分别，就是文科生踩在银杏落叶上有感觉，理科生则无动于衷。"

我不知道别人是否赞同这句话，我倒觉得理科生踩在落叶上应该有更多的感觉，因为整日埋头于书本的我们走路时能用脚感受一下情趣，不也是很难得的吗？——我说用脚，是因为耳朵、眼和手还得用来记公式和背单词呢。

这或许是个笑话，却反映了一种看法。在不少人看来，我们理科生的燕园生活要比文科的同学单调得多。当我刚进入北大时，我也是这样想的。甚至我们的班主任也是这样想的，记得他在第一次班会上写了这样一副对联："世事洞明皆代数，人情练达即分析。"

后来的生活似乎证明了这一点，我面对的是每周30多节的必修课，厚厚4大本的习题集，放下的是写了5年的诗集，读了10年的红楼。我们学了3个月，总算明白了一个300年前的定理，而此时在昌平园的同学来信已大谈特谈"我是杯清水，北大是坛老酒，爱情就是酒药"了。我不觉有些不平衡了，彷徨中我写了一封信给我高中时的班主任——正是在他的鼓励下我报考了北大而且填了"全部服从"。他的回信只有一句话："北大精神是做出来的，不是说出来的。"

是啊，北大精神是做出来的，当我们在清晨第一个进入自习室，当我们在深夜最后一个离开图书馆，当我们熄灯后打着手电继续寻求一个公式的另一种证法，当我们为一个定理的强化条件和老师争得面红耳赤，我们不都在实践一种北大精神吗？

我们没有能力舞文弄墨，却能用我们的语言——数字谱写诗篇。这诗篇比一切推敲之作都精炼，也比一切朦胧诗都朦胧——不信你来读读看？

我们没有心情浅斟低唱，却能在科学中发现自然界最深刻的美。对哥德巴赫猜想，我的一位同学是这样想的：

"哥德巴赫说／两人之爱，总可分成两部分／我爱你，你爱我／无数人想去证

⊠明／⊠可无人能够证明／只因为你我的爱／永远也分不开！"

我们没有条件花前月下，不要紧。万有引力定律告诉我们，吸引别人的最好方法是充实自己。

其实，文科生和理科生是北大的两只眼睛，角度不同，看到的却是同一个北大。就让我们用这另一只眼来看看北大吧。

学了地理学，我们知道，北大是一条河，前进时难免泥沙俱下，但进入社会的大海时，泥沙终将沉淀。但如果这条传统的河在某个重要地点淤塞了，就将腐败发臭，毒害而不是清洁靠近它的人。所以我们要继承传统，更要发展传统，才能让北大之河奔腾不止。

学了生态学，我们知道，北大是片森林，只有保持多样性，才能永葆生机。所以我们要坚持兼容并包的传统，才能让北大之林永远茂盛。

学了物理学，我们知道，能量越低越稳定，结构越规则越稳定。所以北大的同学们，请少一些浮躁，多一些严谨吧。

学了相对论，我们知道，速度越快，时间越慢，也许这就是日出而作、日落不息的北大人永葆青春的奥秘吧。

学了化学，我们知道，北大是个大化工厂，用知识之料、实践之火，将我们百炼成钢。而其中核心的催化剂，也就是北大精神，正是北大这最高学府的商业机密。

学了统计学，我们知道，我们每一个人都是北大的一个样本，别人往往就通过我们来认识北大。所以我们要时刻牢记："我就代表北大！"

两只眼或许彼此看不到对方的存在，但必将比一只眼睛看得清楚。北大的两只眼都是明亮的，就更具有敏锐的目光。正是用这两只眼，我们首先看到了"德先生"和"赛先生"，首先看到了马克思主义，首先看到了人口问题，首先看到了股份制——但是文理科不仅仅是北大的两只眼睛，还是北大的两只耳朵、两只手、两半大脑——而让这两只眼永远明亮、两只耳永远敏锐、两只手永远灵巧、两半大脑永远清醒的，是一颗永远跳动的共同的北大心，是一种永远传承的不变的北大魂。这北大精神到底是什么？不同的时代，不同的人，都有不同的理解。也许它只是一个元素的众多同位素，一种单质的同素异形体，一个晶体在阳光下灿烂的色彩，而那元素的名称，那单质的分子式，那晶体的真正结构，永远没有人能够说得清。也许有人要问了：那你今天来这儿干吗？我的意思是：我们来到北大，就像一张张软盘，到北大这台计算机上来拷走了知识，也拷走了精神。四年的时间是有限的，但是我们面对的却是全国最大的硬盘。我们应该把探寻北大精神的工作留给像在座的各位评委这样的专家和除我而外的选手这样的未来专家去做，我们该做的是抓紧时间拷走我们该带走的，然后用一生的时间去慢慢解压。但是要注意，千万不要传染上自由散漫、眼高手低的北大病毒？在拷走的同时，我们还要问问自己，我给北大留下了什么？

从红楼到燕园，百年北大，谱写了壮丽的一页，在历史的坐标系上画下一道光辉的轨迹，这条北大函数线是处处连续的，纵然有起有伏，却终于保持了向上的趋势。我希望，在下一个百年，这条线能长有正的斜率，换句话说就是：

苟日新，日日新，又日新！

利用数字给予你的力量

在古今中外的诸多演讲中，一个个、一串串、一组组的数字在其中发挥着奇妙的作用。这不仅因为数字清楚、明白，也因为数字说服力强，表达准确；还取决于数字运用于广泛的领域，很少受时空、形式、趋向等外界因素的限制，可以纵比也可以横比。数字宛如一颗颗晶莹透明的星座，散发着奇异的光彩，点缀着一篇篇演讲佳作。

1972 年，来自纽约的一位女国会议员贝拉·伯朱格进行了一次演讲，呼吁在政治生活中给妇女以平等地位。她说：

"几个星期前，我在国会倾听总统对全国发表的讲话，在我周围落座的 700 多人有 17 位女性。在 435 名众议员中，只有 1 个是女的，在 100 多名参议员中只有 1 个女的；内阁成员中没有女的，最高法院中也没有女的。"

她的话很简练，而且大多是数字，但是，就在这数字的巧妙运用中，伯朱格说明了她的道理，而且远比发表鸿篇大论来得更直接。

为了说明美国电视中危害青少年身心健康的节目之多，有人发表演讲：

"调查表明，从一年级到十二年级的青少年中，大约有 10000 多个小时候是在听摇滚音乐中度过的，这比他们在校 12 年度过的全部时间只少 500 小时。有人做了一项调查，平均每个观众一年里从电视节目上可以看到 9000 个表现性行为的镜头；暴力场面更多，一般高中生到毕业时，观看电视 22000 小时，相当于他们课堂时间的 2 倍，在这 22000 小时中，看电视可以看到 18000 起谋杀……"

演讲中数字的威力很大，但是运用要简洁、精巧，不要太滥太泛。只要抓住了数字运用的妙法，就能使它在演讲中发挥出意想不到的效果。演讲者运用数字，浅显易懂，说服有力，听者不能不为之所动。准确的数据才能有力地说明问题。此外，要选用最能说明问题的典型数据，这样才能增强说服力。

演讲案例：恩格斯《在马克思墓前的讲话》

3月14日下午两点三刻，当代最伟大的思想家停止思想了。让他一个人留在房间里总共不过两分钟，我们再进去的时候，发现他在这安乐椅上安详地睡着⬚了——⬚永远地睡着了。

这个人的逝世，对于欧美战斗着的无产阶级，对于历史科学，都是不可估量的损失。这位巨人逝世后所形成的空白，在不久的将来就会使人感觉到。

正如达尔文发现有机自然界的发展规律一样，马克思发现了人类历史的发展规律，即历来为繁茂芜杂的意识形态所掩盖着的一个简单事实：人们首先必须吃、喝、住、穿，然后才能从事政治、科学、艺术、宗教等等活动；所以，生产直接与生活有关的物质用品，会为一个民族或一个时代带来一定程度的经济发展，物质用品的生产和经济发展的程度又构成了该民族的国家制度、法制观念、艺术以至于宗教思想发展的基础。因此，我们必须从这个方向来解释上述种种观念和思想，而不是像以往所做那样，作相反的解释。

不仅如此，马克思还发现了现代资本主义生产方式和由此产生的资产阶级社会的特殊运动规律。剩余价值的发现，使此前一切资产阶级经济学家和社会主义批评家在黑暗中摸索、探求的问题上豁然开朗，得到解决。

一生中以有这样的两项发现，该是很够了。甚至只要能有一项这样的发现，也已经是幸福的了。但是马克思在他所研究的每一个领域，甚至是数学方面，都有独到的发现。他研究的领域很广，对其中任何领域他都不是肤浅地研究的。

这位科学巨匠就是这样。但是这在他身上远不是主要的。在马克思看来，科学是一种在历史上起推动作用的、革命的力量。任何一门理论科学中的每一个新发现，即使它的实际应用甚至还无法预见，都使马克思感到衷心喜悦，但是当有了立即会对工业、对一般历史发展产生革命影响的发现的时候，他的喜悦就完全不同了。例如，他曾经密切地注意电学方面各种发现的发展情况，不久以前，他还注意了马赛尔·德普勒的发现。

因为马克思首先是一个革命家。他毕生的真正使命是以各种方式参加推翻资本主义社会及其国家制度，协助现代无产阶级得到解放。这些现代无产阶级有赖他才第一次意识到自身的地位和需求，意识到自身的解放条件。斗争是他的气质。他斗争时所具的热忱、顽强精神和成就，无人能及。他做过的工作有：在早期的《莱茵报》（1842 年）、巴黎《前进报》（1844 年）、《德意志—布鲁塞尔报》（1847 年）、《新莱茵报》（1848～1849 年）、《纽约每日论坛报》（1852～1861 年）等报纸上发表的文章，许多富有战斗性的小册子，其后参与巴黎、布鲁塞尔和伦敦各个组织的工作，最后创立了伟大的国际工人协会等等。作为这协会的创始人，即使别的什么也没有做，也足够以此成果为自豪了。

正因为这样，马克思成为当代最遭嫉恨和受到最多诬蔑的人。各国政府，无论是专制政府或共和政府都驱逐他；无论保守或极端民主派的资产者，都纷纷争先恐后地诽谤他、诅咒他。他对这一切毫不在意，把它们当作蛛丝一样轻轻抹去，只是在万分必要时才作答复。现在他逝世了，在整个欧洲和美洲，从西伯利亚矿井到加利福尼亚，千百万革命工人战友无不对他表示尊敬、爱戴和悼念。我敢大胆地说：他可能有许多敌人，但未必有一个私敌。

他的英名和事业将永垂不朽！

演讲中表达情感的技巧

美国南北战争结束后，有两位军人竞选国会议员。一位是著名英雄陶克将军，陶克功勋卓著，曾任过两三次国会议员；另一位则是约瑟夫·爱伦，他是一位很普通的士兵。

陶克的演讲是：

"诸位同胞们，记得十七年前（南北战争时）的那天晚上，我曾带兵与敌人激战，经过激烈的血战后，我在山上的树丛里睡了一个晚上。如果大家没有忘记那次艰苦卓绝的战斗，请在选举中，也不要忘记那位吃尽苦头、风餐露宿、造就伟大战功的人。"

这段话很精彩，感情色彩也很浓。而爱伦的演讲是：

"同胞们，陶克将军说得不错，他确实在那次战争中立下了奇功。我当时是他手下的一个无名小卒，替他出生入死，冲锋陷阵。这还不算，当他在树林里安睡时，我还得携带武器，站在荒野上，饱尝风寒露冷来保护他。"

爱伦的演讲更动人，更易激起共鸣。他打败了陶克，取得了胜利。

"感人心者，莫先乎情。""情不深，则无以惊心动魄。"有经验的演讲者当他激情迸发时，好比冲出龙门的河水，呼啸着奋进的浪花，使"快者掀髯，愤者扼腕，悲者掩泣，羡者色飞"，听起来使人精神振奋，思想升华。

这就要求演讲者性情豪爽、话语坦荡、推心置腹、以真换真、以诚对诚、以爱求爱，讲出真情实感；演讲者的情感应该是炽热、深沉、热情、诚恳、娓娓动人的。做到这一点，演讲者必须和听众一起喜怒哀乐，不掩饰、不回避，对真、善、美热情讴歌，对假、恶、丑无情鞭笞。

演讲者对整个演讲立体把握、协同处理，既有冷静的分析，又有热情的鼓励，既要有怒有喜，又要有爱有憎。这对演讲者提出了更高的要求：不讲架子，不野蛮粗俗，不声色俱厉，不以局外人自居，要引而不发，诱人深入。

演讲案例：纪念长征胜利 70 周年演讲稿

二万五千里长征，一次改变中国命运的征程已在人们的评说中过去了大半个世纪。长征是人类战争史上的奇迹，它特有的魅力就像是一部最完美的神话，突破时代和国界，在世界上广为传扬。

回首风雨来时路，漫漫征程，说不完的艰难困苦，道不尽的严峻险阻。冰封的皑皑雪山、人迹罕至的茫茫草地、峡谷急流、有乌江天险、有弯弯赤水、有大渡激流……加之蒋介石百万大军的围追堵截、粮食的严重短缺，每一条都足以让人恐惧、绝望。可长征中的人，却利用自己的两只脚，长驱直至两万余里，纵横十一个省。他们血战湘江、四渡赤水、巧渡金沙江、强渡大渡河，飞夺泸定桥，翻越大雪山，攻占腊子口……二万五千里长征路，二万五千里血与汗的洗礼。所到之处，哪里没有浸透着红军战士的不散热血？哪里没有谱写着一曲动人的壮歌？长征向全世界宣告，红军才是英雄好汉。他们排除万难，经历了九死一生的激烈战斗，战胜了任何人都难以想象的艰难困苦。他们在一条布满荆棘和鲜血的道路上一步步艰难地走来，走向了光明和胜利。

那，是什么让长征中的人们明知征途有艰险，却毫无畏惧、万死不辞，前仆后继地奔向一个目标？是什么让他们突破国民党军的围追堵截，跨越万水千山，战胜无数艰难险阻，创造了无与伦比的英雄业绩，谱写了惊天地、泣鬼神的伟大革命篇章？是坚定不移的信仰、不屈不挠的求索、无所畏惧的前行、向着理想勇敢奋斗的精神。是老人们口中述说的长征精神。

巍峨的雪山掩盖了革命烈士的躯体，却埋藏不了他们满腔为国为民的赤诚之心；茫茫的沼泽地吞噬了革命烈士的身躯，却掩藏不住他们的信念；如雨的子弹夺去了革命烈士的生命，却夺不去他们的精神。

岁月的年轮沉淀了斑驳的痕迹，冲天的狼烟留下了悲壮的回声。时值长征胜利70周年之际，我们回顾历史，不由感慨万千。红军长征的壮举已经成为历史，但是，长征精神却具有永恒不变的历史价值和光照千秋的缤纷异彩。那烙印在中华儿女灵魂深处的"长征精神"，与我们党和人民在我国革命、建设和改革的壮丽进程中创造的西柏坡精神、延安精神、奥运精神、三峡移民精神、抗非典精神、神五神六精神一样，是中华民族自强不息、艰苦奋斗精神的延续与升华，是中国共产党人与时俱进的时代创造。长征精神已成为中华民族意志与品格的注脚；成为中华民族追求光明与理想的象征；成为中华民族发奋图强、坚忍不拔、战胜一切困难的支柱。

现在，党中央领导集体正在率领全党和全国人民，为把我们国家建设成为伟大的社会主义强国，让人民都过上幸福美满的生活进行着新的长征。我们仍然需要在21世纪里，争取实现中华民族社会主义现代化、实现民族腾飞这一现代历史主题。为此我们相信，在建设社会主义现代化的新的伟大征程中，我们仍然需要努力实践长征精神的时代价值；我们相信，在新的历史时期，同时代精神结合起来的长征精神，将激励中华民族实现伟大的振兴。

一段岁月，波澜壮阔，刻骨铭心。一种精神，穿越历史，辉映未来。长征那英勇的足迹镌刻在为人类追求解放的历史中，始终为中国人民铭记；长征那革命英雄主义的精神，始终是中国革命和建设夺取成功的基础，始终激励着中国人民朝着一个坚定的方向辉煌前进。

演说中需要注意的问题

1. 注意回避别人的短处

没有人是十全十美的，几乎每个人都有着这样或那样的短处。在一个人的生活与处事中虽然有微小的毛病，但对他的整个对外交往是无足轻重的。

在如何对待他人的短处这个问题上，有的人尽量多谈及对方的长处，极力避免谈及对方的短处，但也有人总是有声有色地编撰别人的短处，逢人便夸大其词地谈论别人的短处。

避免谈及他人的短处，形成融洽的交谈气氛。不小心谈到别人短处的人，虽不是故意刺激他人，一般来说也易引起别人的误解和不满，而极力宣扬别人的短处，当然会使你人缘关系不好了！总之，我们在与他人的交谈中，应尽量避免谈论别人的短处。

细细想来，我们把别人的短处作为话题没有必要，因为我们所知道的关于别人的事情不一定就完全可靠。若我们将片面之词宣扬出去，就会造成误会。我们若说出了什么错话，就很难收回来了。因此，若不是确切地知道某件事的真相，切忌口无遮拦。

另外，如果别人向我们谈起某人的短处时，又该如何处理呢？最好的办法是不要当传声筒，而且还要提醒谈论别人短处的人是否对所谈的事情有所调查、确有把握。

2. 胡乱恭维有害无益

待人和气，礼貌周全，不失时机赞扬对方，这是人的一大美德。但若夸大其词地恭维他人，对人过度客气，那反而显得太过虚伪了。

客气话是表示对他人的真诚尊敬，不是用来敷衍朋友的，所以要适可而止。多用就显得浮华和虚伪了。有人替你做了一点小小的事，对他说声"谢谢"就够了。如果说"啊，谢谢你，真对不起，真使我觉得过意不去，实在太感激了"等一大串，实在没有必要，谁听了也会觉得不舒服的。朋友初次见面，可以略谈客套话，但第二次第三次见面就应该尽量少用。

虚假的客套，不仅会使你难以与对方沟通，而且很难建立真挚的友谊。过分的客气话，恰似横亘在双方之间的一堵墙，如果不搬走这堵墙，人们只能隔着它作极简单的敷衍酬答而已。

说客气话的时候要真诚，要坦率一点，才能享受到真挚友谊之乐。同时要注意说客气话时，态度要尽量温文尔雅，不可急促紧张。另外，要保持身体的均衡，过度地打躬作揖，并不雅观。如果我们对别人的情况不甚了解，就不可盲目地恭维对方。只有发自内心敬佩的语言，才能打动别人，引起好感。比如，对一个名人，赞美他时，首先应该想到，他能够成为名人，自然有许多值得赞美的品质。他成名之后恭维他工作成绩的人一定很多，日久当然也就生厌了，若你仍然依葫芦画瓢地用别人所用过的话来恭维他，并不会使他高兴的，对他们，最好赞美其他的优点，尤其是别人很少发现的优点。总之，恭维他人的话，一要讲范围，二要分对象，三不能多说。

演讲案例：乔迁喜酒

尊敬的各位来宾、各位朋友：

莺迁乔木，燕舞春风，福临喜地，春满华堂。燕筑新巢春正暖，莺迁乔木日出长。首先，让我们向乔迁新居的张伟民一家表示热烈的祝贺，同时，我们也以张先生一家的名义，向各位来宾、各位朋友、各位新老邻居，向帮助乔迁的友人表示衷心的感谢！

忆往日奔波十里危居斗室心也乐，看今朝迁进五楼安卧新房情更舒。张老先生四世同堂，举家和睦，与旧时邻居感情甚笃，几近家人治家处邻深得人们称赞。如今"住五楼高览新城因地美，处四邻更结挚友在人和"。我们祝贺张先生一家乔迁之喜，德邻新卜莺花胜，佳境新迁燕贺多。再与新邻结挚友，乔木春深福临门。让我们大家共同举杯；为张伟民一家"移取春风门栽桃李，蔚成大器材备栋梁"；为他们"三春有脚光临福地，四季多情花饰新居"；为各位来宾贺乔迁人人皆喜，财源广进，万事如意，干杯！

使听众关注演讲的技巧

听众的注意力是有限的，无论演讲者怎样努力，总会遇到听众注意力不集中的情况，在这种情况下，演讲就需要想一些办法把听众的注意力吸引回来，否则就会导致演讲的失败、会场秩序的混乱。

1. 声东击西

所谓声东击西，兵法原文是这样写的："凡战，所谓声者，张虚声也。声东击西，声彼而击此，使敌人不知其所备。则我所攻者，乃敌人所不守也。"它的意思是：凡是作战，所谓声，就是虚张声势。在东边造声势而袭击的目标是西面，声在彼处而袭击此处，让敌人不知道如何来防备。这样我所攻击的地方，正是敌人没有防备的地方。

我没有踌躇过一刹那，去放弃那遵循格律的戏剧。地点的一致对我犹同牢狱般地可怕，情节的统一和时间的一致是我们想象力的沉重桎梏。我跳进了自由的空气里，这才感到自己（生长了）手和脚。现在，当我认识到那些讲究规格的先生们从他们的巢穴里给我硬加上了多少障碍时，以及看到有多少自由的心灵还被围困在里面时，如果我再不向他们宣战，再不每天寻找机会以击碎他们的堡垒的话，那么我的心就会愤怒得碎裂。

法国人当作典范的希腊戏剧，按其内在的性质和外表的状况来说，就是这样的：让一个法国侯爵效仿那位亚尔西巴德却比高乃依追随索福克勒斯要容易得多。

开始是一段敬神的插曲，然后悲剧庄严隆重地以完美的单纯朴素（风格），向人民大众展示出先辈们的各个惊魂动魄的故事情节，在各个心灵里激动起完整的、伟大的情操；因为悲剧本身就是完整的、伟大的。在什么样的心灵里啊！

希腊的！我不能说明这意味着什么；但我感觉出这点，为简明起见，我在这里根据的是荷马，索福克勒斯及忒俄克里托斯；他们教会我去感觉。

同时，我还要连忙接着说：小小的法国人，你要拿希腊的盔甲来做什么？

它对你来说是太大了，而且太重了。

因此所有的法国悲剧本身就变成了一些模仿的滑稽诗篇。不过那些先生们已从经验里知道，这些悲剧如同鞋子一样，只是大同小异，它们中间也有一些乏味的东西，特别是经常都在第四幕里，同时他们也知道这些又是如何按照格律来进行的。这方面我就无须多花笔墨了。

我不知道是谁首先想出把这类政治历史大事题材搬上舞台的。对这方面有兴趣的人，可以借此机会写一篇论文，加以评论。这发明权的荣誉是否属于莎士比亚，我表示怀疑；总而言之，他把这类题材提高到至今似乎还是最高的程度，眼睛向上看（的人）是很少的，因此也很难设想，会有一个人能比他看得更远，或者甚至能比他攀登得更高。

莎士比亚，我的朋友啊！如果你还活在我们当中的话，那我只会和你生活在一起；我是多么想扮演配角匹拉德斯，假如你是俄来斯特的话！而不愿在德尔福斯庙宇里做一个受人尊敬的司祭长。

这是歌德纪念莎士比亚的一篇演讲，但是他并没有直接说明莎士比亚的作品有多么的优秀，而是说明另一些作品的特点，最后通过这样的比较来达到了赞美莎士比亚的目的。

声东击西，是忽东忽西，即打即离的一种演讲方式。如果我们发现听众对于演讲的内容出现了疲劳和厌倦，在采用正攻的方法是无法取得预期效果的，而且这是采取佯攻，突然说些表面上和演讲没有太大关系的内容，反而能够引起听众的好奇心。

因此，在同听众的接触中，不要太急于暴露自己的意图，尽量将对方的注意力转移到他所感兴趣的地方，使对方逐渐对你产生信任感，从而建立起良好的关系，此时演讲才能取得良好的效果。

2. 投石问路

当演讲者不确定某个论点是否能吸引观众时就可采用这种方式。有时，为了了解对方心中的秘密，又不便直问，可以用"投石问路"的曲问法进行试探。对于一些敏感的人来说，问者便显得谨慎。投石问路之法也被广泛运用于审讯之中。

3. 欲正故谬

当演讲者发现听众走神时，可以故意将一些简单的问题说错，这样不但能吸引没有走神的听众们的互动，同时能将走神的听众的注意力吸引回来，还能够缓解演讲现场的气氛。

当我们要启发听众思考某一个问题时，与其告诉他们答案或者给予提示，不如我们故意说一个错误的答案来刺激他们思考问题，因为当演讲者说错时，就能够激发他们思考的欲望，最显著的代表就是教师在教学时的提问方式，学生在上课时，注意力大约只能集中 20 到 30 分钟，但是通常教师都要讲上 45 分钟，这样就会导致学生在后半段的课程上经常会走神，作为教师，为了保证教学质量，就要想尽一切办法把学生的注意力吸引回来，这时欲正故谬就是一种非常有效的方法。

4. 欲实先虚

所谓欲实先虚，是演讲者为了让对方顺着自己的意愿来展开话题而设下的一个圈套。这是因为平铺直叙地将道理讲述出来，有时无法打动听众的心，不能吸引听众的注意力。这个时候，由演讲者先虚设一问，这一问乍一看与演讲内容毫无关系，或者让对方摸不清虚实，当对方出答案后，这种答案其实正是演讲者想要的，这时演讲者就可以抓住对方的话柄，以此为契机，得出想要的结论。这时，听众也就无法否认自己刚才说过的话了，这样也就无法否认演讲者的结论了。通过这样的小圈套来达到演讲的目的。

演讲案例：丘吉尔《热血、辛劳、眼泪和汗水》

上星期五晚上，我接受了英王陛下的委托，组织新政府。这次组阁，应包括所有的政党，既有支持上届政府的政党，也有上届政府的反对党。显而易见，这是议会和国家的希望与意愿。我已完成了此项任务中最重要的部分，战时内阁业已成立。五位阁员中包括反对党的自由主义者，代表了举国一致的团结，三党领袖已经同意加入战时内阁，或者担任国家高级行政职务。三军指挥机构已加以充实。由于事态发展的严重性给予人的紧迫感，仅仅用一天时间完成此项任务，是完全必要的。其他许多重要职位已在昨天任命。我将在今天晚上向英王陛下呈递补充名单，并希望于明日一天完成对政府主要大臣的任命。其他一些大臣的任命虽然通常需要更多一点的时间，但是，我相信议会再次开会时，我的这项任务将告完成，而且本届政府在各方面都将是完整无缺的。我认为，向下院建议今天开会是符合公众利益的。议长先生同意这个建议，并根据下院决议所授予他的权力，采取必要的步骤。今天议程结束时，下院休会到 5 月 21 日，星期二。当然，还要附加规定，如果需要的话，可以提前复会。下周会议所要考虑的议题，将尽早通知全体议员。

现在，我请求下院，根据以我的名义提出的决议案，批准已采取的各项步骤，将它记录在案，并宣布对新政府的信任。

组成一届具有这种规模和复杂性的政府，本身就是一项严肃的任务。但是大家一定要记住，我们正处在历史上一次伟大的战争的初期阶段，我们正在挪威和荷兰的许多地方进行战斗，我们必须在地中海地区做好准备，空战仍在继续，众多战备工作必须在国内完成。在这危急存亡之际，如果我今天没能向下院做长篇演说，我希望能够得到你们的宽恕。我还希望，因为这次政府改组而受到影响的任何朋友和同事，或者以前的同事，能对礼节上的不周之处予以充分谅解，这种礼节上的欠缺，到目前为止是在所难免的。正如我曾对参加现届政府的成员所说的那样，我要向下院说："我没什么可以奉献，有的只是热血、辛劳、眼泪和汗水。"

摆在我们面前的，是一场极为痛苦的严峻的考验。在我们面前，是漫长的战争和苦难的岁月。你们问：我们的政策是什么？我要说，我们的政策就是用我们全部能力，用上帝所给予我们的全部力量，在海上、陆地和空中进行战斗，同一个在人类黑暗悲惨的罪恶史上所从未有过的穷凶极恶的暴政进行战争。这就是我们的政策。你们问：我们的目标是什么？我可以用一个词来回答：胜利——不惜一切代价，去赢得胜利。无论多么可怕，也要赢得胜利，无论道路多么遥远和艰难，也要赢得胜利。因为没有胜利，就不能生存。

大家必须认识到这一点：没有胜利，就没有英帝国的存在，就没有英帝国所代表的一切，就没有促使人类朝着自己目标奋勇前进这一世代相因的强烈欲望和动力。但是当我挑起这个担子的时候，我是心情愉快、满怀希望的。我深信，人们不会听任我们的事业遭受失败。此时此刻，我觉得我有权利要求大家的支持，我要说："来吧，让我们同心协力，一道前进。"

运用祝福语结尾要注意：

（1）发自内心，亲切动人。

（2）注重场合，适度适情。

（3）通俗易懂，简短明白。

口才加油站

美国国际数据集团（IDG）全球副总裁熊晓鸽演讲

因为我是做风险投资的，想从做风险投资的角度来谈一下我上午听的，以及刚刚几位演讲人报告的一点观感。

我觉得首先他们讲得非常好，但是和我在国外听到的演讲有非常大的不同，第一，他们这些做产品的人，没有一个大谈自己的产品。第二，他们没有一个人大谈自己未来的发展，都注意到了自己可能带来的负面影响。他们为什么不谈自己的产品和未来发展的策略呢？我想有一点，在座的各位同行大部分都是自己的竞争对手，所以不愿意分享那些还在库当中的产品。而美国的朋友EA则大谈未来的发展战略，我想这个是我们的市场，我们的国情给我们行业带来的，做同样的事情的却又带来很大的不同。

咱们现在开的会是在上海，不久之前，我看到一个报道说迪士尼要落户上海，上海市政府要投500亿，后来说这个消息是假的，而这样的消息，我记得听了不下10次，什么时候要做什么样的事情。我第一次去迪士尼的时候，是20年前。我今年又去了一次迪士尼，而我发现20年来，迪士尼一直是老一套的东西，而我们网游的公司，我不久前在我们投的网龙公司待了三天，他们的创造力强，开发了很多的产品。我想当年迪士尼无非是一个画卡通的人，用线下的一个米老鼠创造了一个最大市值的这么一个公司。而我们现在在网上创造这么一个东西。我想我们为什么不能在上海创造一个这样的东西，开创一个我们自己的主题公园呢？我们能不能也把这样的主题公园发展到其他的国家去，创造我们的偶像人物呢？迪士尼现在有85年的历史市值是900多个亿，迪士尼PE是13到14倍，我们的盛大是9倍左右。他的历史是盛大9倍的时间，我们的市值只有他的1/36。我们知道2006年有两个公司在海外上市，一个是网龙，一个是巨人。这两个公司都是以自己的原创出来的。我也在想一点，为什么其他的公司可以做得那么大，我觉得除了他自己开发的以外很重要的一点，他们很多的品牌都是从别的一些，像电影这样的一些来的品牌，然后开发出产品，利用自己的知识产权的保护，很快让各个国家，各个用户来买他的版权，付给他们高额的版权费这样发展起来的。我刚刚谈到迪士尼，我觉得我们的网游公司，是不是也可以从国外的同行当中学到一种经营的模式，更加适合咱们中国网游的业务呢？刚刚丁磊也谈到电影，美国很多的电影之所以可以做得那么大，那么发达，很重要的一点是他们非常注重市场的反馈和定位。我们网上的回馈会回来得更快，而我们的网游是不是也可以发展出我们自己的电影呢？

这些只是我作为一个风险投资的遐想。风险投资无非是找到一个适合自己的产品，找到一个有创造力又有执行力的团队，然后把钱投下去。以上是我上午听了报告所想的，希望我说的可以给在座的人一些启发，也希望大家找到很好的机会，可以来找到我们 IDG，谢谢大家。

·第十一章·

辩论口才

论辩首要，务须主动

论辩首要在于"争"，争什么？不是争辩，而是争主动。

有一次，晋平公和臣子们在一起喝酒。酒兴正浓时，他得意地说："哈哈！没有谁比做国君的人更快乐了！他的话没有谁敢违背！"著名乐师师旷正在旁边陪坐，听了这话，便拿起琴朝他撞去。晋平公连忙收起衣襟躲让，琴在墙壁上撞坏了。

晋平公说："乐师，您撞谁呀？"

师旷故意答道："刚才有个小人在胡说八道，因此我气得要撞他。"

晋平公说："说话的是我嘛。"

师旷说："哟！这可不是做国王的人应该说的话啊！"

左右臣子认为师旷犯上，都要求惩办他。晋平公说："放了他吧，我要以此作为鉴戒。"

一个普通乐师敢撞国君，若非巧妙地掌握辩论的主动权，岂不是要人头落地？我国古代还有不少这样的辩例。

据《贞观政要》载：唐朝初年，唐太宗李世民任用魏徵做谏议大夫。魏徵由于为人正直，得罪了一些人，遭到非议。李世民派温彦博去责备魏徵。魏徵因此去见唐太宗说："我希望陛下让我做一个良臣，不要让我做忠臣。"李世民听了很吃惊，赶紧问："良臣和忠臣不是一样吗？"魏徵答道："不一样，像古之稷、咎陶，就是良臣；像龙逢、比干，就是忠臣。良臣'以国事为重，公而忘私'，本身享有美名，君主获得好的声誉，子子孙孙传下去，国运无穷。忠臣则不然，唯唯借口之流，只为个人打算，君主会为他而落得个昏庸的恶名，甚至国亡家灭。这就是忠臣和良臣的区别。"

魏徵在这里使用了定义正名的方法，间接委婉地批评了皇帝只喜欢唯唯诺诺之派，并暗示了这样做的恶劣后果。由于魏徵牢牢地掌握着主动权，一步步地将李世民引入他所设置的话语中，论辩深刻有力，令李世民大为感动，达到了求谏的效果。

可见，争取主动权能决定辩论的成败。

只有在进攻、进攻、再进攻中才能始终把握主动权。但不能盲目进攻，要掌握进攻技巧，才能取得好的效果。

1. 正面进攻

与对方短兵相接，面对面地直接驳斥对方的论点，尤其是中心论点，指出对方论点的错误和明显违背事实和常理的地方，使其主张不能成立，是辩论制胜的法宝。这就是所谓正面进攻。这是大规模的正规军决战常用的手法，最常用，也最难以掌握。

2. 包围进攻

包围进攻是指当对方分论点很杂时，可以分割包围对方核心论点周围的分论点及论据逐一进行驳诘，最后推翻对方的核心立论。既然对方分论点不能成立，其核心立论自然不成立。

3. 迂回进攻

迂回进攻是指不与对方近距离接触，而先远距离地进攻，如从挑剔对方的论辩态度不妥或论辩风度有失开始诘难，进而抓住对方的论辩企图，深入进行驳诘。用这种方法，往往使对方措手不及，难以应答。

在正式的辩论中，我们要学会用各种方式来争取主动权。在生活中，非正式的辩论也是无处不在的，要想成功赢得辩论，也必须争得主动，而争取主动的首要条件就是你有一种从容不迫的心态。

无论是正式的辩论场合还是平时日常争辩，要想制敌，必须将主动权握在自己手中，这是辩论成败的关键。

摆明事实，不辩万辩

人们常说"事实胜于雄辩"，在具体的事实面前，即使再蛮横、再能狡辩的人，也不能置事实于不顾，睁着眼睛说瞎话。大家一定还记得那个小时候听过的关于爱因斯坦的"板凳"故事：

一次手工课，爱因斯坦把自己"制造"的一张很不像样的"板凳"交给了老师。
老师看后很生气，举着"板凳"问孩子们："你们见过比这更糟糕的凳子吗？"
小朋友们都一个劲地摇头表示"没见过"。

但是，爱因斯坦却从课桌里拿出了另外两张"板凳"，说："比这更糟糕的凳子还是有的。"

他指着拿出来的那两张"板凳"说："这是我第一次和第二次制作的。刚才交老师的已是第三张板凳了，虽然它做得并不好，但比这两张好多了。"

结果，老师被说得哑口无言。

这就是摆事实最直接的办法——示物助说。

作为一个成熟的辩手，挖掘例证来源的能力应该是非常强的。大凡好的例证都能感化别人。

在辩论中，雄辩者及时抓住现场的某些事物用作论据反击敌论，这种辩论技巧，就是就地取证战术。由于这些事物都是辩论者在现场的所见所闻所感，是大家有目共睹的，生动具体，直观性好，一点就明，一说就透，因而具有很强的雄辩力量。

在一次"大学生可不可以下海经商"的论辩比赛中，正方的一辩是这样开始他的发言的："朋友们，在这个'有钱非万能，无钱万不能'的时代里，钱这个身外之物一定令在座的各位男女同学苦苦追求过。也许哪位女同学为缺少1元钱而买不到自己喜爱的发夹伤透了脑筋；也许哪位男同学因缺少5角钱而不能吃上一份红烧肉只能吃盘白菜而搓痛了脑袋；也许哪位同学因为缺钱而买不起牙膏刷牙以致口臭，买不起邮票寄信以致难向远方的亲人倾吐亲情；也许……无数的也许。看来只有有钱才能有风采，才能有魅力，才能让人生存。钱可以给我们带来巨大的物质、精神享受。而下海经商首先做到的是可以开拓生财之道。这样说来，何乐而不为呢？这是其一。其二……"

这位论辩者抓住现场观众感兴趣、联系紧的日常琐事临场切入，就地取证，讲出了大家的心里话，深得观众认同。

就地取证，顾名思义，就是现场找例证，现炒现卖。所以，在用此法时要弄清的是，从现场找来的例证是否有说服力，如果缺乏说服力，还是别把时间白白搭在这方面为好。

釜底抽薪，直逼要害

锅里的水沸腾，是靠火的力量，而柴草则是产生火的原料。止沸的办法有两种：一是扬汤止沸；二是釜底抽薪。古人说："故扬汤止沸，沸乃不止；诚知其本，则去火而已。"

论辩双方所持的论题，都是由一定的论据支持的，如果将一个论题的根据——论据抽掉，那么，论题这座大厦就会轰然倒塌。

在许多情况下，仅凭口头议论难以弄清楚的问题，借助一些具体的动作行为，就可以明辨真假。这是因为动作行为具有强烈的直观性，它的真假当场就可以验证，具有不容置疑的雄辩力量。

我们有时可能直接指出对方论据的虚假，但当情况还不明朗时，我们可以创造条件，戳穿对方虚假的论据。其要领是以某种动作行为为论据，同时辅以一定的语言叙述进行论证。

有一天，李老头家丢了一头60多斤的小牛，怀疑是邻村一个叫矮冬瓜的人偷的，于是官司打到县衙。听过原告申诉，知县问被告是否属实。

矮冬瓜说："牛走得慢，偷牛人怕被发现，是不敢在地上赶牛走的，所以他们偷时，总是将牛背在肩上。你看小人瘦骨嶙峋，手无缚鸡之力，如何背得动这头肥牛呢？"

知县打量了他一会儿，说："确实如此，我听说你向来清白无辜，又可怜你家贫困，这样吧，现在赏你一万元，回家好好做点小本生意，切莫辜负我的一片苦心。"

矮冬瓜得钱，连连磕头谢恩，把钱理好后，就麻利地套在肩上，转身要走。

知县喝道："慢！被告，这一万元不止60斤吧？"

矮冬瓜一愣，掂了掂说："嗯，差不多。"

知县冷笑道："你既说自己手无缚鸡之力，怎么如此重的钱像没什么分量似的背上就走？可见那60斤重的小牛你也是背得动的。"

矮冬瓜无法抵赖，只好招供了自己的罪行。

无论在谈判桌上还是在辩论台前，都会碰到咄咄逼人或是气势汹汹的对手，其语言攻势如同锅中热水，往往达到了沸沸扬扬的程度。面对这种情况，舌战的当务之急就是抑制对方逐渐高涨的气势，而抑制的最佳方法就是抽去"锅下的柴火"，从根本上解决问题。

单刀直入，开门见山

辩论中的单刀直入是比较常用的。这主要是在面对特殊的话题或特殊的对手，使自己难以组织说理性的攻击时而采用的一种较为简便但又能慑服对手的一种辩论战术。

开门见山式的辩词通常是雄辩者在事先准备好的。在参辩之前，对辩论的题目乃至对对手的实力进行理性的分析后，制定一两句能让对方躲闪不及又必须正视的辩词来应对，以此搅乱对方的正常心态，使之在昏乱中做出对其不利的反应。

在充分研究材料、掌握对方情况的前提下，抓住要害、单刀直入、开门见山，一开始就接触问题的实质，趁敌方未加防范时，使对手失去平衡，以夺取论战中的精神优势，获得先机之利。

战国时，齐国的孟尝君主张合纵抗秦，他的门客公孙弘对孟尝君说："您不妨派人到西方观察一下秦王。如果秦王是个具有帝王之资的君主，您恐怕连做属臣都不可能，哪里顾得上跟秦国作对呢？如果秦王是个不肖的君主，那时您再合纵跟秦作对也不算晚。"孟尝君说："好，那就请您去一趟。"公孙弘便带着十辆车前往秦国去看动静。

秦昭王听说此事，想用言辞羞辱公孙弘。公孙弘拜见昭王，昭王问："薛这个地方有多大？"公孙弘回答说："方圆百里。"昭王笑道："我的国家土地纵横数千里，还不敢与人为敌。如今孟尝君就这么点地盘，居然想同我对抗，这能行吗？"公孙弘说："孟尝君喜欢贤人，而您却不喜欢贤人。"昭王问："孟尝君喜欢贤人，怎么讲？"公孙弘说："能坚持正义，在天子面前不屈服，不讨好诸侯，得志时不愧于为人主，不得志时不甘为人臣，像这样的士，孟尝君那里有三位。善于治国，可以做管仲、商鞅的老师，其主张如果被听从施行，就能使君主成就王霸之业，像这样的士，孟尝君那里有五位。充任使者，遭到对方拥有万辆兵车君主的侮辱，像我这样敢于用自己的鲜血溅洒对方的衣服的，孟尝君那里有十个。"

秦国国君昭王笑着道歉说："您何必如此呢？我对孟尝君是很友好的，并准备以贵客之礼接待他，希望您一定要向他说明我的心意。"公孙弘答应了，然后就回国了。

有的时候，一言就能定输赢，紧紧抓住要点，一针见血，给人一种简洁、干练的感觉，冗长的客套话往往会引起对方反感。

因此，一般情况下，开门见山的发问，是最好的方式。这种发问方式对被问者来说是不好对付的。正由于此，被问者在慌乱中往往会出现词不达意或越答越错的现象，这样，发问者便可轻而易举地将对手击败了。

现实生活中，开门见山的表达方法，可以说明自己的信心、信念和不可动摇的意愿，并以一定的口吻促使对方改变原来的主意，不再犹豫，不再因考虑细小枝节而在关键性的问题上和你抗衡。

开门见山战术在辩场上常以发问形式出现。如果对方避而不答，可追问他们不答复的理由。若答复不能自圆其说，或其所说不利于发问者，因发问者早有准备，胸有成竹，可立即进行辩驳。

绵里藏针，柔中带刚

先说软的，可以在强敌面前取得进一步论辩的机会；再说硬的，就可以显示一些威胁的力量。软的为绵，硬的为针，是为绵里藏针。

"绵里藏针法"的运用常常跟喂小孩子吃苦药的道理一样，要用糖衣包着药片，或者就着糖水送服，招数因人而异，窍门却一通百通。

春秋时期的晋灵公奢侈腐化。某年下令兴建一座九层高的楼台，群臣劝说，他火了，干脆又下了一道命令，敢劝阻建九层台者斩首。这样一来便没人敢说话了。

只有一个叫孙息的大臣很讨灵公喜欢。他就告诉灵公说他能把九个棋子摞起来，上面还能再摞九个鸡蛋。灵公听了，觉得这事儿挺新鲜，立即要孙息露一手让他开开眼界。孙息也不推辞，就把九个棋子摞在一起，接着又小心翼翼地把鸡蛋往棋子上摞，放第一个，第二个……

孙息自己紧张得满头大汗，战战兢兢，看的人也大气不敢出一口。如果孙息不能把鸡蛋摞好，就犯了欺君大罪，是会被杀头的。

这时，灵公也憋不住了，大叫："危险！"孙息却从容不迫地说："这算什么危险，还有比这更危险的事哩！"灵公也被勾起了好奇："还有什么比这更危险？"

孙息便掂掂手中的鸡蛋，慢吞吞地说："建九层台就比这危险百倍。如此之高台三年难成，三年中要征用全国民工，使男不能耕，女不能织，老百姓没有收成，国家也穷困了。而国家穷困了，外国便会趁机打进来，大王您也就完了。你说这不比往棋子上摞鸡蛋更危险吗？"

灵公吓得出了一身冷汗，立即下令停工。

孙息让晋灵公看了一场不成功的杂技表演，更受了一次形象生动的批评，那味道确实是又甜又苦。正在气头上的人，是难以与他正面争辩的。何况他还有无上的权威支持，那更是老虎屁股——摸不得。然而，"绵里藏针法"每每在这样的关键时刻，能起到扭转乾坤的作用。

庄重显力量，风趣显风度。在论辩中做到既庄重又风趣，可以叫对方无力招架，自叹弗如。

绵里藏针，话里藏话，总体上有两个基本功：一是能够听出对方的弦外之音，恶毒之意，否则便会成为笑柄，白白赔了笑脸；二是要委婉含蓄地表达自己，话要说得很艺术，让听话之人心领神会，明白你话中的锋芒所在。

口才加油站

诡辩能辩亦可辩

某校禁止学生在教室里穿拖鞋。一天下午，某班的"捣蛋鬼"梁勇又穿着一双拖鞋啪嗒啪嗒地进了教室，班主任王老师发现后让他从座位上站起来。

"我三令五申禁止穿拖鞋，你为什么还穿？"王老师问。"对不起，我没穿拖鞋。"梁勇大声回答。

"什么，你脚上穿的不是拖鞋？"王老师提高了嗓音。

"不是，是凉鞋。"梁勇语气坚定，还有意低下头望着自己脚上的鞋子。

全班同学的目光都移到了那位男生的鞋子上。这双鞋子原来是一双普通塑料凉鞋，不过现在鞋后跟全被剪掉了，看上去与拖鞋没有两样。

"鞋后跟全剪掉了，怎么是凉鞋？"王老师恼火地问。

"当然是凉鞋！这就像一个人的腿断了，他还是人，而不是狗！"梁勇昂起了头，大声反驳。

班上绝大多数同学都为王老师捏了一把汗，担心他下不了台。王老师先是一愣，但很快镇定下来。他盯着梁勇，不紧不慢地说："你的话好像很中听，不过，你的辩解是错误的。凉鞋之所以是凉鞋而不是拖鞋，最重要的在于凉鞋有鞋后跟，这就像一个人，如果他连最重要的头部都没有，那他就不再是人了。"梁勇顿时像泄了气的皮球，低下了头。

王老师对这名男生诡辩的反击可谓是直逼要害，他抓住了问题的关键——凉鞋的根本特征在于有鞋后跟，从而构造了另一个诡辩：掉了头的人便不是人了，来击破对方的言论，后发制人，以谬制谬。

诡辩的语言如果含糊不清，模棱两可，可通过对其语言进行判断、分析，解释批驳对方的荒谬之词，阐明自己的观点。

论辩中，我们的种种努力，不过就是找出或者制造出对方的错误。对方以诡辩作为武器，那我们就立即抓住诡辩的辫子，进行毫不留情地反"诡辩"。

只要把话说得滴水不漏，诡辩能辩亦可辩。

·第十二章·

说服口才

先抬高再说服

要说服一个人,最好先把他抬高,给他一个超乎事实的美名,就像用"灰姑娘"故事里的仙棒,点在她身上,会使她从头至脚焕然一新。

从孩子的天性,我们可以发现一点:当我们称赞夸奖他们时,他们是何等高兴满足。其实,他们并不一定具有我们所称赞的优点,而只是我们期望他们做到这点而已。这就是一种典型的"戴高帽"之例。在我们与人交往时,何不效仿这一做法呢?因为不管是大人还是小孩子,他们都喜欢别人给自己一个美名,如果他们没有做到这一点,内心里也会朝此目标努力,因为他们知道这样就可以得到一个美名,获得他人的赞许。

假如一个好工人变成粗制滥造的工人,你会怎么做?你可以解雇他,但这并不能解决任何问题。你可以责骂那个工人,但这只能引起怨怒。

亨利·汉克,是印第安纳州洛威市一家卡车经销商的服务经理,他公司有一个工人,工作每况愈下。但亨利·汉克没有对他吼叫或威胁他,而是把他叫到办公室里来,跟他进行了坦诚的交谈。

他说:"希尔,你是个很棒的技工。你在这里工作也有好几年了,你修的车子也都很令顾客满意。有很多人都赞美你的技术好。可是最近,你完成一件工作所需的时间却加长了,而且你的质量也比不上你以前的水平。也许我们可以一起来想个办法解决这个问题。"

希尔回答说他并不知道他没有尽到职责,并且向他的上司保证,他以后一定改进。

他做了吗?他肯定做了。他曾经是一个优秀的技工,他怎么会做些不及过去的事呢?

包汀火车厂的董事长撒慕尔·华克莱说:"假如你尊重一个人,这个人是容易被诱导的,尤其是当你显示你尊重他是因为他有某种能力时。"

对于那些地位显赫、有权有势的人,想要说服他,更要学会先抬高后说服的策略。

古代,有位宰相请理发师给他修面。那理发师修面修到一半时,忽然停下刮刀,两眼直愣愣地看着宰相的肚皮。

宰相见理发师傻乎乎发愣的样子,心里很纳闷:这平平板板的肚皮有什么好看呢? 就问道:

"你不修面,却看我肚皮,这是为什么呢?"

"听人们说,宰相肚里能撑船,我看大人您的肚皮并不大,怎么可以撑船呢?"

宰相一听,哈哈大笑。

"那是讲宰相的度量十分大,能容天容地容古今,对鸡毛蒜皮的小事从不斤斤计较。"

理发师一听这话,"扑通"一声跪倒在地,哭着说:"小人该死,方才修面时不小心,将大人您的眉毛刮掉了,万望大人大德大量,恕小的一罪!"

宰相听说自己的眉毛被刮了,不禁怒从心起,正想发作,转念一想:刚才自己还讲宰相的度量很大,我又怎好为这小事给他治罪呢? 于是,只好说:"不妨,用眉笔把眉添上就行了。"

聪明的理发师以曲折迂回之法,层层诱导宰相进入自己早已设定的能进难退的"布袋"中,避免了一场驾临头上的灾难。

你若要在某方面去改变一个人,就把他看成他已经有了这种杰出的特质。莎士比亚曾说:"假如他没有一种德行,就假装他有吧!"给他们一个好的名声来作为努力的方向,他们就会不计前嫌,努力向上,而不愿看到你的希望破灭。

从得意事说起

每个人都有一些自己认为值得终身纪念的事。如果能预先打听清楚,在有意无意之间,很自然地讲到他得意的事情,只要他对你没有厌恶的情绪,只要他目前没有其他不如意的事情,在情绪正常的情况下,他一定会高兴地听你说的,当然此时说服他就容易得多了。

你在说服的时候当然要注意技巧，表示敬佩，但不要过分推崇，否则会引起他的不安。对于这件事情的关键，要慎重提出，加以正反两方面的阐述，使他认为你是他的知己。到了这种境地，他自然会格外高兴，会亲自讲述，你应该一面听、一面说几句表示赞赏的话，如此一来，即使他是个冷静的人，也会变得和蔼可亲，你再利用这个机会，稍稍暗示你的意思，进行试探，作为第二次进攻的基点。这不是失败，而是你说服他的初步成功，对于涉世经验不丰富的人，得此成绩，已不算坏，若想一举成功，除非对方与你素有交情，又正逢高兴的时候，而且你的谈吐又是很容易令人接受的，否则千万不要存此奢望。

不过对方得意的事情要从哪里去探听，那当然要另谋途径，试着在你的朋友之中找一下有否与对方交往的人，如果有，向他探听当然是最容易的。如能留心报纸上的新闻或其他刊物，平日记牢关于对方的得意事情，到时便可以应用。此外，随时留心交际场合中的谈话，像这些时候谈到对方得意的事情，也是很平常的。但是必须注意，对方得意的事情，是否曾遭到某种打击而消灭，如有这种情形，千万别再提起，以免引起对方不快，反而对你不利。因为对方在高兴的时候，你的请求，易于接受；在对方不高兴的时候，虽是极平常的请求，也会遭到拒绝。比如对方新近做成了一笔生意，你称赞他目光精准，手腕灵活，引得他眉飞色舞，乘机暗示来意，也是好机会。诸如此类的例子很多，全在于你随时留心，善于利用。

不过当你提出请求时，第一，要看时机是否成熟；第二，说服过程中要不卑不亢。过分显出哀求的神情，反而会引发对方藐视你的心理。尽管你的心里十分着急，但说话表情还是要表现大方自然，不要只为自己打算，而是要说出为对方着想的理由来。

发现对方弱点

当你想改变一个人做某一件事的方法，将新方法推荐给他时，他不一定愿意采用你的新方法，他会感觉还是老方法好。即使你是上司，也要记得，说服总比强迫好，用说服的方法会使你得到更大的好处，更长远的好处。

你的目的是让他抛弃他的旧思想，接受你的新思想，但是除非他完全相信你的新方法好于他的旧方法，而且还能给他带来更大的好处，他才可能放弃他的旧思想，接受你的新思想。为了使别人更顺畅地接受你的思想，要引导他客观地、实事求是地检查他自己的情况，以便于你指出并暴露他的弱点。

当你发现了对方弱点的时候，你就可以用这个弱点说服他接受你的观点。当他明白那确实是他的弱点的时候，他就会敞开胸怀接受他的建议。当你想说服某人接受你的观点时，最好是先让他开口说话，让他替他自己的情况辩护。但你心里清楚你占有优势，这样，他说着说着就不可避免地要暴露出自己的弱点，你可以用这些弱点攻破他的防线，但最好还是让他自己发现自身的弱点。

你怎么才能让他透露他的观点呢？不妨向他提出一些主要的问题。为了帮助你尽快掌握这种方法。让我们听听一家大公司的企业关系部主任谢利·贝内特女士是怎么说的。

"如果我的一个新计划或者一种新思想遭遇一个雇员的阻力，我总会想方设法听听他的意见。"贝内特太太说，"他的意见总能给我一些提示，让我找到向他发问的门路。因为他在谈话中，多多少少会暴露出一些弱点，实际上，他也知道这些弱点，但这些弱点对我都是大有帮助的。我请他把反对理由的要点再考虑几次，然后通过询问他还有什么其他想补充的以发掘更多的情况。

"通过询问一系列的问题，我能够得到他认为是重要的各种情况。在宣布我的主张之前，我要告诉他我对他的观点很感兴趣。一开始我让他多讲话，但绝不能让他操纵这次对话。我要通过提问来控制形势，我越问，他的话就会越少，到后来就会张口结舌。这样，我就完全掌握了主动权。如果你想确保你的思想方法战胜他的思想方法，你就让他设身处地发现他自己的弱点，那样他就会心甘情愿地接受你的观点了。"

你也可以像她那样做，如果你让说服对象先发表他们的看法，他们就会暴露他们的思想，从而你就会发现他们的弱点。当他们意识到自己在谈话中有漏洞的时候，就会更愿意接受你的观点。

当然，如果你发现他的旧方法比你的新方法更好，则应保留旧方法而丢弃你的新方法，其结果依然对你有利。

诱导对方点头

一个人的思维是有惯性的，当你朝某一个方向思考问题时，你就会倾向于一直考虑下去，这就是为什么有些人一旦沉醉于某些消极的想法之后，就一直难以自拔的道理。在人际交往中我们应懂得并善于运用这一原理。与人讨论某一问题时，不要一开始就将双方的分歧亮出来，而应先讨论一些你们具有共识的东西，让对方不断说"是"，渐渐地，你开始提出你们存在的分歧，这时对方也会习惯性地说"是"，一旦他发现之后，可能已经晚了，只好继续说"是"。

日本有个聪明的小和尚，他的名字可谓家喻户晓：一休。有一次，大将军足利义满把自己最喜爱的一个龙目茶碗暂时寄放在安国寺，没想到被一休不小心打碎了。就在这时，足利义满派人来取龙目茶碗。

大家顿时大惊失色，不知所措，茶碗已被一休打碎，拿什么去还呢？

一休道："不必担心，我去见大将军，让我来应付他吧！"

一休对将军说："有生命的东西到最后一定会死，对不对？"

足利义满回答："是。"

一休又说道："世界上一切有形的东西，最后都会破碎消失，是不是？"

足利义满回答："是。"

一休接着说："这种破碎消失，谁也无法阻止是不是？"

足利义满还是回答："是。"

一休和尚听了足利义满的回答，露出一副很无辜的神情接着说："义满大人，您最心爱的龙目茶碗破碎了，我们无法阻止，请您原谅。"足利义满已经连着回答了几个"是"，所以他也知道此事不宜再严加追究了，一休和尚和外鉴法师便这样安然地渡过了这一难关。

在说服中，可以先巧设陷阱，在对方没有防备的情况下，诱其说"是"。让对方多说"是"的好处就是使对方在不知不觉中一步步坠入圈套，这时候你便牵住了他的"牛鼻子"，对方于是不得不就范。

促使对方说"是"的方法很多，最简单的方法就是以双方都同意的事开始谈话，这样就可以让对方多说"是"，少说或不说"不"。

很多人先在内心制造出否定的情况，却又要求对方说"好"、表现出肯定的态度，这样做是不可能让对方点头的。假如你要使对方说"好"，最好的方法是制造出他可以说"好"的气氛，然后慢慢诱导他，让他相信你的话，他就会像是被催眠般地说出"好"。

换句话说，你不要制造出他可以表示否定态度的机会，一定要创造出他会说"好"的肯定气氛。

迫使对方点头称"是"的妙方：

1. 从双方都同意的事情开始谈话，这样就可让对方多说"是"。

2. 制造出一种可以说"是"的氛围，然后慢慢诱导对方。

3. 在你向对方发问，而对方还没有回答前，你要先点头称"是"。

让历史做说客

以史为鉴，于人可以知得失；以古为鉴，于国可以知兴替。小到立身，大到治国，历史都是一面镜子。因此，在辩说中引用历史的经验和教训作为论据，极富说服力。

1937 年 10 月 11 日，罗斯福总统的私人顾问亚历山大·萨克斯受爱因斯坦等科学家的委托，在白宫同罗斯福进行了一次会谈。会谈的主要目的是，要求总统重视原子能的研究，抢在德国之前造出原子弹。

萨克斯先向罗斯福面呈了爱因斯坦的长信，接着读了科学家们关于发现核裂变的备忘录，然而，总统对这些枯燥、深奥的科学论述不感兴趣。虽然萨克斯竭尽全力地劝说总统，但罗斯福在最后还是说了一句："这些都很有趣，不过政府若在现阶段干预此事，似乎还为时过早。"这一次的交谈，萨克斯失败了。第二天，罗斯福邀请萨克斯共进早餐。萨克斯十分珍惜这个机会，决定再尝试一次。

一见面，萨克斯尚未开口，罗斯福便以守为攻地说："今天我们吃饭，不许再谈爱因斯坦的信，一句也不许谈，明白吗？"

萨克斯望着总统含笑的面容说："行，不过我想谈一点历史。"因为他知道，总统虽不懂得物理，对历史却十分精通。

"英法战争期间，"萨克斯接着说，"在欧洲大陆一往无前的拿破仑，在海战中却不顺利。这时，一位年轻的美国发明家罗伯特·富尔顿来到这位伟人面前，建议把法国战舰上的桅杆砍断，装上蒸汽机，把木板换成钢板，并保证这样便可所向无敌，很快拿下英伦三岛。但是，拿破仑却想，船没有帆就不能航行，木板船换成钢板船就会沉没。他认为富尔顿是个疯子，把他赶了出去。历史学家在评价这段历史时认为，如果拿破仑采取富尔顿的建议，19 世纪的历史将会重写。"

萨克斯讲完后，目光深沉地注视着总统。他发现总统已陷入了沉思。

过了一会儿，罗斯福平静地对萨克斯说："你胜利了！"萨克斯激动得热泪盈眶，他明白胜利一定会属于盟军。

萨克斯的借古谏君术大功告成。

引用史实可以充分发挥历史事实、典故无可辩驳的说服力，生动形象而且引人入胜，有助于人们从中得出结论。

值得注意的是，所用事例要避开那些已被广泛应用的材料，那样会让人觉得平淡无味，丧失兴趣，当然也达不到预期的效果。

软磨硬泡逼近

在处理问题时，西方人喜欢用快去快回的交涉方法，他们对这些没有耐心，希望将事情快点解决，然后就去忙别的。而东方人却喜欢马拉松似的车轮战，问题一个接一个，且非谈出个满意的结果来不可，有时又会像棒球捕手利用迅速不断而又毫无意义的虚晃动作来干扰击球者一样，以期把对方弄得晕头转向，再慢慢解决问题。

以 20 世纪 70 年代的巴黎和谈来说，一开始越南代表就在巴黎租了一个别墅，签下为期 2 年的租约，而美国的代表却只有里兹的旅馆，订下一个按日计算的房间。因为他们根本没有耐心，也不认为交涉会拖得很久，即使美国人过去有过韩国板门店谈判 3 年的教训，但仍然不习惯作长期交涉。

事实上，正如越是嘈杂的机器，所获得的润滑油就越多。如果能有坚韧的耐心，不厌其烦地把许多问题和资料搅和在一起，让对方已经为目前的问题苦恼万分，还要忍受不断的轰炸。等他疲劳之余，正想撒手放弃，而你却缠着不放，做地毯式的攻击，伺机向对方提出"最后通牒"。对方在不胜厌烦的状况下，一般都会同意看来还算合理的条件，以彻底摆脱烦恼。说服最忌讳的就是遇到困难就退缩的态度，或没有耐心、速战速决的方法。有很多事情，不是一时半会儿就可以解决的，你要找出问题的症结，了解对方冒险的程度、考验对方的实力、找出对方的弱点、知道对方的要求，或者要改变对方的期望程度，等等，都需要时间来完成，甚至应该知道对方处在压力下会做出什么选择，这一切都是需要时间的。如果没有坚强的意志、毅力，是不会达到你理想的目标的。

说服中的步步紧逼还表现在穷追不舍上。面对敏感的问题，有时说服对象表达出现了障碍，说服者无法获得满意的答复，然而，这一答复对于说服又至关重要。面对这种情况，有经验的说服者会设计出一系列问题，或纵向追问，或横向追问，从而"挤"出一种明确的答案，搞清事实。

巴普自办了一个剧场，却总无戏剧评论家前来光顾，他深知没人宣传就没有观众，于是大胆闯入《纽约时报》搬尊神了。巴普点名要见著名评论家艾金森，凑巧艾金森在伦敦访问，巴普干脆待在报社不走："我就等到艾金森先生回来！"艾的助手吉尔布无奈，只好询问其原因。巴普便大施说服之术，说他的演员如何优秀，观众如何热烈，最后摊牌："我的观众大多是从未看过真正舞台剧的移民，如果贵报不写剧评介绍，那我就没经费继续演下去了！"吉尔布见其态度坚决，不由感动了，答应当晚就去看戏。谁知，露天剧场的演出到中场休息时，便遇上了滂沱大雨，巴普一次次地游说，真诚也有，"无赖"也有，斯人斯言到底感动了上苍，几天后一篇半拉子戏的简评见报，巴普剧场也日渐红火起来。

一个名不见经传的小小剧场主，其言何以搬动了《纽约时报》这尊大神？那不正是步步紧逼、巧舌游说的结果吗？言语的力量，正是在那步步紧逼、软缠硬磨中展示出来的。

欲速则不达，要说服成功一定要周密策划，沉着应付。对方施硬，你就来软；对方转软，你要变硬；应该讲法时，对他讲法；应该说理时，和他说理；应该论情时，与他论情；应该谈利害时，向他谈利害；用各种方法来轮番"轰炸"，始终坚持，绝不妥协。在说服过程中，耐心是最强而有力的武器，尤其是当对方已经感到厌烦或放弃与你争论的时候，只要你再做最后的坚持，不利的形势就会好转。

用比喻讲道理

譬喻，可谓说辩艺术之精华。譬喻是用具体的、浅显的、熟知的事物去说明或描写抽象的、深奥的、生疏的事物的一种手法。说理中，取喻明显，把精辟的论述与摹形状物的描绘糅合为一体，既能给人以哲理上的启迪，又能给人以艺术上的美感。

古希腊哲学家亚里士多德说过："比喻是天才的标志。"的确，善于譬喻，是驾驭语言能力强的表现。说理时运用贴切、巧妙的譬喻，可以生动地表情达意，增强说理的魅力。

公元前598年（周定王九年），南国霸主楚庄王兴兵讨伐杀死陈灵公的夏征舒。楚师风驰云卷，直逼陈都，不日即擒杀了夏征舒，随即将陈国纳入楚国版图，改为楚县。楚国的属国闻楚王灭陈而归，俱来朝贺，独有刚出使齐国归来的大夫申叔时对此不表态。楚王派人去批评他说："夏征舒杀其君，我讨其罪而戮之，难道伐陈错了吗？"申叔时要求见楚王当面陈述自己的意见。申叔时问楚王："您听说过'蹊田夺牛'的故事吗？有一个人牵着一头牛抄近路经过别人的田地，践踏了一些禾苗，这家田主十分气愤，就把这个人的牛给夺走了。这件事如果让大王来断，您怎么处理？"庄王说："牵牛践田，固然是不对，然而所伤禾稼并不多，因这点事夺人家的牛太过分了。若我来断，就批评那个牵牛的，然后把牛还给他。"申叔时接过楚王的话茬儿说："大王能明断此案，而对陈国的处理却欠思考。夏征舒弑君固然有罪，但已立了新君，讨伐其罪就行了，今却取其国，这与夺牛的性质是一样的。"楚王顿时醒悟，于是恢复了陈国。

利用同步心理

什么是同步心理呢？同步心理就是凡事想跟他人同步调、同节奏，也就是"追随潮流主义"，是那种想过他人向往的生活、不愿落于潮流之后的心理在作祟。正是由于同步心理的存在，那种不顾自身财力和精力，也不管是否真心愿意而豁出去做的念头，就很容易趁势而入，支配人们的行为，促使人们盲目地做出与他人相同的举动，因而陷入生活拮据的窘境。现在，这种同步心理相当严重。"大家都这样"等字眼的频繁使用，正是这种"从众"心理的体现。

妻子："听说小张买了房子，而且还是座小型花园别墅，总共有90平方米。真好啊！我们的一些朋友都已经陆续有了自己的家。唉，真是让人羡慕，什么时候我们也能和他们一样呢？"

丈夫："啊，小张？真是年轻有为啊！我们也得加快脚步才行，总不能在这里待上一辈子吧。可是贷款购房利息又沉重得惊人。"

妻子："小张还比你小5岁呢。为什么人家可以，你就不行呢？目前贷款购房的人比比皆是，况且我们家也还负担得起。试试看嘛！不如这个星期我们去看看吧。现在正是促销那种花园别墅的时机呢。买不买是另一回事，看看也不错！"

于是星期天一到，夫妇俩就带着孩子去参观正在出售的房子。

妻子："这地方真好啊！环境好又安静，孩子上学也近，而且房价也是我们负担得起的。一切都那么令人满意，不如我们干脆登记一户吧！"

丈夫："嗯，是啊！的确不错。我们应该负担得起。就这么决定吧！"

这句话正中妻子的下怀。她早看准了丈夫的决心一直在动摇，而用旁敲侧击的方法让他做出决定，这是妻子的成功所在。

这位妻子为何能够如愿以偿呢？因为她懂得去激发同步心理。

上述例子中的妻子成功地掌握了丈夫的同步心理，进而采取相应的说服对策。她先举出邻居张先生的例子，继而运用"大家都买了房子""大家都不惜贷款购屋"等一连串话语来激发丈夫的同步心理。

通常人们在受到这类刺激后就很容易变得没主见，掉入盲目附和的陷阱。所以，推销员或店员经常会搬出"大家都在用"或"有名的人也都用"等推销话语，促使人们毫不犹豫地接受。

口才加油站

天鹅事件

一次，齐王派遣淳于髡向楚王进献一只天鹅，淳于髡在路上一不小心让天鹅飞跑了，他只好扛着空笼子，在心里编造好一套假话来到楚国。

见了楚王后，淳于髡说：

"齐王派下臣前来进献天鹅，由于途中天气十分炎热干燥，下臣不忍心看天鹅饥渴，便放它出来喝水，没想到它一从笼中出来就飞跑了。当时，下臣想以自杀谢罪，但又担心人们会议论大王为了一只动物而致使一个信士被迫自杀，玷污了大王的名声；下臣也曾想过找一只形状相似的天鹅作为替代，但这样做不仅欺骗了您，也欺骗了我们齐王；下臣还想过干脆逃到别的国家去算了，但这样做会使齐楚两国的交往中断，那我的罪责就更大了。所以，我最后还是下定决心前来认罪，心甘情愿地接受大王的惩罚。"

楚王听了这番辩白之后，连声称赞淳于髡是齐国的诚信之士，非但没有惩罚他，反而给了他相当于天鹅价值一倍的赏赐。

淳于髡在处理"天鹅事件"的成功秘诀在于两点：一是谎言编得真实圆润，合情合理，以至于撒了谎还被夸为"信士"；二是善于创造"实话实说"的个人形象，把自己的想法"真诚坦直"地告诉楚王，摆出一副为了齐楚两国着想的姿态。于是，淳于髡成功地说服了楚王。

最妙的法宝

一次，惠盎去见宋康王。康王劈头喝道："我可不喜欢什么仁义道德的空论，你要教些什么点子给我呢？"

惠盎回答："臣下有一种比你想知道的还要神秘的东西，有了这个东西，就算是天下最勇猛的人，也别想刺进您身；就算天下最狠的人，也休想击倒您，陛下难道没有兴趣听听？"

康王说："这正是寡人所喜欢听的。"

惠盎见时机成熟，开始进入正题："说起来，其实这个刺不进身、击不倒您的护身法还不算高明呢！因为这一刺一击毕竟还是有辱您的尊严，更高明的应该是叫那些爱斗好狠的武夫，根本不敢近您的身。这还不够好，因为纵使外表不敢，　　心里头的敌意却是无法消除掉的；而我的这个法宝就是叫那些人从心眼里对大王就没有敌意，使天下和平祥和，这样的局面难道不是大王最喜欢的吗？"

宋王一听，乐不可支，心想：天底下竟有如此妙方，连忙催促惠盎快说。

惠盎见宋王的胃口已经被吊起来了，便不紧不慢地说："这个法宝不是别的，正是孔子、墨子两家的学说。这话怎么讲呢，您知道孔子、墨子没有寸土之地，但却可以君临天下；没有一官半职，却名噪一时。普天下的人，没有不引颈长盼这种能使天下人获得幸福的学说早日实现的。如今，您是天下尊主，如果能以孔、墨两家学说作为治国蓝本，那么四海升平就可指日可待。像这种不费一兵一戈，不伤一草一木即能治天下的东西，不是最妙的法宝吗？大王能得到这两样东西，实乃国人之幸啊！"

宋康王听毕，深有感触地对左右的人说："惠盎的口才真是不简单，没有人能预料他下边要说什么！"

在我们说服领导的时候，先不要急着切入主题，应该从对方感兴趣的问题谈起，然后等到他兴趣最高涨的时候，马上转换正题，使对方防不胜防，最终无法反驳。

·第十三章·

拒绝口才

该拒绝时，不要犹豫

业务员的销售技巧里有这么一招：从一开始就让顾客回答"是"，在回答几个肯定的问题之后，你再提出购买要求就比较容易成功。同理，当你一开始对自己说"我做不到"，或"我不行"的时候，自己就陷入了否定自我的危机，然后就会因拒绝任何的挑战而失去信心。

当然，我们必须努力去做一个绝不说"不"的人，可是，当遇到别人不合理的请求时，我们是否也要委曲求全答应对方呢？

这个时候，你千万不要因为不能说"不"而轻易地答应任何事情，而应该视自己能力所及的范围，尽可能不要明明做不到，却不说，结果既造成了对方的困扰，又失去了别人对你的信任。

30岁出头就当上了20世纪福斯电影公司董事长的雪莉·茜，是好莱坞第一位主持一家大制片公司的女士。为什么她有如此能耐呢？主要原因是，她言出必践，办事果断，经常是在握手言谈之间就拍板定案了。

好莱坞经理人欧文·保罗·拉札谈到雪莉时，认为与她一起工作过的人，都非常敬佩她。欧文表示，每当他请雪莉看一个电影脚本时，她总是马上就看，很快就给答复。不过好莱坞有很多人，给他看个脚本就不这样了，若是他不喜欢的话，根本就不回话，而让你傻等。

通常一般人十之八九都是以沉默来回答，但是雪莉看了给她送去的脚本，都会有一个明确的回答，即使是她说"不"的时候，也还是把你当成朋友来对待。这么多年以来，好莱坞作家最喜欢的人就是她。

当你拒绝对方的请求时，切记不要咬牙切齿、绷着一张脸，而应该带着友善的表情来说"不"，才不会伤了彼此的和气。除了对别人该说"不"时就说"不"，同时对自己也要勇敢地说"不"。

美国电话及电报公司的创办者塞奥德·维尔，经历过无数次失败之后，才学会了说"不"。

年轻时的他，无论做什么事都缺乏计划，一事无成地虚度日子，连他的父母也对他感到失望，而他自己也陷入了绝望之中。

20岁那年，他离家独自谋生时，给自己写了一封信："夜晚迟迟不睡，而撞球或者喝酒，这些事是年轻人不该做的，所以我决定戒除。但是对这决定我应该说什么呢？是不是还照旧说'只这一次，下不为例'，还是'从此绝不'了呢？以前已经反复过好几次了。"

维尔最大的愿望是买皮毛衣及玛瑙戒指，虽然在当时不能说是太大的奢望，但对他来说是很难买的。于是他无时不克制自己，以求事事三思而后行。这种坚决的克制态度，使得他由默默无闻的员工调升到铁路公司的总经理。

他向别人说"不"的同时，也在向自己说"不"，尤其是创立电话电报这样巨大组织的时候，他时时刻刻地说"不"。正因为这样，他才能避免因一时冲动而误了大事。

拒绝别人不是一件什么罪大恶极的事情，也不要把说"不"当成是要与人决裂。是否把"不"说出口，应该是在衡量了自己的能力之后，作出的明确的回应。虽然说"不"难免会让对方生气，但与其答应了对方却做不到，还不如表明自己拒绝的原因，相信对方也会体谅你的立场。

说"不"没什么开不了口的，只要站得住立场和对自己有益，就请勇敢地向别人和自己说"不"吧。

下令逐客，要讲艺术

有朋来访，促膝长谈，交流思想，增进友情是生活中的一大乐事，也是人生道路上的一大益事。宋朝著名词人张孝祥在跟友人夜谈后，忍不住发出了"谁知对床语，胜读十年书"的感叹。然而，现实中也会有与此截然相反的情形。下班后吃过饭，你希望静下心来读点书或做点事，那些不请自来的"好聊"分子又要扰得你心烦意乱了。他唠唠叨叨，没完没了，一再重复你毫无兴趣的话题，还越说越来劲。你勉强敷衍，焦急万分，极想对其下逐客令但又怕伤了感情，故而难以启齿。

但是，你"舍命陪君子"，就将一事无成，因为你最宝贵的时间，正在白白地被别人占有着。鲁迅先生说："无端地空耗别人的时间，无异于谋财害命。"任何一个珍惜时间的人都不甘任人"谋财害命"。

那要怎样对付这种说起来没完没了的常客呢？最好的对付办法是：运用高超的语言技巧，把逐客令说得美妙动听，做到两全其美；既不挫伤好话者的自尊心，又使其变得知趣。要将逐客令下得有人情味，可以参考以下方法：

1. 以婉代直

用婉言柔语来提醒、暗示滔滔不绝的客人：主人并没有多余的时间跟他闲聊胡扯。与冷酷无情的逐客令相比，这种方法容易被对方接受。如"今天晚上我有空，咱们可以好好畅谈一番。不过，从明天开始我就要全力以赴写职评小结，争取这次能评上工程师了。"这意思是说：请你从明天起就别再打扰我了。又如"最近我妻子身体不好，吃过晚饭后就想睡觉。咱们是不是说话时轻一点？"这句话用商量的口气，却传递着十分明确的信息：你的高谈阔论有碍女主人的休息，还是请你少来光临为妙吧。

2. 以写代说

有些"嘴贫"（北京方言，指爱乱侃）的人对婉转的逐客令可能会意识不到。对这种人，可以用张贴字样的方法代替语言，让人一看就明白。影片《陈毅市长》里有一位著名的科学家，在自家客厅里的墙上贴上了"闲谈不得超过三分钟"的字样，以提醒来客：主人正在争分夺秒搞科研，请闲聊者自重。看到这张字样，纯属"闲谈"的人，谁还会好意思喋喋不休地说下去呢？

根据具体实际情况，我们可以贴一些诸如"我家孩子即将参加高考，请勿大声喧哗"、"主人正在自学英语，请客人多加关照"等字样，制造出一种惜时如金的氛围，使爱闲聊者理解和注意。一般情况下，字样是写给所有来客看的，并非针对某一位，所以不会令某位来客有难堪之感。

3. 以热代冷

用热情的语言、周到的招待代替冷若冰霜的表情，使好闲聊者在"非常热情"的主人面前感到今后不好意思多登门。爱闲聊者一到，你就笑脸相迎，沏好香茗一杯，捧出瓜子、糖果、水果，很有可能把他吓得下次不敢贸然再来。你要用接待贵宾的高规格，他一般也不敢老是以"贵客"自居。

过分热情的实质无异于冷待，这就是生活辩证法。但以热代冷，既不失礼貌，又能达到逐客的目的，效果之佳，不言自明。

4. 以攻代守

用主动出击的姿态堵住好闲聊者登门来访之路。先了解对方一般每天几点到你家，然后你不妨在他来访前的一刻钟先登上他家门去。于是，你由主人变成了客人，他则由客人变成了主人。你从而掌握交谈时间的主动权，想何时回家，都由你自己安排了。你登上门去的次数一多，他就会让你给黏在自己家里，原先每晚必上你家的习惯很快会改变。一段时间后，他很可能不再重蹈覆辙。以攻代守，先发制人，是一种特殊形式的逐客令。

5. 以疏代堵

闲聊者用无聊的嚼舌消磨时间，原因是他们无事可做。如果改用疏导之法，使他有计划要完成，有感兴趣的事可做，他就无暇光顾你家了。显然，以疏代堵能从根本上解除闲聊者上门干扰之苦。

怎样进行疏导呢？如果他是青年，你可以激励他："人生一世，多学点东西总是好的，有真才实学更能过上好生活，我们可以多学习学习，充实充实自己。"如果他是中老年，可以根据他的具体条件，诱导他培养某种兴趣爱好，或种花，或读书，或练书法，或跳迪斯科。"老张，您的毛笔字可真有功底，如果再上一层楼，完全可以在全县书法大奖赛中获奖！"这话一定会令他欣喜万分，跃跃欲试。一旦有了兴趣爱好，你请他来做客也不一定能请到呢！

表达拒绝，巧借他语

拒绝不一定非要表明自己的意思，许多时候，利用对方的话来拒绝他，是更聪明的选择。只要合理地从对方的话语里引出一个合乎逻辑的相同问题，巧踢"回旋球"，让对方哑巴吃黄连——有苦说不出。

小李从旅游局一个朋友那里借了一架照相机，他一边走一边摆弄着，这时刚好小赵迎面走来了。他也知道小赵有个毛病：见了熟人有好玩的东西，非得借去玩几天不可。这次看见了他手中的照相机又非借不可了。尽管小李百般说明情况，小赵依然不肯放过。小李灵机一动，故作姿态地说："好吧，我可以借给你，不过我要你不要借给别人，你做得到吗？"小赵一听，正合自己的意思。他连忙说："当然，当然。我一定做到的。""绝不失信。"小李还追加一句说。"绝不失信，失信还能叫作人？"小李斩钉截铁地说："我也不能失信，因为我也答应过别人，这个照相机绝不外借。"听到这，小赵也目瞪口呆了，这件事也只好作罢。

有一大部分人会产生这样的想法，难道我们在现实生活中都非要拒绝别人不可吗？我们在拒绝他人时都要采用这些委婉的方法吗？其实这个问题问得恰到好处。

在现实生活中，关于拒绝他人，我们还要注意以下问题：

第一，在日常生活中，我们应该真诚地对待朋友和同学，积极地帮助他们。每个人都应该明白一个简单的道理"平时帮人，拒人才不难"，这种方法主要应用于那些的确违背我们意愿的事情。

第二，如果是由于自己能力或客观原因，我们应该坦诚相对，说明自己的实际情况，同时，要积极帮对方想办法。

第三，对于某些情况，直接说"不"的效果更好，特别是对于那些违法乱纪的事情，应持坚决的态度来拒绝。对于那些可能引起误解的事情，也应该明确自己的态度，否则会当断不断，反受其乱。此外，由于拒绝不明可能会影响对方，也影响事情的发展方向，也应该直截了当地拒绝。

第四，即使我们掌握了一些比较好的方法，在一般的拒绝中，我们也应该语气委婉，最好还能面带微笑，这样既达到自己拒绝他人的目的，又能消除由于拒绝给对方带来的不快。

拒绝他人，顾及尊严

人们一旦投入社交，无论他的地位、职务多高，成就多大，他们无一例外地都关心外界对自己的评价。由于来自外界评价的性质、强度和方式不同，人们会相应地作出不同反应，并对交际过程及其结果产生积极或消极的影响。

顾及对方的尊严是拒绝别人时必不可少的注意事项，有这样一个例子：

某校在评定职称时，由于高级职称的名额有限，一位年龄较大的教师未能评上。他听说了这一消息后就向一位负责职称评定的副校长打听情况。副校长考虑到工作迟早要做，便和这位老教师促膝交谈：

校长：哟：老×，什么风把你给吹来了。

老师：校长，我想知道这次评高职我有希望吗？

校长：老×，先喝杯茶，抽支烟。我们慢慢聊，最近身体怎么样？

老师：身体还说得过去。

校长：老教师可是我们学校的宝贵财富，年轻教师还要靠你们传帮带呢！

老师：作为一名老教师，我会尽力的。可这次评定职称，你看我能否……

校长：不管这次评上评不上，我们都要依靠像你这样的老教师。你经验丰富，教学也比较得法，学生反应也挺好。我想，对于一名教师来说，这一点，比什么都重要，你说呢？

老师：是啊！

校长：这次评职称是第一次进行，历史遗留的问题较多，可僧多粥少，有些教师这次暂时还很难如愿，要等到下一次。这只是个时间问题。相信大家一定能够谅解。但不管怎样，我们会尊重并公正地评价每一位教师，尤其是你们这些辛辛苦苦工作几十年的老教师。

老教师在告辞时，心里感觉热乎乎的，他知道自己这次评上高职的希望不大，但由于自身得到了别人的尊重，成绩受到了别人的肯定，他能接受那样的结果。用他对校长的话讲："只要能得到一个公正的评价，即使评不上我也不会有情绪的，请放心。"

这位校长可谓是顾及别人尊严的典范，如果开始他就给这位老教师泼一桶冷水，那么后果就不堪设想了。

尊之则悦，不尊则哀。当得到肯定的评价时，人们的自尊心得到满足，便会产生一种成功的情绪体验，表现出欢愉乐观和兴奋激动的心情，进而投桃报李，对满足自己自尊欲望的人产生好感和亲近力，采取积极的合作态度，交际随之向成功的方向发展。反之，当人们不受尊重、受到不公正的评价时，便会产生失落感、不满和愤怒情绪，进而出现对抗姿态，使交际陷入危机。

在社交场合上，无论是在举止或是言语上都应尊重他人，即使在拒绝别人的时候也要顾及对方的尊严。也只有这样，才能赢得别人的尊重。

诙谐言语，愉快拒绝

有一位"妻管严"，被老婆命令周末大扫除。正好几个同事约他去钓鱼，他只好回答："其实我是个钓鱼迷，很想去的。可成家以后，周末就经常被没收啊！"同事们哈哈大笑，也就不再勉强他了。

用幽默的方式拒绝别人，有时可以故作神秘、深沉，然后突然点破，让对方在毫无准备的大笑中失望。

有时候拒绝的话像是胡搅蛮缠，但因为它用幽默的方式表达出来，也就在起到拒绝目的同时，让别人很愉快地接受了。

意大利音乐家罗西尼生于 1792 年 2 月 29 日，因为每 4 年才有一个闰年，所以等他过第 18 个生日时，他已 72 岁。他说这样可以省去许多麻烦。在过生日的前一天，一些朋友来告诉他，他们集了两万法郎，要为他立一座纪念碑。他听了以后说："浪费钱财！给我这笔钱，我自己站在那里好了！"

罗西尼本不同意朋友们的做法，但他没有正面回绝，而是提出一个不切实际的想法："给我这笔钱，我自己站在那里好了！"含蓄地指出朋友的做法太奢侈，点明其不合理性。

此外，还可以用假设的方法，虚拟出一个可能的结果，从而产生一个幽默的后果，而这个后果正好是你拒绝的理由。这样，不仅不至于引起不快，还可能给对方以一定启发。

一位演技很好、姿色出众但学历不高的女演员，对萧伯纳的才华早就敬而仰之。她平时生活在众星拱月的环境中，多少有一些高傲神气，总以为自己应该嫁给天下最优秀的男人。某次宴会中，她和萧伯纳相遇了，她自信十足，以最迷人的音调向萧翁说："如果以我的美貌，加上你的天才，生下一个孩子，一定是人类最最优秀的了！"

萧伯纳立刻微微一笑，不疾不徐地回答："对极了。但是如果这孩子长成了我的貌和你的才，那将是怎样呢？"这位美女演员愣了一下子，终于明白了萧伯纳的拒绝之意。她失望地离开了，但一点也不恨萧伯纳，反而成了他忠实的好朋友。

不管对中国人还是外国人来说，拒绝别人的话总是不好出口的，但拒绝的话又经常不得不说出口。这时不妨用幽默方式说出拒绝的话，把对方遭到拒绝时的不愉快感擦掉。

小王毕业后分到一个小单位打杂，开始很失意，成天和一帮哥们儿喝酒、打牌。后来逐渐醒悟过来，开始报名参加等级考试。

有一天晚上，他正在埋头苦读，突然一个电话打过来叫他去某哥们儿家集合，一问才知道他们"三缺一"。小王不好意思讲大道理来拒绝他们的要求，也不想再像以前没日没夜地玩，便回答说："哎呀，哥们儿，我的酸手艺你们还不清楚啊，你们诚心让我进贡啊，我这个月都要弹尽粮绝了，这样吧，一个小时就打一个小时，你们答应我就去，不答应就算了。"一阵哄笑过后，对方也不好食言。

无论一个人的职业是什么，适当的幽默，必能帮助他应付世人。幽默的性格易于传染，快活有趣的人不必开玩笑也能提高大家的情绪。幽默使人发笑，博得他人的好感，缓和紧张的局面，用幽默的话来拒绝别人，别人也会平和地接受你。

朋友请求，不轻许诺

答应帮别人办事，首先得看自己能不能办到，这是人人都明白的道理。可就有那么一些人不自量力，对别人请求帮助的事情一概承担下来，事情办好了什么事也没有，如果办不好或只说不做，那就是不守信用，朋友就会埋怨。

一个权力很有限的人更应该注意，因为你有权，亲戚朋友托你办事的肯定多。这时你应该讲点策略，不能轻易答应别人。有的朋友托你办的事可能不符合政策，这样的事最好不要允诺，而是当面跟朋友解释清楚，不要给朋友留下什么念头，不然，朋友会认为你不肯帮忙；有的朋友找你办的事可能不违反政策，但确有难度，就跟朋友说明，这事难度很大，只能试试，办成办不成很难说，让对方不要抱太大希望，这样做是给自己留后路，万一办不成，也会有个交代。

当然，对于那些举手之劳的事情，还是答应朋友去办，但答应之后，无论如何也要办好，不可今天答应了，明天就忘了，待朋友找你时，你会很尴尬。

不要轻率地对朋友作出许诺，并不是一概不许诺，而是要三思而后行。尽量不说"这事没问题，包在我身上了"之类的话，给自己留一点余地。顺口的承诺，是一条会勒紧自己脖子的绳索。

前几年春节联欢晚会上也曾演过这样一个小品：一个人为了避免别人瞧不起自己，假装自己很厉害，别人求他办事，不管有多大困难一概来者不拒。为了帮别人买两张卧铺票，不惜自己通宵排队，结果闹出了笑话……

对待朋友的要求，要注意分析，不能一概满足。因为不分青红皂白一概满足，有可能会引火烧身。因此，必须搞清楚朋友的要求是正当的，还是不正当的，是不是符合原则或规范。千万不能碍于情面，有求必应，有求必办。

对待朋友的要求，是否要拒绝，如何拒绝呢？下面几点可供你借鉴。

1. 问清目的

朋友要求你帮助或希望与你合作完成某事时，你必须首先问清楚是什么事、动机是什么、目的何在。如果是正当的，在你力所能及的范围内可尽量提供帮助，以尽朋友之谊。假如朋友的要求，你认为超越了正常范围，就应毫不犹豫地拒绝他。

2. 态度坚决

无论对方的要求多么强烈，只要你认为不能接受，便要态度明确、坚决地予以拒绝，不能留有余地。"实在抱歉，我无能为力""对不起，我没有办法答应"，同时也不要给他出主意，否则，你仍难脱干系，说不定他还会来找你，让你想办法。

3. 接受指责

遭到你的拒绝，要求不能达到，对方必然会对你加以指责。对此，你可以表示接受。这里，需要注意的是，千万不能中了对方的激将法。比如他说："我就知道你可能做不到，看来果然如此。"对此，你不妨报之一笑，承认自己能力有限，"做不到"他要求的事。

4. 消除愧疚

拒绝朋友的要求，朋友可能会愁眉苦脸、唉声叹气。这时候，你没必要自责，也没必要感觉愧疚。既然拒绝，你自然有拒绝的理由。最好的做法是，用你的理由来消除内心的愧疚，达到心理的平衡。

5. 电话拒绝

有时候碍于面子，当面不好意思拒绝朋友。这种情况下，你可以让朋友先回去，告诉朋友等你考虑后再给他答复。然后，打个电话把你的意见告诉他。这样，双方不见面可以避免不好启齿或造成尴尬。

借用他人，巧妙拒绝

有的时候，你根本不用绞尽脑汁去想那些拐弯抹角的拒绝方式，就能把"不"字直接说出口，并且切断所有后路，让对方无法采取别的方式再对你进攻。不过，在这里你要借用"别人的意思"。

某造纸厂的推销员上某大学推销纸张，推销员找到他熟悉的这个大学的总务处长，恳求他订货。总务处长彬彬有礼地说："实在对不起，我们学校已同某国营造纸厂签了长期购买合同，学校规定再不向其他任何单位购买纸张了，我也应按照规定办。"

拒绝不是总务处长的意思，责任已经全部推到"学校"那里，学校的规定，谁也无法反抗，事情就这么简单。以别人的身份表示拒绝。这种方法看似推卸责任，却很容易被人理解：既然爱莫能助，也就不便勉强。一位和善的主妇说，巧妙拒绝的艺术使她一次又一次获得了宁静。每当推销员找上门来，她便彬彬有礼但态度坚决地说："谢谢您来推销，但是我丈夫不让我在家门口买任何东西。请你理解我一个做妻子的难处。"这样，推销员会因为被拒绝的并不仅仅是自己一个人而得到一点心理平衡，减少了被拒绝的不快。

人处在一个大的社会背景中，互相制约的因素有很多，为什么不选择一个盾牌来挡一挡呢？如：有人求你办事，假如你是领导成员之一，你可以说，"我们单位是集体领导，像刚才的事，需要大家讨论才能决定。不过，这件事恐怕很难通过，最好还是别抱什么希望，如果你实在要坚持的话，待大家讨论后再说，我个人说了不算数"，把矛盾引向了另外的地方，意思是：我不是不给你办，而是我决定不了。请托者听到这样的话，一般都会打退堂鼓。

一个年轻的物资销售员经常与客户在酒桌上打交道，长此以往，他觉得自己的身体每况愈下，已不能再像以前那样喝太多酒了。可应酬中又免不了要喝酒，怎么办呢？后来他想到一个妙计。每当客户劝他多喝点的时候，他便诙谐地说："诸位仁兄还不知道吧，我家里那位可是一个母老虎，我这么酒气熏天地回去，万一她河东狮吼起来，我还不得跪搓衣板啊？"

他这么一说，客户觉得他既诚恳又可爱，自然就不再多劝了。

每个人都可以在必要时虚构一个"后台领导"，把自己的意愿都归到他身上，适当地弱化自己的地位，表现出一种对决策的无权控制，从而全身而退，拒绝的效果立竿见影，对方也无法进一步提要求。

当然这一招也不能乱用，而且最好是用来拒绝陌生人或者不是很熟悉的人，比如某个推销员或者刚认识的一个还不清楚底细的朋友。如果是很熟悉的朋友，你也借别人的嘴巴来拒绝，让朋友知道了，会觉得你不够真诚，从而对你的形象大打折扣。另外如果大家对你的底细都很了解，知道你妻子温柔贤惠，一向只听你的话，你还说你妻子是河东狮吼的悍妇，这不但不真诚，还有可能传到你妻子的耳朵里，影响感情。

所以利用别人的意思来拒绝也要注意使用方式。最好对方不认识你说的这个人，你借用的这个人跟你的关系又很密切，这样才能把拒绝做好。

糊涂话语，怎么出口

装糊涂是答非所问，模糊应对，这体现了一种大智若愚的拒绝态度和情操。

看看下面这对老夫妇如何把话说得字字不靠谱的。

推销员一进门，就迎出来一个白发老头。青年推销员恭恭敬敬鞠了一躬。"喔，喔，可回来了！你毕竟是回来了。"老头脱口而出，"老婆子快出来。儿子回来了，是洋一回来了。很健康，长大了，一表人才！"老太太出来了，只喊了一声："洋一！"就捂着嘴，眨巴着眼睛，再也说不出话来。推销员慌了手脚，刚要说"我……"时，老头摇头说："有话以后再说。快上来，难为你还记得这个家。你下落不明的时候才小学六年级，我想你一定会回来，所以连这个旧门都不修理，不改原样，一直都在等着你呀。"

推销员实在待不下去了，便从这一家跑了出来，喊他留下来的声音始终留在他的耳边。

"大概是走失了独生子，悲痛之余，老两口都精神失常了吧？倒怪可怜的。"他想着想着回到了公司，跟前辈谈这件事。老前辈说："早告诉你就好了。那是小康之家，只有老两口。因为无聊，所以经常这样捉弄推销员。"

"上当了！好，我明天再去，假装是儿子，来个顺水推舟，伤伤他们的脑筋。"

"算了，算了吧，这回又该说是女儿回来了，拿出女人的衣服来给你穿。结果，你还是要逃跑的。"

用装傻的手段捉弄和对付难缠的推销员，不失为一种高明的手段，日本人似乎特别擅长这种模糊迂回的圆融之道。在日本有这样一个故事，很能给人启发：

一位名叫宫一郎的青年去拜访广源先生，想将一块地卖给他。

广源听完宫一郎的陈述后，并没有做出"买"或者"不买"的直接回答，而是在桌子上拿起一些类似纤维的东西给宫一郎看，并说："你知道这是什么东西吗？"他似乎瞬间忘记了宫一郎上门的目的。

"不知道。"宫一郎回答。

"这是一种新发现的材料，我想用它来做一种汽车的外壳。"广源详详细细地向宫一郎讲述了一遍。

广源先生共讲了 15 分钟之多，谈论了这种新型汽车制造材料的来历和好处，又诚诚恳恳地讲了他明年的汽车生产计划。广源谈的这些内容宫一郎一点也听不懂，但广源的情绪感染了宫一郎，他感到十分愉快。在送广源送宫一郎时顺便说了一句：不想买那块地。

广源的高明之处在于他没有一开始就回拒宫一郎。如果那样，宫一郎就一定会滔滔不绝地劝说他买那块地。而广源采取了回避的态度，装作好像根本没听懂宫一郎的话，没有给他劝说的时间，在结束谈话时轻轻一拒，不失为高明之法。

装傻并不是真傻，而恰恰是一种高明的阴柔之道，它真正体现的是你的聪明与灵活。

拒绝他人，要留台阶

拒绝是一种常见的现象，但怎样拒绝而不使人难堪，让人有台阶可下，则有一定技巧。这里列举几种恰到好处又不失礼节的拒绝方式：

1. 态度上要表现得友好和热情

一位青年作家想同某大学的一位教授交朋友，以期今后在文学艺术创作和理论研究方面携手共进。作家热情地说："今晚 6 点，我想请你在海天餐厅共进晚餐，我们好好聚一聚，你愿意吗？"事情真凑巧，这位教授正在忙于准备下星期学术报告会的讲稿，实在抽不出时间。于是，他微微地笑了笑，又带着歉意说："对你的邀请，我感到非常荣幸，可是我正忙于准备讲稿，实在无法脱身，十分抱歉！"他的拒绝是有礼貌而且愉快的，但又是那样干脆。

这位教授虽然拒绝了青年作家，但态度热情诚恳，因此，并没有让青年作家产生不快，而是愉快地接受了对方的理由。

2. 拒绝之前要表明你对他的同情

黄女士在民航售票处担任售票工作，由于经济的发展，乘坐飞机的旅客与日俱增，黄女士时常要拒绝很多旅客的订票要求，黄女士每每总是带着非常同情的心情对旅客说："我知道你们非常需要坐飞机，从感情上说我也十分愿意为你们效劳，让你们如愿以偿，但票已订完了，实在无能为力。欢迎你们下次再来乘坐我们的飞机。"

黄女士的一番话，让旅客再也提不出意见来了。

3. 对于难缠而麻烦的对手，暗示你对他的漠视

称呼名字，表示了双方关系的密切程度，代表着对对方人格的尊重程度。如双方见过面，对方却记不起自己的名字，就是根本没有把自己放在眼里。

若是不想答应对方的要求，而对方却死死地纠缠，也不用顾及太多的礼貌。可以故意假装不知道对方的名字，暗示他的事包括他本人对你来说不重要。这是一种实用的心理技巧，对于惹人厌烦或有意轻视疏远的对象，就故意问："啊，我忘记了，你的名字叫什么？"但要小心使用，这种问法，一定会给对方以相当大的打击。

口才加油站

糟糠之妻不下堂

东汉光武帝刘秀的姐姐湖阳公主丈夫死去后，看中了朝中品学兼优的宋弘，就请刘秀撮合其事。一次，刘秀把宋弘叫来，以言相探道：

"俗话说，'位高换友，富贵换妻'，是人之常情吧？"

刘秀运用俗语来试探宋弘，以期得到宋弘的共鸣，让他来娶湖阳公主。而宋弘是个品德高尚的人，不为所动。但在这种情况下，既不能含糊其辞，留下后患，又不能直来直去，冒犯皇上。于是宋弘机敏地回答道："我听说，'贫困之交不能忘，糟糠之妻不下堂'，这样才是好的品行，也是皇上所推行的美德吧！"

一句话说得皇上连连称赞宋弘的美德。后来，宋弘不仅委婉拒绝了湖阳公主，而且还受到了皇上的重用。

宋弘巧妙地运用引证术，言辞委婉而又毫不闪避地表示了自己的回绝态度，这样不仅没有冒犯上司，而且还达到了拒绝的目的。

·第十四章·

赞美口才

赞美不同，效果更佳

当一个人处在众口一词的赞美中时，往往不再把这种同一内容的赞美当回事，这时，如果你能找到别人都忽视了的优点来赞美，就必然能引起这个人的注意。因为人总是希望别人能尽可能多地发现自己的优点。

真正会说话的人的赞美表现为独具慧眼。独具慧眼的赞美者善于发现被赞美者别人发现不到的优点、长处。比如，面对一幅油画作品，几乎所有的人都异口同声地叹道："真是太绝了！""我再练十年恐怕也赶不上！"油画家对这样的恭维早就习以为常了。独有一位慢慢地说道："常言说，画如其人。您的画运笔沉稳，是和您刚正不阿的秉性、对人生与社会的深刻思考分不开的。这是您跟一般画家最大的不同点，也是最大的优点。"谈画论人，在行在理，独辟蹊径，巧妙换了个新角度，令人耳目一新。他的赞美与众不同，技高一筹，非常讨画家喜欢。

小杜是学校里出了名的"歌星"，每次晚会或其他娱乐活动都少不了他的歌声。

在一次元旦晚会上，他又成功地演唱了一首歌，表演完后，台下一片喝彩声。回到观众席，大家对他的歌声还在赞不绝口。

这时一个师弟对他说："师兄，你的舞也和你的歌一样棒啊！刚才看你在台上的舞姿，觉得你跳舞肯定也很厉害！"

听惯了别人称赞自己会唱歌的小杜头一回听人如此关注并称赞他的舞蹈，自然非常开心，就故作谦虚地说自己不太会跳舞，长项还是唱歌。

这时，师弟马上接上他的话："对呀，师兄的歌喉真是没得说。有空教教我吧。"

小杜在愉快的心情中欣然应允。

这位师弟没有把小杜被公认的唱歌水平拿来赞美，而是夸他舞一定也跳得很好，一下子吊起了他的胃口，让他心里十分舒服，很爽快地答应了师弟的要求。

肤浅的赞美让人感到乏味与空洞，受到你赞美的人也丝毫引不起一种荣耀，并会因为你的言语而产生一种不安与困惑；而独具慧眼的赞美让人觉得你看到了被赞美对象的实质，你确确实实对被赞美者产生了认同感，而被赞美者也对你的一双慧眼报以信赖，产生了与你积极沟通与交流的愿望。

身边女性，随时赞美

哪个女孩子不喜欢别人夸自己漂亮。一句夸奖漂亮的话，能把她们感性的一面大大激发出来。这对夸奖她们的人来说自然是有好处的。

以买衣服为例，当一个女士在服装店试穿一件衣服，还在那里犹豫着不知道买不买时，营业员发话了："啊，真漂亮！穿起来非常合身，既朴素又大方，简直是为你定做的！"这时，她就会满心喜欢，不再那么犹豫，很可能爽快地买下这件衣服。

有一位女领导，快 50 岁了，但是保养得不错，看起来比实际年龄要小一些。于是这天一个下属在跟她聊天的时候说道："我刚见您的时候，您看起来也就 30 岁左右的样子。我还想着既然当了这么高职位的领导，怎么也得有 35 岁了吧。后来才……"

女领导非常高兴，过段时间就把这位下属升了职。

在特定场合，女性本身认为自己打扮得很漂亮。这时夸赞就可以大胆一些，以表达自己的赞赏之情。比如在舞场上，这就是找到舞伴的重要技巧。

一天，小何去参加舞会时没有带舞伴。当他看见旁边坐着一位身穿长裙的女孩时，他决定请她跳舞。

他走近这位女孩，夸赞道："小姐，您今晚的一袭长裙配上舞场的灯光，简直就给人仙女下凡般的感觉，真是太迷人了！要不是您穿在身上，我真不知道这座城市的某家商场里居然有这样漂亮的长裙在卖！我已经静静地欣赏了您好久，终于忍不住过来邀请您跳一支舞，你不会拒绝一个崇拜者吧！"这位女孩笑了，答应了小何的要求。

小何在这里就是用夸奖美貌的方式使这位女孩和他跳舞。

有时，为了避免恭维奉承之嫌，我们也可以借用第三者的口吻夸女性漂亮的地方。例如说："你真是漂亮，难怪××一直说你看上去总是那么年轻！"可想而知，对方必然会认为这不是在奉承他，而只是在承认并转述他人的看法。在一般人的观念中，总认为第三者所说的话是比较公正、实在的。因此，以第三者的口吻来夸奖，更能得到女同胞们的好感和信任。

赞美女孩，注重优点

夸赞女孩子漂亮、可爱当然可以获得女孩子的欢心，但现代社会女性的地位大大提高，"女人能顶半边天"。女孩子们也普遍有"我能干"的强烈愿望。如果能找到她们能力上的优点予以称赞，她们会非常高兴。

一次，小蒙去银行取钱，人很多，年轻漂亮的女职员忙个不停，有点不耐烦，看起来她心情不是很好。小蒙很想跟她交谈，怎么开口呢？

观察了一会儿，小蒙发现了女孩的优点。轮到他填取款单时，他边看她写字边称赞说："你的字写得真漂亮！现在像我们这样的年轻人，能写这么一手好字的人，确实不多了。"

女职员吃惊地抬起头，听到顾客的称赞，她心情好了点，但又不好意思地说："哪里哪里，还差得远呢！"

小蒙认真地说："真的很好，看上去你像练过书法，我说得对吗？"

"是的。"

"我的字写得一塌糊涂，能把你用过的字帖借给我练练字吗？"

女职员爽快地答应了，并约好了下午到办公室来取。一来二往，两人有了感情，并最终结成了良缘。

当然，在夸女孩子有能力的时候，必须是由衷的，有人在夸赞女孩子能力时往往表现出漫不经心："你的文章写得很好""你的这件事办得不错""你唱的歌很好听"……这种缺乏热诚的空洞的称赞并不一定能使女孩子感到高兴，有时甚至会由于你的敷衍而引起对方的反感和不满。

真正聪明的人在称赞女孩子能力时，则尽可能热情些、具体些。比如，上述三种情形，他会分别说："这篇文章写得很好，特别是后面的这一问题有新意""这件事情办得不错，让我们学了一招""你的歌唱得不错，不熟悉的人没准还以为你是专业演员"。这种充满了真诚、自然的赞美，无疑会使女孩子愉快地接受。

聪明人也会用赞美来鼓励，以此树立女孩子的自尊心。有的女孩子因第一次做某种事情，所以做得不好，不管她有多大的毛病，都应该说："第一次有这样的成绩就不错了。"对第一次登台、第一次比赛、第一次写文章、第一次……的人，这种赞扬会让女孩子记一辈子。

因此，在适当的场合，千万不要吝啬你的赞美。

两性世界，赞美不同

人人都渴望被别人赞美，但男人和女人的需要是不同的。

男人要面子好虚荣，多表现在追逐功名、显示能力、展示个性以显潇洒和能人之形象方面，而女人则表现在对容貌、衣着的刻意追求或身边伴个白马王子以示魅力方面；男人要面子好虚荣，他们对此毫不遮掩，有时甚至坦率得令人吃惊，而女子则总是遮遮掩掩、羞羞答答；女性对于面子、虚荣还有几分保留，而男子则是全力以赴去追求面子，好似他的人生目的就是追求面子一般；男人为了面子可以大动干戈，有权力的甚至可以轻则杀一儆百，重则发动战争，女人为了面子则会大喊大叫。男人的面子千万不要去伤害、破坏，否则便万事皆休，一切都完了——友谊中断、恋爱告吹、生意不成、升官无望、职称泡汤。因此，对男人和女人要采取不同的赞美。

作为男人更要会赞美女人，能够做到张口也赞闭口也赞。这样，你才能在女人面前受欢迎，使你魅力无穷。

男人赞美女人是对女人价值的肯定，更是对女人魅力的一种欣赏。在男人眼里，女人身上总有美丽动人之处，或者是皮肤细腻，或者是身材苗条，或者是眉目含情，或者是穿着得体。所以你一定要善于发现、捕捉她的美。许多女人都会对自己的缺憾有所了解，但她们也十分了解自己的最动人之处，只要你能慧眼独具，赞美得体，你一定会博得她的赏识与青睐。

当今时代注重个性，夸赞一个女人有个性已成为一种时尚。固执的性格可当此人有个性来赞，孤傲的性格也可以用有个性来赞，像男人一样不拘小节，有些泼辣的女性也能用有个性来赞。只要是稍稍区别于大众的性格，你用"个性"二字来赞她，无论是哪种女性，她都会觉得你这个人很有品位。

最后，谈一谈女人的能力。现代社会，在各种事业中女人都表现出了她们非凡的能力。她们不仅能把自己分内的事完成得十分得体，还会凭她们细心的洞察力去发掘工作中出现的问题，把各部门的事情都安排得十分妥当，有时的工作能力大大超越了男性。而女人在取得很大的成就时，她们是需要被这个社会肯定的，她们希望这个社会能认同自己，肯定自己的能力，也希望在男人眼中她们不再是处处依附于男人的人，而是能够独当一面，把事情处理得完好无瑕有能力的人。于是，她们就需要男人的赞美，希望自己所做的，能够得到男人的认同与赏识。如果你是她的领导、上司，或是同事，你可千万别忽视她的业绩，常常激励她、赞美她，换取她更大的工作积极性吧！

除此之外，生活中女人们的能力也值得你一赞。日常家务，如烧饭做菜、收拾房间、照顾孩子等，这些虽是一些细小的事情，但却能表现出女人的动手能力、审美能力、教育能力。只要你在日常生活中也不忘记赞美一下女性，你定会得到女性们一致的好评。

人们都说女人是用耳朵来生活的，赞美是女人生命中的阳光。然而，男人也一样，他们一样喜欢听到他人对自己的肯定和赞美，因为这会让他们有一种价值感，并由此充满自信。可以说，恰到好处的赞美是打在男人身上的一剂强心剂。

女性芳心，一句打动

电影《人到中年》有一段描写恋爱的傅家杰和陆文婷的对话：

"你喜欢诗吗？"傅家杰问陆文婷。

"我？我不懂诗，也很少念诗。"陆文婷略带嘲讽地说，"我们眼科是手术，一针一线都严格得很，不能有半点儿幻想的……"

"不，你的工作就是一首最美的诗。"傅家杰打断她的话，热切地说，"你使千千万万的人重见光明……"

开始时，傅家杰以"诗"为话题问姑娘，没想到产生了揭短之嫌。姑娘用嘲讽的口吻反击对方，眼看交际就要受阻，傅家杰立即抛开她不懂诗的问题，转而对她的工作进行赞美，沟通了两人的情感，获得了心爱姑娘的爱。

一天傍晚，小杜与他的女友小雨两人为一件小事闹了点别扭。分手时，小杜本想按惯例送小雨回家，可小雨却执意不肯。小杜拗不过，只好答应，但又担心小雨的安全，只好在后面远远地跟着，看小雨进了家门。10点多钟，小雨回到家，刚一推门，电话就响了。她抓起电话，听筒里传来小杜的声音："小雨，我是杜欣。"小雨一听是小杜，正要放下电话，又听小杜说："小雨，看见你到了家，我也就放心了，晚上好好休息，我也回家了。"听了小杜的一番话，小雨跑到窗边，看到男友离去的背影，泪水夺眶而出，此时的她，心里只有感动，哪还顾得上生气啊。小杜不失时机的一番关爱之语，向恋人传送了自己的关心与牵挂。语虽短，意却浓；话虽简，情却真；令对方不由得怦然心动，怨气全消。

常言说得好："女人的心，天上的云。"确实，女人的心变化多，让人捉摸不透，使大多数男性追求者无从下手、坐失良机，或半途而废、功亏一篑。作为恋爱期间的男人，应多懂一点女人的心理，运用高超的技巧，抓住女人的芳心，摘到诱人的爱情之花。

吴栋是一位非常了解女性心理的男士，他每次说服女性时，总是说："你要回家吗，还是去吃夜宵？"他绝不会说："你要去吃夜宵吗，还是回家？"他真不愧是一位说服能手。

当女性听到"你要回家吗"就会有安全感，同时心会有轻微的失望感，因为，她潜意识里会期待对方提别的建议。因此，再添上一句"还是去吃夜宵"，刹那间，失望感全失。假定她不回答，而保持沉默，便是答应的一种表示。

吴栋的确很知晓女性的心理。若头一句话说："你要去吃夜宵吗？"她就会有戒备心，接着再说："还是回家？"万一对方保持沉默，不就等于要回家吗？大部分女性都不好意思说："我愿意去吃夜宵。"

有一种女性，不管你如何发问，她总是简单作答，遇到这种女性怎么办？要耐心地继续谈下去，一直到引出对方最感兴趣的题目。同时，时间也会让双方慢慢地由陌生变成融洽，那么话就易于投机了。假若仍然无效，那么不妨用激将法。激将法仍无效果的时候，就对她说一段趣闻来结束谈话。

根据心理学家和社会学家的调查和分析，男青年求爱时，一般都积极主动，女方则爱"马拉松"。男性较女性更容易一见钟情，女性的自尊心和戒备心理都比男性强，她们的爱一般较深沉、执着。了解男女之间的情感特征，在恋爱交谈中就能应付自如了。

男女相处的时候，有时甜言蜜语非常有用，尤其是已经到了接近谈婚论嫁的阶段，你不妨大胆些，在言语间多放点蜜。人们都说女人是感情动物，因为感性，她们很容易被感动。作为男士，要想获得芳心，只靠满足她们的物质享受是远远不够的。而你如果说上一句甜言蜜语，往往可以马上打动她的芳心，物质享受反而退居了次要地位。

如何恭维，不为拍马

如果今天一大早就有人夸你"衣着得体，非常漂亮，有精神"，那么你一天的学习、工作状态一定很好吧。看来小小的一句恭维话有时起了很大的作用，可以迅速拉近人与人之间的距离，得到别人的喜爱，也可以给他人信心、快乐。

然而生活中一些人偏偏学不会或不屑恰当地去恭维、赞美他人。下级赞美领导，被认为是拍马屁；男士赞美女士被认为心怀不轨，这些都是原本不必要的思想。谁想要得到别人的肯定与赞同，为什么不试着去赞美一下别人呢？

要恭维他人，先要选好恭维的话题，不可过分夸张，更不能无中生有。对于青年客户，恭维他年轻有为、敢于开拓；对于中年客户，恭维他经验丰富、见多识广：这些都是恰如其分的。如果赞美一中年妇女活泼可爱、单纯善良可能就会不伦不类，弄不好还会招致臭骂。

清朝的中堂李鸿章，位高权重，文武百官都想讨他欢心，以便使他多多提携自己，能升个一官半职，也好光宗耀祖。这一年，中堂的夫人要过五十大寿，这自然是个送礼的大好时机，寿辰未到满朝文武早已开始行动了，生怕自己落在别人后面。

消息传到了合肥知县那里，知县也想送礼，因为李鸿章祖籍合肥，这可是结攀中堂大人的绝好时机。无奈小小的一个知县囊中羞涩，礼送少了等于没送；送多了吧，又送不起，这下可把知县愁坏了。思来想去拿不定主意，于是请师爷前来商量。

师爷看透了知县的心思，说："这还不好办，交给我了。保准你一两银子也不花，而且送的礼品让李大人刮目相看。"

"是吗？快说送什么礼物？"知县大喜过望，笑成了一朵花。

"一副寿联即可。"

"寿联？这，能行吗？"

师爷看到知县还有疑虑，便安慰他："你尽管放心，此事包在我身上。包你从此飞黄腾达。这寿联由我来写，你亲自送去，请中堂大人过目，不能疏忽。"

知县满口答应。

于是第二天，知县带着师爷写好的对联上路了。他昼夜兼程赶到北京，等到祝寿这一日，知县报了姓名来到李鸿章面前，朝下一跪："卑职合肥知县，前来给夫人祝寿！"

李鸿章看都没看他一眼，随口命人给他沏茶看座，因为来他这里的都是朝廷重臣，区区一七品知县，李鸿章哪能看在眼里。

知县连忙取出寿联，双手奉上。

李鸿章顺手接过，打开上联：

"三月庚辰之前五十大寿。"

李鸿章心想：这叫什么句子？天下谁人不知我夫人是二月的生日，这"三月庚辰之前"岂不是废话。于是，李鸿章又打开了下联：

"两宫太后以下一品夫人。"

"两宫"指当时的慈安、慈禧，李鸿章见"两宫"字样，不敢怠慢，连忙跪了下来，命家人摆好香案，将此联挂在《麻姑上寿图》的两边。

这副对联深得李鸿章的赏识，自然对合肥知县另眼相待，称赞有加。而这位知县也因此官运亨通了。

一副对联既抬高了李鸿章夫人的地位，同时又做到了不偏不倚，没有盲目哄抬。

要恭维他人，就要善于体察人心，了解对方的迫切需要，每个人都是愿意听好听的，只要你恭维得有分寸，不流于谄媚，不伤人格，定会博人欢心。恭维人的话不能过多，多了对方会不自在，觉得你是虚情假意、逢场作戏，因此而不信任你。恭维过多也不利于交谈，在谈话中频频夸对方"好聪明""好有能力"，对方频频表示客气，往往使谈话无法顺利进行。

恭维对方本身不如恭维他的成绩。比如恭维对方容貌就不如恭维他的品位与能力。因为容貌是天生的、爹妈给的，无法改变的，而品位与能力是自己后天养成的，表明了自己的价值，是自身的成功。

恭维话要有新意。不要总空洞无物地夸对方"好可爱""好聪明",应当有自己的看法与见的。夸别人这件衣服好看,就不如夸她的上衣与裙子的搭配非常巧妙,非常合适,整体效果好。

陌生人刚见面时,可以先恭维他的名字有新意、有内涵,以此拉近距离,展开下面的对话。这种方法可以让人觉得你很友好,很重视他,愿意和他交谈。

留心对方的反应,当对方对你的恭维显得不自在或不耐烦时,就要适可而止了。

说服之前,先赞对方

从孩子的天性,我们可以看到这样一个现象:当我们称赞、夸奖他们时,他们是何等高兴、满足。这就是一种典型的"增高鞋"之例。在我们与他人交往时,何不也效仿这一做法呢?

一位老师,她弟弟因为一场纠纷,被人告上了法庭,而接案的法官恰恰是她昔日的得意门生。一天晚上,这位老师前往学生家,希望他能念在师生的情面上,帮帮她弟弟。法官显然有些为难,既不能枉法裁判,又不能得罪恩师。于是,他说:"老师,我从小学到大学毕业,您一直是我最钦佩的语文老师。"

老师谦虚地说:"哪里哪里,每个老师都有他的长处。"法官接着说:"您上课抑扬顿挫,声情并茂,尤其是上《葫芦僧判断葫芦案》那一堂课,至今想起来记忆犹新。"

语文老师很快就进入角色了:"我不仅用嘴在讲,也是用心在讲啊。薛蟠犯了人命案却逍遥法外,反映了封建社会官官相护、狼狈为奸的黑暗现实。"

法官接着感叹:"记得当年老师您讲授完这一课,告诫学生们,以后谁做了法官,不要做'糊涂官',判'糊涂案',学生一直以此为座右铭呢。"

本来这位语文老师已设计好了一大套说辞,但听到学生的一番话,再也不好意思开口了,自动放弃了不合理的请求。这位法官用的就是赞美的技巧,先用恭维的话,填平了老师的自负,终拒人于无形之中。

如果你懂得赞美对方,那再难的事情也会变得顺利起来。在信用受到普遍怀疑的年代,贷款变得越来越不容易,可是就有人靠一张会说话的嘴换来了巨额款项。

约翰是美国的大企业家。1960年，他决定在芝加哥为他的公司总部兴建一座办公大楼。为此，他出入了无数家银行，但始终没贷到一笔款。

于是，他决定先上马后加鞭，他用自己设法筹集的200万美元，聘请了一位承包商，要他放手进行建造，好让他去筹措所需要的其余500万美元。假如钱用完了，而他仍然拿不到抵押贷款，承包商就得停工待料。建造开始，到所剩的钱仅够再花一个星期的时候，约翰恰好和大都会人寿保险公司的一个主管在纽约市一起吃饭。他拿出经常带在身边的一张蓝图，想激起这个主管对兴建大厦的投资兴趣。他正准备将蓝图推在餐桌上时，主管对约翰说："在这儿我们不便谈，明天到我办公室来。"

第二天，当主管断定大都会公司很有希望提供抵押贷款时，约翰说："好极了，唯一的问题是今天我就需要得到贷款的承诺。"

"你一定在开玩笑，我们从来没有在一天之内为这样的贷款进行承诺的先例。"主管回答。

约翰把椅子拉近主管，并说："你是这个部门的负责人。也许你应该试试看你有无足够的权力，能把这件事在一天之内办妥。"

主管满意地笑着说："让我试一试吧。"

事情进行得很顺利，约翰在自己的钱花光之前的几小时拿着到手的贷款回到了芝加哥。

这就是赞美对方的妙处。谁也拒绝不了那种突然拔高的感觉，当遇到某些顽固而又爱美的女性，不妨直接在这个方面夸赞一番，这样她会更加飘飘然，说服她也就不难了。而要想说服男性，比如你的领导、你的客户，或者你的朋友，先赞美也能提高说服的"效率"。

赞人独特，更为独特

"喜新厌旧"是人们普遍具有的心理。陈词滥调的赞美，效果不会太好；新颖独特的赞美，则使人回味无穷。

1. 给人耳目一新的语言

赞美是所有声音中最甜蜜的一种，赞美应该给人一种美的感受。新颖的语言，是有魅力的，有吸引力的。简单的赞扬也可能是振奋人心的，但是一种本来是不错的赞扬如果多次单调重复，也会显得平淡无味，甚至令人厌烦。一个女人曾说过，她对别人反复告诉她，说她长得很漂亮，已经感到很厌烦，但是当有人告诉她，像她这样气质不凡的女人应该去演电影，给世界留下一部电影的时候，她笑了。

2. 不一样的角度

一些人在公共场合赞美别人时，自己想不出怎样赞美，只能跟着别人说重话，附和别人的赞美。

常言道："别人嚼过的肉不香。"朱温手下就有一批鹦鹉学舌拍马的人，一次，朱温与众宾客在大柳树下小憩，独自说了句："好大柳树！"宾客为了讨好他，纷纷起来互相赞叹："好大柳树。"朱温看了觉得好笑，又道："好大柳树，可作车头。"实际上柳木是不能做车头的，但还是有五六个人互相赞叹："可作车头。"朱温对这些鹦鹉学舌的人烦透了，厉声说："柳树岂可作车头！我见人说秦时指鹿为马，有甚难事！"于是把说"可作车头"的人抓起来杀了。

每个人都有许多优点和可爱之处。赞扬要有新意，当然要独具慧眼，善于发现一般人很少发现的闪光点和兴趣点，即使你一时还没有发现更新的东西，也可以在表达的角度上有所变化和创新。

对一位公司经理，你最好不必称赞他如何经营有方，因为这种话他听得多了，已经成了毫无新意的客套了；倘若你称赞他目光炯炯有神，风度潇洒大方，他反而会更受感动。

某将军屡战屡胜，有人称赞他："你真是个了不起的军事家。"他无动于衷，因为他认为打胜仗是理所当然的事。而当那人指着他的鬓须说："将军，你的鬓须真可与美髯公相媲美。"这次，将军欣然地笑了。

赞美的角度很重要，新颖的角度将起到事半功倍的效果。

3. 新鲜的表达方式

赞美他人，在表达方式上是可以推陈出新、另辟蹊径的。

富兰克林年轻时，在费城开一家小小的印刷所。那时，他参加了宾夕法尼亚州议会的选举。在选举前夕，困难出现了。有个新议员发表了一篇很长的反对他的演说，在演说中，竟把富兰克林贬得一文不值。遇到这么一个出其不意的敌人，是多么令人恼火呀！该怎么办呢？富兰克林自己讲述道：

"对于这位新议员的反对，我当然很不高兴，可是，他是一位有学问又很幸运的绅士。他的声誉和才能在议会里颇有影响。但我绝不对他表现一种卑躬屈膝的阿谀奉承，以换取他的同情与好感。我只是在隔数日之后，采用了一个别的适当的方法。

"我听说他的藏书室有几部很名贵，又很少见的书。我就写了一封短信给他，说明我想看看这些书，希望他慨然答应借我数天。他立刻答应了。"

富兰克林用一种不露痕迹的赞美方式，赞美新议员，恰如润物细无声。

有一个国外的电视连续剧，父亲走入厨房看女儿做饭菜，他对女儿说："如果没有你做的美妙饭菜就像天上没有星星那么遗憾。"女儿露出了特别快乐的笑容。

表达赞美的方式有很多，要针对不同人、不同场合、不同时间选择最为恰当的方式。选择赞美方式时，既要考虑表达方式的新意，又要考虑对方的感受及最后的效果，综合去思考，将会找到最适宜的表达方式。

口才加油站

男仆与雕刻家

女作家威尔逊有一个精通雕刻的男仆，他最崇拜雕刻家鲍格伦。有一天，鲍格伦到威尔逊家做客，男仆因为兴奋过度，在端酒时竟把整杯酒撒到鲍格伦的身上。

男仆窘态毕露，一面赶紧用餐巾替鲍格伦擦拭，一面解释说："真抱歉，我服侍平凡一点的人总是好好的。"

鲍格伦笑着对男仆说："我这一辈子，还没受过这样的推崇。"

男仆真诚地赞美鲍格伦，不但使他高兴万分，而且也给自己解了围。虽然人人都喜欢别人的赞美，但是，虚伪的赞美就会令人恶心，所以赞美必须真诚、自然，且有事实根据。

·第十五章·

批评口才

批评他人，就事论事

评价或批评，只能针对一个人的行为、行动和表现，而不能针对这个人，也就是平常所说的对事不对人。大多数情况下，沟通的目的是为了达到一定的目标，譬如澄清一个误会，陈述一个事实，发布一个指令等。

任何人都有获得别人尊重的需要，批评、责怪一个人本身与批评、责怪一个人做出的行为与事件有很大的区别，给人留下的印象也极不同。例如，一个学生解一道化学方面的题目，由于不小心，将分子式写错了，如果老师批评他："你怎么这样笨，这么小的问题也会出错！"被批评者心里肯定极不舒服。如果老师只针对他写错了分子式这一行为来批评，末了提醒他以后多加小心，被批评者一般会心服口服。

领导的批评应当针对下属的行为，而不应针对下属本身。对下属进行人身攻击容易产生上下对峙局面，导致下属心理上的敌对，产生副作用。

例如，某位领导在大会上对几个老迟到的人进行批评，可以有两种说法。一种是针对人而言："我们单位有几个出了名的老迟到，这几个人脸皮特别厚，组织上已经三令五申开会不能迟到，可他们偏偏迟到，这种人头脑中毫无组织纪律观念，自由散漫，吊儿郎当，他们的行为危害整个集体……"另一种是对事而言："最近开会经常出现迟到现象，虽说人数不多，但迟到往往浪费大家时间，你等我，我等你，大好时光被等掉了。迟到也往往影响会场纪律，影响其他同志情绪，希望同志们能重视这个问题，杜绝迟到现象。"两种批评语相比，显然第二种优于第一种，前者用词尖刻，使当事者难以接受；后者语气比较委婉，既批评了不良现象，又团结了人。

批评要善意，要尊重、理解、信任被批评者，对事不对人，以理服人。对事，也仅仅是对其缺点、错误，而不能抓住一点，不计其余，以致否定一个人的全部工作、全部历史。而且还要进一步分析其动机与效果，如动机良好，效果不佳，就要先肯定其良好的愿望，再批评不当之处，然后教给正确的方法。切忌在情况尚未调查清楚之前就发脾气、乱指责，更不能挖苦、讽刺、嘲弄，不能揭老底、算总账、搞人身攻击。因为那只会造成或加剧对立情绪，使对方顶牛、抬杠，或口服心不服，讲形式走过场地来个假检讨，但思想并未触动，事后依然故我。这种批评看起来火药味挺浓，其实际效果则微乎其微。

在批评他人之前，先要明确是就哪件事或事情的哪个方面进行批评，越具体明确越好。抽象笼统，"一竿子打死一船人"，别人就难以弄懂你的意思。

给个意外的"赞许"

D先生掌握卓越的技术，早已闻名金融界，以下是他任职总经理时发生的事。

有两位员工到酒廊喝酒，直到打烊时间还赖着不走，酒廊经理只得请警察来处理。结果双方发生冲突，其中一位柔道两段的员工，把警察打得头破血流。第二天，其他同事到警察局来看他们，这两人很自责，后悔做事太冲动。同事向D先生报告实情后，D先生立刻开口说："原来我们公司也会出英雄，值得称赞！"

而那两位员工听到D先生的话，更加自我反省，以后的工作态度也完全改变了。表面看来，这是十分荒谬的批评方法，但站在心理学的观点上，实在是十分巧妙。

任何人做事失败时，或多或少都会反省。这时领导如果加以批评，员工的工作士气不免会低落，也不会反省，心想："我在公司已经没有前途了……"反抗心将会更明显。

再看看D先生的员工，本以为会挨一顿臭骂，不料却获得意外的称许，而这称许仿佛一盏明灯，照亮了员工的心灵，让他们勉励自己不再犯错。

如此看来，确实掌握对方的反省方向，才能加强对方的反省念头。某教练接受杂志采访时，发表了以下这番发人深省的谈话。据他表示："每位选手都希望在球场上努力表现，而要求自己不失误。如果哪位选手虽已尽力却仍犯错，然而他能自我反省，我就不会再施加压力，对他加以批评。"在这个时候采取一种正话反说的形式对他"赞扬"一番，可以缓和紧张气氛，促其反思。

秦朝有个很有名的幽默人物优旃。有一次，秦始皇要大肆扩建御园，多养珍禽异兽，以供自己围猎享乐。这是一件劳民伤财的事，但大臣们谁也不敢冒死阻止秦始皇。这时优旃挺身而出，他对秦始皇说："好，这个主意很好，多养珍禽异兽，敌人就不敢来了，即使敌人从东方来了，下令麋鹿用角把他们顶回去就足够了。"秦始皇听了不禁破颜而笑，并破例收回了成命。

优旃利用"赞扬"达到了批评的目的，同时也保全了自身性命。表面上是赞同皇上的主意，言外之意则说如果按此以往，国力必将空虚，敌人就会趁机进攻。

反语是指所说的道理或所举的事例全是和真理明显相违背的。这种手法贵在故意送明显的悖谬给对方，使对方在明显的悖谬中省悟到自己也同样错了，因此而改变主意。

反语批评在特殊的场合或特殊的人物面前若运用得好，常常能收到意想不到的效果。这种手法无论对什么样性格的人都适用，就连残暴无比的秦始皇，也被优旃的反语批评说服了。

无独有偶，古代君王都好玩乐，而他们身边总是有那些懂得以"赞"促"改"的贤臣才子对其加以劝谏。

景公爱喝酒，连喝七天七夜不停止。

大臣弦章上谏说："君王已经连喝七天七夜了，请您以国事为重，赶快戒酒，否则就请先赐我死。"

晏子后来觐见齐景公，齐景公便向他诉苦说："弦章劝我戒酒，要不然就赐死他；我如果听他的话，以后恐怕就尝不到喝酒的乐趣了；不听的话，他又不想活了，这可怎么办才好？"

晏子听了便说："弦章遇到您这样宽厚的国君，真是幸运啊！如果遇到夏桀、殷纣王，不是早就没命了吗？"

于是齐景公果真戒酒了。

吃喝玩乐似乎乃君王的天性，倘若直言劝谏，告诉他那是大错特错的，有多少的坏处，恐怕他是很难听进去的，反而会大发雷霆。把话的角度调转 180 度，效果也会相应调整 180 度。

对于一些有自知之明的人来说，根本用不着太严厉的批评，采用这种正话反说的批评方式最好不过了。

批评他人，先批自己

在批评他人之前先谈一谈自己从前做过的类似错事，一方面可以为对方提供活生生的例证，让他从这例证中认识到犯错的严重后果；另一方面也可以带给对方一定程度的认同感，拉近彼此的心理距离，营造出心胸开阔、坦诚相见的良好批评氛围，从而使对方更容易接受。

有个叫约瑟芬的食品店店员，在一次运货时因马虎而使食品店损失了两箱果酱。为此，上司对他进行了如下一番批评："约瑟芬，你犯了个错。但我犯的许多错误比你还糟。你不可能天生就万事精通，那只有在实际的经验中才能获得。而且，你在这方面比我强多了，我还曾做出那么多愚蠢的事，所以，我不愿批评任何人，但你难道不认为，如果你换一种做法的话，事情不会更好一点吗？"约瑟芬愉快地接受了上司的批评，从此做事认真多了。

作为长辈或上级，把自己曾经的过错暴露在晚辈或下属面前，目的不在于做自己检讨，而在于以自己的感悟来教育对方。这种借己说人的方法，让我们看到了融自我批评于批评中的魅力与力量。

1964 年，日本轻型电器业界因受经济不景气的影响而动荡不安，于是松下电器企业公司决定召开全国销售会议。

由于会议中反映出不景气的状况，所以空气中充满了火药味。在 170 家公司中，只有二十几家经营良好，其他约有一百五十多家的经营都出现极严重的亏损赤字。

"有什么意见都可以说出来。"松下先生一语未了，某销售公司的经理立即冲破水闸般地发泄他的不满："今天的赤字到这种地步，主要在于松下电器的指导方针太差，作为公司的负责人一点都不检讨自己是否有不足之处……"

"我方的指导当然有误，可是再怎么困难也还有二十几家同仁获利。各位不觉得你们太缺乏独立自主的精神，太依赖他人，才招致今天的后果吗？"松下先生反驳道。

"还谈什么精神，我们今天来的目的不是听你说教，是钱！"也有人这么露骨地反唇相问。

3 天 13 个小时，松下先生就站在台上不断地反驳他们的意见，而他们也立即反击，大骂松下公司。就在会议即将结束，决裂的局面即将出现时，情况发生了转折性的变化。

第三天最后一次会见，松下先生走到台上，"过去两天多时间大家相互指责，该说的都说了，我想没有什么好再说的了。不过，我有些感想，给大家讲讲。过去的一切，走到今天这个地步，所有责任我们要共同负责。松下电器有错，身为最高负责人的我在此衷心向大家致歉。今后将会精心研究，让大家能稳定经营，同时考虑大家的意见，不断改进。最后，请原谅松下电器的不足之处。"说完，松下先生向大家鞠躬。

突然间，整个会场出现了不可思议的现象——整个会场顿时静了下来，每个人都低着头，半数以上的人还拿出手帕擦泪。

"请董事长严加指导。我们缺点太多了，应该反省，也应该多加油去干！"

随着松下先生的低头，人人胸中思潮翻涌。随后又相互勉励，发誓要奋起振作。

由此可见，自我批评比针锋相对的辩论、指责效果要好得多。

否定和批评下级，固然因为下级有了过失，但与此同时，处于指挥和监督岗位的上级，也有不能推卸的间接责任。周恩来同志说："缺点和错误的改正要从领导做起，首先领导要自我批评，要多负一些责任，问题总是同上面有关系的。"领导真心承担责任有三个好处：一是做了表率；二是找到了自己的问题；三是便于确定下级的问题。假如领导仿佛自己没事儿一样，只把下级批评一顿，却不肯承担领导责任，好像自己一贯正确，这样至少在他人看来很不谦虚。于是，下级便有自己在领导心目中一无是处的委屈之感，虽表面未必反驳什么，但心中已耿耿于怀，成了上级工作的对立面。因此，在批评下级时，领导最好首先自责，进而再点出下级的错误，使其有领导与他共同承担错误之感，由此产生负疚之情。这样，在以后的交谈中领导说多说少、说深说浅，下级不仅基本能承受得了，而且融洽了彼此之间的感情，不至于弄得不欢而散。

因人而异，择言而施

斥责时使用的语言，必须要先看对方是属于什么类型之后，再下决定。个性较温和的人遭到大声怒吼时，只会一味地退缩和保护自己，无法专心听人说教。而个性刚烈的人，则往往会因对方的斥责而亢奋，无法忍气吞声。结果，通常会采取强硬的反驳手段，或因而更奋发图强。

因此，斥责要谨慎又谨慎，先考虑对方是属于何种类型后，再决定应该采取的方式。

类型主要看个性心理情况。个性、心理，是外延很宽的概念。这里主要指下级的气质、性格、对工作的兴趣和自我更正能力。上级批评和否定下级必须首先在心理上占上风，否则是不会很成功的。

1. 个性坦率直爽、性格开朗，心理承受能力强的人

这种人知错就改，喜欢直来直去，不喜欢拐弯抹角。对于这种下属，你明确地指出其缺点和错误之所在、性质和危害，他会容易接受。相反，过多地绕圈子，反而会使他纳闷，产生误解，甚至是反感，认为这是你不信任他的表现。

2. 头脑聪明、反应敏捷，接受能力强，而自尊心也很强的人

对这种人就采用提醒、暗示、含蓄的语言，将错误和缺点稍稍点破，他们便会顺着上司的思路，找到正确的答案和改正错误的办法。

这种方式有两种表现：一种是面对下属本人，顾此而言他。看似在讨论别人，其实是在说他本人。这种方法的关键是必须找到相似的事物或相似的人，否则相去甚远，难以奏效。另一种是面对众人，漫无所指，点出一些只有当事人才能心领神会的事情，给其以必要的心理压力。让他知道你是碍于情面，才没有揭发他。这时，他会在内心深处自我警醒、自我矫正的。

3. 自尊心强，脸皮薄、爱面子的人

这种人应采用循序渐进式的批评，其特点是把要批评的问题分成若干层次、若干阶段来解决。通过逐步输出批评信息，有层次地进行批评，使犯错误的下属有一个心理缓冲的余地，有一个认识提高的过程，从而一步步地走向你所期待的正确方面。

大量事实证明，在你批评那些自尊心较强而又错误较多的下属时，采取循序渐进的方法，有利于取得批评的积极效果。相反，如果你一次性把下属众多的缺点一股脑儿地倾泻出来，容易伤害下属的自尊心，使其产生逆反心理。

4. 性格内向、脾气暴躁，爱钻牛角尖或心情不愉快的人

对这种人最好用参照式批评比较合适。这种方式的特点是：在批评时，不直接涉及下属的要害问题，而是运用对比方式，通过建立参照物，来烘托出批评内容。

你可以通过列举和分析其他人的是非，来烘托出被批评者的错误；可以通过被批评者自身以往的经历，来烘托出他现在的错误；也可以通过列举和分析哪些是错误的，来烘托出被批评者为什么是错误的。

顾及脸面，注意场合

场合是否定和批评下级的重要条件，是领导语言发挥的必要限制。会说话的批评者总是在什么场合说什么话，看什么情况行什么令，灵活机动、随机应变，从而创造出一个否定和批评下级的良好时机。愚蠢的批评者则往往不分场合、不看火候、随便行使权力、大耍威风，结果，使问题反而变得更加复杂和严峻起来。通常的批评宜在小范围里进行，这样会创造亲近融洽的语言环境。实在有必要在公众场合批评时，措辞也要审慎，不宜大兴问罪之师。

事实上，作为领导不给下属留面子，不看场合说话，对其自身也是一种损害，因为在大庭广众之下，你对下属自尊的伤害，别人也是看在眼里的，他们也许不会太在意那个人到底犯了什么错，反而会把注意力都集中在你的不识大体上。

一次商务宴会上，罗伯特遇到了这样的一个场景：

那是一家公司的圣诞晚会，但事实上受到邀请的人都是与公司有生意往来的合作伙伴，所以这个晚会相当于一个非正式的商务宴会。公司的一个高级职员穿了一件不够得体的晚礼服，与罗伯特谈话的公关部经理看到后马上中断了和他的对话，走到那个职员面前。

"你怎么穿这样的衣服来了？"经理的声音不大，但还是有人能听到。

"对不起……之前准备好的衣服不小心刷坏了，所以就……"

"那也不能穿这样的衣服来啊！"经理嫌弃地看着职员身上的衣服，"简直是丢公司的脸。"

面对咄咄逼人的经理，那个职员的脸色越来越难看。

"不要再解释了，马上去给我换一件，要么就离开这里，不要再在这里丢人了。"

被说得无地自容的职员只好狼狈地离开了会场。目睹这一切的罗伯特觉得这个经理做得太过分了，他想这个经理应该不会在现在的位置上待很久了。果然，几个月后，这个经理被公司调到了外地的分公司，理由是无法和下属很好地相处。

批评时要考虑环境是否适合，这不仅仅是指不要在人多的场合中批评说教，还有其他的一些情况下，也应该多加注意，以免让人产生逆反心理。

比如说两位下属心存芥蒂、情绪对立，就不能当着这个人的面批评那个人。否则很容易使一方认为你是在支持他，而另一方则认为你是在协助对方压制自己，从而使矛盾更加激烈，使情绪更加对立。

当一个人的错误涉及其他人时，不应当着被涉及人的面去批评。否则往往会使被涉及的其他下属认为你是在杀一儆百，从而对你产生误解。

批评的目的是让人认识到自己错误的地方，并加以改正，而不是进行负面的痛击。

大量事实说明，恰当地选择批评的场合，对于优化批评的效果是十分重要的。批评的目的和内容都正确，选择的场合不当，也会导致批评的失败。

责备对方，不翻老账

在对别人进行批评时，翻老账往往会触动别人最敏感的、最不愿意让他人触及的神经，从而使人产生极大的反感。

一名车间工人，因为工作失误，受到一个通报批评的处分。后来，他和一名同事吵了一架，于是车间主任找他谈话，对他进行批评，可只进行了几句，就谈崩了。下面是他们的对话：

车间主任："你对同事大打出手，可真够威风的啊。"

工人："我……"

车间主任（打断工人）："你怎么样？上次那个通报你忘了吧？我可是没忘啊……"

工人："那你就给我再来一个通报吧！一个我抱着，两个我背着！"

车间主任："你……"

批评最忌翻陈年老账，将对方过去的问题一股脑儿地抖出来以显示自己的理直气壮。殊不知，连珠炮式的指责只会扩大对方的对抗情绪，使所遇到的问题更难解决。

"并不是我喜欢揭人的疮疤，而是他的态度实在太恶劣，一点悔过的意思都没有。我这才忍不住翻起旧账来的。"车间主任事后为自己辩解说。

批评应针对当前发生的问题，帮助下属提高认识，改正错误。翻老账会使下属产生逆反心理，直觉告诉他领导一直在做收集他全部缺点的工作，这一次是在和他算总账，因而会产生对立情绪，不会作出任何配合的。

驾驶员因违反交通规则而受罚时，有的会乖乖顺从，有的却想尽办法推脱。为什么会产生这种差别？这当然和警察对驾驶员的态度有密切关系。特别是当警察看到驾照违例记载栏时的反应，会直接影响警察的态度。

驾照中有违例记载的驾驶员，都不希望别人看到。而警察因为要执行勤务，有责任查看。但看过违例内容后，应避免再追问，只处理当天的案件即可，这样的话，驾驶员大都会听从处理。如果警察表现出不屑的样子，并盘问不休，驾驶员自然会很反感。

批评人时必须认清这种心理。就算不得不提及以往的错误，也要有意避开，以便能制造容易接受批评的心理状况。

假如领导发现了连下属也没察觉的错误，除非过去犯错累累，不然应避免重提。再说，犯错的员工自己知错，而且也接受了处理，更不可翻旧账，这样做只会增加员工的反感，绝不可能收到批评的效果。

如果下属常犯同样的错误，最好是仔细研究过去的批评或惩罚，下属反省到什么程度，又改进了多少。对下属的改进应给予肯定，且不要重复同样的批评。

深怀同情，指导他人

与人共事，不可能一帆风顺，总会有别人出错需要你提出批评指示的时候。这时，你若只是一味地严厉批评不顾他人的感受，不仅达不到目的，弄不好还会产生副作用。

有一个爱好摄影的人，拿了一叠自己的摄影作品去拜访一位摄影家，请对方批评指正。摄影家把他的作品看了一遍，很热心地告诉他哪一张曝光时间长了一些，哪一张光圈小了一些，哪一张取景需要变换角度……当这位摄影家指正的时候，来请教的人总是找一番理由来为自己辩护，不是说当时天气不佳，就是说取景时找不到合适的立足之地等，如此，啰唆了半天。

当那个摄影爱好者走了以后，摄影家觉得又好气又好笑。他说："我真傻，何必说那么多的话呢！"

人们做错了事，或做了件吃亏的事，除非他自己主动告诉你时，才会坦白地承认错误，如果你丝毫没有同情犯错者的感情而指出他的错误，他一定会找出种种理由加以辩解。你可以在周围的朋友或家人中试试看，无论是小疏忽或大错误，没有几个人能在别人指出后立即坦率地、不为自己解释地承认错误。因为知道自己闯了祸，心里必然是不安与难受的。所以，批评他人时，一定要讲究方法，揣着同情心去批评他。

揣着同情心去批评别人，不但不会犯吹毛求疵的毛病，而且对别人犯错误的原因也会加以分析、给予谅解。要时时想着自己和他是站在一起的，而不是和他对立的，说话时先要对别人所犯错误表示理解和同情，使对方减少不安，然后再用温和的态度指出他的错误。说话要委婉和蔼，不要用过分刺激的或使人听了不舒服的字眼。"你真糊涂，这件事完全搞错了！"用这种语气说话是没人可以忍受的。无论是父亲对儿子，还是主管对下属，后者或许慑于前者的威势不敢吭声，但心里肯定是不服气的。

指正的话越少越好，能用一两句使对方明白就行了，然后把话题转到其他方面，不要唠叨不休，使对方陷于窘境，产生反感。对方做一件事情，其中有错误的地方应该指出，做得正确的地方应该加以赞扬，这样对方就会因为你赏罚分明而心悦诚服。改变对方的观点时，最好设法将自己的观点在暗中移植给他，使他觉得是自己改变的，而不是因为你的指正。

对于那些无法挽回的错误，你应当站在对方的立场上，给予恳切的指正，而不要严厉地责问。纠正对方的做法时，最好用请教式的口吻，不要用命令的语气，比如说"你不应该用红笔写"，就不如说"你觉得是否用蓝笔写更好一些呢"好。

口才加油站

无盐的批评

战国时期，齐国有位叫无盐的妇女，长相奇丑无比：眼睛深陷，鼻孔朝天，大喉头，黑皮肤，头发稀疏，驼背粗脖，长相之丑堪称前无古人后无来者。虽然无盐才识渊博，颇有远识，仅就才学来说堪称巾帼英豪，但她的"尊容"却让人们避而远之，已经三十多岁了，仍旧"待在深闺人未识"。

但这并未影响到无盐，她依旧刻苦学习，遍读群书。她看到齐宣王整天只知道饮酒作乐，沉湎于后宫佳丽之中，非常担心他荒废朝政，很想规劝齐宣王。

这一天，无盐来到王宫门前，对守门的卫士说道："请给大王禀报一声，就说齐国嫁不出去的丑女无盐前来求见，愿意给大王作个嫔妃。"

齐宣王闻报，心中不觉好笑，愿给自己做嫔妃的必然会有几分姿色，不然怎敢如此狂妄？可是，她居然声称自己是"嫁不出去的丑女"，有意思。想到这里，齐宣王就下令传她进宫。

于是，无盐来到大殿。文武大臣见了她的丑相，无不掩面而乐，心中纳闷：如此奇丑无比的人也敢自愿给大王当嫔妃，这不是取笑大王吗？触怒大王是要杀头的。众人不禁又为无盐捏了一把汗。

齐宣王见到这个无盐，也哭笑不得。好在那天心情不错，便问无盐："我的宫中已经不缺嫔妃了，你想到我宫中，那你一定有特殊的能耐了？"

无盐直率地回答："那倒没有，只是会点儿隐讳之术。"

不等齐王问话，无盐便举目咧齿，手挥四下，拍着大腿高声喊道："危险了，危险了！"反复说了四遍。

齐宣王被眼前的动作和叫声，吓得差点儿跌下王座，不解地问道："这是何意？"

无盐解释道："举目是替大王观察烽火的变化，咧齿是替大王惩罚不听劝谏的人，挥手是替大王赶去阿谀进谗之徒，拍腿是要拆除专供大王娱乐的渐台。"

"那么你的四句'危险了'，又是何意？"

"今大王统治齐国，西有强秦之患，南有强楚之仇，外面有三国之难，朝廷上又有很多奸臣，而大王您又只爱阿谀奉承之徒。您百年之后，国家社稷就会不稳，这是第一个危险。"

"您大兴土木，高筑渐台，聚集大量金玉珠宝，搞得百姓困穷，怨声载道，这便是第二个危险。"

"贤明者隐居在山林，阿谀奉承者在左右包围着您，奸邪的人立于朝堂，想规劝您的人见不到您，这是第三个危险。"

"您每天夜以继日地酒宴玩乐，只图眼前享乐，外不修诸侯之礼，内不关心治理国家，这是第四个危险。所以，我大叫四声'危险了'。"

齐宣王感到眼前的这位丑女实在不简单，讲的都是治国安邦的大道理，指斥朝政得失，句句切中要害，他想到无盐讲的四条"危险"，不由得不寒而栗，长叹一声说："无盐批评得真是太深刻了，我确实处于危险的境地。"

于是，齐宣王立即按照无盐的劝谏，停渐台，罢女乐，退谄谀，选兵马，招直言，经过一段时间的励精图治，齐国逐渐强大起来。同时，齐宣王觉得无盐是个不可多得的人才，便纳为王后。

无盐劝说齐王，首先棒喝一声，用四句"危险"引起齐王注意与警惕，然后再阐述"危险"的事实根据，终于使齐王听从了自己的劝说。

·第十六章·

道歉口才

借他人之口传达歉意

当过错严重、对方对你成见很深时，直接当面道歉肯定会被对方劈头盖脸地训斥一通，这时候对方只会发泄情绪，而难以接受道歉，所以最好通过第三者先转达自己的歉意，让对方先消消气，然后等对方心情稍有平静之后，再亲自道歉。

一次，苏东坡去拜访王安石，恰逢王安石不在家，但见其书桌砚台底下压着一首未写完的诗："昨夜西风过园林，吹落黄花满地金。"苏东坡想：菊花有傲霜之骨，花瓣怎么会四处飘落？王公真是"江郎才尽"铸成大错啊！于是，苏轼挥笔续诗："秋花不比春花落，说与诗人仔细吟。"然后拂袖而去。

过了些时候，苏东坡去后花园赏菊，正值刮了几天大风，园中十几株菊花枝上，一朵花也没有，只见落英缤纷，满地铺金。苏东坡一时瞠目结舌，想起那两句续诗，羞红了耳根，想亲自向王安石道歉，又担心解释不清，自讨没趣。他终于想出了一个办法，邀请王安石最亲密的诗友王令来家做客。然后向他说了那天乱改诗句的事情，随后感叹：

"我迄今对王安石深感惭愧内疚，这事给我的教训太大了，凡事不可自恃聪明，随便讥笑别人啊！"

后来，王令将苏轼的歉意转告了王安石。王安石知其良苦用心，消除了对苏轼的隔阂。

在这个例子中，苏轼属于不便亲自登门道歉的情形。一来，自古以来都是文人相轻，何况苏轼无端贬斥？二来，两人在政见上分歧很大，王安石推行新法，苏轼阻挠。如果苏轼亲自登门，啰唆解释一番，或痛骂自己一顿，王安石恐怕会火上添油，或视之为虚情假意，难以收到预期的效果。苏轼于是巧借第三者之口，转告自己的歉意，使王安石更容易接受。

现实生活中，也不乏这样的情况，有些人明知自己错了，也想向对方表达歉意，然而由于自尊心太强，面子太薄，当面道歉难为情，或者双方因为其他的原因不便亲自对话，这时，就可以考虑巧妙地借用"媒介"，让中间人为自己传达歉意，兴许还能收到当面道歉收不到的好效果。这种技巧使用起来，有两个关键之处：一是选择合适的第三者，最好是对方的好朋友；二是你与第三者的交谈一定要恰到好处地表达歉意，并且让第三者明白你的良苦用心，这样，第三者才会替你转达歉意。

开口说声抱歉很重要

生活中，犯了错误并不可怕，可怕的是连承认自己错误的勇气都没有。不知道怎么说抱歉的人，根本交不到朋友，或易交难处，永远缺少知心朋友。

其实，道歉并非示弱，而是显示了你的真诚和勇气。人际关系是生活中最难处理的，人都免不了有出错的时候，一旦错了，就得道歉，只有这样才能避免更大的损失。一个人能主动承认错误，不仅是一种勇气，更是一种能说会道的策略。这不仅有助于解决相关的矛盾，也能得到一定的满足感。

小雯借朋友的衣服穿，却不小心因为疏忽把衣服刮破了。小雯觉得很抱歉，就在还衣服的时候，很诚恳地对朋友说："对不起，我不小心弄破了你的衣服，这是一个裁缝的电话，我已经联络过他了，他说可以补得像没坏的一样。"

这种正面的直接道歉是最好，也是最佳的方式。假如小雯在还衣服的时候只是说："衣服破了，我赔钱给你吧。"对方肯定会婉言谢绝，而且心里绝对会不舒服，觉得小雯的"道歉"只是形式上的，不够真诚，他们之间自然会产生隔阂。

当然，道歉除了直接的方式，也有间接的方法。

小伟在朋友的生日宴会上喝多了，将女主人最喜欢的一个花瓶失手打碎了，以小伟的经济实力根本赔不起这个花瓶。

为了表示自己的歉意，小伟挑选了一张精致的贺卡，写上自己的歉意：我知道我的行为给你们造成了困扰，也知道自己的行为是无法原谅的，请相信我绝对不是故意的。如果当时我没有喝醉，也就不会发生那种事情了，所以请接受我最真挚的歉意。

小伟将卡片亲手交到朋友手里，并带了一瓶朋友最喜欢的酒，不是为了表示赔偿那个花瓶，而是为了表示真诚的歉意。

小伟的这种道歉方式很艺术，你也可以不直接说出"对不起"，而是像小伟这样用一张卡片或一份小礼物等，表示歉意。

所以，当你犯了错并给别人造成困扰时，最重要的是不要回避，而是要勇于承认自己的错误，开口说声"抱歉"，用真诚的歉意化解矛盾，解决问题。首先要意识到自己错在哪里，其次，道歉贵在一个"诚"上，不要说遮遮掩掩的话，当然，也要注意，不能说奴颜婢膝的话，一旦夸大其词，一味往自己脸上抹黑，反而会给人留下虚伪的印象。

把握道歉的最佳方法

与人交往，不可避免地会说错话，做错事，得罪人也就在所难免了。严重时，甚至给别人造成沉重的精神痛苦和巨大的经济损失。对此，我们需要及时认识到自己的错误，诚恳道歉，并主动承担责任，一般而言，总能得到别人的原谅。

如果你错了，就要及时承认。与其等别人提出批评指责，还不如主动认错道歉，更易于获得谅解宽恕。凡是坚信自己一贯正确，发生争端总是武断地指责对方大错特错而自己从不认错、道歉的人，根本不能服众。

道歉也要真诚，道歉并非耻辱，而是真挚和诚恳的表现。因为人人都会犯错，连伟人们有时也要道歉。丘吉尔起初对杜鲁门的印象很坏，但后来他告诉杜鲁门说以前低估了他——这句话是以赞誉方式做出的道歉。道歉的时候也不要总是为自己的过失寻找借口，以保住自己的面子。这样做，只能让人觉得你没有诚意。没有诚意的道歉是不会获得他人的谅解的。

道歉最重要的是真诚。内心有了真诚，即使说话不得当，也能得到别人的谅解。

道歉，不只是"对不起"简简单单三个字，还是一种心灵美的外在表现。勇于道歉的人，也是善于体谅别人，善于设身处地为他人着想的人。所以一旦发现自己做错了，一定要及时地、真诚地表达歉意，这样更容易得到别人的原谅。当然，道歉也需要讲究方式方法，这样能产生更好的效果。

1.道歉态度要诚恳

真心实意地认错、道歉，不要归咎于客观原因、做过多的辩解。即使确有非解释不可的客观原因，也必须在诚恳的道歉之后再略为解释，而不宜一开口就辩解不休。

2. 将道歉寓于赞美中

在道歉的时候，称赞对方，让对方获得一种自我满足感，知道自己是正确的，别人是错误的，这样能轻而易举地获得对方的谅解。

3. 道歉要别出心裁

直接道歉，在某些情况下可能会使自己和对方都产生尴尬，造成不太好的局面，但如采用巧妙别致的方式道歉，可以使对方在惊讶感动之余，不计前嫌，欣然接受。

4. 幽默中道歉

采用风趣幽默的方式进行道歉，可以使别人更容易地接受你的歉意。

5. 道歉要及时

发现自己的错误并及时道歉，才能迅速弥补言行失误带来的不良后果。

劝架务必一碗水端平

事实上，正在冲突或争吵的双方，由于情绪激昂，怒气方盛，往往对于出面调解的人持有紧张、戒备乃至对立的情绪，对于他人的调解介入有抗拒之心。所以，要化解冲突与纠纷首先得用言语化解他们的防备之心，使自己能介入冲突双方之间。

首先言辞要真诚恳切。对于冲突的双方，先要用温和的语言表达自己不希望看到他们冲突的意愿，向他们展现自己欲帮助双方化解纠纷的诚意。作为调解人，不能语气太硬，不能指责哪一方，让双方冲突更厉害，或者将自己也变成冲突的一方。

对双方各赞一面。在调解纠纷时，为了让双方能接受自己这个调解人的介入，就需要让他们觉得你不是来助哪一方的，而是公正不阿的。这就需要在开始调解之前，对双方的立场观点先加以附和与赞同，避免让其中的一方把自己放在对立面上。先对各方的某方面主张表示赞同，往往能让他消除警戒心，把你当作自己人来看，如果双方都把调解人看作是自己人、是值得信赖的公平正义的代言人，那么双方就会愿意接受调解人的介入，听调解人的话。

劝架最重要的是一碗水端平，要做到公平。

第一，要了解清楚情况。盲目劝架，讲不到点子上，非但无效，有时还会引起当事人的反感："不了解情况，瞎说什么？"而弄清情况再讲话，效果就较好。假如对邻居、同事中原因复杂的争吵，更要从正面、侧面尽可能详尽地把情况摸清，力求把话讲到当事人的心坎上。解绳结就要看清绳结的形状，解除心上的疙瘩，更要把疙瘩看透。

第二，要分清主次。矛盾有主次方面，吵架的双方有主次之分。劝架不能平均使用力量，对措辞激烈、吵得过分的一方重点做工作，就比较容易平息纠纷。如果不分主次，平均使用力量，效果肯定不佳。

第三，要客观公正。劝架要分清是非，客观公正，做到分析中肯，批评合理，劝说适当。不能无原则地"和稀泥"，不分是非各打五十大板；应该实事求是，既要弄清是非，又要团结同志。

冲突双方之所以争论不休，往往是对于某个问题看法不同，而非要争个对错是非出来，结果各执己见互相褒贬一发而不可收，甚至互伤对方尊严。作为调解人，面对争论的双方，不能轻易下结论说谁对谁错，不论对哪一方有道德的评价，这样只会加剧冲突。

调解人最好是把双方的争执点，把双方的差异性归结为一种客观原因，让双方都不担对错责任。这等于给双方台阶下，让双方的心理都能感到平衡，所以双方往往能平静下来，逐渐消弭冲突。

其实做一个好的调解人，也并不是特别困难。只要秉着一颗公正无私的心，有着洞察真相的眼力，加一些语言的技巧就可以做到了。

口才加油站

托尔斯泰的歉意

托尔斯泰和屠格涅夫都是俄国大文豪，而且是好朋友。1861 年，屠格涅夫的《父与子》脱稿，邀请托尔斯泰到自己家，请他先看手稿并提意见。午饭后，托尔斯泰因困倦，读着书稿渐入梦乡，屠格涅夫十分不悦。席中，屠格涅夫对其女儿的家庭教师大加称赞，因为她教导女儿为穷人缝补衣服，在慈善事业上捐款，为穷人做好事。

不料托尔斯泰很不以为然，并加以讽刺，顿时惹得屠格涅夫怒不可遏，大声咆哮："这么说，是我把女儿教坏了？"托尔斯泰也不示弱，两人大吵了一场，从此不再交往。应该说，这两位大文豪的断交，托尔斯泰是有过错的，他比屠格涅夫年纪小 10 岁，却对屠格涅夫不够尊重。可惜，托尔斯泰一直没有勇气认错，因此两人的关系一直没有修复。

过了 17 年，托尔斯泰终于主动写信向屠格涅夫道歉："伊凡·谢尔盖耶维奇！近日想起了我同您的关系，我又惊又喜。我对于您没有任何敌意，但愿您也这样，我知道您是善良的，我确信，您对我的敌对感情已经在我之前早就抛掉了——请您永远原谅我的一切，在您面前，我是有罪的。"屠格涅夫立即写回信："收到您的信我深受感动，我对您没有敌对情感，假如说过去有过，那么早已消除——只剩下对于您的一片怀念。"

真诚的道歉，换来了真正的谅解，他们的矛盾很快消除了，又恢复了旧日的友谊。

·第十七章·

幽默口才

运用幽默别忘五大忌讳

言语幽默的人更容易获取成功的机会，但是在运用幽默的时候，千万不要忘记以下这些忌讳：

第一，忌不明确目的，不掌握尺度。有了目的便会有方向，而弄清石头的支点在哪里，则是关键，这是非常明确的。

幽默的目的有大有小、有远有近。一般的社交场合中，幽默家一试身手的目的有二：一是把听众给逗乐了，让他们哈哈大笑，在自己努力创造的欢乐气氛中联络感情，办好事情。二是展示才华，表现自我。

幽默的尺度，也是幽默的支点，据说火车刚发明时，还没有马跑得快，人们便因此而嘲笑它。这种嘲笑的结果只能是一种倒退，怎么样都无法进步。因此，我们必须注意幽默尺度的选择。

第二，每个时代不同的人群都有自己尊崇的圣贤，即神圣、崇高的事物。当今社会，为众人所接受的英雄形象，能维护公众利益的权威形象，似古时圣贤一般，不可拿来做幽默的对象。

这时，问题就出现了，难道幽默与时政不存在联系吗？政治家不能作为幽默对象吗？回答是否定的，幽默虽不能直接以时政为对象，但我们可以从边缘入手，从以下几个层次上做文章：

第一，幽默对一些政治家的讽刺，古今中外不胜枚举。西方人对一些翻云覆雨的政客深恶痛绝，常创作一些很出色的幽默作品来挖苦他们。有一则幽默故事说，西方某地定期举行国际性的"撒谎"大赛，竭诚欢迎人们参加，只是坚决拒绝政客参加，理由是大赛选手都是业余撒谎者，而政客则是职业撒谎家。

第二，对一般政治家，采用一些善意的幽默，也还是可以的。在美国，由于民族化传统的关系，拿总统开个玩笑似乎也是轻松平常的事，算不得犯上或不敬。

第三，在幽默过程中，应尽量避免不洁和不雅的内容和形式出现。

东晋元帝生了个儿子，遍赏群臣。有个叫殷羡的臣子谦让说："皇子诞生，普天同庆。我们没有什么功劳，为什么犒赏我们呢？"

元帝笑道："这种事怎么能让你们有功劳呢？"

第四，不拿不如自己的人调侃。客观而论，站在你的角度上，比你混得差的人可笑之处肯定不少；但如果总是津津乐道地笑话不如你的人，你就会被别人笑话，笑你不厚道、笑你没出息，专捡软的吃。高明的幽默一般是避开、淡化了题材中人物的面目，或者将聚光灯对准"大人物"，找乐子。

有的农民由于长期的贫困而缺乏知识，我们整个社会都负有改变这种状况的责任。如果我们缺乏同情心，去嘲笑他们，那就不是幽默，而是残忍。先看以下这则笑话：

有一个乡民进城卖瓜，走近路口，红灯亮了，仍挑担向前走。交警走到他面前，行了一个礼说："阿伯，请留步，红灯亮了。"

乡民抬头看看亮着的红灯，说："灯在上边亮，我在下边走，不碍事。"

如此调侃农民，正是缺乏同情心的表现，也是降低自己人格的做法。

第五，运用幽默语言时不可在伦理辈分上占便宜。这个问题，在旧时代的相声表演上比较突出；在一般场合中，也时有发生。趣味低级的人往往喜欢找空隙给身边的同事当一会儿"父亲"或是"爷爷"辈之类的。忌拿别人的伤疤做幽默对象。

让幽默增添自身的魅力

所有的人都会年华已逝，红颜不再。但岁月只能风干肌肤，而睿智和幽默的魅力却不会减去分毫。

乔羽不但歌词写得好，而且话也说得妙，乔羽的幽默诙谐、能"侃"会说在京城文艺圈内久负盛名。

据报载，某年6月中旬，中国民族声乐比赛初评在武汉举行，乔羽是评委之一。在有火炉之称的武汉一天三班地连续听录音，对65岁的乔羽可不轻松。为了解闷，乔羽不断地抽烟，一边抽还一边念念有词："革命小烟天天抽。"也是评委的歌唱家邓玉华为乔羽补充了三句，成了一首打油诗："革命小烟天天抽，遇到困难不犯愁；袅袅青烟佛祖嗅，体魄康健心长寿。"乔羽听罢，微微一笑，他联想到邓玉华每餐节食的情景，也回敬了一首："革命小姐天天愁，腹围过了三尺九；干脆天天吃肥肉，明天又到四尺九。"众人听后都捧腹大笑，连日来的劳累烟消云散。

乔羽不是美男子，由于头发稀少，不熟悉他的人，往往容易将65岁的乔羽判断为七八十的老人。但乔羽从未感到自己老了，他说："我从18岁就开始脱发了，看来是不会再长了，索性毛全掉光，倒用不着理发了。我心里从没有感到老。年龄是你的一种心理上的感受，你觉得自己老了，即使年轻也就真的老了；你觉得自己还年轻，即使老了你也还年轻。"这段话充分展示了乔羽乐观向上的精神面貌，他善于幽默自己，他用自嘲的手法跟自己开起了玩笑，不言头发而称"毛"；而"倒用不着理发了"一句则在幽默之中透露出了乔羽的豁达心境。

幽默的魅力，仿若空谷幽兰，你看不到它盛开的样子，却能闻到它清新淡雅的香味；幽默的魅力，又如美人垂帘，人不能目睹美人之芳华，却能听到美人的声音，间或环佩叮咚，更引人无限遐思……

启功先生的前半生可以说是充满坎坷和艰辛，1岁丧父，母子二人便由祖父供养。10岁祖父过世，家道中落，一贫如洗，再无钱读书，由于得到祖父门生极力相助，才勉强读到中学，但尚未毕业。由于个性坚强，不愿再拖累别人，便决心自谋生路。经祖父的门生傅增湘先生介绍，认识辅仁大学校长陈垣，经陈垣介绍，两次工作皆因没有文凭而被炒。但他却没有绝望，一边靠卖字画为生，一边自学，最后终于在辅仁大学谋到一个教职。此后，在陈垣校长的耳提面命之下，取得长足进步。

经过无数人生历练的启功先生，不但在艺术上取得了非凡的成就，而且也在心灵上步入了大彻大悟之境，生命中充满着一种"身心无挂碍，随处任方圆"的大气和洒脱。

启功先生成名之后，便经常有人模仿他的笔墨在市面上出售。有一次他和几个朋友走在大街上，路过一个专营名人字画的铺子，有人对启功说："不妨到里面看看有没有你的作品。"启功好奇，大家就一起走进了铺子，果然发现好几幅"启功"的字，字模仿得也真够到家，连他的朋友都难以辨认，就问道："启老，这是你写的吗？"启功微微一笑赞道："比我写得好，比我写得好！"众人一听，全都大笑起来。谁知说话之间，又有一人来铺里问："我有启功的真迹，有要的吗？"

启功说："拿来我看看。"那人把字幅递给他。这时，随启功一起来的人问卖字幅的人："你认识启功吗？"那人很自信地说："认识，是我的老师。"问者转问启功："启老，你有这个学生吗？"作伪者一听，知道撞到枪口上了，刹那间陷于尴尬、恐慌、无地自容之境，哀求道："实在是因为生活困难才出此下策，还望老先生高抬贵手。"启功宽厚地笑道："既然是为生计所害，仿就仿吧，可不能模仿我的笔迹写反动标语啊！"那人低着头说："不敢！不敢！"说罢，一溜烟地跑走了。同来的人说："启老，你怎么让他走了？"启功幽默地说："不让他走，还准备送人家上公安局啊？人家用我的名字，是看得起我，再者，他一定是生活困难缺钱，他要是找我借，我不是也得借给他吗？当年的文徵明、唐寅等人，听说有人仿造他们的书画，不但不加辩驳，甚至还在赝品上题字，使穷朋友多卖几个钱。人家古人都那么大度，我何必那么小家子气呢！"启功的襟怀比之古人，可以说是有过之而无不及。

幽默是一种心境、一种状态、一种与万物和谐的"道"。

幽默的语言来自纯洁、真诚和宽容海涵般的心灵，是生命之中的波光艳影，是人生智慧之源上绽放的最美丽的花朵，是人们能够从你那里享受到的心灵阳光。幽默之魅力，如英国谚语所云："送人玫瑰之手，历久犹有余香。"

用诙谐的话语加深感情

不论单身的朋友还是热恋中的男女，都应重视幽默在恋爱中的作用。

美女硕士李芊要结婚了，一向交友广阔的她，在身边众多男子中选择了王旭作为交换婚戒的对象。得知这个消息后，她的几个好友大感诧异，因为王旭既不是她最帅，也不是最有钱的男友。

为什么是他？

李芊的嘴角向上扬起："简单，因为他最能让我笑！"

原来如此！他是以幽默感赢得了美人芳心，笑出婚姻，的确精彩。

那些在女人面前很"吃得开"的男人，不管长相如何，都有一套逗人发笑的本领。只要一与这种人接近，就可以立即感受到一股快乐的气息，使人喜欢与他为友。一个整天板着面孔，不苟言笑的"老古板"，是绝对不会受到女孩子们欢迎的。不少情感心理学研究者认为，男人由于平时比女人话少，所以，男人语言的分量就更被女人所注意。不少男人也正是利用幽默的手段来填补自己语言的匮乏，所以，他的魅力便永驻于人们对他的幽默的回味之中。

　　家庭之中夫妻争吵是一种普遍现象，不论是伟人还是普通人莫不如此，怨怒之中如果即兴来一两句幽默，往往会使形势急转而下。人们常说"夫妻没有隔夜的仇"，更多的时候都是这种豁达的幽默消除了隔阂。

　　男女朝夕相处，天天锅碗瓢盆，始终举案齐眉、相敬如宾反而是一种不正常的现象，有人戏称之为"冷暴力"。小吵小闹有时反会拉近夫妻间的距离，同时也使内心的不满得以宣泄，如果再佐之以幽默、机智的调侃，无疑使夫妻双方得到一次心灵的净化，保证了家庭生活的正常运行，请看下面这几对夫妻的幽默故事。

　　驾车外出途中，一对夫妻吵了一架，谁都不愿意先开口说话。最后丈夫指着远处农庄中的一头驴说："你和它有亲属关系吗？"妻子答道："是的，夫妻关系。"

　　妻子："每次我唱歌的时候，你为什么总要到阳台上去？"

　　丈夫："我是想让大家都知道，不是我在打你。"

　　新婚之夜，新郎问道："亲爱的，告诉我，在我之前，你有几个男朋友？"沉默。"生气了？"新郎想，过了片刻又问，"你还在生气？""没有，我还在数呢！"

　　结婚多年，丈夫却时时需要提醒才能记起某些特殊的日子。在结婚 35 周年纪念日早上，坐在桌前吃早餐的妻子暗示："亲爱的，你意识到我们每天坐的这两把椅子已经用了 35 年了吗？"丈夫放下报纸盯着妻子说："哦，你想换一把椅子吗？"

　　亨利的妻子临睡前絮絮叨叨的谈话令他十分不快。一天夜里，妻子又絮叨了一阵后，吻别亨利说："家里的窗门都关上了吗？"亨利回答："亲爱的，除了你的话匣子外，该关的都关了。"

　　以上五则故事中的夫妻幽默均恰到好处地表达了自己怨而不怒的情绪。有丈夫对妻子缺点的抗议，也有妻子对丈夫多疑的抗议，但其幽默的答辩均不至于使对方恼羞成怒，妻子用夫妻关系回敬丈夫也是一头驴，用数不完的情人来指责新郎的无端猜忌，丈夫用巧言指责妻子的絮叨，这幽默的话语听上去自然天成，又诙谐动听。这些矛盾同样有可能发生在我们每一个家庭之中，有时却往往因为两三句出言不逊的气话而使矛盾激化。

　　许多夫妻都有过类似的经历，无谓的争吵随时都会发生，一旦发生又会因愤怒很快失去理智，直至闹得不可开交，甚至拳脚相加。我们常看到这种情景，在公共场合彬彬有礼的谦谦男子或女士，在家人面前同样也会为一些小事而大动肝火，有时即使是恩爱夫妻也不可避免，双方似乎都失去了理智，哪壶不开偏提哪壶，专揭对方的痛处、短处解气，唇枪舌剑，互不相让；及至冷静下来，才发觉争吵的内容原是那样愚蠢、无聊。殊不知忍一时风平浪静，退一步海阔天空，多用幽默少动气不是一样也可占尽心理上的优势吗？一家之主的男人应该以幽默博大的胸怀包容妻子的一切不满。

总的来说，在两个人的世界里，幽默可以发挥令人意想不到的效果，它可以增进恋人之间的感情，调节气氛，制造亲切感，它还可以消除疲劳和紧张感，使两个人都能够轻松、快乐地面对生活。

巧用幽默化干戈为玉帛

幽默不仅能够活跃谈话的气氛，如果运用得好，还能化干戈为玉帛，就拿谈判来说，一般人都会认为，谈判是很庄重与严肃的。其实谈判中运用幽默技巧，可以缓和紧张形势，造成友好和谐的气氛，也就缩短了双方的心理距离，钝化了对立感。因此，幽默能使你在谈判中左右逢源，常常在"山重水复疑无路"时变得"柳暗花明又一村"。因为，谈判时具有幽默心理能使你情绪良好、充满自信、思路清晰、判断准确。

谈判中要使自己进退自如，没有幽默力量帮助是难以达到预期的效果的。

适度的幽默能够建立良好的气氛，让大家精神放松，进一步密切双边关系。这样就可以营造一个友好、轻松、诚挚、认真的合作氛围，对谈判双方来说，都是具有实质性意义的。

1943年，英国首相丘吉尔与法国总统戴高乐由于对叙利亚问题的意见产生分歧，两人心存芥蒂。直接原因是戴高乐宣布逮捕布瓦松总督，而此人正是丘吉尔颇为看重的，要解决这一件令双方都颇为棘手的事，只有依靠卓有成效的会晤了。

丘吉尔的法语讲得不是很好，但是戴高乐的英语却讲得很漂亮。这一点，是当时戴高乐的随员们以及丘吉尔的大使达夫·库柏早就知道的。

这一天，丘吉尔是这样开场的，他先用法语说道："女士们先去逛市场，戴高乐，其他的先生跟我去花园聊天。"然后他用足以让人听清的声音对达夫·库柏说了几句英语："我用法语对付得不错吧，是不是？既然戴高乐将军英语说得那么好，他完全可以理解我的法语的。"戴高乐及众人听后哄堂大笑。

丘吉尔的这番幽默消除了紧张，建立了良好的会谈气氛，使谈判在和谐信任中进行。

每个人的脖子上都顶着不同的脑袋，人的思想也不可能相同。因此，当意见不一致时，要学会运用幽默来化解，避免让双方进入对话的死胡同，从而化干戈为玉帛。

通过幽默的话拒绝别人

拒绝并不一定是一件严肃的事，适当地在拒绝别人的时候加入一些调笑剂，不仅能不让对方难堪，而且你自己心里也不会有太多的压力和内疚。事实上，拒绝可以是一件轻松的事情。

雨果成名后，一张张请帖雪片似的飞来，怎么办？直接拒绝显得没有礼貌，于是他想出了个好办法：拿起剪刀，咔嚓咔嚓，把自己的半边头发和胡子剪掉。当有人敲门进来说"请您参加……"时，雨果笑嘻嘻地指着自己的头发和胡子说："哟，我的头发真不雅观，真遗憾！"邀请者见状，哭笑不得，只好悻悻而走，却又因此情此境而大大消除了被谢绝引起的不悦。当雨果的头发长齐后，又一部巨著问世了。

即使是同样性质的谢绝，我们也无意要大家东施效颦地去学雨果剃"阴阳头"的做法。然而，故事给我们的启迪在于：任何拒绝，一般都不会令人愉快，为此，我们就要想方设法使用幽默诙谐的手法，将对方这种不悦心情减少到最低限度。

有一次，林肯受邀被要求在某个报纸编辑大会上发言，林肯觉得自己不是编辑，却出席这种会议，很不相称。所以，想拒绝出席这次会议。他是怎样做的呢？

他给大家讲了一个小故事："有一次，我在森林中遇到了一个骑马的妇女，我停下来让路，可是她也停了下来，目不转睛地盯着我的脸看了很长时间。她说：'我现在才相信你是我见到过的最丑的人。'我说：'你大概讲对了，但是我又有什么办法呢？'她说：'当然你生就这副丑相是没有办法改变的，但你还是可以待在家里不要出来嘛！'"大家为林肯的幽默哑然失笑了。

林肯借妇女的口对自己的相貌嘲笑了一番，主旨在于暗示他并不愿出席这个编辑大会，让人在笑声中淡忘了被拒绝的尴尬，将遗憾降低到了最低限度，并且林肯也取得了对方的支持与谅解。

运用诙谐的手段让彼此开怀，让别人愉快地接受拒绝，不失为处世良方。

把笑话当作演讲的调料

演讲时，如果语言过于平实，表述生硬，听众的注意力就会渐渐开始转移。人们会向屋顶、窗外望去，不停地看表，但就是不看你。甚至听众们已经睡着了，或是半昏睡状态，或是一片茫然。你需要做一些立即奏效的事情，将听众从这些状态中拉回来。这时最好的方法就是讲个笑话，幽默一下。

可以说，幽默的笑话语言，是演讲必不可少的调料，运用了这样的方法，就可以更好地表达演讲者的观点和凝聚听众的注意力。

很多研究表明在演讲中运用笑话是有益处的。最重要的一点是听众喜欢具有幽默感的演讲者。也许听众不会自动将演讲者的话视为真理，但是他们会更乐意接受演讲者所传达的信息。

将笑话巧妙地融入你的演讲中，把听众的注意力吸引到你的主要观点上，社会学研究表明人们对于融入笑话或者轶事中的信息的记忆时间要长于对于纯粹信息的记忆时间。

在演讲中使用笑话的另一个好处是能够缓解紧张气氛。一个恰如其分的笑话能够有效地打破僵硬的气氛，营造友好的氛围。幽默能够使你的演讲定位在积极的基调上，有助于形成轻松的气氛，促进演讲过程中的思想交流。

恰当地使用笑话能够建立与听众之间的和谐关系。但是在实际情况下，很多演讲者适得其反。这是怎么回事呢？因为他们使用了令人反感的笑话。幽默使用不当会非常伤害感情，不仅是听众的感情，还有演讲者本人的感情。对于演讲者来说，使用带有伤害性的笑话会对你的形象造成不良影响，降低听众对你的信任度。幽默应该是演讲者与听众之间的桥梁，而不应该被你用来伤害听众的感情。

应该尽量避免攻击个人性别、民族，尤其是宗教等的笑话，这是一个基本常识。演讲中能够起控制作用的不是演讲者的想法，而是听众的感受。可能有些人会很反感你讲的这类笑话，而这些人实际上并不是笑话的攻击对象。很多人认为种族和性别问题的笑话是很令人反感的，这里要做一个提示：有关艾滋病的笑话和种族的笑话同样令人反感。

此外还应当注意，黄色笑话和带讽刺意味的笑话，一般也是演讲中的禁忌。

演讲中的笑话并不是去追求一种赢得听众一时哄笑的直观效果，那种哗众取宠、无聊打诨的低级取笑是演讲的大忌。演讲中的幽默感应是演讲者或演讲主讲人情操和人格的外化，是思想、学识、智慧和灵感在语言运用中的结晶，是一瞬间闪现的光彩夺目的火花。听众听来能陶冶情操，健全人格。

如果你想制造切题的笑话，应该把它与你所要表达的观点联系起来。你所要做的不仅仅局限于选择一个反映主题的笑话。例如，演讲主题与计算机有关并不意味着任何与计算机有关的笑话都切题。如果你想说明计算机并不是没有缺点的观点，有关计算机差错的笑话是切题的，而有关计算机价格的笑话是不切题的。

口才加油站

保密

美苏关于限制战略武器的四个协定刚签署，基辛格就在莫斯科一家旅馆里，向随行的美国记者团介绍这方面会谈的情况了。当时已是翌日凌晨一点，他竟毫无倦意。

"苏联生产导弹的速度每年大约250枚，"基辛格微笑地透露道，"先生们，如果在这里把我当间谍抓起来，我们知道该怪谁啊。"

敏捷的记者们于是接过话头，探问美国的秘密。

"我们的情况呢？我们有多少潜艇导弹在配置分导弹头？有多少'民兵'导弹在配置分导式多弹头？"一个记者问道。

基辛格耸耸肩："我不确切知道正在配置分导式多弹头的'民兵'导弹有多少，至于潜艇，我的苦处是，数目我是知道的，但我不知道是不是保密的。"

记者说："不是保密的。"

基辛格反问道："不是保密的吗？那你说是多少呢？"

记者只好"嘿嘿"一笑。

幽默的语言既可以制造有利的社交氛围，又能委婉地拒绝对方，使对方在忍俊不禁之余，消除对抗情绪。

·第十八章·

危机口才

冷场时要用"开涮法"

许多场合中，由于个人的性格腼腆，或者彼此之间不够了解，而无法拥有共同的话题，使交往中出现了冷场的情形。

交流中最尴尬的局面莫过于双方无话可说。无话可说有时候是因为一方对另一方说的根本不感兴趣，有时候是因为我们说的意思和对方的理解有偏差，有时候是因为我们缺乏在某些特殊情景下的沟通技巧，有时也会因为你的说话触及了别人的雷区，而造成别人的不愉快，导致交谈无法继续下去。无论是哪一种情况，都有可能会让你焦虑。良好的沟通需要双方在适当的时候分别扮演起发送信息者和接受信息者的角色，就像跳探戈时需要两个人完美的配合。

"一个巴掌拍不响"，交流中一旦出现冷场的局面，也需要两个人共同配合才能打破僵局。交流是两个人的事情，所以你不能指望等着对方为交流负起全部责任。因此，当出现冷场或者尴尬的时候，要沉着，寻找双方的共同话题，不能一味地等着对方来解决这种尴尬的场面。

雁翎曾有过一次痛苦的爱情经历，她对那位男朋友爱得如醉如痴，可是，对方却脚踏几只船，最终抛弃她跟别的女孩子浪漫去了。

一次，雁翎与第二位男朋友肖遥约会时，肖遥问她："你对爱情中的普遍撒网，重点逮鱼，怎么看？"没想到他话一出口，雁翎不但没搭理他，脸色突然变得好难看。肖遥知道他误入情人的"雷区"，赶紧补充道："啊，请别介意，我是说，我有一个讽刺对爱情不忠的故事献给你，故事说有一个对太太不忠的男人，经常趁太太不在家把情妇带回家过夜，但又时常担心太太会发觉。所以，有一天晚上，他突然从梦中惊醒，慌忙推着身边的太太说：快起来走吧，我太太回来了。等他的太太也从梦中清醒，他一下子傻了眼。"还没等肖遥话音落下，雁翎已被他的幽默故事给逗得喜笑颜开。

在这里肖遥运用故事的形式首先转移了他俩谈话的方向，然后用幽默的感染力，淡化了他因说话不慎而给雁翎带来的不快情绪，从而自然而巧妙地把可能出现的冷场给过渡过来，赢得了心上人的开心一笑。以下几点可供参考：

1. 可及时拿自己开涮，以幽默的方式摆脱冷场。必要时可以先幽默自己一下，即自嘲，开自己的玩笑。也可以发挥想象力，把两个不同事物或想法连贯起来，以产生意想不到的效果。

2. 自信自然。化解冷场局面时，表现得要自然，不着痕迹、轻松地转移话题，使人家不觉得你是刻意的，否则会加剧冷场和尴尬。

3. 平时多读书，多储存一些不同的知识。有了丰富知识，就有了谈资，再加上幽默、风趣的语言，很容易使局面融洽起来。

4. 可以讲冷笑话，缓和一下气氛，再慢慢回到刚才的主题，但是不宜讲太多的冷笑话，否则场面将有可能更"冷"。

5. 如果是交谈时被干扰而不便继续交谈，可以耐心等待，不必打破这种正常的沉默。

6. 当双方因为不是很了解而造成冷场时，就要学会察言观色，以话试探，寻找共同点，抓住共同话题。

如何应对冷场的局面

在日常生活和社会交往中，如聚会、议事等常会出现冷场现象，彼此都尴尬。冷场，在与人交流中，无疑是一种"冰块"。打破冷场的技巧，就是及时融化妨碍交往的"冰块"。其实，只要会话者掌握住了破"冰"之术，及时根据情境设置话题，冷场是很容易被打破的。

1. 要学会拓展话题的领域

开始第一句话要注意的是使人人都能了解，人人都能发表看法，由此再探出对方的兴趣和爱好，拓展谈话的领域。如果指着一件雕刻说："真像某某的作品！"或是听见鸟唱就说："很有门德尔松音乐的风味。"除非知道对方是内行，否则不仅不能讨好，而且会在背后挨骂的。如果不知道对方的职业，就不可胡乱问他。因为社会上免不了有人会失业，问他的职业尤异于迫他自认失业，这对自尊心很强的人来说是不太好的。如果你想开拓谈话的领域而希望知道他的职业，只能用试探他的方法："先生常常去游泳吗？"如果他说"不"，你就可以问他是否很忙，"每天上哪儿消遣最多呢？"接下去探出他是否有固定工作。如果他回答"是"，你便可加上一句问他平时什么时候去游泳，从而判断他有无职业。如果他说是星期天或每天下午五时以后去，那无疑是有固定工作。

确定了别人有工作，才可问他的职业，这样就可以谈他的工作范围内的事情。如果不知对方有没有职业，或确知对方为失业者，那么还是谈别的话题为佳。

2. 风趣接话转话题

在谈话中善于抓住对方的话题，机智巧接答，可以使我们谈话变得风趣，从而使谈话活跃起来。有一个典型的例子：当我们夸奖对方取得的成绩时，总能听到"一般"的说法。倘若我们不接着话茬说下去，就有点赞同对方的"一般"说法的意思，达不到接话说的目的。可以这样回答："'一班'情况尚且如此，那'二班'情况就可想而知了。"言外之意是说："你一班的情况才如此的话，我二班的情况就更不值得一提了。"这类话茬儿，一般是采用谐音、双关的手法，接住对方的话茬，作风趣的转答。

巧妙地接答对方的话茬儿，可以把原来的话题引向另一个话题，使谈话转变一个角度继续进行下去。

刘某是公司负责某一地区的销售业务员。公司为了加强和客户之间的联系，特举办了一年一度的"工商联谊会"。公司安排刘某在会议期间陪同他的客户顾某。他们路过一家商场，谈起了商场销售情况。末了，顾某深有感触地说："现在，市场竞争够激烈的。"刘某接过他的话茬儿说："就是。在你们单位工作的业务员也不少吧？"

就这样刘某既把话题延伸下去，同时又使话题朝向有利于自己的方向发展。

3. 适时地提一些引导性的话题

提出引导性话题，可以给他人留下谈话时间和空间，特别是对于那些不善于当众讲话的人。这些话题可以根据对方的性格特点、兴趣爱好、职业性质等方面来设置。比如："近来工作顺利吧""听说你最近有件高兴的事，是什么呢""前一阵子我见到你的孩子,学习怎么样"。先用这些听起来使对方温暖的话寒暄一下，便于开展谈话。对于那些在公司上班的人，可以探问对其公司的日常规则的看法，像："你们公司，每周都要举行升旗仪式，之后还要做早操，召开例会，你怎么看待？"引导性话题应该注重可谈性和可公开性。对学文的不宜谈深奥的理科的问题，反之亦然。不宜在公开场合触及个人隐私，或者是背后议论他人等。如果引导性话题过于敏感，或者越出了对方的兴趣爱好，或者过于深奥，超出了对方的知识结构等，对方也许不愿说，也许真的无话可说。提出这类话题，目的是让对方开口讲话，不能让对方讲，还有什么意义呢？

在提一些引导性话题的时候，也要注意方法和策略，不要让对方感到难以回答和附和而停止。此外，在打破冷场时说话还应该注意下面的内容：

如果是由于自己太清高、架子大，使人敬而远之，而造成双方的沉默，在交谈中应该主动、客气及随和一些。

如果是由于自己太自负，盛气凌人，使对方反感，而造成了沉默，则要注意谦虚，多想想自己的短处，适当褒扬对方的长处。

如果是由于自己口若悬河，讲起话来漫无边际、无休无止，而导致了对方的沉默，则要注意自己讲话适可而止，给对方说话的机会，不要让人觉得你是在做单方面的"传教"。

有时装作不懂事的样子，往往可以听取他人更多的意见，这根源于人们的自炫心理。反之，你表现得太聪明，人家即使要讲，也有顾虑，怕比不上你。如果我们用"请教"的语气说话，引起对方的优越感，就会引出滔滔话语。一般人的心理总是喜欢教人，而不喜欢受教于人。

冷场的出现，往往与话题有关。曲高和寡会导致冷场；淡而无味同样会引起冷场。不希望出现冷场的交谈者，应当事先做些准备，使自己有一点库存话题，以备不时之需。

谈吐有趣味摆脱窘境

在日常生活中，常有人由于不慎而使我们身处窘境，或是向我们提一些非分的请求，或是问一些我们不好回答或暂时不知道答案的问题。此时，我们如果直接表明"不满意""不可能"或"无可奉告""不知道"，往往会给彼此带来不快。如果我们想从窘境中脱身而出，不妨借用幽默的力量。

有一次，英国上院议员里德在一篇演讲将近结束时，听众都很认真地望着他，都在倾耳听着每一个字，但就在这时候，突然有一个人的椅子腿断了，那个人跌倒在地上。如果这时做演讲的不是像里德这样灵巧的人，恐怕当时的局面会对演讲产生一种破坏性的影响。但是聪明的里德马上说："各位现在一定可以相信，我提出的理由足以压倒别人。"就这样，他立刻就恢复了听众的注意，而那个跌倒的人也在别人善意的笑声中，找到了一个新座位。

这个故事给我们的启迪是：恰到好处的幽默能够使双方都从窘迫的情形中脱身而出，里德就是依靠这一点化解了演讲中的尴尬局面。

如果我们面临不好回答的问题，而又不能以"无可奉告"进行简单的说明，不妨找一个大家都能领悟的笑话来说，可以转移对方的视线。

1972年，在美苏最高级会谈前的一次记者招待会上，有人向基辛格提出了一个所谓的"程序性问题"："到时，你是打算点点滴滴地宣布呢，还是倾盆大雨地、成批地发表协定呢？"

基辛格沉着地回答："你们看，他要我们在倾盆大雨和点点滴滴之间任选一个，无论我们怎么办，总是坏透了。"他略微停顿了一下，接着，一字一板地说："我们打算点点滴滴地发表成批声明。"在一片轻松的笑声之中，基辛格解答了这个棘手的问题。

生活离不开交流，交流必然会产生融洽与对立，一旦身处窘境，面对无礼要求或做不到的事情，就像站在悬崖上，前面是深渊后面是追兵。此时婉言拒绝或摆脱便成了我们必须精通的一种说话方式，而灵活的头脑和幽默的谈吐可以让我们突生翅膀，顺利飞跃到高处，摆脱进退维谷的境地。心态要淡定，嘴巴要灵活。遇到干戈对立场面、对方愤怒局面、遭遇尴尬时候、批评他人的情况等，首先我们要将自己内心的怒气平息下去，然后用适当的玩笑话和幽默的语言来缓和气氛。多读书，不妨丰富一下学识，同时积累幽默语言。掌握好幽默的尺度，这在前文已经一一细说，此处就不再赘述。

灵活应对别人的奚落

当别人挖苦你、讥讽你的时候，你可以用语言作为护身符，筑起防卫的堤防。"兵来将挡，水来土掩"，你可视不同的来者选择不同的应付办法。

若判明来者不善，是怀有恶意，故意挑衅，你可以以眼还眼，以牙还牙，有理、有礼有节地回敬对手。

如果对方来势汹汹、盛气凌人，前来指责辱骂你，而你确信真理在手，则应保持藐视的目光、冷峻的笑容，让他尽情发泄个够，而不予理会。有时沉默无言的蔑视，能力胜千钧，抵得上万语千言。假如有人冲着你横眉竖眼，恶语中伤地骂道："你这个人两面三刀，专门告我的状，想踩着别人的肩膀往上爬！"如果你心中无愧，完全不必大发雷霆，倒不妨解嘲地反诘："哦！是真的吗？我倒要洗耳恭听。"然后诱使谩骂者说下去，直到对方找不到言语了，你再"鸣金收兵"。在这种情况下，你以温文尔雅、彬彬有礼的方式笑迎攻击者，显然比暴跳如雷、大动肝火要好。

假如有人以半真半假的口吻问："你得了一大笔奖金，该'发财'了吧？"如你避实就虚地回答："你也想吗？咱们一块来干。"语中带点阳刚锐气，别人再问，也不大好意思了。

你刚被提拔到某领导岗位，有人对此揶揄道："这下子你可平步青云、扶摇直上了吧！"你听了不必拘谨，可一笑了之："是这样吗？你算得这样准？"用这种不卑不亢的应酬方法，

立即使对方语塞。相反，你过于计较，说出一大堆道理，倒显得太认真，反而适得其反。

如果有人用过于唐突的言辞使你受到伤害，或叫你难堪，你应该含蓄以对，或装聋作哑、拐弯抹角、闪烁其词，或顺水推舟、转移"视线"、答非所问，谈一些完全与其问话风马牛不相及的事，用这种委婉曲折的方法反驳对手，一定会取得奇特的功效。

遇到棘手犯难的问题，若能以幽默诙谐的方式回答，往往能化险为夷，改变窘态。正所谓"山重水复疑无路，柳暗花明又一村"，让难堪的局面消失在谈笑之中。

欲盖弥彰不如多调侃

由于我们的过失，造成谈话中间出现了难堪，这时我们不要责备他人，而应找找自己的原因，采用自我调侃的方式低调退出。

有一次，十多年没见的老同学聚会，因为大家都是好朋友，所以说起话来更是直来直去。有一位男同学打趣地问一位女同学："听说你的先生是大领导，什么时候请我们到大酒店吃一顿？"他的话刚说完，这位女同学有点不安起来。原来这位女同学的丈夫前不久因发生意外去世了，但这位开玩笑的男同学并不知道，

因而玩笑开得过了一点。旁边的一位同学暗示他不要说了，谁知这位男同学偏要说，旁边的那位同学只得告诉他真实的情况，这位男同学可谓无地自容，非常尴尬。不过他迅速回过神，先是在自己脸上打了一下，之后调侃地说："你看我这嘴，几十年过去了，还和当学生时一样没有把门的，不知高低深浅，只知道胡说八道。该打嘴！该打嘴！"女同学见状，虽有说不出的苦涩，但仍大度地原谅了老同学的唐突，苦笑着说："不知者不为怪，事情过去很久了，现在可以不提它了。"男同学便急忙转换话题，从尴尬中解脱出来。

当我们处理类似的情况时，最好的办法就是：不要死要面子活受罪，可以采用自我调侃的办法，像上面的那位男同学，表达自己真诚的歉意，而对方也不会喋喋不休地责备我们，相反还会因为我们的真诚而一笑置之。

大多数人制造尴尬都不是敌意的，而是出于不小心，这时候，如果你过分掩饰自己的失态，反而会弄巧成拙，使自己越发尴尬。以漫不经心、自我解嘲的口吻说几句取悦于人的话，却可以活跃气氛、消除尴尬。

1915年，丘吉尔还是英国的海军大臣。不知什么原因，他突然要学开飞机。于是，他命令海军航空兵的那些特级飞行员教他开飞机，军官们只好遵命。

丘吉尔还真有股韧劲，刻苦用功、拼命学习，把全部的业余时间都搭上了，负责训练他的军官都快累坏了。丘吉尔虽称得上是杰出的政治家，但操纵战斗机跟政治是没什么必然联系的。也可能是隔行如隔山吧，总之他就是对那么多的仪表搞不明白。

有一次，在飞行途中，天气突然变坏，一段16英里的航程竟然飞了3个小时。着陆后，丘吉尔刚从机舱里跳出来，那架飞机竟然再次腾空，一头撞到海里去了。旁边的军官们都吓得怔在那里，一动不动。

原来，丘吉尔忘了操作规程，在慌乱之中又把引擎发动起来了，望着眼前的一切，丘吉尔也不知所措，好在，他并没有惊慌，装作茫然不知，自我解嘲道："怎么搞的，这架飞机这么不够意思。刚刚离开我，就又急着去和大海约会了。"

一句话，缓解了紧张的气氛，也让丘吉尔摆脱了尴尬。

在有些尴尬的场合，运用自嘲能使自尊心通过自我排解的方式受到保护，而且还能体现出说话者的宽容大度。

尴尬场合，运用自嘲可以平添许多风采。当然，自嘲要避免采取玩世不恭的态度。具有积极因素的自嘲包含着自嘲者强烈的自尊、自爱。自嘲实质上是当事人采取的一种貌似消极，实为积极地促使交谈向好的方向转化的手段。

如何巧妙地回击冷语

生活中的冷言冷语不但易伤自尊心，还经常让我们下不来台。冷言冷语多得难以分门别类，但有一点是可以肯定的，这些话都会使你心烦意乱、情绪低落。本能地进行反击，其后果往往是讽刺挖苦、侮辱打击的恶性循环。正确的办法是以适当而有力的语言回击冷语，避免自己受到伤害。如果你下次遇到冷语，不妨照下面说的去试试：

1. 探究缘由

心中窝火容易使人出语伤人。如果你的确不明白是什么地方得罪了别人，最好的办法就是直接问他这是为什么。记住，并不是每个人都存心要找你的麻烦，因此，要尽快找出根源。

女招待之所以冲你发火，也许是因为昨晚她在男朋友那里受了委屈；司机超车插到你前面也许并不是为了和你比高低，而是送重病的孩子上医院……当你这样去假定他人是无辜的时候，你就会为你的宽厚和善意而感到快慰。

2. 正视挑衅者

顶住侮辱并非易事。办法之一是针锋相对，用严肃的对答来对付消极的评价，如你可以说："你有什么理由来伤害我的感情？"或说："要知道你的话也许会对别人有用。"

作为一种选择，你可以要求挑衅者澄清他的原意："你这话是什么意思？"或说："我希望能弄清你的意图。"一旦挑衅者意识到你识破他的意图时，他们就会停止挑战。没有比阴谋被识破更丢脸的了。

3. 运用幽默

有人曾很不客气地评价玛丽的新裙子："一条新裙子？这布料更像是用来包椅子的。"

玛丽回答说："那好，坐到我膝盖上来。"

路茜的母亲苛刻得简直像有洁癖，这使露茜有些受不了。

一天，母亲发现女儿房间里有蜘蛛网。"那是什么？"她故作吃惊地问。

"一项科学工程。"路茜幽默地回答说。

利用幽默可以避免冷语的伤害，还可以拒绝自己不想听到的话。

4. 顺水推舟

接住话头是个好主意。例如，如果你妻子说："你重了20磅了，亲爱的。"你就回答说："准确地说是重了近25磅。"语言所以有力，是因为你承认了它的力量。当你顺水推舟时，你就能使它失去阻力。

5. 不屑一顾

他人的评论并不"属于"你，因此你完全可以不理睬它。原谅是我们应该培养的最重要的生存技巧。

如果你还没有完全准备好，那就让说话人知道你听见他的话了，但不想作反应。下一次他再伤害你，你就佯装正在揩去袖子上的污点。当他问你在干什么时，你就说："噢，我以为什么东西在咬我，我肯定搞错了。"他就会知趣而退。

你也可以装作没兴趣。眨眨眼睛，打个呵欠，环顾左右，皆在告诉他："你怎么这样讨人厌？"任何人都不愿自己遭人厌的。

6. 拒绝接受

一个男人出语伤害布达赫后，布达赫说："孩子，如果有人拒绝接受一份礼物，那这份礼物会属于谁呢？"

那人回答说："当然是属于送礼物的人。"

"那就好了，"布达赫说，"我拒绝接受你的指责。"

有人觉得口头上贬低、指责别人会更显自己的高大，所以他们口袋里装满轻蔑，他们随时都可能取出来抛给别人。拒绝接受他们的侮辱伤害，巧妙地还给他们，这样你就会减少紧张，增加快乐。

灵活的语言能让你避免麻烦，远离伤害，还可以不破坏原有的关系，学会运用它，会使你的生活变得更美好。

怎么应对咄咄逼人的话

在交往中，我们不可避免地会遇到咄咄逼人的谈话场景，谈话者一般是有备而来，或是对自己的条件估计得比较充分，有信心战胜你。谈锋一般是指向一个地方，对你的要害部位实行重点攻击，会令你开始就处于被动位置。

对付的方法有多种，根据具体情况的不同你可以加以选择。

1. 以退为攻

假如对方的问话是你所必须回答的、不能推辞的，而又要对方跟着你的思路走，你可以装作退却。对方乘机逼过来，你把他带得远了，让他完全进入了圈套，然后再回过头来对他反击。

2. 后发制人

这是使自己能站稳脚跟的最有效办法。一般在两种情况下，最为有效：

（1）当对方到了已经不能自圆其说的时候。咄咄逼人者，其开始锋芒毕露，也许你根本找不到他的破绽。但是，他总有不攻自破的地方，总是有软弱的地方，只是你还没发现而已。等待时机，一旦其光芒收敛，想有喘息、补充的时候，这时候你就可以反攻了。

（2）当对方已是山穷水尽的时候。这时候对方已经进攻完毕，而你发现，他连你的伤口的部位还没找到，他的锋芒所指，只不过是你的微不足道的一个小错误，或者他打击的部位并不全面，从本质上动摇不了你，这就是所谓的"山穷水尽"。

3. 针锋相对

针锋相对即是以对方同样的火力，向对方进攻，对方提什么问题，你就给予十分肯定或否定的回答，丝毫不让，不拖沓也不沾泥带水，使对方无理可寻、无懈可击。

把问题还给对方，这是谈话中的一个很普遍、很实用的技巧。当对方的问题很难回答，问的角度很刁，你回答肯定、否定都可能出差错时，那就不要回答，把问题再还给对方，将对方一军。

比如，有一个国王故意问阿凡提："人人都说你聪明，不知是真是假？如果你能数清天上有多少颗星星，我就认为你聪明。"阿凡提说："如果你能告诉我我骑的毛驴有多少根毛，我就告诉你天上有多少颗星星。"

4. 抓住一点，丝毫不让

当对方话锋之强烈、火药味之浓，使你无法反击，他提出的重大问题，你无法一一回答，这种情况下怎么办？迅速找到他的谈话内容中的一个小漏洞，即使再微不足道也无所谓，可以把这一点无限扩大，使其不能再充分展开其他方面的进攻。你就在这一点上，来回与他周旋，并迅速地想出应付其他问题的办法。

5. 胡搅蛮缠

胡搅蛮缠是当你理亏时，被对方逼到了死角，而又实在不想丢面子，就可以乱缠一番，把没有理的说成有理的，把本来不相干的事物联系在一起，说成是很有联系的事物，把不可能解决的、不好解决的问题与你的问题扯在一起，以应付对方的连串进攻。

胡搅蛮缠是一种不得已的办法。在某种程度上，是不正当的，但却也不失为一种自我保护的方法，特别是当对方欺人太甚、丝毫不留情面的时候。另外，用胡搅蛮缠的方法，可以先拖住对方，使你有时间考虑更好的应付办法。

话不投机，赶紧转弯

话不投机有多种情况。其一，某种言谈举止使人为难，那就要及时转换话题，协调气氛。两个青年去拜访老师，在谈话中提到：

"老师，听说您的夫人是教英语的，我们想请她指教一下，行吗？"

老师为难地沉默了片刻，说："那是我以前的爱人，前不久分手了。"

"哦？对不起，老师……"

"没什么，喝点水吧。"

"老师，您的书什么时候出版？快了吧……"

这样转换话题，特别是提出对方很愿意谈的话题，就会使谈话很快恢复正常，使气氛活跃起来。

其二是双方意见对立谈不拢，但问题还要解决，不能回避。这种话不投机的情况就需要绕路引导。

联系工作，洽谈生意，也可能话不投机，陷入僵局。只要还有余地，就可提出新的话题，绕弯引导。如甲方推销四吨卡车，而乙方不要四吨的，想要两吨的。这时，甲方若硬着头皮争执，只会越谈越僵，不欢而散；如能转移话题，绕弯引导，从季节、路途、载重多少与车辆寿命长短等各种因素来促使乙方考虑只用两吨的弊病，或许能"柳暗花明又一村"，开辟新的途径。

在找对象的问题上，母子有矛盾。儿子不愿也不能和母亲闹僵，只好等待时机再说。这天吃饭时，母亲又唠叨起来："你这孩子，怎么就不听妈的话呢？人家局长的女儿，人长得不错，又有现成的房子，你为什么不和人家谈，偏要……"

"妈，快吃饭吧，菜凉了不好吃……"儿子先回避话题，意在绕路引导。

第三种情况是在说话过程中，当对方有意无意地触到我们心中的隐痛、忌讳或者自己不愿回答的问题时，如果一时没有好办法应答，那么，就干脆避而不答；或者沉默不语，表示无声的抗议；或者转移话题，使在场者的注意力从自己身上挪开。问话者见对方对其问题不予理睬，在尴尬的同时会很快意识到自己的鲁莽和无礼，从而不再追问。

某单位一女工结婚，在单位散发喜糖，刚巧该单位有一位尚未谈到对象的33岁的大龄女青年。大家吃着糖，突然一位中年科员笑着对那位女青年说："喂，什么时候吃你的喜糖？"大家都望着那位女青年。那位女青年脸微微一红，把脸转向邻近的一位女同事，然后指着那位女同事身上的一件款式新颖的上衣问："咦？这件上衣什么时候买的？在哪个商店买的？"两个人便兴致勃勃地谈起了那件衣服。

在大庭广众之下问大龄女子何时结婚确实是件很不礼貌的事情。女青年碰到这个尖锐的问题时处境十分尴尬，回答不好可能会引起大家的闲话，再说这事也没必要让大家来参与。于是她立刻把话题转移到同事的衣服上，借以回避对方的无聊问题。问者受到毫不掩饰的冷落，自然也认识到自己的失礼，就没有理由责怪女青年对自己的置之不理。

话不投机的情况有的是由他人造成的，有的是自己造成的，但无论起因于谁，你都应该主动转移话题，使自己快速从尴尬中摆脱出来。

用戏谑冲淡尴尬境地

尴尬是生活中遇到处境窘困、不易处理的场面而使人张口结舌、面红耳赤的一种心理紧张状态。此时，如果能调整心态、急中生智，以戏谑来冲淡它，应该可以收到良好的效果，从而化解你和他人的紧张气氛。

如果能使人发笑，那渐渐地人们也就会将刚才的尴尬场面忘掉，气氛会慢慢恢复正常。相信你一定遇到过那样的场面，你或你周围的人突然一不留神，在众目睽睽之下滑倒。幽默可以巧妙地把这种陷自己于不利的因素，用一种荒诞的逻辑歪曲成有利因素，机智地将自己从困境中解脱出来。

一次，里根总统在白宫钢琴演奏会上讲话时，夫人南希一不小心连人带椅跌落在台下地毯上，观众发出惊叫，但是南希却灵活地爬起来，在众多宾客的热烈掌声中回到自己的座位上。正在讲话的里根看到夫人并没有受伤，便插入一句俏皮话："亲爱的，我告诉过你，只有在我没有获得掌声的时候，你才可以这样表演。"

1944年秋，艾森豪威尔亲临前线给第29步兵师的数百名官兵训话。当时，他站在一个泥泞的小山坡上讲话，讲完后转身走向吉普车时突然滑倒。原来肃静严整的队伍轰然混乱，士兵们不禁捧腹大笑。面对突发情况，部队指挥官们十分尴尬，以为艾森豪威尔要发脾气了。岂料，他却毫不介意地爬起来，幽默地说："从士兵们的笑声看来，可以肯定地说，我与士兵的多次接触，这次是最成功的了。"

在两性之间，吵架在所难免，有一方发火，另一方也跟着吵，无异于火上浇油，情况越来越糟，关系越闹越僵，倒不如以谐平怒，大家更容易冷静下来，在笑声中很快消气。

约翰下班回家，发现妻子正在收拾行李。"你在干什么？"他问。"我再也待不下去了，"她喊道，"一年到头，老是争吵不休，我要离开这个家！"约翰困惑地站在那儿，望着他的妻子提着皮箱走出门去。忽然，他冲出房间，从架上抓起一只皮箱，也冲向门外，对着正在远去的妻子喊道："等一等，亲爱的，我也待不下去了，我和你一起走！"怒气冲天的妻子听到丈夫这句既可笑又充满对自己的爱心和歉意的话，像气球被扎了一个洞，很快就消气了。

当约翰的妻子抓起皮箱冲出门外之时，我们不难想象，约翰是多么的难堪、焦急！但他既没有苦劝妻子留下，也没有作任何解释、开导，更没有抱怨和责怪，而是说："等一等，亲爱的，我也待不下去了，我和你一起走！"这哪像夫妻吵架，倒像一对恩爱夫妻携手出游。约翰这番话，以谐息怒，不但会让妻子感到好笑，而且体会和理解丈夫对妻子的爱心和歉意，以及两人不可分离的关系。听到这番话，妻子怎能不回心转意呢？

只要语言把握得当，戏谑调笑的化解法大多数人都拒绝不了它的"攻效"，因为它能使人开怀大笑、舒展情绪，在笑声中淡化尴尬与窘迫。

童言无忌，如何遮丑

周末，单位里的几个同事到家里来玩。女主人玉琴正在热情招待，忙得不亦乐乎。玉琴5岁的小女儿笑笑看到家里来了客人，别提有多高兴了，兴奋得手舞足蹈。她一会儿为客人表演歌舞，一会儿模仿模特走秀，把客人逗得哈哈大笑。

笑笑一看大家这么喜欢她，就骄傲地站在妈妈的同事面前，奶声奶气地大声问："叔叔、阿姨，你们能赚很多很多钱吗？"

"当然不能呀！我们都没有笑笑将来赚得多。笑笑将来当大领导，我们全给你打工，好不好？"同事们逗着这个开心果。

"我爸爸就是大领导，他会赚很多很多钱，10个大皮箱都装不下！"

"真的，你爸爸是做什么的，我们都去给他打工好不好？"

"我爸爸是做彩旗的，街上飘飘的彩旗全是我爸爸做的。你们会做吗？"

"做彩旗的？"同事们面面相觑，不理解。

"笑笑，你在胡说些什么呀！"玉琴走出厨房，听到女儿的话，心里咯噔一下，赶紧开口制止女儿说下去。

"妈妈，我没有胡说，你昨天晚上不是说爸爸'家里红旗不倒，外面彩旗飘飘'吗？你还说爸爸要变天，是白日做梦！妈妈，爸爸是不是认识雷公，不然怎么能够变天呢？"

玉琴尴尬地僵在那里，客人们也不知说什么才好。顿时，屋内的气氛一下子凝固了……

虽然说是童言无忌，可笑笑的话也确实够让人无奈又生气的。家里的争吵丑事全都暴露在了同事们的面前，如何才能"找块遮羞布，"遮一下这个家丑呢？

其实也不难，有句话叫假作真时真亦假，倘若据你察言观色，发现他人的脸色不对，似乎已有几分相信了孩子的话，你觉得不好解释，或一时没有找到合适的理由来解释，何不半真半假地承认此事。小孩子惊世骇语远不会这么简单结束。如果光用虚晃一招来打马虎眼，还是不够，不信看另外一个故事。

一个周六的上午，周女士带着她的宝贝儿子——淘淘在儿童乐园里游玩，恰好碰到了单位的一个同事也带女儿——甜甜在此玩。这两个小孩本来就认识，一见面就亲热得不得了，一下就玩到一起了。于是，两个大人就自然而然地站在一边聊了起来。

"妈妈，妈妈，甜甜说她爷爷、奶奶下个月要来她家过年了，我的爷爷、奶奶为什么不来呢？"两个人正聊得投机，没料到淘淘一蹦一蹦地跑来，气喘吁吁地问道。

"爷爷、奶奶去年来过了，今年想休息一下！"周女士轻声细语地向淘淘解释道。

"不对，我知道爷爷、奶奶为什么不来！"

"淘淘真聪明！那你说说看，爷爷、奶奶为什么不来呢？"

"因为我们家没有钱了！"

"哎呀，宝宝真是不得了，连这事都知道！那你是不是要节约一点呀？"

"我才不要呢！妈妈把钱都给外公、外婆了，所以我们家没有钱了，爷爷、奶奶也来不了，妈妈你说是不是？"

听了淘淘这么一说，那同事露出了若有所思、似笑非笑的表情。见此情景，周女士知道她的同事已有几分相信了孩子的话。于是，她灵机一变，轻描淡写地顺水推起舟来。

"原来是这样呀！我就说淘淘聪明过人吧，妈妈做了哪些事都瞒不过你的眼睛！"

"那当然，我是孙悟空，有火眼金睛，谁也别想瞒过俺老孙，哈哈！"

"那悟空，我前两天给爷爷、奶奶寄钱，还给爸爸买衣服，给你买玩具，你的火眼金睛怎么就没看出来呢？"

"谁说我没看出来，我……我是想考考妈妈，看妈妈你还记不记得！"

听到这里，同事不禁被逗得大笑起来……

一般人在大多数情况下都会有逆反心理，你越是解释，他越是不信；如你干脆承认确有其事，他反而会产生怀疑。所以你不妨利用此等心理，弄他个半信半疑，自己也痛痛快快地下台。只要你处之泰然，表现得大大方方的，他人就不会对此事确信无疑，甚至怀疑也会随之烟消云散。

切忌随即指责、呵斥，甚至是打骂孩子，如此只会显得"此地无银三百两"。还有切忌极力解释，这样只会显得是欲盖弥彰，会让家丑外扬。

应对别人的当众指责

受人指责总归是件不快之事，而受人当众指责，那更是令人不快，甚至会让人窘迫难堪，尴尬至极。这是一个协作生存的社会，无论是工作还是生活，也无论是何时还是何地，人都难免犯错，触及他人的利益，从而引起不满，导致他人对你的指责。当然，也存在这样一种情况，错并不在你，而是一些无聊之徒，他们或抱着一种嫉妒，或抱着一种偏见，来当众对你进行攻击，目的就是要让你颜面扫地。

当人当众对你大加指责，甚至是来一顿劈头盖脸的斥骂，你得要招架住，采取灵活的应对措施，让这个令你无地自容的尴尬氛围及时得以化解。

　　一次，一位不速之客突然闯入洛克菲勒的办公室，直奔他的写字台，并以拳头猛击台面，大发雷霆："洛克菲勒，我恨你！我有绝对的理由恨你！"接着那暴客恣意谩骂他达 10 分钟之久。办公室所有职员都感到无比气愤，以为洛克菲勒一定会拿起墨水瓶向他掷去，或是吩咐保安员将他赶出去。然而，出乎意料的是，洛克菲勒并没有这样做。他停下手中的活，用和善的神气注视着这位攻击者，那人越暴躁，他便显得越和善！

　　那无理之徒被弄得莫名其妙，那股怒气也就渐渐地平息下来。因为一个人在发怒时，遭不到反击，他是坚持不了多久的。于是，他咽了一口气。他是做好了来此与洛克菲勒作争斗的，并想好了洛克菲勒将要怎样回击他，他再用想好的话语去反驳。但是，洛克菲勒就是不开口，所以他不知如何是好了。

　　末了，他又在洛克菲勒的桌子上敲了几下，仍然得不到回应，只得索然无味地离去。而洛克菲勒呢？就像根本没发生过任何事一样，重新拿起笔，继续着他的工作。

　　当有人怒气冲冲地当众对你大加指责时，你可像洛克菲勒一样采取不合作的态度，不理睬对方对自己的无礼攻击。施以如此态度，实则也就是给他迎头痛击。见到你的如此反应，他也就会自感索然无味，悻悻而退。要想每战必胜，我们可以从掌握以下几点方法来入手。

　　1. 虚心请教。特别是上司或长辈对你进行当众指责时，无论他的指责正确与否，也无论你是否服气，不妨采用虚心请教的方式，在对方的眼中，你的请教就意味着一种真诚的道歉。

　　2. 移花接木。别人的当众指责，也可用幽默化解，来个张冠李戴，将原本只适合于甲种场合的话，移到乙种场合来说。

　　3. 积极辩护。被上司批评或指责，虽然应该诚恳而虚心地听取，但并非不管他说得对不对都要一股脑接受，必要时应该勇于做出积极的辩护。但是辩解时切忌加上"你居然这么说……"这样，在指责人看来，你只是顽固不化，找理由为自己辩护。

　　4. 不予理睬。当有人当众对你大加指责时，你可不理睬对方对自己的无礼攻击。你如此的反应，只会让对方索然无味，悻悻而归。

　　5. 面对指责进行道歉时，只要说"对不起"，切忌说"虽然那样……但是……"这种道歉话，这样只会让人听起来觉得你好像是在强词夺理，无理搅三分。

·第十九章·

特殊口才

与完美主义者对话

"世界是不完美的，我要追求完美。"这通常是追求完美的人的座右铭。总的来讲，人格分为九种，完美主义者作为这九型人格中的第 1 号，他们的性格中有一个很显著的特征，即关注细节，力求完美。他们多半不能容忍污点，正义感和责任感都很强，对自己的要求极高，同时对周围的人也会"高标准，严要求"。

完美主义者通常不会注意到是自己是否快乐，他们只关注他们"应该"做和"必须"做的事情。他们很少会问自己真正需要什么，只知道去做正确的事情。

典型的完美主义者，不仅对生活的细节要求极高，对身边的家人也一样高标准。完美主义者不论是在生活上、感情上，还是在工作中，都比较冷静，做任何事情有条理、有目标，善始善终。

如同一面钱币的两面，完美主义者是在这个并不完美的世界里追逐完美的人，有时候他们的认真与执着会让我们感动。没有他们的严谨和讲求原则，这个世界会变得很糟糕。

但是，追求完美的人也有他的缺陷。

例如有些完美主义的管理者，他们常常喜欢把大小事务揽在自己身上，事必躬亲，从来不放心把一件事交给下属去做。这样，看起来似乎整天忙忙碌碌，实则大多没有什么实在的价值。

孔子的学生子贱做过某县的地方官。平日，大家只见他整天弹琴作乐，悠然自得，根本没见他走出过公堂。然而在他的治理之下，这地方生活富足，人心安定。后来，子贱离开了这里，接替他的官吏每天早出晚归，为了工作，吃不香，睡不好，大小事务无不亲自处理，却还是有很多的问题。

这位官吏非常苦恼，便特意向子贱求教。子贱得知他的来意后，微微一笑，说道："我哪里有什么窍门呀！只不过我在任时凭借大家的力量处理政务。而你用的方法是只靠自己，光依靠自己的力量治理当然辛苦了。"

子贱的为官之道告诉我们一个道理：没有人是万能的，你必须学会靠别人的力量，让别人为你办事，才有可能获得成功。完美主义者很多时候就是缺少这种依靠他人的特质，不懂得解放自己双手的管理之道。

1. "顺字诀"，不要跟他们在细节上进行争辩，先顺其势，取得他们的认同，在随后的沟通交流中，找到一个关键点，比他更追求完美，让其意识到过于追求完美也是有危害的。不要试图让他认同，能让他们明白完美追求是不足取的就足够了。

2. 与完美主义者共事，注意一些工作、生活的细节，尽量不要让他们有机会来挑剔你的不足。

3. 以理性、合乎逻辑，并且正经的态度和他们沟通，才能获得他们的认同。

4. 在说话的时候，你可以适时表现一些幽默感，缓和他们严肃僵硬的情绪，用以牵引他们凡事试着朝正面想。

5. 说话要真诚、直截了当，因为他们十分敏感，加上判断力佳，对于别人玩弄伎俩、背后动机，他了然在心。如果你拐弯抹角只会令他不屑与厌恶。

与过度老实人交谈

"先天下之忧而忧，后天下之乐而乐"的"大我"精神一直是过度老实的人的人格中最闪耀的地方。过度老实的人作为九型人人格的 2 号，他们的性格如果用一种颜色来表示的话，最合适的莫过于绿色：温和、不刺激、有希望的力量还有温暖人心的热忱。他们永远不会咄咄逼人，帮助别人时也是出于一种责任。因而可以说 2 号是社会责任感最强和最有爱心、同情心的人。

他们从来都在按照他人的意愿做事，因为他们做事的初衷就是为了讨好别人。长大了，他们的性格中就会有隐忍、宽厚的一面，同时还有依赖性太强的特点。过度老实的人不够独立，总是想站在一个强者的背后，希望寻找一棵大树好乘凉，而从来不想着要依靠自己的双手去创造。

对于总是喜欢在他人授意之下才有所动作的 2 号，要他们拿出自己的意见并按照自己意思去办事，可能比登天还难。一个人倘若没有自己的主见，就如同木偶一样，被人牵着走。下面故事中的主人公就犯了这样的错误，以致让自己错失良机。

一名喜欢写作的学生苦心撰写了一篇小说，请一位知名作家评点。因为作家正患眼疾，学生便将作品读给作家。读到最后一个字，学生停了下来。作家问道："结束了吗？"听语气似乎意犹未尽。这一追问，煽起学生的激情，立刻灵感喷发，马上接续道："没有啊，下部分更精彩。"他以自己都难以置信的构思叙述下去。

到达一个段落，作家又似乎难以割舍地问："结束了吗？"

小说一定摄魂勾魄，叫人欲罢不能！学生更兴奋，更激昂，更富创作激情了。他不可遏止地一而再，再而三地接续……最后，电话铃声骤然响起，打断了学生的思绪。

有人找作家，而且情况比较急。作家匆匆准备出门。那么，没读完的小说呢？

"其实你的小说早该收笔，在我第一次询问你是否结束的时候，就应该结束。该停就停，看来，你还是缺少决断。决断是当作家的根本，否则，绵延逶迤，如何打动读者？"

学生追悔莫及，觉得自己恐怕不是当作家的料。

不久以后，这名年轻人遇到另一位作家，谈及往事，谁知作家惊呼："你的反应如此迅捷、思维如此敏锐，这些正是成为作家的天赋呀！假如正确运用，作品一定能脱颖而出。"

"横看成岭侧成峰，远近高低各不同"，这两句诗用在此处正恰当。每个人对同一个问题通常也是见仁见智的。对于习惯受到他人影响的2号也因此常会感到迷惘。这一类人就是极易受到他人观点左右的老实人。在与这类人打交道时，我们需注意这样几个方面：

1. 对于这类热心帮助他人的人来说，说"不"是最困难的事情。所以，与他们交谈时，尽量不要提出一些强人所难的问题。同时，对于他们的付出，我们一定要表现出感激之意。

2. 这类人缺乏主见，与他们交流时，我们自己必须要有主见。

3. 他们的大脑常常一片混沌，没有想法也谈不上行动能力。与他们交谈时，要转换自己的思维，适时改变思路，才有可能顺利沟通。

4. 他们总是将关注放在别人身上，所以你不妨鼓励他们多谈谈自己，并告诉他们你想知道他们的事，多了解他们一些。

5.当他们只顾着为别人忙碌，或是显得情绪化、心神不宁时，不妨问问他们正在想什么，心情如何，以及此刻有什么需要。

与实用主义者说话

有一位青年，曾梦想要做美国总统，但这个梦想似乎过于遥远。该怎么办呢？经过几天几夜的思索，他拟定了这样一系列的连锁目标：

做美国总统首先要做美国州长→要竞选州长必须得到雄厚的财力后盾支持→要获得财团的支持就一定得融入财团→要融入财团就最好娶一位豪门千金→要娶一位豪门千金必须成为名人→成为名人的快速方法就是做电影明星→做电影明星的前提需要练好身体。

按照这样的思路，青年开始步步为营。他开始刻苦而持之以恒地练习健美，他渴望成为世界上最结实的壮汉。三年后，借着发达的肌肉，一身雕塑似的体魄，他开始成为"健美先生"。

在以后的几年中，这位青年将欧洲、世界、全球、奥林匹克"健美先生"等诸多美誉收入囊中。22岁时，他踏入了美国好莱坞。在好莱坞，他花费了10年时间，一心去表现坚强不屈、百折不挠的硬汉形象。终于，他在演艺界声名鹊起，女友的家庭在他们相恋9年后，也终于接纳了他。他的女友就是赫赫有名的肯尼迪总统的侄女。

他与太太生育了4个孩子，组建了一个幸福的家庭。2003年，年逾57岁的他，退出影坛，转为从政，成功地竞选成为美国加州州长。

他就是阿诺德·施瓦辛格。

施瓦辛格就是最典型的实用主义者。他们是九型人格的3号，这些人从很小的时候就为自己确立了远大的目标，为达目的可以不择手段。因此他们多半是工作狂的典型。

3号实用主义者的突出能力表现在，只要是他能想到的，他就一定能做到。无与伦比的创新与独一无二的执行力让3号从来都是高效率的代表。

除此而外，他们做事情目标很明确，也是因为他们超强的目的性，让他们做事时不会盲目地随波逐流。他们一直都像斗志昂扬的战士，不肯服输，做事努力，勤奋是他们给人的印象。但是实干家也有他个性上的不足之处，因为他们考虑问题永远是以结果为导向，所以他们做事时往往功利心太强，没有好处的事情他是不会干的。这种功利心让他们患得患失，失去了一颗享受的平常心。

3号实干家也是九种人格中最在意名利得失的人，他们的名利心很重，当然也可以说最有野心和斗志。但是他们常常会因为什么都想得到，结果却什么都失去。

因为3号实干家总是很在意利益得失，在跟他们说话时，要巧妙地避谈利益问题，以免给他们留下不好的印象。如果你想要改变他们的作风或者让他思考其他的方案，最有效的方法是：告诉他们这样做可能会有助于他们获得更好的结果。

与他们交谈时，一定要突出自己的逻辑，明确自己的目标。同时，内容也不能太空洞，要具有实践的可能性，让他们觉得有利可图。

交谈中，不要轻易暴露自己真实的意图。只有在你欣喜、愤怒，对方都无从了解，当你将自己深深隐藏起来的时候，才能够达到迷惑对方的目的。有时，不露声色也要掌握一定的度，把握不好，过犹不及。在适当的时候也不妨"虚则虚之，实则实之"，以搅乱对方的判断。

如果你喜欢他们，不妨尽量配合他们，因为当你与他们站在同一阵线时，他们也乐于保护你，与你分享他们的成就。

与浪漫主义者对话

紫色，浪漫、高贵、极具美感、忧伤……4号浪漫主义者的性格就像是紫色。浪漫主义者具有卓尔不群的审美情趣，他们感情细腻，内心活动丰富，因而他们总是能够迅速捕捉到对方传递的信息。

一般来讲，4号很快就能够看出对方的心思。在现代这个社会，每个人都不会把话说得太明白，只有靠我们各自的悟性，而4号天生悟性极高。在这方面大概只有观察者能够与之相比，但浪漫主义者比观察家们又多了一份人情味，因而更易获得他人的理解和帮助。除此之外，4号还有换位思考的习惯，这就使得他们更易捕捉到别人的心理活动，解决问题也会更为有效。

但是，用孤芳自赏、清高、自恋，这些词来描绘4号也是最合适不过的。他们无法忍受庸俗不堪的现实生活，所以才会给自己建造一个世外桃源，在那里才能释放自己的情感，让灵魂安放。在浪漫主义者的心中，通俗的东西如同下里巴人，难以接受。阳春白雪的事物才是他们所爱。其实，浪漫主义者常犯了一个常识错误：通俗不是庸俗。

浪漫主义者是生活在云端的一族，只有当他们愿意"脚踏实地"地生活，他们才会懂得平平淡淡总是真的朴素道理。4号尤其要改变自己对爱情要求过高的不切实际的想法，因为他们总是习惯认为天长地久是没有尽头的，爱情是不可战胜的。

浪漫的4号，满脑袋都是美丽的想象，好想法也很多，遗憾的是他们往往仅让它们停留在脑海中，很少见行动。换句话说，浪漫主义者做事情全凭热情，"三分钟热度"是常有的事，不够踏实是他们成功路上的拦路虎。他们会认为那些脚踏实地却很"闷"的人很无趣，他们崇尚的是很飘忽的感觉。

同时，4号往往也不会控制自己的情绪。他们常常会陷入悲观与忧郁的困境。他们喜欢伤春悲秋，却忘记了快乐的要义，尽管他们也很容易感受到快乐，却总是不能持久。

浪漫主义者通常给人的印象是多愁善感，容易悲观伤感。这可能要归于他们热爱幻想的个性。正因为他们的这种个性才使得他们极易迷失快乐，被悲观与痛苦羁绊。

感觉对浪漫主义者来说是十分重要的，与他们沟通一定要重视他们的感觉。但是，也要让他们知道你的想法。顺着他们的思路，充分地肯定他们思想中积极的成分。要鼓励他们对自己的创新思想采取行动，不要只限于想象。不要老是以理性来要求他们或是批评他们爱"胡思乱想"。要听听他们的感受。如果他们沉浸在某种情绪中难以自拔时，要引导他们学会控制情绪，不要总是陷入悲观之中，要学会寻找快乐。

与冷眼旁观者对话

"君子之交淡如水"，这往往是冷眼旁观者的交际法则。

九型人格的5号——观察者就像是一位冷眼旁观的裁判，用他的世界观来替整个世界做诊断。他们如灰色一样无所不包、低调不事张扬，也像灰色一样与周围的世界保持距离。他们总是一副不愿意与别人深交的样子，对任何人、任何事都保持着一种冷漠的态度。其实，这恰是观察者们深得交际艺术的地方，因为保持距离是一种安全，也是让友谊长久的保鲜法。

冷眼旁观的观察者几乎人人都是观察家，善于观察、勤于思考，喜欢总结就是观察者们最好的写照。他们总是能够看到别人看不到的地方，缜密地思考，客观地下结论。

某大公司招聘人才，应者云集。其中多为高学历、多证书，有相关工作经验的人。

经过三轮淘汰，还剩 11 个应聘者，最终将留用 6 人。但是在第四轮总裁亲自面试的时候，出现了 12 个考生。

总裁问："谁不是应聘的？"

坐在最后一排的男子一下子站了起来："先生，我第一轮就被淘汰了，但我想参加一下面试。"在场的人都笑了，包括站在门口闲看的老头子。

总裁饶有兴趣地问："你连第一关都过不了，来这儿又有什么意义呢？"

男子说："我掌握了很多财富，我本人即是财富。"大家又一次笑得很开心，觉得此人不是太狂妄，就是脑子有毛病。但是，男子接着说："我只有一个本科学历，一个中级职称，但我有 11 年工作经验，曾在 18 家公司任过职……"

总裁打断他："你学历、职称都不算高，工作 11 年倒是很不错，但先后跳槽 18 家公司，太令人吃惊了。我不欣赏。"

男子站起身："先生，我没有跳槽，是那 18 家公司先后倒闭了。"在场的人第三次笑了。

一个考生说："你真是倒霉蛋！"

男子也笑了："相反，我认为这是我的财富！我不倒霉，我只有 31 岁。"

这时，站在门口的老头子走进来，给总裁倒茶。男子继续说："我很了解那18 家公司，我曾与大伙努力挽救那些公司，虽然不成功，但我从那些公司的错误与失败中学到了许多东西，很多人只是追求成功的经验，而我，更有经验避免错误与失败！"

男子离开座位，一边转身一边说："我深知，成功的经验大抵相似，而失败的原因各不相同。别人成功的经历很难成为我们的财富，但别人的失败过程却是！"

男子就要出门了，忽然又回过头说："这 11 年经历的 18 家公司，培养和锻炼了我对人、对事、对未来的洞察力，举个例子吧，真正的考官不是您，而是这位倒茶的老人。"

全场 11 个考生哗然，惊愕地盯着倒茶的老头。

那老头笑了："很好！你第一个被录取了，因为我急于知道，我的表演为何失败。"

这个例子可以说是观察者们最好的表演，他们明察秋毫的眼睛与缜密思考的心绝不是一般人能达到的。

观察者的性格特征很明显，因为他们总是习惯冷静客观地看社会，不愿与他人分享，因此也会给人一种难以接近的感觉。用一句话来总结观察家的这个缺点应该是：不缺少心思，但缺少"达则兼济天下"的心胸。

冷眼旁观者在面对人群表达自己时往往有困难，不要在这方面给他们太大的压力。要表现出亲切的善意，以减轻他们的紧张、焦虑。

冷眼旁观的人性格都比较冷淡，与他们交流时要努力地引起他们的注意，说一些他们也感兴趣的话题，才有可能把谈话继续下去。交谈时要诚恳，要亲切，不要试图套近乎，因为他们冷漠的个性可能会很讨厌你的做法。与他们交谈时要顺其自然，不怨怼、不躁进、不过度、不强求；要把握机缘，不悲观、不刻板、不慌乱、不忘形。要求他们做决定时，请尽量留给他们独处的时间和空间。请求他们某件事时，请记住你表达态度应该是一种请求而非要求。

与享乐主义者对话

"人生不如意事十之八九，何不开心快乐点？开心过一天也是过，不开心也一样过，何不让 24 小时里尽可能地多一点开心呢？"这就是享乐主义者的生活哲学。

7 号享受主义者的性格颜色是快乐的橙色，他们轻松愉快，不愿意带给别人压力，也害怕别人给他们施压。无拘无束的生活是他们追求的方向与目标。他们绝对是一群懂得放松、快乐、享受的人。

7 号有做到潇洒的智慧，他们豁达大度又多才多艺，潇洒狂放不羁的外表下藏着一颗热爱生活的心。他们是最有情调、最懂得享受生活的一群人。他们不会像完美主义者一样因为害怕出错而战战兢兢；不会像过度老实的人那样只想着别人而从不考虑到自己；也不像实用主义者那样过度追名逐利；他们也不会像浪漫主义者那样杞人忧天；也不会像冷眼旁观者一样冷淡地拒人于千里之外；更不会像怀疑论者一样从不相信陌生人。他们就是这样一个洒脱的人，因为他们都懂得人生短暂，红了樱桃绿了芭蕉，流光容易把人抛，不如快乐活着！

在 9 种人格中，7 号也是最为豁达乐观的一位。他们永远能将生命之外的名利看淡、宠辱、豁达大气。另外，7 号也将工作视为一种可有可无的享受，因此，也只有他们最单纯最快乐，不会觉得工作很累。

虽然，7 号享乐主义者的豁达的人生态度令人赞赏，但是，如果从另外一些方面来，他们又有很多的缺点。

首先，7 号算是 9 种人格中最爱逃避现实的一位。他们往往会为了避免自己负责任而想出各种妙招。就像一个顽皮的不愿意长大的孩童，他们拒绝成人的世界，不想担负起成年人的责任。

其次，7 号做事常常虎头蛇尾，三天打鱼两天晒网，他们的身上少了一种恒心。他们属于典型的害怕受苦的那一类，做事情常只有三分钟热度，没有耐心与恒心。

最后，7 号的世界观里容忍不了苦难的存在，在他们的心中，人生苦短还是及早寻欢为好。其实他们并非不能吃苦，只是他们习惯地逃避苦难，这样的他们常常让周围人觉得玩世不恭，不能够挑重担。

与享乐主义者相处，不论发生任何事情，都要豁达一些。与他们交谈时，幽默将是最好的润滑剂。以一种轻松愉快的方式和他们交谈，是建立彼此好感的第一步，因为他们不喜欢过于严肃、拘谨、无趣的人。

不能直接批评他们的生活态度，要鼓励他们负起责任。在他们迷失方向的时候，给他们一些忠心的建议。

倾听他们伟大的梦想和计划，不要马上批评他不切实际的地方，把它当成是一种分享想法和喜悦的方式。

当你提出不同的见解时，他们当时可能不会接受甚至是反感。但记住，他们是善于思考的，给他们重新思考的时间，他们自然会判断是否接纳你的想法。如果你是他们的好朋友，看到他们逃避问题时，不妨提醒他们，找时间静下来面对问题，把问题想清楚。

与领袖型人物对话

能做别人的领导，甚至是领袖人物的人，多少都会有点能耐。领袖型人物就像是天生的将军，他们拥有俯视江山的气魄，个性刚强坚毅，不容易屈服。他们的性格就像是那象征权力、热情、欲望、尊贵的红色。8 号领袖型人物天生的个性，造就了他们不平凡的一生。

其实，8 号的这种强势而独立的个性是从小时候就开始养成的。童年的时候我们几乎都玩过"老鹰捉小鸡"的游戏，而 8 号通常充当的就是那只母鸡或老鹰的角色。母鸡保护弱者的个性在后来的 8 号人生中占有相当重要的位置；老鹰俯视天下的霸气也一直如影随形地跟着 8 号。

　　8号领导者永远像一头雄狮一样威严、尊贵而勇敢，他们是最有勇气、最能捍卫利益的一群人。他们对强权从来不会屈服，而是积极地投入战斗。无论这利益是他们自身的，还是他人的，只要他们认定了，他们就一定能够坚持到底，孟子所说的"威武不能屈"形容的就是8号领导者的勇猛形象。

　　8号就像是一棵参天大树，带给其他人独一无二的安全感。他们习惯并且也热衷于提携他人、保护他人。通常情况下，别人都会希望能给自己找到一棵大树来乘凉，唯独8号并不热衷于此，因为8号自身就是能够给别人保护的人。

　　因为个性使然，8号常常是领导别人的人。有人羡慕他们的地位和权力，其实他们的内心常常提心吊胆。因为他们可能是主管或是一把手，所面临的常常是危机和整个集体的利益存亡，他们的生活也就注定了不会平淡。有了功劳，他们当然会受益，这是大家都能看到的一面。可是也有人嫉妒，想要自己也尝试下滋味。就像《红楼梦》中所言"大有大的难处"，可以这样说，权力越大责任越大。身居高位的人，其实每个人的头顶都悬着这样一把责任之剑，一旦发生重大事故他们也同样首当其冲。

　　九型人格中，8号以其卓越的领导力与远见卓识常常成为众人中的核心人物，但是也正是因为此，8号很喜欢用命令的口吻让别人来替他做事，尽管这可能是对方的分内之事，但他的语气却会招致不满，因此也常常留给别人一种不够尊重别人的印象。另外，他们又很容易自负，看不清自己的毛病所在。而且，他们通常易怒，也不太会听取他人的建议，往往因为太过自信而错失良机。

　　与8号人物相处，不能锋芒太露，任何事情最好都让他们先发表意见。当你的意见与他们冲突时，不要强行争辩，最好是用委婉、商量的语气与他们交流。要表现出适当的尊重，不要试图命令他们做某事。当他们发表某种意见时，不要中途打断他们话，这很容易引起他们的愤怒。在与他们交流时，说话尽量只说重点，过多的废话只会让他们感到不耐烦，而不愿继续听你的意见。不要取笑或讥讽他们，这会使他们产生敌意，做出攻击的行为。跟他们沟通时最好的方式是直接说重点，不要玩弄权谋或试图操纵他们，这些都是他们讨厌的行为。

与和事佬如何说话

　　在九型人格中属于9号的和事佬的典型代表人物是刘邦和艾森豪威尔，他们本人的能力可能都不是很强，但是他们都能将最强的人留在自己身边。刘邦就曾经说过他"运筹帷幄不如张良,调兵遣将不如韩信,供需粮草处理政务不如萧何",但他却是他们的"领导",这种能力是9号人格者的突出特点。

一个人的胸怀有多大,他的事业往往也就有多大。9号以其大度的胸襟、兼容并包的大气而闻名。他们总是尽力避免争吵,同时他们能将争执的各方都聚集一起,用求同存异将大家聚拢在自己周围。他们不会要求别人一定要赞同自己的观点,相反他们认为每个人的建议都有其独到之处。9号的个性中最有魅力的地方正在于此,他们不会为了意见不同而容不下他人的话语权,也不会因为自己不喜欢某种建议而否决他人,更不会为了一点小事而斤斤计较。

9号是非常善于利用关系来办事的一群人,他们清楚周围人的强项与短处,在面临重大问题的时候总是能够找到能用的人。同时,他们能够灵敏地探测到各种对解决问题有关的信息,并以其独有的宽厚博大来感染周围的人,将他们的能力变相地化为己有,在需要的时候,该出手时就出手。

但是,做自己想做的人,就要求有主见,做事有决断力,而这些也是9号的弱点。

9号的协调能力非常罕见,但是他们的弱点在于,面对那么多人提出的建议他常常会感到无所适从。他一方面觉得谁的话都有道理,另一方面常常又会觉得无法抉择,因为他谁也不想得罪。

另外,9号平时性格温和,很少发火,但那只是因为他们将不满放在了心里而已,等到适当的机会才会发泄出来,而他们的表达方式就是抱怨。好像谁都对不起他们,他们付出的太多,得到的太少。可以说,9号是最爱抱怨的一族。

温和的9号常常给人一副好脾气的印象,像位英国绅士一样礼貌周到,但是你不要被他们这不温不火的个性所迷惑,他们虽然喜欢听别人的建议,但是骨子里却相当固执,甚至爱钻牛角尖。顽固不化,像一头牛一样固执,这是9号个性中很隐秘却又很突出的特点,因而做起事情来有时候难免不够灵活变通。

和9号打交道,你的心思要细腻,说话要慎重。因为9号处事往往太过圆滑,不要掉进他们温柔的陷阱。要学会聆听他们的抱怨,温和地开解他们,鼓励他们说出自己的想法。不要在他们面前抱怨,因为他们往往也是最爱抱怨的人。在他们面前,你可以充分地表达你的意见。但要尽量避免与他们发生争吵,要敏锐的察言观色。因为他们常常会把不满隐藏在心里,因此你说话必须要小心。有时候他们可能会为了迎合他人,而赞成别人的观点,所以不妨问问他们的想法,听听他们会怎样说。如果你想真正了解他们的想法，不要过于急切、压迫，给他们一点空间和时间来回答。

口才加油站

带两片树叶

16世纪的东方思想家在《杂人趣谈》一书中提到这么一个诉讼案：一次，两个争讼者来见法官。一个说另一个欠他许多黄金，另一个硬不承认，坚持说："我是第一次见他，从来没有同他共过事。"

"你要他还的黄金，当时是在什么地方给他的？"法官问原告。

"在离城三里远的一棵树下。"

"你再去一趟，把那棵树上的叶子带两片回来；我要把它们当见证人审问一下，树叶会告诉我真相的。"法官提出这样一个奇怪的建议。

原告去摘树叶，那个大喊大叫被冤枉的被告留在法庭上。法官没有和他谈话，而是去审理别的案子。

这位被告作为旁观者津津有味地看着法官审案。正当案子处理到高潮时，突然法官回头来轻轻问道：

"他现在走到那棵树没有？"

"依我看，没有，还有一段路呢。"

"既然你没有跟他一起去过那儿，你怎么会知道还有一段路呢？"法官严肃起来。

被告才知道自己露了口，不得不承认诈骗的罪。

法官的计谋很巧妙，他先让被告迷惑不解，接着又故意让他思想松懈，再出其不意地提问使对方陷入这样的矛盾之中，使对方无法自圆其说。